教育研究法

（第三版）

葉重新　著

┌ 作者簡介 ┐

葉重新　台灣台南市人

學　　歷：國立台灣大學心理學碩士、國立政治大學教育學博士

曾經任教：國立台中教育大學、國立彰化師範大學、國立政治大
學、國立空中大學、東海大學、淡江大學、亞洲大學、
中國文化大學、中原大學、輔仁大學、實踐科技大學、
中央警察大學、萬能科技大學、中台科技大學、聖約翰
科技大學、朝陽科技大學、台灣神學院、中台神學院

曾經擔任：淡江大學教育研究中心執行長、國立台中教育大學數理
教育學系主任、考選部心理師考試典試委員、亞洲大學
心理學系主任、保力達公司顧問、台中家庭扶助中心專
業諮詢委員、國立台中圖書館教育文化講座、台灣北部
社區心理衛生中心主任、斐陶斐榮譽學會總幹事

論文指導：擔任過約百名研究生學位論文指導教授

專書出版：心理與教育測驗、心理學、教育研究法、教育心理學、
變態心理學、心理測驗、心理與生活

　　教師具有教學、研究、服務的職責。到目前為止,絕大多數中小學教師只從事教學工作,研究能力普遍有待提升。教師如果不從事教育學術研究,如何去探索新知識來傳授給學生呢?教育是一種專業,教師是專業人員,唯有不斷吸收研究方法的資訊,教師才能成為學而有術的經師和人師。

　　作者教授教育研究法課程十餘年,擔任過近百名研究生學位論文指導教授,深感學生普遍欠缺獨立研究能力,論文寫作方法不得要領,指導過程備感艱辛。希望本書能使學生及進修的教師,獲得研究方法的基本知能。

　　本書共分十六章,內容均以理論與實務並重,多舉實例,深入淺出,俾使讀者容易理解,進而能學以致用。由於再版修正時間匆促,內容不夠完整,為了使讀者獲得最新有關教育研究法的資訊,因此第三版的內容將更為新穎與充實。特別感謝心理出版社林副總經理敬堯的支持與協助,本書第三版方能順利出版。由於個人才疏學淺,書中凡有錯誤遺漏之處,懇請學界賢達不吝指正,俾供再刷或再版時修正參考。

葉重新　謹識

2017 年 4 月於台中

目次

第一章

教育研究的性質

 學習目標

研讀本章之後，讀者應能達成下列目標：

1. 了解教育研究的意義與目的。
2. 了解教育研究的特徵。
3. 了解教育研究的各種用途。
4. 了解教育研究的分類。
5. 了解教育研究的基本歷程。
6. 了解教育研究者應遵守的倫理道德。

前置綱要

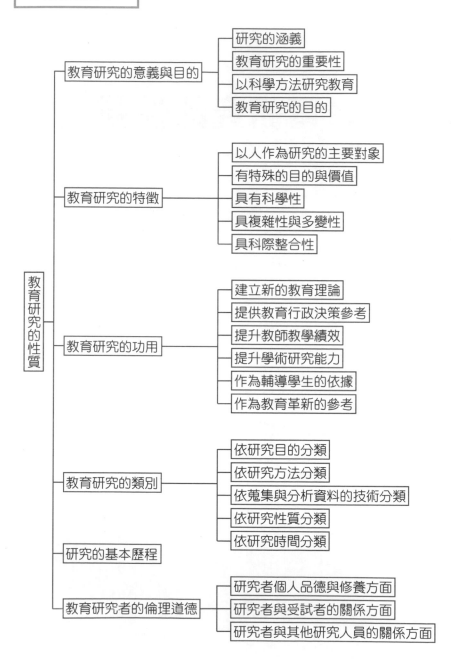

教育研究的性質

- 教育研究的意義與目的
  - 研究的涵義
  - 教育研究的重要性
  - 以科學方法研究教育
  - 教育研究的目的
- 教育研究的特徵
  - 以人作為研究的主要對象
  - 有特殊的目的與價值
  - 具有科學性
  - 具複雜性與多變性
  - 具科際整合性
- 教育研究的功用
  - 建立新的教育理論
  - 提供教育行政決策參考
  - 提升教師教學績效
  - 提升學術研究能力
  - 作為輔導學生的依據
  - 作為教育革新的參考
- 教育研究的類別
  - 依研究目的分類
  - 依研究方法分類
  - 依蒐集與分析資料的技術分類
  - 依研究性質分類
  - 依研究時間分類
- 研究的基本歷程
- 教育研究者的倫理道德
  - 研究者個人品德與修養方面
  - 研究者與受試者的關係方面
  - 研究者與其他研究人員的關係方面

本章摘要

1. 研究係以專門學術領域為基礎，以科學方法探究問題的真相，進而有效解決問題。

2. 教育研究能剖析教育問題，提出教育興革策略，提升教育品質。

3. 以科學方法研究教育，必須具有：(1)客觀性；(2)驗證性；(3)系統性；(4)創新性。

4. 教育研究的目的，旨在陳述、詮釋、預測及控制教育問題，提升教育品質。

5. 教育研究有五個特徵：(1)以人作為研究對象；(2)有特殊的目的與價值；(3)具有科學性；(4)具複雜性與多變性；(5)具科際整合性。

6. 教育研究有六項功用：(1)建立新的教育理論；(2)提供教育行政決策參考；(3)提升教師教學績效；(4)提升學術研究能力；(5)作為輔導學生的依據；(6)作為教育革新的參考。

7. 教育研究依研究目的可分為：基礎研究、應用研究、行動研究與評鑑研究；依研究方法可分為敘述研究、歷史研究、相關研究、事後回溯研究、實驗研究；依蒐集與分析資料的技術可分為量化研究、質性研究；依研究性質可分為試探性研究、驗證性研究；依研究時間分類，可分為縱貫研究、橫斷研究、橫斷後續研究。

8. 從事教育研究工作者，應具有三方面的倫理道德：(1)個人品德與修養方面；(2)與受試者的關係方面；(3)與其他研究人員的關係方面。

第一節　教育研究的意義與目的

一、研究的涵義

　　研究（research）一詞，是由 re 與 search 兩個字組合而成的，前者具有「再」的意思，後者則具有「搜尋」之意。簡言之，研究是指再深入探究。在每一個學術領域裡，都需要由研究來發現問題與解決問題。研究係以專門學術領域知識為基礎，採用嚴密的科學方法來探究事理，透過研究可以深入了解問題的真相，進而有效解決各種疑難問題。

二、教育研究的重要性

　　教育是百年樹人的大業，教育的成敗對個人、社會以及國家的發展影響至為深遠。因此，世界各先進國家均相當重視教育工作。近年來，雖然科學技術一日千里，人們物質生活日漸富裕，但是社會問題層出不窮，犯罪、自殺、酗酒、離婚、使用毒品、精神疾病患者，有日益增多的趨勢，這些問題與教育都有密切的關係。

　　教育事務包羅萬象，涉及的範圍相當廣泛，例如：教育行政、教育制度、課程設計、教育經費、教學環境、師資培育、師生關係、教學方法、教學評量、學生學習、學習輔導、教師進修等方面的問題，不是靠一個人的經驗或學識就有辦法加以解決，唯有藉著正確的研究方法，才能探索教育的問題癥結所在，然後對這些問題提出具體有效的改進策略，這樣教育工作才能收到最好的效果。

三、以科學方法研究教育

　　近年來，我國教育改革如火如荼地進行，教育行政人員和關心教

育的地方人士，無不卯足全力投入此項工作。不少教育改革人員缺乏
科學理念，沒有接受過教育學科的專業訓練，常採取以下幾個方法來
解決現存的教育問題：(1)根據傳統思想；(2)相信權威人士所言；(3)依
照個人的學識和經驗；(4)依據邏輯推理；(5)訴諸神明、民俗、風水
等。雖然這些方法有時可以解決部分教育問題，但是都不如科學方法
正確、可靠。

　　科學（science），廣義而言，是指有系統、有組織的正確知識；
狹義而言，科學係指自然科學，例如：物理學、化學、數學、生物
學、地球科學等。但是事實上，社會科學也是採用科學方法來進行研
究，教育學屬於社會科學的一個領域，其研究方法也是採用科學方
法。一般來說，科學具有以下四個特性。

（一）客觀性

　　客觀性就是以相同的工具、相同的程序，來進行觀察或實驗，再
以相同的方法分析，都可以得到相同的結果。換言之，科學家從研究
中所發現的定理、定律或理論，不會因人而異，也就是不能由研究者
個人的主觀見解，扭曲所發現的事實。

（二）驗證性

　　科學研究所發現的結果，或由研究者以科學方法所提出的理論，
任何人只要以客觀的方法重複檢驗，都可以驗證其真實性。

（三）系統性

　　科學研究必須依循一定的邏輯程序，才能達成其研究目的，進而
解答其研究問題，例如：先陳述所要研究的問題，對研究問題提出研
究假設，蒐集與研究題目相關的資料，進行觀察、調查、實驗，將研
究過程所獲得的資料進行處理與分析，根據研究結果並參酌相關文獻
資料作成結論，最後根據結論來提出建議，這樣就是具有系統性的科

學研究。

（四）創新性

　　科學研究最重要的是研究者能夠有創見或發明，研究者經由觀察、實驗、調查，以及推理的思考活動，去分析與探究研究問題的來龍去脈，發現新的原理或法則，進而對研究問題作客觀、合理的解釋。

四、教育研究的目的

　　教育學和其他學科一樣，其研究取向可以分為基礎研究（basic research）和應用研究（applied research）。從事基礎研究的教育學者，通常偏重純理論的探討，其主要目的在發現事實真理，並且探求事物變化的原理原則，進而建立理論學說，以達成陳述、詮釋或預測教育現象的目的。至於從事應用研究的教育學者，大都以提高教育品質，達成教育目標為主要目的。大體來說，教育研究的目的可以歸納成以下幾個層面。

（一）陳述

　　教育研究者將研究過程中所蒐集到的資料，利用語言或文字客觀地加以描述，只說明研究發現的客觀事實，不探究問題發生的原因，這樣有助於一般人對教育現象的了解，例如：某研究者調查 100 名小學生，結果發現近視的有 40 名，他在研究報告中就描述近視的小學生占五分之二，由這個敘述就可以知道，加強兒童視力保健的重要性。

（二）詮釋

　　教育研究者有時需要對受試者的行為做進一步的分析，以便探求該行為的可能原因，同時找尋理由來解釋研究所得到的資料。詮釋並不僅限於可觀察得到的資料，有時候教育學者對學生內在的心理歷程

進行推論，藉以詮釋該心理歷程的涵義，例如：某研究者發現焦慮程度愈高的學生，考試所得分數愈低，該研究者可能詮釋為焦慮使人分散注意，因而使考試分數降低。

（三）預測

所謂預測，是根據現有的資料，推估某一事件將來發生的可能性。在進行預測之前，研究者要先知道研究對象（或稱為受試者），表現某一行為的因素或條件，再據以預估該行為出現的可能性。教育學者依據以往問題發生之後，所產生的因果關係資料，以科學方法來預測受試者發生同類行為的可能性，結果通常相當準確可靠。舉例來說，某教育學者對數萬名高中生三年的高中成績，與其大學入學考試分數統計分析結果，就可以根據某一名高三學生的成績，預測其將來大學入學考試的得分。

（四）控制

教育研究者經由科學研究，就能操弄影響某一事件的因素，以使該事件產生預期的變化。對許多教育學者來說，控制教育情境比預測更為重要，因為對教育情境的掌控，往往可以避免不良後果的發生，或使可能發生問題的嚴重性，減到最低程度，例如：學校加強交通安全教育，有助於減少交通事故的發生。

（五）提升教育品質

許多學者從事教育研究的發現，可以提供教育行政主管人員作為教育決策以及改進教育措施的參考。換句話說，教育學者的研究成果，可以應用到教育的各個層面，對於教育品質的提升有很大的幫助。

第二節 教育研究的特徵

　　教育研究屬於社會科學研究的一環,其研究對象以人為主,每一個人都有自己獨特的人格特質和能力。因此,教育研究的結果不像自然科學那樣精確、可信、可靠。但是,教育研究仍然有其實際的成果與價值。

　　教育研究雖然屬於社會科學領域,但是在社會科學中,社會學、經濟學、人類學、政治學、心理學等,各有其獨自的研究對象,這些學科的研究領域也各不相同。茲就教育研究的特徵分別說明如下。

一、以人作為研究的主要對象

　　學校的主要成員為教師與學生,學校教育是人教人的活動歷程。教育研究的範圍雖然相當廣泛,至少包含教育行政、課程與教學、教育史、教育哲學、教育心理學、教育社會學、教學評量等領域,每一個領域的研究都脫離不了人。由於每一個人都有其獨特性,人與人之間都存有個別差異,因此教育研究所涉及的變數繁多,教育研究的複雜性不亞於自然科學。

二、有特殊的目的與價值

　　教育研究的主要目的,在協助教育工作人員達成教育目標,使學生身心健全發展、學業進步,進而促進社會繁榮。不像自然科學研究,科學家致力於探究自然現象與法則,建立理論、學說或定理、定律,缺乏明確的目標與研究價值。簡言之,教育研究有預期的目的和預設的價值。

三、具有科學性

　　教育研究採用科學方法可以化繁為簡，能夠對教育問題做有系統的探討。目前有許多教育研究，不論是量的（quantitative）或質的（qualitative）研究，其研究過程大都有六個步驟：(1)選定研究題目；(2)探討相關文獻；(3)提出研究問題或假設；(4)蒐集研究資料；(5)處理與分析資料；(6)提出研究結論與建議。研究者經由這些步驟，就能夠對教育現象或教育事務作適當的詮釋，預測可能產生的結果，甚至對教育問題做好預防或控制，這些研究程序皆符合科學的要求。

四、具複雜性與多變性

　　教育活動不只是師生互動的歷程，其中影響教育成效的因素繁多，舉凡教育制度、學校組織文化、行政管理、教學方法、師生關係、師資與設備等，都是重要的變數。教育研究內容包羅萬象，在探討某一教育現象時，不像自然科學那麼容易控制無關的變項。也就是說，教育研究不但錯綜複雜，而且需要考慮很多可能的變數。

五、具科際整合性

　　由於教育問題牽涉的因素很廣泛，研究者需要具備各個領域的學術訓練，方能收到預期的研究成果。可是一般教育研究人員，並沒有具備各學術領域的知識與能力，因此目前有些教育研究，需要借重相關學門的學者專家來參與，方能對教育問題做深入的探討，例如：有關教育史的研究，可以和歷史學者、考古學者共同進行研究；智能不足兒童的研究，教育學者可以和心理學者、精神醫學者共同來進行研究。這樣整合各學科的（interdisciplinary）知識，比較能夠對教育問題提出更正確的解決方法。

第三節　教育研究的功用

一般教育研究旨在解決當前的教育問題，以便提出有效的改進方案，促使教育進步。不過，有一些教育研究有其特殊的目的，也不是針對當前的教育問題來進行。教育學者研究領域頗為多元，大致可以將教育研究的功用，歸納成以下幾項。

一、建立新的教育理論

理論（theory）是指學理上的論點，也就是根據道理來議論，它是解釋某一個現象可以依循的原理、原則。許多教育現象相當龐雜、混沌不明、眾說紛紜、莫衷一是，如果研究者能夠根據研究結果提出適當的理論、學說，就有助於釐清這些複雜的問題。由教育研究所建立的理論，雖然無法像自然科學可以達到定理、定律的境界，但是可以作為探討以及解決教育問題的基礎，例如：Piaget 的認知發展理論，是經由許多年實驗研究心得所建立的，該理論可以解釋兒童認知發展的特徵與順序，對於兒童教育有相當大的貢獻。由此可知，教育理論可作為詮釋教育現象的依據。

二、提供教育行政決策參考

教育行政主管時常需要對教育問題做決策，教育決策是否正確，攸關教育工作的成敗。假如教育行政主管人員做重大決定時，只憑其個人的知識或經驗，容易做出不良甚至錯誤的決定，結果對教育造成重大的損失，例如：學校興建教室時，校長如果只注重建築物的美觀，缺乏結構力學的基本知識，大地震一來，整棟教室就被震垮了，結果造成人員傷亡及財物上的重大損失。反之，假如教育行政主管依據教育研究的訊息，根據學者專家的研究結果來做決定，將可以做出

正確的決策。

三、提升教師教學績效

　　教學是各級學校教師的重要職責，教師在學術研究過程中，蒐集、研讀各種資料，經過整理與分析之後，就可以產生新的知識來教導學生。可惜，許多教師很少從事與教學內容有關的學術研究工作，因此上課時只能照本宣科，或只憑自己的記憶和經驗來傳授知識給學生，在這種情形之下，教師就很難吸收新的知識，容易成為誤人子弟的教師匠。為了提升教學效果，教師應努力從事學術研究。不過，有些教師不熟悉教育研究方法，不知如何來進行研究，因此教學品質很難提升。由此可知，教師從事教育研究，將有助於教學績效的提升。此外，教育學者所從事的教育研究，可以發現影響教師教學效果的相關因素，研究結果可提供學校行政人員，作為改進教學措施的參考，進而達到提升教學效果的目的。

四、提升學術研究能力

　　教育是一種專業，從事教育工作的教師，除了教學之外，也需要具有學術研究的能力。目前我國各級學校教師中，除了一部分大學教師從事學術研究工作之外，一般中小學教師幾乎很少進行教育研究工作，究其主要原因乃缺乏教育研究方法的訓練。事實上，任何一位教師都有從事研究的必要，特別是高等教育機構的教師，更需要發表研究報告成果。

　　教育部為了鑑定大學院校教師的研究能力，特別規定任何教師升等，都必須提出研究論文，接受學者專家的審查。研究生都必須通過學位論文考試，才能取得學位證書。一般教育研究所新生入學考試，也都要考教育研究法，藉以評量考生的教育研究能力。由上述可知，教育研究可以使研究者提升學術研究的水準。

五、作為輔導學生的依據

學校教育旨在培養德、智、體、群、美五育均衡發展，以及身心健康的學生。但是，不少學生在接受教育之後，學業成就低落、品德欠佳、違反校規，甚至產生許多偏差行為，例如：逃學、偷竊、人格異常、攻擊他人、精神不正常、自閉、濫用禁藥、飆車等行為。有些學生人際關係不良，不能與人合作，在團體中適應不良；有些學生身心不健康，經常生病，無法正常上學。像以上這些學生所存在的各種問題，如果能夠經由嚴謹的研究，將可發現其問題癥結所在，然後才能夠有效輔導，使其成為適應良好、身心健全的學生。

六、作為教育革新的參考

有一些教育研究者，針對古今中外的教育文物、制度、教育家的思想，來進行歷史研究，他們經由史料的蒐集、整理、鑑定及分析，就可以了解今日教育制度、教育措施及教育問題的歷史背景，同時吸取前人成敗的經驗，不但可以避免重蹈覆轍，而且可以作為教育革新的參考。

第四節　教育研究的種類

教育研究可依研究目的、研究方法、資料蒐集與分析技術，以及研究性質、研究時間等層面，區分成五大類，茲分別說明如下。

一、依研究目的分類

（一）基礎研究

基礎研究又稱為純粹研究（pure research），這種研究以探索教育

學術理論為主要目的，以便將研究發現當作解釋教育現象的依據，但不涉及實際教育問題的理解，也不提出解決或改進教育問題的建議，研究者純粹為了個人的興趣來研究教育現象，期望從研究中發現原理、原則，甚至建立理論。質言之，基礎研究旨在追求教育學術真理，不重視研究結果的實用價值。

教育學者從事基礎研究的人數不多，這方面的研究大多數為心理學家或社會學家在實驗室進行研究。由基礎研究所得到的結果，有一些可以應用到實際的教育情境，例如：自我肯定訓練、學生行為改變技術，都是由基礎研究所發現的理論應用到教育上的實例。因為教育學者從事基礎研究者不多，所以基礎研究在教育上仍有很大的發展空間。

（二）應用研究

應用研究是指，研究者針對特定的教育問題加以探討，研究結果旨在解決或改進實際的教育問題，這一類研究比較缺少理論基礎，目前大多數教育研究都屬於應用研究，例如：小學轉學生生活適應之研究；青少年休閒生活之研究；中學教師職業倦怠感之研究等，都是應用研究。一般來說，應用研究偏重解決現存的教育問題，表面上看起來比基礎研究有價值。事實上，基礎研究與應用研究兩者相輔相成，因為由基礎研究所發現的學理，有時可以應用在許多方面，從應用研究所得到的結果，有時可以成為發現或印證某一理論的基礎。

（三）行動研究

行動研究（action research）是指，實際工作者在工作情境中面臨困難問題時，以質的方法來研究他們所面對的問題，將研究結果用來解決工作上的困境，進而提升工作效能。行動研究是以解決現存問題為導向，研究者就是實際工作者，研究者也是應用研究結果的人員。但是從事研究工作者，常受到自己能力的限制，因此有時需要與學者

專家共同合作。在教育方面，行動研究可以帶動教學、行政、課程、輔導的革新，特別適合研究學校各種實際問題。

（四）評鑑研究

評鑑研究（evaluation research）是指，對特定組織機構中的政策、計畫或方案，進行評量與鑑定的一種研究方式，研究結果提供組織機構主管，擬訂政策及做決策的參考。評鑑研究所提供的資訊，可以使政策明確，計畫具體可行，方案運作順利。

在教育方面，教育主管機關實施的各種評鑑，例如：大學評鑑、國民小學校務評鑑、學系評鑑等，參與評鑑者對受評鑑者所提供的資訊進行研究，就是教育評鑑研究，經由評鑑研究所獲得的結果，就可以對受評者提出評鑑成績，同時提供意見作為受評者改進的參考。

二、依研究方法分類

（一）敘述研究

敘述研究（descriptive research）是指，針對目前存在的現象，研究者將所蒐集到的資料，經過分析之後以文字描述，說明及解釋研究結果，藉以改善現況或策畫未來。敘述研究又可以細分為以下幾類。

1. 個案研究

個案研究（case study）是以一個個體，或一個組織體，例如：學校、家庭、社區、政黨、企業公司或族群為對象，針對某特定問題進行深入探討的研究方法。個案研究廣泛應用在企業管理、政治學、心理學、社會學、精神醫學等領域。

2. 觀察研究

觀察研究（observational study）是指，利用視覺器官或儀器，在自然或人為情境之下，針對受試者的行為進行仔細觀看與考究，以期

深入了解受試者的行為。在教育研究上，凡不適於接受調查、訪問、實驗的對象，例如：幼兒、身心障礙者、不良青少年等，都可以採用觀察研究。

3. 調查研究

調查研究（survey study）是指，利用問卷或訪問，蒐集母群體或樣本對某些問題的意見、態度或行為等資料，進行實證性研究。在社會科學領域中，學者使用調查研究相當頻繁。

4. 人種誌研究

人種誌研究（ethnographic research）又稱為俗民誌研究，這種研究係對特定文化背景的族群，利用觀察、訪問與記錄的方式，就其行為、思想、民俗做深入探討的一種研究方法。人種誌研究屬於質性研究，人類學與社會學者進行人種誌研究較為常見。

5. 內容分析研究

內容分析研究（content analysis research），又稱為文獻分析研究或資訊分析研究。這種研究是透過質性分析與量化技巧，以客觀的態度，對文件內容進行有系統的分析，藉以推論該文件內容的意義，以及其歷史背景。內容分析的文件涵蓋正式文件、私人文件、數量紀錄，以及其他視聽媒體所傳播的內容。在教育方面常以教科書的內容作為分析的對象。

（二）歷史研究

歷史研究（historical research）是指，對歷史上所發生的人、事、物等有關事件，藉由歷史資料的蒐集、整理、考證，有系統探討其前因與後果，研究結果作為現代人的殷鑑與策畫未來的參考。在教育領域中，教育史的內容相當廣泛，教育史的研究對象涵蓋古今中外的教育家、教育制度、教育法令、教育文化、教育政策、教育文物等。一

般而言，歷史研究所花的時間比較長，研究者應具備史料的考證能力。因此，在從事教育歷史研究之前，研究者宜先充實史學方面的知能。

（三）相關研究

相關研究（correlational research）是指，應用統計分析方法，分析一群受試者在兩個或兩個以上可量化變項之間的關係程度，進而作為預測之用，例如：學生焦慮程度與考試成績之間的關聯如何？學生家庭社經水準的高低與學業成就之間的關係如何？中學的學業成就能否預測大學入學考試的得分？以上這些問題，都可以採用相關研究。有些教育學者將相關研究視為敘述研究的一種。

（四）事後回溯研究

事後回溯研究（ex-post facto research）是指，由事件的結果追溯其原因的研究法，又稱為因果比較研究（casual comparative research），例如：研究小學生近視與看電視時間的關係時，研究者將小學生分為近視組與無近視組，然後調查這兩組學生看電視的時間，以確定近視的學生，平均每天看電視的時間是否比無近視的學生顯著較長。如果研究結果發現近視學生看電視的時間確實比較長，就可以說明看電視（因）會造成近視（果）。

（五）實驗研究

實驗研究（experimental research）是指，在控制影響實驗結果的無關干擾變項（extraneous variables）之下，探討自變項與依變項之間的因果關係。實驗研究是各種研究法中，最科學的一種研究法。實驗研究依無關干擾變項控制的嚴謹程度來區分，控制程度嚴謹的稱為真正實驗（true experiment），控制程度比較不嚴謹的，稱為準實驗（quasi experiment）。此外，以實驗對象分組的情形，實驗研究又可

以分為單組實驗與有控制組實驗等兩種研究。

三、依蒐集與分析資料的技術分類

（一）量化研究

量化研究（quantitative research），採取自然科學研究的模式，對研究問題或假設，以問卷、量表、測驗或實驗儀器等作為研究工具，蒐集研究對象有數量屬性的資料，經由資料處理與分析之後，提出研究結論，藉以解答研究問題或假設的研究方法。調查研究、實驗研究、相關研究、事後回溯研究等，皆屬於量化研究。

量化研究可以在短時間之內蒐集一大群受試者的反應資料，有利於分析現存的問題，在教育研究方面頗受研究者的青睞。但是，這種研究方法不容易控制影響研究結果的無關變項，而且研究樣本大都由母群體抽樣而來，因此將研究結果推論到母群體時，有其限制。

（二）質性研究

質性研究（qualitative research），又稱為質的研究。這種研究通常採用觀察、晤談、文件分析等方法，研究者以錄音機、手機、錄影機、攝影機等工具來蒐集與記錄資料，再對這些資料加以整理、歸納、分析，進而以文字來說明研究發現的事實。這種研究適用於小樣本，研究過程頗為耗時，蒐集資料者需接受過訓練，資料分析與解釋比較主觀，實施程序不容易標準化，研究資料的信度與效度也不容易檢驗。不過，研究者如果採取質性研究，通常需要與受試者長期接觸，因此對研究的問題比較能夠做深入的剖析。俗民誌研究、田野研究（field research）、個案研究等，都屬於質性研究。

四、依研究性質分類

（一）試探性研究

　　試探性研究（exploratory research）是指，研究者在進行研究時，因為自己對研究問題所知有限，加上文獻不多，在這種情形之下不能立即提出研究假設，只能試圖蒐集一些研究資料，以便對研究問題作初步的探討，藉以對研究問題作概略性的了解，例如：某研究者想探討小學公辦民營的相關問題，這方面的研究文獻資料很少，就適合進行試探性研究。大體來說，由試探性研究的結果，可以作為進一步研究的基礎。

（二）驗證性研究

　　驗證性研究（confirmatory research）是指，研究者對研究問題已經具有理論依據，或曾做過試探性研究，文獻資料豐富，研究工具齊備，能夠提出研究假設，並且知道如何考驗假設，大部份學位論文均屬於這一類。

五、依研究時間分類

（一）縱貫研究

　　縱貫研究（longitudinal research）是指，研究者對相同的一個人或一群受試者，經由長期蒐集資料，觀察其前後變化情形，進而發現其前後的因果關係，例如：研究者對一群受試者，在 5 歲、10 歲、15 歲、20 歲、25 歲各實施一次智力測驗，以分析智力發展的情形。

　　縱貫研究可以探究個體或群體身心發展的變化，但是實際使用時有以下的缺點和限制：(1)研究時間太長，對象難免流失；(2)測量實施的物理環境和受試者身心特質都不容易標準化；(3)測量工具的信度、

效度難確定，用於測量兒童的工具，如以後用來重複測量成人，或以後改用其他工具，其結果都難以客觀比較；(4)長程縱貫研究，因為社會變遷影響受試者身心發展環境因素變化很大，因此研究結果不易推論至其他對象。

（二）橫斷研究

橫斷研究（cross-sectional research）是指，研究者在同一時間內蒐集不同年齡受試者資料，進而分析比較不同年齡組同類資料之差異情形，例如：某研究者企圖了解國中三個年級學生的英文字彙，隨年級增加而改變的情形，乃採分層隨機抽樣方式，同時自國中三個年級中，各隨機抽取一班或數班作為樣本，以適合國中程度之讀物為材料，蒐集國中各年級學生所認識英文單字的數量，然後分析比較，如此獲得的結果，就可以發現國中生三個年級學生，在英文字彙數量上，隨年級增加而改變的情形。

橫斷研究的優點是可以節省研究時間，但是研究者不容易了解受試者身心發展的資訊，同時研究結果不能作為因果關係的推論。

（三）橫斷後續研究

橫斷後續研究（cross-sequential research）是指，同時對數組受試者從事相當時間的研究，例如：要研究 6 歲至 10 歲兒童智力發展情形，則可隨機抽取 6 歲、7 歲、8 歲兒童各一班，每一年對各班實施智力測驗一次，持續三年。第一年為 6 至 8 歲，第二年這些兒童的年齡為 7 至 9 歲，第三年為 8 至 10 歲，即可完成研究。研究者不但可以比較不同年齡層兒童的智力，同時可以分析這三班兒童三年內智力的變化情形。由此可知，橫斷後續研究具有縱貫與橫斷研究的優點。

第五節　研究的基本歷程

　　研究是以科學方法從事一系列有系統的工作，教育研究的基本歷程，如圖 1-1 所示。由該圖來看，研究至少包括十個步驟：(1)根據動機或參閱相關文獻；(2)選取研究題目；(3)確定研究目的；(4)由研究目的產生研究問題；(5)由研究問題提出研究假設；(6)進行研究設計，包

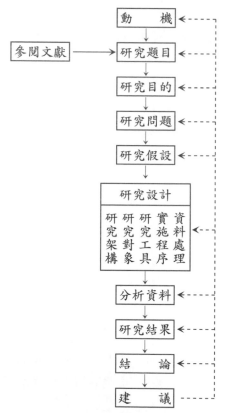

註：實線為需經歷程，虛線為回饋歷程

圖 1-1　研究的基本歷程

括：擬定研究架構、選擇研究對象、編製或修訂研究工具、決定實施
程序、決定資料處理方法；(7)分析所蒐集的資料；(8)得到研究結果；
(9)提出結論；(10)對研究結果與後續研究者提出建議。

　　最後，研究者須進一步依據回饋路線，檢視研究動機是否正確；
研究題目是否妥當；研究目的是否適切；研究結論是否達成研究目
的，以及是否能解答研究問題或研究假設；研究設計是否適當可行；
分析資料是否正確；有無根據研究結果提出結論；有無根據結論提出
具體可行的建議。

第六節　教育研究者的倫理道德

　　教育研究者在從事教育研究工作時，不但要合乎科學，同時要具
有專業的倫理道德。不重視倫理的研究者即使研究做得再好，也會失
去研究的意義和價值，嚴重者可能觸犯法律、惹上官司。因此，世界
先進國家莫不重視研究者的倫理道德。作者在此提出教育研究者，在
個人品德與修養、與受試者的關係，以及與研究夥伴的關係等方面的
基本倫理道德如下。

一、研究者個人品德與修養方面

　　1.不可竄改文獻資料。

　　2.不可抄襲或剽取他人作品。

　　3.研究題材與內容不可違背教育的意義。

　　4.使用他人的研究工具之前，應取得對方的同意。

　　5.自行編製的研究工具，應確實檢驗其信度、效度，不可作假。

　　6.當研究發現與研究假設不符合時，必須據實呈現不可任意更改。

　　7.研究動機純正，不受利益團體請託，不為貪圖研究經費而進行
　　　研究。

二、研究者與受試者的關係方面

1. 研究過程中應確保受試者身心安全。
2. 讓受試者了解研究目的與程序，並且徵得其同意之後始可進行研究。
3. 研究者與受試者應明訂雙方的義務與責任，並確實遵守彼此的承諾。
4. 尊重受試者的個人意願，允許其隨時退出研究。
5. 研究者如果為了取得真實研究資料，必須採取隱瞞、欺騙或偽裝時，在研究結束之後，應盡速向受試者說明採取這些措施的原因。
6. 研究過程中所蒐集受試者的個人資料，應確實保密並妥善保管。
7. 在未獲得受試者同意之前，研究者不得將其個人資料公開或提供他人使用。
8. 受試者如果是兒童，必須先徵得家長、監護人或教師的同意，始可進行研究。
9. 研究過程不可侵犯受試者個人的隱私權。
10. 在研究結束之後，應告知受試者有關研究內容，以澄清其誤解。

三、研究者與其他研究人員的關係方面

1. 研究設計適當，文獻探討深入，研究過程嚴謹，資料處理與分析正確、客觀，可以作為其他研究者的典範。
2. 研究者與他人共同進行合作的研究計畫，應如期完成。
3. 當其他研究者要借閱時，研究者應盡量將研究著作借人參閱。
4. 當其他研究者要使用研究者的研究工具時，應樂於提供。
5. 撰寫研究著作時，宜向其他研究者提供後續研究的建議。
6. 當他人從事研究過程中有任何疑難問題時，研究者應就自己能力範圍樂於提供協助。

█自我評量··

1. 試說明教育研究的重要性。
2. 試述教育研究的目的。
3. 教育研究有哪些特徵？試述之。
4. 依研究目的來分，教育研究可以分為哪幾類？
5. 敘述研究可以分為哪幾類？試述之。
6. 試比較教育研究與自然科學研究的異同。
7. 依蒐集與分析資料的技術來區分，教育研究可分為哪幾類？
8. 試比較縱貫研究與橫斷研究的優缺點。
9. 從事教育研究工作者應具備哪些倫理道德？
10. 試說明研究的基本歷程。
11. 試說明橫斷後續研究的方法。

第二章

研究題目與研究問題

 學習目標

研讀本章之後，學習者應能達成下列目標：

1. 懂得研究題目的來源。
2. 了解選定研究題目的原則。
3. 了解選定研究題目的策略。
4. 了解選定研究題目的要領。
5. 知道如何提出待答問題或研究假設。
6. 知道如何驗證研究假設。
7. 明瞭變項的種類及變項之間的關係。
8. 明瞭研究架構的繪製方法。

前置綱要

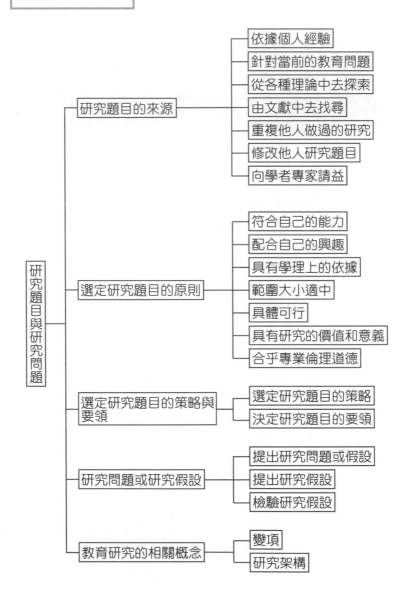

研究題目與研究問題

- 研究題目的來源
  - 依據個人經驗
  - 針對當前的教育問題
  - 從各種理論中去探索
  - 由文獻中去找尋
  - 重複他人做過的研究
  - 修改他人研究題目
  - 向學者專家請益

- 選定研究題目的原則
  - 符合自己的能力
  - 配合自己的興趣
  - 具有學理上的依據
  - 範圍大小適中
  - 具體可行
  - 具有研究的價值和意義
  - 合乎專業倫理道德

- 選定研究題目的策略與要領
  - 選定研究題目的策略
  - 決定研究題目的要領

- 研究問題或研究假設
  - 提出研究問題或假設
  - 提出研究假設
  - 檢驗研究假設

- 教育研究的相關概念
  - 變項
  - 研究架構

本章摘要

1. 選定研究題目可朝七個方向進行：(1)依據個人經驗；(2)針對當前的教育問題；(3)從各種理論中去探索；(4)由文獻中去找尋；(5)重複他人做過的研究；(6)修改他人研究題目；(7)向學者專家請益。

2. 選定研究題目宜遵循以下原則：(1)符合自己的能力；(2)配合自己的興趣；(3)具有學理上的依據；(4)範圍大小適中；(5)具體可行；(6)具有研究的價值和意義；(7)合乎專業倫理道德。

3. 選定研究題目有三個策略：(1)從單一領域逐漸縮小範圍；(2)由兩個以上領域來構思；(3)由他人研究題目來思考。

4. 決定研究題目的要領：(1)研究題目應將各個變項標示出來；(2)研究題目可提出研究對象；(3)研究範圍區域可標示在題目最前端。

5. 變項依其形式可分為：(1)連續變項；(2)不連續變項；(3)次序變項。以變項間的關係可分為：(1)自變項；(2)中介變項；(3)依變項；(4)調節變項；(5)混淆變項。

6. 研究架構是整個研究的藍圖，繪製研究架構時，應以箭頭表示變項影響的方向。

　　從事教育研究，在研究過程中選擇合適的研究題目相當重要，對於經常做研究的學者來說，決定研究題目比較容易，但是對於初次接觸研究工作者而言，想要尋找適切的研究題目就不是那麼簡單。

　　一個適切的研究題目與往後的研究工作，是否能夠順利進行有密切關係。由於不合適的研究題目，即使花費許多時間與精力仍然不易順利完成。因此，研究者在思考研究題目之前，除了要考慮題目的研究意義與價值之外，同時也要考量自己的能力、興趣、時間及物力等因素，以免研究無法順利完成。到底如何來選擇或決定研究題目？以下將就研究題目的來源、選擇題目的原則、選擇題目的策略、待答問題或研究假設，以及教育研究的相關概念等，分別在各節說明之。

第一節　研究題目的來源

　　作者曾指導過數十位研究生撰寫學位論文，這些學生在通過學位論文口試之後，大都表示在其研究過程中，最困難的就是選定研究題目。雖然要選定研究題目並不容易，但是可以朝以下幾個方向來進行。

一、依據個人經驗

　　個人的經驗可以分為三方面：第一，自己在學習過程中所閱讀的書籍或期刊雜誌，時常會讀到某學者的理論、思想，研究者可以從權威人士的言論中產生質疑，逐漸形成研究的問題。因為許多學者專家的觀點，大都沒有經過嚴謹的驗證，雖然一般人容易信以為真，可是研究者應有求證的精神，也許可以由研究結果來印證或推翻他們的觀點；第二，個人實際工作經驗中所接觸到的問題，有時這些問題見仁見智或自己百思不解，皆值得深入去探討；第三，從聽演講或參加研習活動所得到的心得或靈感，來思索可能的研究題目。

二、針對當前的教育問題

　　研究者平時從各種論文、報紙、雜誌、書籍及視聽媒體中，都可以發現目前一般社會大眾所關心的教育問題，這些問題中有些頗具有爭議性；有些問題很少人做過；有些題目雖然有人做過，但是所得到的結果卻大不相同，在以上這些情形之下，這些問題都值得去進行研究。另外，研究者可以仔細檢討當前教育各層面的議題（issues），例如：教學、課程、行政、進修、設備、師資、學生學習、學生品德、親師關係、教育制度、教學環境等方面，思索存在哪些缺失有待改進，再從當中去尋找自己有興趣的研究題目，諸如：中學生霸凌問題、建構式教學問題、大學入學推薦甄選問題等。

三、從各種理論中去探索

　　理論大都是由學者的研究發展出來的，但是每一個理論各有其研究的對象、時空背景及變項的限制。因此，理論的論點是否迄今仍然屹立不搖，也可以加以探究成為研究題目的來源。舉例來說，在Skinner的學習增強理論中主張，不固定時間距離的增強效果大於固定時間距離，但是他的理論是以成人為對象，研究者可以將研究對象換成兒童，這樣就可以成為新的研究題目了。

　　在教育研究中常涉及的理論有：(1)學習理論；(2)人格理論；(3)行為改變理論；(4)行政與管理理論；(5)教育與心理測驗理論；(6)社會學習理論；(7)認知理論等，研究者可以從這些理論中去找尋研究題目。

四、由文獻中去找尋

　　凡是前人所做過的研究，所撰寫過的書籍、論述、期刊、雜誌、學報、學會出版品、研討會論文集、研究集刊等書面資料，都可以作為尋找研究題目的參考文獻。由於教育文獻資料的範圍相當廣泛，在開始進行文獻探討時，可以從教育領域的摘要、索引、期刊、評論，

以及利用電腦檢索系統去搜尋，找到與自己能力、興趣相符合的文獻就予以保留下來，相關不大或毫不相關者就予以剔除，然後詳細閱讀這些有關的文獻資料，從中產生研究的靈感。

　　許多研究者都會在論文最後一章的建議部分，提出值得進一步研究的建議，從這些建議中去思考是否有適合自己研究的問題，或從文獻的缺點去找出值得研究的問題，進而形成研究題目。

五、重複他人做過的研究

　　從事教育研究尋找題目最簡單的方法，就是把別人做過研究的題目，拿來重做一次。重複做別人研究過的題目，其優點與缺點如下。

（一）優點方面

1.文獻資料多，進行研究比較方便。
2.可以查核與驗證別人重要研究發現的真偽。
3.研究對象不同，可以查核他人研究發現可否應用到其他母群體。
4.採取不同方法重複他人的研究，可以檢驗原來研究發現的效度。
5.研究時間不同，可以重複檢驗過去一段時間，研究發現的演變或趨勢。

（二）缺點方面

1.題目缺乏創意。
2.要突破別人的研究發現並不容易。
3.如果研究的對象、研究方法、研究工具與他人完全一樣，容易被認為有抄襲之嫌。

六、修改他人研究題目

　　初學教育研究者，在選擇研究題目時，比較簡便的方法就是將前人的研究題目作局部修改，例如：有一篇碩士論文的題目為：「國中教師工作壓力之研究」，如果您有興趣研究教師工作壓力，那麼就可以將題目改為：「國小教師工作壓力之研究」，或是將題目改為：「國小教師職業倦怠感之研究」。以這種做法來選定研究題目，不但節省時間，而且相關的文獻大都齊備，所以初學研究者頗值得一試。

七、向學者專家請益

　　如果研究者要進行某一個專題研究，或撰寫一篇學位論文，但自己欠缺研究的經驗，花許多時間又找不到合適的研究題目，這時可以考慮向論文指導教授或教育與心理學者專家請教，請他們指點迷津，使自己的思路清晰、研究方向正確、知道找題目的要領，如果依照教授或學者專家的意見行事，仍然無法選定合適的研究題目，也可以直接請他們提供研究題目。有時，教授們可以從自己正在進行的研究計畫當中抽出一部分，供他人來進行研究。

第二節　選定研究題目的原則

　　教育研究者進行研究的第一步，就是要選定一個合適的研究題目，本節將就一般教育學術研究，在選定研究題目時宜遵循的原則，分別說明如下。

一、符合自己的能力

　　從事教育研究工作應量力而為，最好具備多方面的能力，例如：學科背景知識、外文能力、研究設計、統計分析與資料處理等能力，

這樣在進行研究工作時比較能如期順利完成。研究者在選擇研究題目時，不要只因為自己對題目有興趣就貿然進行，如果自己的能力不足，容易使研究工作事倍功半，甚至造成半途而廢的後果。

二、配合自己的興趣

研究者對研究題目假如沒有興趣，即使自己有能力去完成，在研究過程中很容易產生枯燥無味的心理，因而缺乏研究的動力，致使研究停頓下來。反之，若研究者所選擇的題目與自己的興趣相符合，在研究過程中即使遇到困難，也會努力去完成。

三、具有學理上的依據

研究題目不宜空泛或不切實際，假如研究題目所牽涉的研究問題，不做研究也可以得到明確的答案，或是再怎麼研究也無法解答研究問題，這種研究題目缺乏學術上的理論基礎，因此比較沒有研究的價值。質言之，教育研究應具有學理上的依據。

四、範圍大小適中

研究題目應大小適中，以利研究能夠順利進行。假如研究範圍太大，文獻繁多不容易蒐集齊全，也不容易有系統整理、分析與深入探討，同時太大的題目要投入相當多的人力、物力、時間，也不一定能夠順利完成。反之，研究範圍太小的題目，只研究一些細微末節、婦孺皆知的小問題，即使花了許多心血也得不到什麼具體的成果。換言之，研究不宜大題小作或小題大作。

五、具體可行

研究題目必須具體可行，否則再好的題目也是枉然，研究題目的可行性可以從以下幾方面來考慮：

　　1.研究題目是否太玄虛抽象。

2.文獻蒐集、閱讀、分析有無困難。

3.研究對象是否願意合作。

4.研究工具的取得、修訂或編製是否有困難。

5.實施過程是否能順利進行。

6.研究所需的人力、物力、時間、儀器設備等是否足夠。

六、具有研究的價值和意義

　　研究問題的重要性涉及價值判斷，雖然見仁見智，可是研究問題的解決，假如關係到教育效果的良窳，則此研究問題在教育上就比較重要。一般而言，判斷研究問題重要性可從以下幾個方向來思考：

1.爭議性的問題，例如：「體罰問題，迄今仍爭論不休」、「越區就學問題爭論已久，迄未解決」等。

2.普遍存在的問題，例如：「學生近視影響身體健康」、「教師退休制度影響眾多教師的權益」等。

3.現實性問題，例如：「少子化對教育的衝擊」、「中小學教師分級制」等。

4.理論性問題，例如：「情緒智商（EQ）對學生社會適應的影響」、「教師獎勵方式對學生學業成績的影響」等。

5.特殊性問題，例如：「小學過動兒童心理調適問題」、「原住民學生的教育機會均等問題」。

6.工具性問題，例如：「目前迄無一套犯罪少年EQ量表」、「本研究將編製一套適用於國中學生偏差行為診斷量表，以供輔導教師使用」等。

7.比較性問題，例如：「不同教育背景國小教師，敬業精神之比較」、「城鄉地區學童學習態度之比較」等。

七、合乎專業倫理道德

　　研究題目應考慮是否違背專業倫理道德、違反人性或侵犯人權。

凡是研究會傷害受試者身心健康、侵犯隱私者,均不宜進行研究。換言之,研究者應具有教育專業倫理與道德。

第三節　選定研究題目的策略與要領

以上說明研究題目的來源與選定研究題目的原則,旨在提供教育研究者思考找尋研究題目的要領,本節將更進一步說明選擇研究的策略與要領。茲分述如下。

一、選定研究題目的策略

(一)從單一領域逐漸縮小範圍

先將教育細分成幾個領域,選定其中一個領域之後,再分成幾個類別,由各類別再細分為幾個次要類別,最後由這些次要類別中,選定一個自己所關心的問題成為題目。舉例來說,將教育分成高等教育、中等教育、國民教育、學前教育、技職教育、特殊教育等領域,如果研究者對國民教育感興趣,於是將國民教育區分為:行政管理、教師教學、學生學習、師生關係、學生輔導、課程與教材、教學設備等類別。假如研究者特別關心學生學習這一個類別,於是再將學生學習細分為:學習態度、學習行為、學習方法、學習成就、學習困難等次要類別,最後從這些次要類別中,選定一個問題來作為研究的題目,例如:國小學生學習態度之研究。

(二)由兩個以上領域來構思

有些研究者關心兩個或三個以上的次要類別,例如在前述的學習態度、學習行為、學習方法、學習成就、學習困難等次要類別中,就自己關心的學習方法與學習成就等兩個次要類別,來構成研究題目:

國民小學學生學習方法與學習成就關係之研究。如果研究者關心的是不同類別的次要類別，舉例來說，研究者關心教師教學與學生學習等兩個類別，其中教師教學可以分為：教學態度、教學評量、教學方法、教學成果等次要類別，學生學習可以分為學習態度、學習環境、學習方法、學習成就、學習困難等次要類別。這時，研究者由文獻探討中發現，教師教學方法與學生學習成就這兩個變項值得研究，於是研究題目可以訂為：「國中教師教學方法對學生學習成就影響之研究」。假如某研究者關心三個變項，題目可以訂為：「國小教師教學態度、學習環境與學生學習成就關係之研究」。

根據以上的選題策略，雖然很容易產生研究題目，不過，研究者仍然要考慮是否容易找到相關的文獻資料，以往學者在這個題目所涉及變項有無重要發現，以及這個題目是否有意義，是否具體可行，研究者有無足夠的人力、物力和時間來進行研究。

（三）由他人研究題目來思考

直接從他人的題目來思考研究題目的方式，是比較省時省力的方法。研究者可以將別人研究過的題目稍作更改，不但容易形成新的題目，而且相關的文獻資料也很多，這樣可以一舉兩得，初學者不妨一試。茲舉例如下：

例一

他人的研究題目：國中學生次級文化之研究。

可以更新的題目：國小學生次級文化之研究。

例二

他人的研究題目：台北市國小學生人際關係之研究。

可以更新的題目：新北市國小學生人群關係之研究。

例三

他人的研究題目：國小學生行為困擾及其相關因素之研究。

可以更新的題目：國中學生偏差行為及其相關因素之研究。

例四

他人的研究題目：國中教師工作價值觀與任教意願之研究。

可以更新的題目：國小教師工作價值觀與工作滿意度之研究。

二、決定研究題目的要領

（一）研究題目應將各個變項標示出來

大部分實驗研究題目只包含自變項（independent variable）與依變項（dependent variable），但是有些比較複雜的實驗研究，則包含：自變項、中介變項（intervening variable）與依變項，在研究題目中應將重要變項標示出來。

例如

1. 啟發教學（自變項）對資優班學童數學成績（依變項）影響之研究。
2. 家庭社經地位（自變項）對兒童社會適應（依變項）影響之研究。
3. 國小學生（自變項）學習態度（中介變項）對學習成績（依變項）影響之研究。

非實驗性的研究題目，應將變量（variates）與效標變項（criterion variables）標示出來，效標變項就是依變項。

例如

1. 兒童出生序（變量）與人格特質（效標變項）關係之研究。
2. 國中學生學習態度（變量）與學業成績（效標變項）關係之研究。

（二）研究題目可提出研究對象

研究對象就是研究結果所要應用的範圍，通常研究對象為在研究題目的前端。

例如

1. 國中教師工作壓力之研究（國中教師即研究對象）。
2. 國小教師教學態度之研究（國小教師即研究對象）。

（三）研究範圍區域可標示在題目最前端

一般來說，研究對象所屬地區可以標示在研究題目的最前端。

例如

1. 台北市國中轉學生學校生活適應之研究。
2. 台灣中部地區國中轉學生行為困擾之研究。

如果不標示地區，容易使讀者誤以為研究範圍是某一所國中，或全台灣地區的國中。因此，研究題目不標示地區時，研究者應在論文第一章緒論之研究範圍部分，或在研究對象那一節，詳加說明。

第四節　研究問題或研究假設

研究者在選定研究題目之後，接著就是提出研究問題或研究假

設。研究問題就是研究者所要探討的問題，又稱為待答問題。以下說明提出研究問題或研究假設的原則，以及驗證研究假設的方法。

一、提出研究問題或假設

（一）研究問題與研究目的相對應

任何研究皆有特定的研究目的，一般教育研究的研究目的在十個以內，研究者最好針對每一個研究目的提出一個研究問題，這樣才合乎邏輯關係。茲舉例如下：

研究目的	研究問題
1.探討國小轉學生的學習態度。 2.探討國小轉學生的學校生活適應情形。 3.探討國小轉學生的學習成就。	1.國小轉學生的學習態度如何？ 2.國小轉學生的學校生活適應情形如何？ 3.國小轉學生的學習成就如何？

（二）涵蓋所有變項

一個研究通常有一個或兩個以上的自變項，有些研究還有中介變項。待答問題或研究假設不可遺漏任何一個變項。茲舉上例說明如下：

自變項	依變項
1.性別 2.年級	1.學習態度 2.學校生活適應 3.學習成就

（三）能夠客觀驗證

待答問題所涉及的觀念、態度或事實，研究者應能舉出客觀的數據或能以科學方法驗證，例如：「國中學生學習態度與學業成績有何關係？」反之，假如研究者所提出的待答問題，無法以科學方法來進行檢驗，則該待答問題就不適合，例如：「不同學業成就學生的命運

有顯著差異」，像這種研究假設就是不能夠驗證的假設。

（四）可使用「差異」或「關係」兩種形式

待答問題或研究假設，可以用「差異」或「關係」兩種形式來呈現。

例如

1. 不同性別轉學生的學校生活適應有差異。
2. 學生的智力與學校生活適應有相關。

二、提出研究假設

（一）虛無假設

研究者對研究問題形成假設，在檢定研究假設之前，先提出虛無假設（null hypothesis）以 H_0 代表，又譯為「零假設」，這是在統計檢定時，根據檢定結果予以拒絕或接受的假設，也就是假設兩組沒有差異，例如：假設國中男女生的智力沒有顯著差異，就是虛無假設。

虛無假設是假設變項之間，沒有相關或沒有差異，即 $p > .05$，也就是說變項之間的相關或差異其誤差超過 5 ％，所以不可以說變項之間有顯著相關或顯著的差異。例如，假設學生身高與體重之間沒有相關，就是虛無假設。

虛無假設的寫法如下：
1. 女生的語文能力不會優於男生。
2. 數學成績與智商沒有相關。

虛無假設的統計符號如下：
1. $H_0 : \mu_1 \leqq \mu_2$
2. $H_0 : \rho = 0$

統計上常以希臘字母來表示，μ 代表母群體的平均數，ρ 代表母群

體的相關係數，上述 μ_1 可以代表女生的語文能力，μ_2 代表男生的語文能力，$\mu_1 \leqq \mu_2$ 表示男生的語文能力高於女生的語文能力；ρ 可以代表母群體數學成績與智商的相關係數，$\rho = 0$ 表示母群體數學成績與智商之間沒有相關。

（二）對立假設

對立假設（alternative hypothesis）以 H_1 代表，也就是檢定結果如果不接受或拒絕虛無假設，只能接受另外一種假設。例如：假設國中男女生的智力沒有顯著差異，檢定結果不能支持這種說法，只好接受另外一種假設，也就是國中男女生的智力有顯著差異。

對立假設是假設變項之間有相關或有差異。例如，假設學生身高與體重之間有正相關或有差異。對立假設就是假設所要分析的兩組或更多組之間，在統計上已經達到顯著的差異水準，通常設定 $p < .05$、$p < .01$ 或 $p < .001$，也就是統計誤差依序分別小於 .05、.01 或 .001。虛無假設與對立假設都有人使用，不過習慣上採用對立假設者居多。

對立假設的寫法如下：

1.女生的語文能力優於男生。

2.數學成績與智商有相關。

對立假設的統計符號如下：

1. $H_1：\mu_1 > \mu_2$

2. $H_1：\rho \neq 0$

上述 μ_1 可以代表女生的語文能力，μ_2 代表男生的語文能力，$\mu_1 > \mu_2$ 表示女生的語文能力高於男生的語文能力；ρ 可以代表母群體數學成績與智商的相關係數，$\rho \neq 0$ 是指數學成績與智商的相關係數不等於 0，也就是兩者有相關。

（三）假設應能夠客觀檢驗

　　研究假設所涉及的觀念、態度或事實，研究者應舉出客觀的數據或能以科學方法檢驗，例如：「不同學業成就學生的命運有顯著差異」，像這種研究假設就是不能夠檢驗的假設。

（四）假設可以使用「差異」或「關係」兩種形式

　　研究假設，可以用「差異」或「關係」兩種形式來呈現，例如：

1. 不同性別轉學生的學校生活適應有顯著差異。
2. 學生的智力與學校生活適應有顯著的相關。

三、檢驗研究假設

　　量化研究通常使用統計學的方法來檢驗研究假設，假設檢驗（hypothesis testing）通常包括四個步驟：(1)依據研究假設提出統計假設；(2)選擇適當的統計方法；(3)決定顯著水準；(4)進行統計分析與裁決（林清山，1992）。研究假設的寫法如下：

1. 不同性別轉學生學習態度有差異。
2. 不同性別轉學生學校生活適應有差異。
3. 不同性別轉學生學習成就有差異。
4. 不同年級轉學生學習態度有差異。
5. 不同年級轉學生學校生活適應有差異。
6. 不同年級轉學生學習成就有差異。

（一）依研究假設提出統計假設

　　研究假設可以分為虛無假設與對立假設。所謂虛無假設是假設變項之間沒有相關或無差異，例如：假設身高與學業成績沒有相關；對立假設則假設變項之間有相關或有差異，例如：身高與體重有正相關。上述這兩種假設都有人採用，不過習慣上採用對立假設者較多。

　　統計假設是使用符號或文字來表示，虛無假設以 H_0 來代表，對立假設以 H_1 來代表。在使用統計假設時，研究者先提對立假設 H_1，再提出虛無假設 H_0，統計假設常以希臘字母來表示，μ 代表母群體的平均數，ρ 代表母群體的相關係數，對立假設與統計假設的寫法如下：

對立假設：

1.女生的語文能力優於男生。

2.數學成績與智商有相關。

統計假設：

1.$H_0：\mu_1 \leq \mu_2$

　$H_1：\mu_1 > \mu_2$

2.$H_0：\rho = 0$

　$H_1：\rho \neq 0$

　　上述 μ_1 代表女生的語文能力，μ_2 代表男生的語文能力，ρ 代表母群體數學成績與智商的相關係數，所謂有相關是指相關係數不等於 0，即 $\rho \neq 0$。

（二）選擇統計方法

　　考驗研究假設需使用適當的統計方法。由於統計方法種類繁多，讀者除了可以參閱統計學專書之外，尚可以參考本書第十六章。選擇適當統計方法通常有以下四個原則：(1)母群體的平均數或標準差是否已知；(2)要進行單尾檢定（one-tailed test）或雙尾檢定（two-tailed test）；(3)統計資料來自獨立樣本或相依樣本；(4)統計資料屬於何種變數。

（三）決定顯著水準

當虛無假設（H_0）是真的，拒絕 H_0 所犯的錯誤，稱為第一類型錯誤（type 1 error）；接受 H_0 所犯的錯誤，稱為第二類型錯誤，第一類型錯誤的機率以 α 代表，第二類型錯誤的機率以 β 表示。α 又稱為顯著水準（level of significance），α 值可分為 .05、.01、.001。α 為 .05 時，表示統計誤差為 5 %；α 為 .01 時，統計誤差為 1 %；α 為 .001 時，表示統計誤差為 0.1 %。換言之，α 值愈小，統計誤差就愈小。

（四）進行統計分析與裁決

研究者將所蒐集到的資料進行統計分析之後，將所得到的數字對照統計附錄表，如統計數字大於查表的數字，即落入拒絕區，則拒絕虛無假設。反之，如統計數字小於查表的數字，則沒有落入拒絕區，所以接受虛無假設，不支持對立假設。

例如：甲班學生 40 人，國語平均分數 80.2，標準差 6.95，乙班 50 人，國語平均分數 78.6，標準差 7.2，試考驗這兩班學生國語成績是否有顯著差異？

$\alpha = .05$，統計假設如下：

1. $H_0 : \mu_1 = \mu_2$
2. $H_1 : \mu_1 \neq \mu_2$

經統計結果 $t = 1.06$，查表 $\alpha = .05$ 時，為雙尾檢定，$\dfrac{\alpha}{2} = .025$（即 0.5 − 0.4750）之關鍵值為 1.96，由於計算所得結果（1.06），小於查附錄表下所得數字（1.96），所以接受虛無假設，也就是說甲、乙兩班學生的國語平均成績，並無顯著差異。

第五節　教育研究的相關概念

一、變項

　　變項（variable）又稱為變數或變因，它是指研究者可以變化或分類的項目，例如：性別可以分為男、女；學業成就可以分為高、中、低；教育程度可以分為小學、中學、大學；婚姻狀況可以分為已婚、未婚、離婚。在教育研究中可以選擇幾個重要的變項來探討。因此，變項成為分析的基本單位。以下就變項的形式與變項之間的關係，分別加以說明。

（一）以變項的形式來區分

1. 連續變項

　　凡變項能以連續數值表示者，都稱為連續變項，例如：考試成績、身高、體重、年齡、溫度、聲音強度等都是。連續變項又可分為：(1)等距變項（interval variable），例如：溫度、聲音強度、明暗度；(2)比率變項（ratio variable），例如：重量、長度、時間、面積、體積、速度、身高、體重等。比率變項有絕對零點，也就是所使用的數量都可以從 0 開始起算。

2. 不連續變項

　　凡變項不能以連續數值表示者，都稱為不連續變項，又稱為間斷變項（discrete variable），類別變項或名義變項均屬之，例如：性別、居住地區、婚姻狀況、教學法、教育程度等都是。不連續變項只是用來標示或分類，未具備量尺的條件，例如：身分證號碼、球員制服上的號碼、電話號碼等。

3. 次序變項

　　凡變項只能依大小順序加以排列，但與這些順序間的差異，並無大小數量關係者，皆稱為次序變項，例如：操行成績分為甲、乙、丙、丁；在態度量表上讓受試者對各個問題以「非常同意」、「同意」、「無意見」、「不同意」、「非常不同意」等加以評定，這種量表屬於次序變項。

　　不少研究者將上述態度量表視為等距變項，填答「非常同意」者給 5 分、「同意」者給 4 分、「無意見」者給 3 分、「不同意」者給 2 分、「非常不同意」者給 1 分。但是嚴格來說，這種給分方式是不合邏輯的。舉例來說，「非常不同意」1 分加上「不同意」2 分，會等於「無意見」3 分嗎？兩倍的「不同意」（2 × 2 分 = 4 分）會等於「同意」4 分嗎？

（二）以變項間的關係來區分

1. 自變項

　　自變項是指，一個變項獨立而且不受其他變項影響，因此又稱為獨立變項。在教育研究中，受試者的個人基本資料，例如：性別、年齡、教育程度、婚姻狀況、系別、年級、宗教信仰、居住地區等都屬於自變項。自變項會影響中介變項與依變項。

2. 中介變項

　　受試者內在的心理歷程，例如：動機、焦慮、自卑感、人格、態度等，這些不能觀察的變項稱為中介變項，中介變項是介於自變項與依變項之間的變項。

3. 依變項

　　依變項是受自變項或中介變項影響的變項，自變項或中介變項是因，依變項是果，所以依變項又稱為結果變項或稱為效標變項。

4. 調節變項

凡是影響自變項與依變項關係的變項,稱為調節變項(moderator variable),例如:假設某研究發現,學業性向測驗的得分,在預測男生學業成績比女生成績準確,則學業性向測驗的分數屬於自變項,學業成績為依變項,性別為調節變項,因為性別具有調節該測驗預測效度的功能。在一般教育研究中,性別、年齡、教育程度、社經地位等,也可以當作調節變項。

5. 混淆變項

研究者雖然在研究情境中考慮自變項、中介變項對依變項的影響,但是實際還有其他變項會影響依變項,除了自變項、中介變項之外影響依變項的變項,統稱為混淆變項(confounding variable),例如:影響學業成就(依變項)的變項,除了性別(自變項)、學習動機(中介變項)兩者之外,可能還有智力、父母的期望、學習方法、學習環境、教學方法、身心健康狀況等混淆變項。

二、研究架構

研究架構(research framework)是整個研究的基本藍圖,論文如繪製研究架構,就可以使讀者對該論文有清晰的概念。研究架構由自變項、中介變項、依變項所組成,如果沒有中介變項,只要標明自變項與依變項即可。習慣上將自變項擺在研究架構圖的左邊,中介變項擺在中間,依變項擺在右邊。變項影響的方向以單或雙箭頭表示。假如變項之間有相關存在,則可用雙箭頭來表示。茲舉三個研究題目之架構圖,如圖 2-1、圖 2-2、圖 2-3 所示。

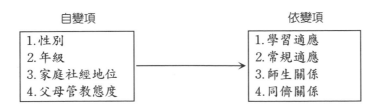

圖 2-1 國小轉學生學校生活適應之研究架構

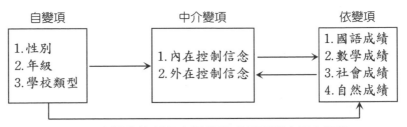

圖 2-2 國中學生控制信念與學業成就關係之研究架構

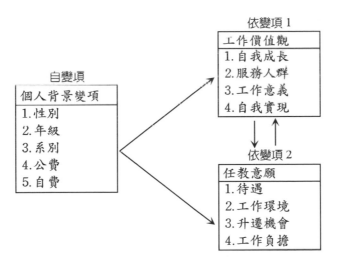

圖 2-3 教育大學學生工作價值觀與任教意願關係之研究架構

▌自我評量 ···

1. 選定研究題目可朝哪些方向進行？試述之。

2. 試述選定研究題目的原則。

3. 選定研究題目有何策略？試述之。

4. 何謂連續變項、名義變項、次序變項？試各舉一例說明之。

5. 試述自變項與依變項的關係。

6. 試擬一研究題目，並說明自變項、中介變項與依變項各為何？

7. 試擬一研究問題，並寫出研究假設。

8. 試擬一研究題目，並繪製研究架構圖。

9. 提出待答問題或研究假設，有哪些原則？

10. 何謂調節變項？試舉一例說明之。

11. 何謂混淆變項？試舉一例說明之。

第三章

文獻探討

 學習目標

學習者研讀本章之後，應能達成下列目標：

1. 了解文獻探討的目的。
2. 明瞭文獻資料的來源。
3. 懂得文獻資料檢索策略。
4. 明白學位論文檢索方法。
5. 了解圖書、期刊檢索方法。
6. 懂得由書目和索引資料找到原文。
7. 知道文獻的範圍與蒐集方法。
8. 明白文獻探討的步驟。

前置綱要

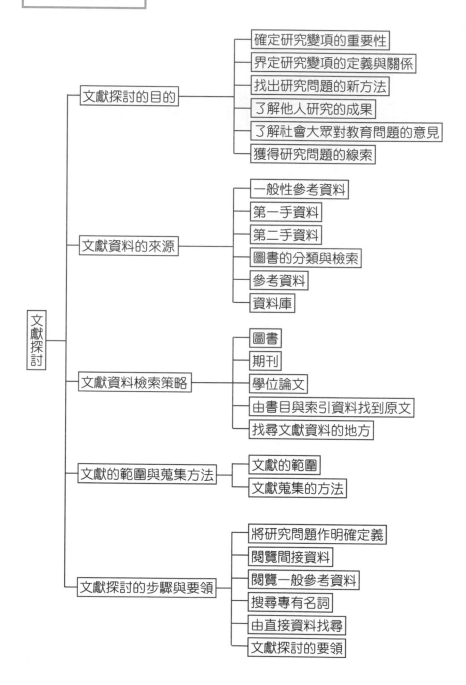

- 文獻探討
  - 文獻探討的目的
    - 確定研究變項的重要性
    - 界定研究變項的定義與關係
    - 找出研究問題的新方法
    - 了解他人研究的成果
    - 了解社會大眾對教育問題的意見
    - 獲得研究問題的線索
  - 文獻資料的來源
    - 一般性參考資料
    - 第一手資料
    - 第二手資料
    - 圖書的分類與檢索
    - 參考資料
    - 資料庫
  - 文獻資料檢索策略
    - 圖書
    - 期刊
    - 學位論文
    - 由書目與索引資料找到原文
    - 找尋文獻資料的地方
  - 文獻的範圍與蒐集方法
    - 文獻的範圍
    - 文獻蒐集的方法
  - 文獻探討的步驟與要領
    - 將研究問題作明確定義
    - 閱覽間接資料
    - 閱覽一般參考資料
    - 搜尋專有名詞
    - 由直接資料找尋
    - 文獻探討的要領

本章摘要

1. 文獻探討有六個目的：(1)確定研究變項的重要性；(2)界定研究變項的定義與關係；(3)找出研究問題的新方法；(4)了解他人研究的成果；(5)了解社會大眾對教育問題的意見；(6)獲得研究問題的線索。

2. 大多數教育研究的文獻資料，可以從圖書與參考資料來尋找，其中參考資料包含：(1)教育索引；(2)摘要；(3)百科全書；(4)期刊、雜誌等。

3. 圖書可以利用圖書館自動化系統檢索，含作者檢索、書刊名檢索、關鍵字檢索。

4. 期刊找尋方法有：(1)找中華民國期刊論文索引；(2)Flylink 光碟資料庫；(3)以網路連線到中華民國期刊論文索引影像系統；(4)使用國科會之全國科技資訊網路；(5)使用國家圖書館新到期刊目次服務系統；(6)使用 ERIC 資料庫；(7)使用 ProQuest 線上全文影像資料庫。

5. 中文學位論文有三種查詢方法：(1)利用圖書館中華博碩士論文光碟；(2)透過網路連線進入國家圖書館台灣博碩士論文知識加值系統；(3)透過電腦網路連線，進入國科會 SCICNET 博碩士論文資料庫。

6. 英文學位論文可利用圖書 DAO 光碟資料庫，並透過圖書館的線上資料庫 UMI ProQuest 北美博碩士論文檢索系統查詢。

7. 欲購買國外的博碩士論文，可以進入圖書館線上資料庫 UMI ProQuest 北美博碩士論文檢索系統，以信用卡付費，以 PDF 檔案傳送至您的 E-mail 信箱。

8. 文獻盡量找尋第一手資料。

9. 文獻蒐集有六種方法：(1)互助法；(2)追溯法；(3)綿延法；(4)人工檢索法；(5)電腦線上檢索法；(6)向圖書館員諮詢。

10. 文獻探討有五個步驟：(1)將問題作明確定義；(2)閱覽間接資料；(3)閱覽一般參考資料；(4)搜尋專有名詞；(5)由直接資料找尋。

　　研究者在確定研究題目之後，要廣泛蒐集與研究問題有關的文獻資料，並將文獻詳加閱讀、整理、歸納及分析，然後再根據前人研究的得失，或以他人的理論為基礎，提出明確的待答問題或研究假設，再進行研究設計。

　　大多數的教育研究題目都可以找到國內外相關文獻，由前人的研究成果可作為吾人研究的借鏡。文獻探討（literature review）又稱文獻回顧，是教育研究工作中相當重要的一環。本章將分別就文獻探討有關的問題加以說明。

第一節　文獻探討的目的

　　文獻可分為主要資料（primary source）與次要資料（secondary source），前者又稱為第一手資料，這種資料由原作者報導自己的研究發現，又稱為直接資料或原始資料；後者又稱為第二手資料，這種資料是讀者間接從他人的論著中，看到其報導原作者的作品。由於教育研究大都很難找到第一手文獻資料，因此文獻探討以第二手資料居多。大多數教育學和心理學教科書的內容，屬於第二手資料。

　　文獻探討前最好先找尋主要資料，這些資料可以由教科書的參考文獻中去尋找，也可以從個人日記、函札、錄音、手稿等方面去尋找。由文獻探討可以知道前人的研究成果有何得失，以作為自己研究的殷鑑。研究者從參考前人的文獻資料作為研究的參考，可以使研究計畫更周詳、研究成果更豐碩。文獻探討至少具有以下幾個目的：

一、確定研究變項的重要性

　　研究者由文獻探討的結果，可以了解哪些變項比較重要值得研究，這樣有助於提出更合適的研究題目以及研究問題。

二、界定研究變項的定義與關係

從文獻探討可以對研究變項作操作型定義（operational definition），同時可以釐清各個變項之間的關聯。

三、找出研究問題的新方法

研究者在探討文獻之後，可以發現過去的學者對教育問題的研究方法是合適當，進而尋找出更新的研究方法。

四、了解他人研究的成果

研究者在文獻探討過程中，充分閱讀相關文獻之後，就能夠了解某一個領域的研究成果，這樣可以避免重複前人的研究，也不致於花太多時間去研究一些不重要的問題。

五、了解社會大眾對教育問題的意見

文獻探討除了學術性論文之外，也涵蓋報章、雜誌、電視等大眾傳播的內容，由這些大眾傳播媒體，可以得知社會大眾所關心的或爭議性的教育問題，這些問題可以作為研究者判斷是否有研究價值的參考。

六、獲得研究問題的線索

一般研究論文最後一章為研究結論與建議，作者大都會提出進一步研究的建議，從作者的建議可以找尋適合自己研究題目的線索。

第二節　文獻資料的來源

一、一般性參考資料

　　教育研究者在進行研究時，可以先從一般性參考資料，去搜尋與研究題目或研究問題有直接相關的資料，例如：書籍、論文、專論等都屬於一般性參考資料，索引（index）是最常用的一般性參考資料，從索引可以找到論文的作者、題目、出版地點，例如：《當代教育雜誌索引》（Current Index to Journals in Education，簡稱 CIJE）。另外，摘要（abstracts）有簡短描述出版品的內容，而且也有作者、題目、出版地點，例如：Educational Administration Abstracts 。

二、第一手資料

　　第一手資料通常由原作者報導自己的研究發現，又稱為主要資料、直接資料或原始資料，從期刊（Journal），例如：*Journal of Educational Research*、*Journal of Research in Science Teaching*、*Journal of Educational Psychology* 等，可以找到第一手資料。研究者如果想詳細了解他人已經做過的研究資料，從事文獻探討之前，可以先搜尋第一手資料，這些資料可以由教科書的參考文獻中去尋找，也可以從個人日記、信函、錄音、手稿等方面去尋找。

三、第二手資料

　　第二手資料又稱為次要資料，這種資料是讀者間接引用他人的論著、教育百科全書、研究評論（research review）、年鑑（yearbook）或教科書的資料。使用第二手資料者，大都沒有說明其引用資料是第幾手的，第二手資料轉述者因其報導資料非第一手資料，因此其報導

未盡可信。第二手資料通常不像第一手資料那樣真實可靠，假如研究者所探討的文獻是第二手或更多手資料，轉述的次數愈多，臆測的成分也愈大，資料真實性受到扭曲的程度愈高，其可信度也愈低，所以該文獻就值得深入探討。

四、圖書的分類與索閱

（一）圖書分類系統

　　文獻資料以圖書館收藏的居多，各圖書館的典藏資料不一，教育類的資料以各師範大學較多。國內碩士或博士論文的收藏數量，以國立政治大學社會科學資料中心較多也較齊全。我國國家圖書館所典藏的各類圖書以及參考資料，數量居各圖書館之冠。一般圖書館中西文圖書均有分類，方便讀者找尋。其中，中文方面有「中國圖書分類法」或「中國圖書十進分類法」，這兩種分類系統均以數字代表類目，各將圖書分為十大類；西文方面有「杜威十進分類法」與「美國國會圖書館分類法」等兩大系統。其中「杜威十進分類法」將知識領域分為十大類，全部以數字表示，每類再依十進法細分。至於「美國國會圖書館分類法」，將圖書分為 21 類，每一類均以英文字母為標記，每一類再細分為若干類。

（二）圖書的目錄與卡片

　　一般圖書館為了方便讀者索閱，將圖書資料編成圖書目錄，該目錄分為作者、書名、主題等三種目錄，中文依筆劃數的多寡來排列，英文則按字母順序排列，由目錄卡就可以找到所需要的圖書，假如有疑難問題，可以洽詢圖書館館員。此外，近年來我國圖書館大都將圖書目錄納入電腦自動化管理系統，借書者不必到目錄櫃查閱目錄卡，可以直接從電腦上找圖書目錄資料，再憑索書號碼到書庫去找書。

五、參考資料

除了圖書之外，利用參考資料也有助於找到文獻資料，參考資料有很多種。以下簡述一些研究者常使用的資料。

（一）索引

索引是找尋文獻資料的重要線索。目前教育研究者常使用的中英文索引如下。

1. 中文部分

(1)教育論文索引。

(2)中文報紙論文分類索引。

(3)中文期刊論文分類索引。

(4)中華民國期刊論文分類索引。

(5)中文報章雜誌科技論文索引。

(6)中國近二十年文史哲論文索引。

(7)中文期刊人文暨社會科學分類索引。

(8)近三十年來我國特殊教育論文索引。

(9)三十年來我國輔導學圖書摘要與論文索引。

2. 英文部分

(1)教育索引（Education Index）。

(2)體育索引（Physical Education Index）。

(3)商業教育索引（Business Education Index）。

(4)自然科學引證索引（Science Citation Index，簡稱 SCI）。

(5)社會科學引證索引（Social Science Citation Index，簡稱 SSCI）。

(6)美國教育資源中心（Educational Resources Information Center，簡稱 ERIC）所編的當代教育雜誌索引（CIJE）與教育資源（Resources in Education，簡稱 RIE）。

(7)關鍵字索引（Keyword Index）。

（二）摘要

摘要是文獻的簡要內容，研究者為了節省閱讀文獻的時間，只要參閱文獻摘要就可以初步篩選所需要的文獻資料。中文方面的教育文獻摘要與英文方面的教育、心理、社會等摘要如下。

1. 中文方面的摘要

(1)國科會研究獎助費論文摘要。

(2)特殊教育圖書論文摘要。

(3)中國學前教育研究摘要。

(4)教育期刊論文摘要（由國立台灣師範大學圖書館所編），細分為以下 16 類：

①教育學總類　　　⑨高等教育

②教育社會學　　　⑩社會教育

③教育行政　　　　⑪體育

④學前教育　　　　⑫特殊教育

⑤國民教育　　　　⑬科學教育

⑥中學教育　　　　⑭藝術教育

⑦職業教育　　　　⑮語文教育

⑧師範教育　　　　⑯大陸地區教育

(5)博士論文摘要（由行政院國科會科技資料中心編印）。

2. 英文方面的摘要

(1)Sociological Abstracts（社會學摘要）

(2)Psychological Abstracts（心理學摘要）

(3)Child Development Abstracts（兒童發展摘要）

(4)Educational Administration Abstracts（教育行政摘要）

(5)Dissertation Abstracts International（國際博士論文摘要）

（三）百科全書

百科全書（encyclopedia）包含各學科領域的知識，研究者在初步涉獵某一個領域的知識時，參考百科全書可以得到概括性的了解。中文方面的百科全書有：中華百科全書、中國大百科全書、中華文化百科全書、環華百科全書、現代休閒育樂百科全書、大華百科全書、大美百科全書、大英科技百科全書等。另外，雲五社會科學大辭典、張氏心理學辭典、社會工作辭典等，也具有相似的功能。至於英文方面與教育比較有關的百科全書如下：

1. The Encyclopedia of Education
2. Encyclopedia of Educational Research
3. Encyclopedia of Educational Evaluation
4. Encyclopedia of Science Technology
5. International Encyclopedia of Education
6. International Encyclopedia of Science Education

（四）期刊、雜誌

期刊是定期的刊物，可分為年刊、半年刊、季刊、雙月刊、月刊、半月刊、週刊等。以雜誌為主的刊物，國內外教育雜誌就有數百種，其內容除了介紹新知識之外，也刊載當前教育問題或實證性研究。中文的期刊雜誌與教育相關的有：中華心理學刊、測驗與輔導學刊、各大學學報或研究所出版的集刊、國教天地、國教輔導、師友、測驗學刊、教育資料集刊、教育與心理測驗彙編、中華民國教育年鑑、中華民國教育統計等。

至於英文方面常用的教育專業期刊如下：

1. Administrative Science Quarterly
2. Adult Education
3. American Educational Research Journal

4. British Journal of Educational Psychology

5. Child Development

6. Comparative Educational Review

7. Educational and Psychological Measurement

8. Education Administration Quarterly

9. Educational Researcher

10. Elementary School Journal

11. International Journal of Aging and Human Development

12. International Journal of Behavioral Development

13. International Journal of Social Education

14. International Review of Education

15. Journal of Adolescent Research

16. Journal of Counseling and Development

17. Journal of Cross-Cultural Psychology

18. Journal of Educational Psychology

19. Journal of Educational Measurement

20. Journal of Educational Research

21. Journal of Educational Sociology

22. Journal of Experimental Education

23. Journal of Psychology

24. Journal of Research in Childhood Education

25. Journal of Research in Mathematics Education

26. Journal of Research in Music Education

27. Journal of Research in Science Teaching

28. Journal of School Psychology

29. Journal of Social Psychology

30. Mental Measurements Yearbooks

31. Psychological Bulletin

32. Psychological Review

33. Research Quarterly for Exercise and Sport

34. Review of Educational Research

35. Review of Research in Education

36. Sociology of Education

37. Sociology of Social Research

38. School Science and Mathematics

39. Teachers College Record

40. Test Critiques

41. Yearbook of Education

42. Theory and Research in Social Education

六、資料庫

（一）教育論文線上資料庫

　　教育論文線上資料庫（Educational Documents Online，簡稱 EdD Online；http://140.122.127.251/edd/edd.htm）。此資料庫相當於中文的 ERIC。資料內容涵蓋 1957 年至今登載於中文期刊、學報、報紙、論文集等之教育性論文，及各師範校院與各教育大學、相關學會及出版社之連續性刊物與研討會資料等教育學各領域。其中具著者授權的文獻原文，可直接點選以 PDF 程式觀看、列印、儲存，但需先下載 PDF 看圖程式。未獲作者授權的文獻可向館內申請線上文獻傳遞的服務，讀者需先申請帳號，經圖書館確認後即可提出申請。

（二）國家教育研究院《教育論文全文索引資料庫》

　　教育論文全文索引資料庫（http://192.192.169.230/edu_paper/index.htm）收錄內容包括自 1971 年迄今典藏之教育論文索引及已取得授權之全文，1989 年迄今國內 20 種報紙索引、近年重要教育文獻索引（如

中華民國教育年鑑、教育年報、教育報告書等）／全文、教育學術研討會論文及大陸教育期刊 61 種索引等資料，提供電子全文及全文影像服務。已取得著作權人授權之文獻，可經由 Internet 於線上直接瀏覽、下載。另提供教育專題選粹服務（Selective Dissemination of Information，簡稱 SDI），使用者可自行選擇依期刊別或依主題訂閱；系統定期將相關新資訊及期刊目次傳送到使用者電子郵件信箱，以便即時掌握最新教育資訊。

第三節　文獻資料檢索策略

近年來由於科學技術一日千里，教育研究者檢索文獻資料相當迅速便捷。以下簡述圖書、期刊、學位論文檢索方法，以及如何由書目和索引資料找到原文。

一、圖書

研究者可以利用圖書館自動化系統，使用圖書館線上公用目錄 URICA（Universal Real-Time Information Control & Access）的方法，來找尋所需要的圖書資料。

（一）作者檢索

首先要知道與研究主題相關的學者專家、組織機構之名稱，將名稱輸入電腦，如係英文之機構，其名稱中若有介系詞或冠詞，都要一併輸入。

（二）書刊名檢索

檢索者輸入書刊名的前幾個字或完整的書名，就能查到所要的書刊資料。

（三）關鍵字檢索

　　檢索者可以直接輸入中文或英文關鍵字（key word），利用「or」擴大檢索範圍，利用「and」縮小檢索範圍，使用「not」可以增加檢索結果的精確性。假如找到的資料太少，可以改用廣義詞作為關鍵字。反之，假如找到的資料太多，則可能所使用的關鍵字不適當，最好改用較狹義或較專精的字彙作為關鍵字。

二、期刊

　　雖然找尋期刊資料比圖書複雜，但是可以採用以下幾個方法：

1. 在圖書館首頁點選資料庫檢索，找到中華民國期刊論文索引、Flylink光碟資料庫，或以網路連線到國家圖書館的中華民國期刊論文索引影像系統，該系統由國家圖書館期刊文獻中心所建立，資料庫收錄台灣與部分港澳地區出版的中西文期刊與學報，大約 2,700 種，資料涵蓋各學科領域，本網頁提供約 25 萬筆各類期刊論文篇目，檢索者由期刊論文之篇名、作者、關鍵詞、刊名、出版日期等，就可以查詢到所需要的期刊論文資料。此系統並連結國家圖書館數位化期刊影像資料庫，以及網路期刊電子全文，提供論文原文傳送服務。使用者經由文獻傳送申請、自動傳真、列印服務等，就可即時取得所需要的論文。

2. 使用行政院國科會科學技術資料中心，所建立的全國科技資訊網路，該網路旨在建立整合性資訊查詢系統，供國內各單位資料庫與自國外引進資料庫能廣泛交流，目前提供三十餘種資料庫，以統一查詢方式供讀者查詢。

3. 國家圖書館新到期刊目次服務系統，提供讀者期刊目次瀏覽、期刊篇目查詢、期刊網址連結與網路期刊電子全文等資訊。本系統具有「訂閱期刊目次」的功能，讀者藉由文獻傳送服務申

請，選訂某些特定期刊之目次，此系統會將該期刊之最新卷
期、目次，傳真或 E-mail 給申請者。

4.國立台灣師範大學圖書館教育文獻摘要資料庫，收錄自 1957 年
迄今之期刊、學報、研討會論文集、報紙等資料。此資料庫能
提供作者、書名、刊名、篇名、年份、關鍵詞、摘要、編號等
檢索欄位供查詢，查詢結果可以列印、存檔或傳送至個人電子
郵件信箱。

5.已實施圖書館自動化系統服務的學校，學生可在圖書館首頁點
選資料庫檢索，找到中文圖書資訊學文獻摘要資料庫，或是以
網路連線至國家圖書館資訊學文獻摘要資料庫。

6.使用 ERIC 資料庫。ERIC 資料庫係由美國教育部教育資源中心
所蒐集，成為自 1966 年迄今之教育方面的資料庫。該資料庫為
社會科學領域中最著名的國際級資料庫，其主題包括以下 16 大
類：

(1)成人與職業教育。

(2)諮商與學生輔導。

(3)教育評鑑與評量。

(4)閱讀與溝通技巧。

(5)教育管理。

(6)特殊教育。

(7)語言與語言學。

(8)高等教育。

(9)資訊與科技。

(10)小學與學前教育。

(11)鄉村與偏遠學校教育。

(12)科學、數學與環境教育。

(13)社會研究與社會科學教育。

(14)教學與師資教育。

(15)都市教育。

(16)社區學院。

由 ERIC 資料庫所查到的資料，均附有摘要資料，使用者可透過網路連線查詢，網址為：http://www.accesseric.org/searchdb.html

7. ProQuest 線上全文影像資料庫，該資料庫涵蓋以下兩個資料庫：

(1)教育全文資料庫（Education Plus Text），共收錄數百種期刊、年鑑與專論。收錄有學前教育、初等教育、高等教育與成人教育等領域的資訊，這些資料的範圍幾乎涵蓋現今所有教育學者所關心的主題。

(2)職業教育資料庫（Professional Education Collection），共收錄數百種期刊，索引資料自 1994 年迄今，其中包括期刊全文、全文影像與圖文影像。

三、學位論文

　　1994 年以前國內收藏博碩士論文數量最多、歷史最悠久的機構，首推國立政治大學社會科學資料中心，其次是國家圖書館，讀者可利用 web opac 查詢自己所需要的博碩士論文，如果能查得到，再自行前往閱覽。除了上述兩個收藏處所之外，各大學圖書館或研究所，也有收藏該校或他校之博碩士論文。

　　凡是要找尋博、碩士論文資料，首先必須知道論文的撰寫者、論文題目、畢業學校以及畢業的年月，上述資料愈豐富完整，愈有利於資料的轉錄或列印。以下分別說明中英文博碩士論文的查詢方法。

（一）中文的學位論文

1. 利用圖書館中華博碩士論文光碟

　　中華博碩士論文檢索系統，收錄中國人攻讀博碩士論文之學位論

文及索引、摘要，涵蓋台灣、中國、香港以及美國、加拿大等地區各大學研究所，收錄範圍台灣部分自 1960 年起，目前收錄 59 所大專校院之博碩士論文；美國、加拿大地區收錄 1920 至 1988 年 377 所大學之華人博、碩士論文，均有摘要。

2. 透過電腦網路連線，進入國家圖書館台灣博碩士論文知識加值系統

國家圖書館自 2000 年 2 月 22 日起，在全國博碩士論文摘要檢索系統中，提供已經獲得授權之博碩士論文電子全文檔案，在點選電子全文下載後，依螢幕所顯示之提示訊息完成線上註冊，就可以免費下載利用。

3. 透過電腦網路連線，進入國科會 SCICNET 博碩士論文資料庫

該資料庫收錄各大學校院畢業之博碩士班研究生，授權該中心之學位論文，使用者在確認所需要的論文之後，可以向該中心申購所需要的論文。

（二）英文的學位論文

讀者假如要找尋英文之學位論文，可以利用圖書館 DAO 光碟資料庫，並且透過圖書館的線上資料庫 UMI ProQuest 北美博碩士論文檢索系統，查詢與研究主題相關之博碩士論文。此外，ProQuest 數位博士論文摘要資料庫，可以查詢自 1861 年起美加地區博士論文摘要，本資料經由 Digital Island 連線 Bell & Howell 美國網站檢索。

四、由書目與索引資料找到原文

由國家圖書館全國圖書聯合目錄，或中正大學圖書館整合書目查詢，利用圖書館首頁之館際合作系統進行線上註冊，等待個人資料審核通過後，就可填寫線上館際合作申請清單，等候圖書館通知前往取件。

　　假如需要英文資料，可以透過 Uncover 或進入電腦線上圖書館中心（Online Computer Library Center，簡稱 OCLC）之 First Search 線上訂購全文，就可以在短時間之內（最快 24 小時）收到原文傳真。國家圖書館的遠距圖書服務，也有提供若干中文期刊全文複印服務。此外，全國科技資訊網路（STICNET）也提供全文複印服務。

　　如果讀者想要購買國外的博碩士論文，可以進入圖書館線上資料庫 UMI ProQuest 北美博碩士論文檢索系統，憑信用卡支付費用，以 PDF 檔案傳送至您的 E-mail 信箱，需下載 Acrobat Reader 閱讀全文。也可以透過一些圖書代理商、書局或出版社代為購買，或請科技部。此外，也可以直接向 University Microfilms International, Ann Arbor, MI 購買。

五、找尋文獻資料的地方

　　教育研究者除了利用電腦來找尋資料之外，尚可親自到以下有關單位去搜尋，有時也可以得到許多研究所需的文獻資料。

　　1. 國家圖書館。
　　2. 各大學圖書館。
　　3. 中國輔導學會。
　　4. 台灣心理學會。
　　5. 國立台灣教育資料館。
　　6. 省（市）立圖書館。
　　7. 鄉、鎮、區圖書館。
　　8. 文化中心圖書館。
　　9. 教育相關的學會。
　　10. 國立政治大學社會科學資料中心。
　　11. 各大學教育、心理、諮商、輔導、家政、企管、社會、犯罪防治等學系或研究所。

第四節　文獻的範圍與蒐集方法

一、文獻的範圍

　　教育研究者常會遇到哪些文獻應蒐集與探討的問題？事實上文獻探討的範圍並沒有固定的公式可循，最好先廣泛蒐集與研究問題有關的文獻，例如：研究問題為「國中校長工作壓力如何？」這時可先蒐集與國中校長工作壓力有關的文獻，如果這方面的文獻不多，便可擴大範圍，如高中校長、國小校長工作壓力相關的文獻，也都應加以蒐集，除了國內的文獻之外，也應蒐集外國相關文獻。假如所要蒐集的文獻很多，則可以選取具有代表性的文獻來做深入探討。另外，假如研究問題新穎，找不到第一手資料，甚至第二手資料也很少，這時研究者應將文獻探討的範圍擴大，只要與研究問題略有關係的文獻都可以納入，這樣就可以取得較多的文獻了。

二、文獻蒐集的方法

　　文獻資料蒐集有以下六種方法（Cooper, 1982）。

（一）互助法

　　互助法可以由同一研究領域的伙伴彼此互相幫助，也可以由不同領域的研究伙伴相互幫忙。大體來說，同一個領域的研究伙伴所蒐集到的資料，範圍大同小異，為了使資料蒐集達到滴水不漏和無遺珠之憾的地步，有時請不同領域伙伴相互支援，更能蒐集到所需要的資料，例如：研究教育史方面的問題，可以請歷史學家幫忙；研究教育社會學方面的題目，可以請社會學者協助；研究教育行政方面的問題，可以請企業管理或公共行政的學者，提供有關這個領域的文獻資料。

（二）追溯法

先從最新的文獻開始蒐集，由這些文獻所附的參考文獻去找尋相關文獻，再從這些相關文獻所附參考文獻去尋找相關文獻，這樣一直追溯以前的文獻，就可以找到許多文獻資料了。

（三）綿延法

先從研究問題所屬領域的重要文獻下手，例如：由社會科學引註索引或教育索引，蒐集引用這些文獻後來的所有文獻資料。

（四）人工檢索法

以人工的方式，從圖書、期刊、摘要、雜誌、學報等方面去搜尋。

（五）電腦線上檢索法

依據圖書館所標示的操作程序，利用光碟資料庫或在網際網路（Internet）電腦線上檢索，研究者可進入國家圖書館（網址為：http://www.ncl.edu.tw）的資料庫，檢索所需要的資料，這種方法可以迅速找到完整的文獻。

（六）向圖書館員諮詢

圖書館專業人員可協助尋找相關文獻，例如：使用索引資料庫、光碟資料、線上資料庫、搜尋關鍵字、碩（博）士學位論文、期刊雜誌等，不但有助於完整的資料搜尋，而且可節省許多時間、人力與物力。

第五節　文獻探討的步驟與要領

　　在進行文獻探討時，中文部分由於尚未全面建立資料庫，無法完全以電腦來檢索，研究者只能依據本章第二節有關中文文獻資料來源，進行地毯式搜尋。至於英文的文獻方面，可以依照以下步驟來檢索，相當快速便捷。

一、將研究問題作明確定義

　　研究者在進行文獻資料蒐集之前，應盡可能將研究問題作明確界定。例如：「何種教學方法最好？」這個問題就不夠明確，如果改成：「建構式教學法對數學科教學的效果如何？」就比較明確。

二、閱覽間接資料

　　教育研究常使用的間接資料如下：

1. Encyclopedia of Educational Research：該百科全書包含 300 篇以上的教育論題，是研究教育問題簡要綜覽的最佳來源。

2. Handbook of Research on Teaching：該教學研究手冊包含有關教學的文章，這些文章大都由各個領域的教育學者所撰寫。

3. Review of Educational Research：此教育研究評論每年出版四次，是一種包含各種教育研究論文評論的雜誌。

4. National Society for the Study of Education Yearbook：這是每年出版的年鑑，有最新教育研究的文章，每冊包含 10 到 12 章。美國教育研究年鑑協會，也出版許多現代教育研究方面的文章。

5. Review of Research in Education：這是教育研究評論，每年出版一次，評論內容大都以調查研究方面的文章為主。

6. Subject Guide to Books in Print：這是書籍主題的指南。

三、閱覽一般參考資料

1. Education Index：教育索引每月出版一次，該索引只提供作者、標題以及出版地，研究者在文獻探討時最常閱覽 Current Index to Journals in Education，比較能夠得到更多的教育資訊。

2. Psychological Abstracts：心理學摘要由美國心理學會每月出版一次，涵蓋許多心理學方面的雜誌、報告及專論，有些與教育有關。

3. Resources in Education：教育資源由教育資源中心每月出版一次，其內容主要有教育學術會議、美國州政府教育局出版的文件、聯邦基金研究計畫、學校研究報告、政府委託研究報告等。

4. Current Index to Journals in Education：當代教育雜誌索引由ERIC每月出版，該索引的內容包含 Resources in Education 以外的雜誌，這些雜誌內容涵蓋世界各國教育學者所提供的教育研究資訊。

5. Sociological Abstracts：社會學摘要的性質與心理學摘要相似，它提供社會學方面的參考文獻和摘要。

6. Exceptional Child Education Resources：這是特殊兒童教育資源，由特殊兒童學會出版，每期包含 200 篇以上的特殊兒童雜誌，該資源提供作者、標題及標題索引。

7. Dissertation Abstract International：國際博士論文摘要，簡稱DAI，該摘要的內容包含美國和加拿大約 500 所大學的博士論文。DAI 包含兩部分，A 部分為人文、社會科學與教育；B 部分包含生理、工程、心理學等領域。

8. Keyword Title Index：這是關鍵字標題索引。研究者由研究問題的關鍵字索引，就可以找到許多相關的資料。

9. Dissertation Abstracts Ondisc：博士論文摘要光碟，可以提供研究者由電腦找尋博士論文之關鍵字、標題、作者。

四、搜尋專有名詞

研究者找尋研究問題中重要名詞的相關資料。例如：研究小學轉學生行為困擾的情形如何？該問題中行為困擾（behavior disturbance）就是專有名詞，在找尋時相似的英文，例如：behavior disorder、behavior adjustment、behavior adaptation 等方面的資料均應閱讀。

五、由直接資料找尋

（一）專業性期刊雜誌

從各師範大學、教育大學教育研究所或各大學的學報或教育研究集刊，或與教育有關的期刊雜誌，分別下手去找尋。

（二）研究報告

許多政府機關、企業機構、社會團體研究計畫的成果報告，均值得參考。

（三）找尋直接資料的來源

許多教育方面的作者直接資料，在 RIE 或 Psychological Abstract 中，或是在美國名人錄（Who's Who in American）中，都可找得到。

（四）閱讀直接資料

1. 先閱讀摘要。
2. 在筆記上端記下參考文獻。
3. 記下文章要點，例如：摘要、緒論、研究問題、文獻、研究目的或研究假設、研究過程、研究結論與建議。

六、文獻探討的要領

文獻探討並非將所蒐集到的文獻資料全部呈現出來，文獻探討宜注意以下原則：

1. 文獻資料應涵蓋與研究問題或研究假設有關的重要文獻。

2. 依文獻的年份先後、中外學者的觀點或文獻的性質，分別加以整理、分類（最好以表格呈現）、歸納，以達到去蕪存菁的效果。

3. 文獻資料不宜太陳舊，不可遺漏近幾年的文獻。

4. 凡與研究問題相關的文獻，都必須詳加閱讀。

5. 凡文獻內容、觀點或研究發現不一致者，研究者應加以批判，並且推論可能的原因。

6. 文獻不宜只參閱第二手或第三手資料，最好閱讀第一手資料。

7. 凡在文獻探討中所提及的參考的資料，都必須在參考文獻或參考書目中，完整呈現出來。

▌自我評量

1. 試說明文獻探討的目的。

2. 文獻參考資料的來源為何？

3. 如何利用圖書館自動化系統檢索？

4. 找尋期刊資料有哪些方法？

5. 學位論文資料如何查詢？

6. 文獻蒐集有哪些方法？

7. 文獻探討的步驟為何？

8. 文獻探討宜注意哪些原則？

9. 試利用網際網路查索有關多元智能（multiple intelligence）的文獻。

10. 如何找到用英文撰寫的學位論文？

第四章

抽樣的方法

 學習目標

學習者研讀本章之後，應能達成以下目標：

1. 了解抽樣的基本概念。
2. 了解隨機抽樣法並懂得操作方法。
3. 明白各種隨機抽樣方法之利弊及適用時機。
4. 明瞭非隨機抽樣法的種類與適用時機。
5. 知道決定採用大樣本時機。
6. 了解決定樣本大小的原則。
7. 能分辨採用小樣本的時機。
8. 懂得如何估計樣本的大小。

前置綱要

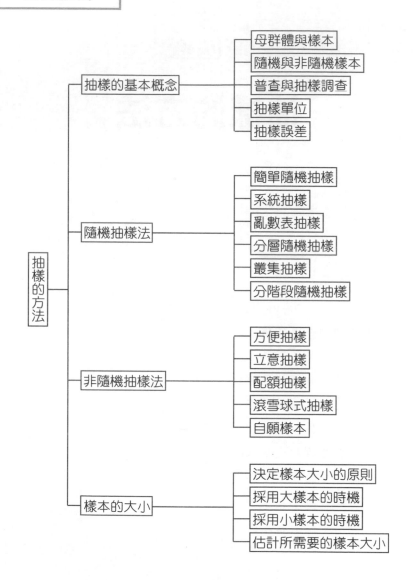

本章摘要

1. 母群體可分為目標母群體與容易取得母群體。

2. 樣本可分為隨機樣本與非隨機樣本。

3. 隨機抽樣法有六種：(1)簡單隨機抽樣；(2)系統抽樣；(3)亂數表抽樣；(4)分層隨機抽樣；(5)叢集抽樣；(6)分階段隨機抽樣。

4. 非隨機抽樣法有五種方法：(1)方便抽樣；(2)立意抽樣；(3)配額抽樣；(4)滾雪球式抽樣；(5)自願樣本。

5. 採用大樣本有七個時機：(1)當有許多不可控制的因素存在時；(2)當預知會產生差異或相關不顯著時；(3)當研究組別必須分成次要組別時；(4)當受試者參與研究的意願不高時；(5)當要求提高統計考驗力時；(6)當母群體中的個體，具有很高的異質性時；(7)當研究的信度偏低時。

6. 小樣本適用於角色扮演、深度晤談、投射測驗、個案研究。

7. 在進行相關研究，人數愈少時，相關係數要愈大，才能說兩個變項之間有相關存在。

　　教育研究者常需要調查研究對象的意見或態度，可是由於情境的
限制，使得研究者無法對研究對象的母群體（population）全部加以調
查，只能抽取一部分具有代表性的樣本（sample）加以分析，然後由
樣本的資料推論到母群體，只要抽樣方法正確，就可以由樣本的資料
對母群體作有效的推論。本章將就教育研究常用的抽樣方法，來加以
說明。

第一節　抽樣的基本概念

一、母群體與樣本

　　母群體是指全部研究對象（又稱為受試者），例如：研究題目為
「台北市國中教師教學態度之研究」，則母群體為進行研究時，台北
市公私立國民中學全體在職教師。惟國中教師是否涵蓋實習教師、代
理或代課教師等，也應進一步加以界定。

　　母群體內所有個體具有相同的特徵，但是該特徵與其他團體不
同。在教育研究方面，母群體大都為一群學生、教師或其他對象。母
群體可以分為目標母群體（target population）與容易取得母群體（ac-
cessible population）兩種，前者是指研究者希望推論的群體，例如：
台灣地區國小學生就是目標母群體，這種母群體比較不容易取得。至
於容易取得母群體是研究者為了研究方便，將母群體縮小，像是台南
市國民小學學生就是容易取得的母群體。

　　一般從事教育調查研究時，由於受到研究者人力、財力及時間的
限制，不能對母群體作深入研究，只能從母群體中抽取一部分個體加
以調查，再由調查資料作為探究母群體的依據，則這些部分資料稱為
樣本，例如：自台中市抽取 500 名國中生，研究其休閒生活態度，則
這 500 名國中生就是樣本。

樣本是否具有代表性，需視抽樣方法是否適當，樣本大小是否夠大以及研究者是否能精確從樣本得到所期望的資料而定。

二、隨機與非隨機樣本

隨機樣本（random sample）是依據隨機抽樣原理所抽取的樣本，這種樣本對母群體具有代表性。非隨機樣本（nonrandom sample），係指該樣本不是由隨機抽樣而來，研究者為了研究方便，依據其經驗、需要或方便來抽取的樣本，這種樣本對母群體比較沒有代表性。

三、普查與抽樣調查

當樣本就是母群體中的每一個體時就是普查（complete census）。在教育研究中比較少採用普查，因為這種調查人數眾多，所需經費與時間都相當可觀，所以大都由政府機構實施之。在教育研究時，大多數研究者採用抽樣調查，如果抽樣方法正確，樣本對母群體就有很高的代表性。抽樣的方法可分為隨機抽樣（random sampling）與非隨機抽樣（nonrandom sampling）。前者又稱為機率抽樣，後者又稱為非機率抽樣。

四、抽樣單位

抽樣單位（sampling unit）是指被抽取樣本的最小單位，抽樣單位又稱樣本點，該單位可以是個人、學校、家庭或機構，例如：從台中市 29 個行政區中，隨機抽取一個行政區，再從該行政區隨機抽取一所國民小學，則上述之國民小學就是抽樣單位。

五、抽樣誤差

抽樣誤差（sampling error）是指所抽取的樣本與母群體之間的差異，抽樣誤差愈小，樣本愈能代表母群體。

第二節　隨機抽樣法

　　教育研究者常採用隨機抽樣法來進行調查研究。隨機抽樣法可分為：簡單隨機抽樣（simple random sampling）、系統抽樣（systematic sampling）、亂數表（random table）抽樣、分層隨機抽樣（stratified random sampling）、叢集抽樣（cluster sampling）及分階段隨機抽樣等。茲簡述如下：

一、簡單隨機抽樣

　　簡單隨機抽樣是最基本的抽樣方法，在進行簡單隨機抽樣之前，需將母群體中的每一個個體都編一個號碼，例如：母群體總共有 700 人，則自第 1 號編到 700 號，在每一張紙上或每一個小球上寫上一個號碼，然後將這些紙張或小球放入箱子內，經徹底攪拌之後，隨手抽取若干張紙條或小球，這些抽取出的紙張或小球上的號碼，就是被抽中的樣本。由於這種抽樣方法是隨機抽樣法中最簡單的，所以稱為簡單隨機抽樣。一般人常用的抽籤法也是屬於簡單隨機抽樣。

　　簡單隨機抽樣法，在小群體時不失為簡便的抽樣法，可是當母群體人數眾多時，要將每一個個體編號相當費時，而且要將這麼多紙張或小球徹底洗亂並不容易。此外，簡單隨機抽樣較適合使用在具有同質性的母群體，異質性高或個別差異大的母群體則比較不合適。

二、系統抽樣

　　系統抽樣是從母群體中，有系統地每隔相等若干個體，抽取一個作為樣本，又稱為等距抽樣（equal interval sampling）。在進行系統抽樣之前，應先決定需要抽出的樣本人數（n），知道母群體人數

（N），就可計算出應間隔幾個人抽出一個作為樣本。假如間隔人數為 R，則 R 的公式如下：

$$R = \frac{N}{n}$$

在求出 R 值之後，應以簡單隨機法抽出第一個樣本，而不是自第 1 號開始，例如：研究者想了解彰化師範大學 4,000 名學生兼家教的情形，於是決定抽取 100 名學生作為樣本，然後依學號次序，每隔 40 位就抽出一位。假如以簡單隨機法抽中第 1 個樣本為 57 號，則第 2 個樣本為 97 號，第 3 個樣本為 137 號，依此類推。當抽到最後尚不足所需要的樣本人數時，應再回頭繼續抽取，例如：抽到最後尚差一位，即第 39 位樣本為 3977 號，則第 40 位樣本為 17 號。

系統抽樣的第一個樣本是隨機抽取的，其餘樣本都在第一個樣本抽出之後，就隨之而定。因此嚴格來講，系統抽樣並非完全符合隨機抽樣的原則，尤其是母群體的每一個體有特定順序時，就容易產生抽樣誤差。不過，如果母群體的所有個體都是隨機排列，沒有週期性的順序，這樣由系統抽樣所得到的樣本，就是隨機樣本。

三、亂數表抽樣

亂數表是由毫無規則的凌亂數字所組成的，亂數可以由電腦套裝軟體產生，亂數表如附錄表 A 所示。使用亂數表抽樣之前，應將母群體中的每一個個體編號，然後利用該表所抽出的號碼作為樣本。茲舉一例說明如下。

假設某校有 2,000 名學生，研究者想以亂數表隨機抽取 60 人，先將所有學生從 1 號編到 2000 號，因為母群體 2000 為 4 位數，所以在亂數表上必須抽取 4 位數。研究者拿一枝鉛筆在該表上滾動，以停止時筆尖所指最近的數字作為起點，假如筆尖指向第 2 縱行、第 3 橫列

的 0，向右取 4 位即 0163，則 163 號被抽中，其次為 7434 號，再其次為 1116 號，這樣一直抽下去，凡抽出號碼超出 2000 者就捨棄，小於 2000 者保留，以此類推，就可以隨機抽取所需要的樣本。不過，在筆尖所指的第一個號碼，並不一定要向右抽取，向下或向左只要有一定規則就可以。

以亂數表來抽樣，其主要優點是樣本相當隨機，實施起來相當方便。但是，如果母群體數目很龐大時，每一個個體要編上號碼就相當費時費力。

四、分層隨機抽樣

分層隨機抽樣是在抽樣之前，研究者根據某些標準，將母群體分為若干組（或類），每一組稱為一層，然後在各層中隨機抽出若干個體作為樣本。採用這種方法抽樣時，為了使樣本結構與母群體結構完全一致，自各層中抽出的樣本數，占全部樣本數的比率，應與每一層總人數，占母群體總人數之比率相同，因此分層隨機抽樣法，又稱為比率抽樣法（proportional sampling）。茲舉一個例子說明之：假設某學系共有學生 340 人，其中一年級 100 人、二年級 90 人、三年級 80 人、四年級 70 人，若研究者想在這 340 人中，隨機抽出 34 人來進行調查，這時可以利用前述三種隨機抽樣法的任何一種，自一年級學生 100 人中隨機抽出 10 人，自二年級 90 名學生中隨機抽出 9 人，自三年級 80 人中隨機抽取 8 人，自四年級 70 人中隨機抽取 7 人，其計算方法如下：

$$一年級樣本人數：34 \times \frac{100}{340} = 10人$$

$$二年級樣本人數：34 \times \frac{90}{340} = 9人$$

$$三年級樣本人數：34 \times \frac{80}{340} = 8人$$

$$四年級樣本人數：34 \times \frac{70}{340} = 7人$$

分層隨機抽樣最主要的優點是：每一層都可抽中具代表性的樣本，如果採用其他抽樣法可能造成各層被抽中樣本代表性不一致的現象。因此，目前在教育研究上，不少研究者普遍採用這種抽樣法。不過，分層時應注意每一層內個體應盡量具有同質性，而且各層之間個體具異質性。換言之，分層的類別應各自獨立，不可重疊。此外，分層所依據的特徵應與自變項相符合，這樣就能抽取代表母群體之樣本。

五、叢集抽樣

有些研究為了節省人力、物力和時間，於是在抽樣時以團體為單位，先將母群體按照某一種標準，如班級、地區、組別等分成若干類，每一類就是一個團體，再從這些團體中以隨機抽樣方法抽出若干個團體，最後對這些被抽中的團體分別加以調查，例如：某研究者想了解一所國中學生的休閒生活情形，於是在全校 50 班中，隨機抽出 6 個班，凡被抽中的班級學生全部都接受調查。

叢集抽樣最大的優點是：樣本集中，可以節省調查時間，同時能夠配合行政上的方便，但是由於樣本過於集中，樣本的代表性比較低，譬如在上例中，很可能某一個年級一個班也沒有抽中。此外，叢集抽樣法無法精確控制樣本人數，因為各班級學生人數並非完全相同，所以研究者使用這種抽樣法並不普遍。

六、分階段隨機抽樣

分階段隨機抽樣，是將叢集抽樣所得到的樣本，從中再隨機抽出一些個體作為樣本。在實施分階段隨機抽樣時，先將母群體依據某特性分為若干層，利用隨機法抽出幾個層，再從所抽取的層中，隨機抽出若干樣本。如果分兩次抽樣就稱為兩階段抽樣（two-stage sampling），分三次抽樣，就稱為三階段抽樣，超過三次抽樣，就稱為多階段抽樣（multiple-stage sampling）。

茲舉一個四階段隨機抽樣的例子。假設某研究者想了解台灣地區

青少年生活狀況，於是將台灣地區分北、中、南、東四個區，其中北區包含宜蘭縣、基隆市、台北市、新北市、桃園縣、新竹縣、苗栗縣；中區包含台中市、南投縣、彰化縣、雲林縣；南區包含嘉義縣、嘉義市、台南市、高雄市、屏東縣；東區包含花蓮縣、台東縣。第一階段自各區中隨機抽出 1 或 2 個縣或市作為樣本，第二階段自樣本縣（市）中，各隨機抽出 6 個鄉、鎮、區，第三階段自樣本鄉、鎮、區中各隨機抽取 10 個村、里，第四個階段自樣本村、里之中，各隨機抽出 20 名青少年，這樣就可以組成研究所需的樣本。每一階段要抽出幾個樣本，需由研究計畫擬抽出多少樣本來決定。

多階段隨機抽樣實施起來比較複雜，通常只有在大型的研究計畫才使用，一般中、小型研究規模則很少採用之。

第三節　非隨機抽樣法

有一些教育研究者為了達成研究目的，在不適於實施隨機抽樣的情境之下，採用非隨機抽樣法。常用的非隨機抽樣法有：方便抽樣（convenience sampling）、立意抽樣（purposive sampling）、配額抽樣（quota sampling）、滾雪球式抽樣（snowball sampling）及自願樣本（volunteer sample）等，茲簡述如下。

一、方便抽樣

研究者為了實施調查或實驗的方便，抽選認識的人作為研究的對象，這種抽樣法稱為方便抽樣，例如：某師範大學教授以其任教三班的學生為對象，調查這些學生對打工的態度。方便抽樣雖然很容易實施，可是也很容易造成樣本的偏差，例如：上述三班的學生與其他班學生在人格特質、智力、學業成就方面有很大差異，這樣調查結果就不適於推論到該校其他班級的學生。

二、立意抽樣

研究者依據個人的經驗判斷，有意選取某些樣本來進行研究，稱為立意抽樣。立意抽樣又稱為判斷抽樣，例如：某研究者想了解師範大學教師對教育改革的態度，根據他的判斷參加中華民國師範教育學會的會員，絕大多數為師範大學教師，於是乃決定以該學會的會員作為調查的對象，這種抽樣法就是立意抽樣。立意抽樣可以隨研究者的心意來抽取樣本，可是研究者以直覺判斷所抽取的樣本，不一定能代表母群體。

三、配額抽樣

配額抽樣與分層隨機抽樣法相似，樣本各層人數百分比與母群體各層人數百分比相同。兩者的主要差異為，配額抽樣各層的樣本並非以隨機抽樣法自母群體中抽取，而是以非隨機抽樣得來的，例如：某國中學生共 2,800 人，研究者想抽取 250 人作為樣本，配額抽樣結果如表 4-1 所示。該表中樣本人數係自同一層之母群體中，以非隨機抽樣得來的，惟各層母群體與樣本的人數百分比相同。

表 4-1　配額抽樣舉例

年級	母群體人數	%	樣本人數	%
七年級	1,000	35.71	89	35.71
八年級	950	33.93	85	33.93
九年級	850	30.36	76	30.36
合計	2,800	100	250	100

四、滾雪球式抽樣

滾雪球式抽樣是利用雪球愈滾愈大的原理來抽取樣本。研究者使用這種方法時，首先選擇自己認識的人作為研究對象，再請這些認識

的人介紹他們認識的人來接受調查或實驗，然後再請這些前來接受調查或實驗的人，介紹他們認識的人來接受調查或實驗，這樣一直下去，樣本就會愈來愈大，滾雪球式抽樣法與老鼠會相似。這樣抽樣法雖然容易實施，但是樣本誤差在所難免。

五、自願樣本

　　有些研究者在做研究時，雖然樣本隨機抽樣而來，但是這些樣本在接受調查或實驗時卻不願合作，因而影響研究結果的真實性，於是發出通告，公開徵求自願接受調查或實驗的對象，這時自願者（volunteer）即屬於非隨機抽樣的樣本。自願樣本與非自願樣本的態度不同，根據 Rosenthal 與 Rosnow（1975）的研究，自願者在教育程度、社經地位、社會適應等方面，比非自願者高。自願者大都來自小鄉鎮，比較願意幫助別人，年紀比較輕，同時個性比較外向。在研究過程中，自願者對性方面的調查比非自願者開放，女性成為自願者多於男性，自願者比較不崇拜權威，同時有較高的成就需求。以上這些特性在研究時應加以注意，以免對研究結果作不適當的解釋。

　　假如研究者想要採用自願者成為研究對象，以下方法可以提高自願者的人數：

　　1.邀請函或公告應力求吸引人，同時避免任何威脅性字眼。

　　2.將研究的重要性說清楚、講明白。

　　3.讓自願者了解他參與研究的貢獻。

　　4.提供小禮物、紀念品或酬勞金給自願者。

　　5.邀請函署名者的職位或知名度愈高愈好。

　　6.找一些有魅力的人士，協助邀請人成為自願者。

第四節　樣本的大小

　　從事教育研究，到底要多少樣本才適當？這個問題也是相當重要的，茲分別說明如下。

一、決定樣本大小的原則

　　假如研究經費許可、時間也充裕，可以考慮採用普查，也就是將全部母群體都納入研究對象。如果決定要採用抽樣法，大體來說，相關研究至少需要 50 個樣本；實驗研究與因果比較研究，至少每一組要有 30 人；調查研究每一組至少要有 100 人，次要的組別則至少要有 20 至 50 人。敘述研究的母群體大於 500 人時，樣本宜占母群體之 10％；假如母群體少於 500 人時，樣本至少應占母群體之 20％（Gay, 1987）。

二、採用大樣本的時機

（一）當有許多不可控制的因素存在時

　　在教育研究時，如果有一些不可控制的因素，對研究結果造成系統的影響，在這種情況之下，採用大樣本（$n \geq 50$）才能夠對研究結果作合理的解釋，例如：某研究者探討不同學習方法對學生學習成就的影響，如果只請 8 名學生來接受實驗，其中 4 名採用 A 學習法，另外 4 名採用 B 學習法，這兩組學生的智力、成就動機、家庭背景、學習環境不同，這樣研究結果就容易造成偏差。這時如果採用大樣本，將 80 名學生隨機分派到 A、B 兩種學習法，每一組有 40 名學生，則可以使這兩組學生的平均特質接近，因而提高實驗結果的真實性。

（二）當預知會產生差異或相關不顯著時

有些研究如果使用小樣本，各組依變項之間的差異或相關變成很小或不顯著，這樣不容易知道研究結果的真實性。在這種情形之下，應設法以大樣本來進行研究，例如：有一名教師以建構式教學法進行教學，這種教學法如果樣本太小，則不容易與其他教學法的效果做比較。

（三）當研究組別必須分成次要組別時

研究者有時不只關心各組之間的差異，同時還關心次要組別的差異情形，這時需要大樣本才足以進行分組比較，例如：研究小學生的學習態度，不但要比較不同性別、年級學生學習態度的差異，而且還要進一步比較不同家庭社經地位的學生，其學習態度是否有顯著差異，這時應考慮各個次要組別的樣本人數，例如：低社經水準家庭的女生樣本如果太小，就會產生統計上的誤差。採大樣本才能使各個次要組別的人數，都達到至少 20 人。

（四）當受試者參與研究的意願不高時

有些研究雖然抽樣人數夠多，可是受試者在接受調查或實驗時，中途退出或不認真參與，這樣研究結果的可靠性將大為降低，如果採用大樣本，即使有部分受試者中途退出，仍然有足夠的樣本參與整個研究過程。

（五）當要求提高統計考驗力時

樣本大小與統計考驗力有密切關係。所謂統計考驗力（power of test）是指虛無假設是錯的，我們正確拒絕虛無假設的機率。一般而言，樣本愈大，統計考驗力也愈大。

（六）當母群體中的個體，具有很高的異質性時

假如樣本中每一個個體都具有同樣的特性，則研究小樣本與大樣本具有同樣的效果。但是，如果樣本具有高度異質性時，則必須採大樣本來進行研究。

（七）當研究的信度偏低時

信度是指同一個人在不同時空背景之下，測驗所得分數的一致性。在教育研究上，信度不宜太低，因為信度愈低則測量的誤差愈大。一般來說，小樣本的信度比較低，大樣本的信度比較高。

三、採用小樣本的時機

在某些教育研究中，有時適合採用小樣本（n≦30）進行研究，例如：角色扮演、深度晤談、投射測驗、個案研究等，以小樣本來研究比較容易進行深入的分析，其所得到的結論也具有學術上的價值和意義，例如：某研究者想了解大學生曠課的原因，以問卷調查一群大學生，雖然可以得到龐大的資料，但是由這些數據所得到的結論，不一定能夠代表這些學生曠課的真正原因。假如請臨床心理師對一些大學生進行深度晤談，有時可以得到更真實的結果。

四、估計所需要的樣本大小

一般來說，只看兩個變項之間的相關係數，並不能夠真正了解兩個變項之間相關的大小，研究者必須考慮受試者人數的多寡，當人數愈少時，相關係數要愈大，這樣才能說兩個變項之間有相關存在。相反地，受試者人數愈多時，相關係數不必那麼大，就可以說兩個變項之間有相關存在。相關係數的大小與受試者人數的關係，如表 4-2 所示。假如研究者在 $\alpha = .05$ 的情況下，r 值為 .273，則由該表可查出需要 52 名受試者。

表 4-2 受試者人數（N）與相關係數（r）的關係

N	α＝.05 時的 r 值	α＝.01 時的 r 值
3	.997	.999
4	.950	.990
5	.878	.959
6	.811	.917
7	.754	.874
8	.707	.834
9	.666	.798
10	.632	.765
11	.602	.735
12	.576	.708
13	.553	.684
14	.532	.661
15	.514	.641
16	.497	.623
17	.482	.606
18	.468	.590
19	.456	.575
20	.444	.561
21	.433	.549
22	.423	.537
23	.413	.526
24	.404	.515
25	.396	.505
26	.388	.496
27	.381	.487
28	.374	.479
29	.367	.471
30	.361	.463
31	.355	.456
32	.349	.449
37	.325	.418
42	.304	.393
47	.288	.372
52	.273	.354
62	.250	.325
72	.232	.302
82	.217	.283
92	.205	.267
102	.195	.254

▌自我評量 ··

1. 何謂母群體？何謂樣本？試舉例說明之。

2. 隨機抽樣有哪些方法？

3. 何謂分層隨機抽樣？試舉例說明之。

4. 非隨機抽樣有哪些方法？

5. 試述採用大樣本的時機。

6. 試比較隨機抽樣與非隨機抽樣的差異。

7. 試述叢集抽樣的優缺點。

8. 在何種情況需使用小樣本。

9. 試述系統抽樣的方法及其利弊。

10. 試述決定樣本大小的原則。

11. 試述分階段隨機抽樣的步驟，並舉一例說明之。

第五章

研究工具

 學習目標

學習者研讀本章之後，應能達成下列目標：

1. 了解研究工具的來源。
2. 了解如何使用研究工具。
3. 懂得編製問卷的原則。
4. 了解問卷的題型與答題反應形式。
5. 知道設計問卷的步驟。
6. 了解量表的建立方法。
7. 明瞭項目分析的方法。
8. 能分析研究工具的信度。
9. 能分析研究工具的效度。
10. 了解信度與效度的關係。

前置綱要

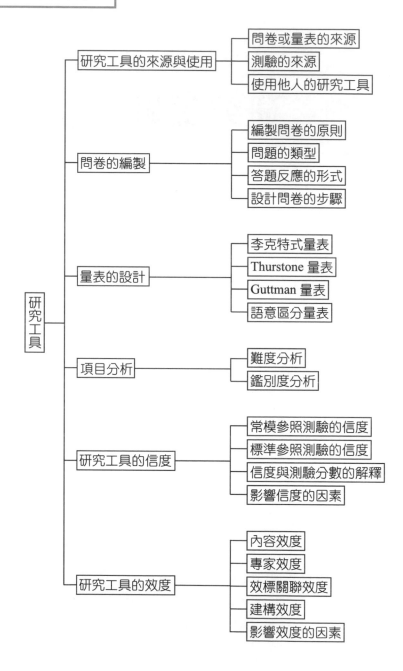

本章摘要

1. 現成的問卷或量表，可從各種教育學術書籍、刊物、論文去找尋。

2. 現成的測驗可由國內外測驗出版公司去找尋。

3. 使用現成研究工具者應遵守專業規範。

4. 自行編製問卷應先了解編製問卷的原則。

5. 問卷問題的題型很多，但開放式題型盡量少用。

6. 答題反應的形式很多種，可依實際需要設計之。

7. 設計問卷初稿包括：標題、簡函或指導語、個人基本資料問題、問卷問題、答題反應等。

8. 問卷初稿應實施預試，預試之後若信度、效度都很高，方可成為正式問卷。

9. 態度量表可分為：李克特式、Thurstone、Guttman 及語意區分等四類。

10. 研究工具的信度分為：常模參照測驗與標準參照測驗信度。

11. 研究工具的效度分為：內容、專家、效標關聯與建構等四類效度。

俗語說：「工欲善其事，必先利其器。」從事教育研究工作，需要以適當研究工具來蒐集資料。量化的研究工具有問卷（question-naire）、量表（scale）和測驗等三類，研究者可自行編製或修訂他人的研究工具，也可以採用他人的研究工具。

第一節　研究工具的來源與使用

一、問卷或評定量表的來源

現成的問卷或評定量表，可以從論文、雜誌、期刊、學報和書籍中去找尋。在找到之後，應先檢視這些工具的信度、效度是否適當，並了解其內容是否可作為探討自己的研究問題（或假設）之用。反之，如果找不到合適的現成問卷或評定量表，可以根據問卷設計原理自行設計。

二、測驗的來源

（一）台灣測驗資料的來源

1.各大學心理、教育、諮商、輔導系所編製的測驗。

2.參閱《心理與教育測驗彙編》一書（陳明終等人編著）。

3.已出版之測驗，台灣目前有中國行為科學社、心理出版社、測驗出版社等公司，出版各種測驗。

4.期刊：

(1)《測驗學刊》：中國測驗學會出版。

(2)《測驗與輔導》：行政院青年輔導委員會出版。

(3)《輔導季刊》：台灣輔導與諮商學會發行。

(4)《中華心理學刊》：台灣心理學會出版。

(5)《教育學刊》：國立高雄師範大學出版。

(6)《教育心理學報》：國立台灣師範大學教育心理與輔導學系出版。

(7)《教育與心理研究》：國立政治大學教育學系（所）、心理學系出版。

（二）找尋國外測驗資訊的管道

1. 測驗手冊

　　測驗手冊（The Test Manual）詳細說明測驗的指導語、計分方法，建立信度、效度、常模等方法，透過這些資訊，讀者可以知道所要使用測驗的各種資訊：

(1)此測驗是依據何種理論編製而成的？

(2)此測驗有何用途？

(3)能獲得何種有效的資料？

(4)此測驗的效度是否適合於自己的研究計畫？

(5)此測驗的信度是否符合研究的需要？

(6)此測驗適用於何種受試者？

(7)此測驗適用於何種情況？

(8)使用此測驗者，應具備哪些條件？

(9)有無其他較簡便的測驗方式，可以獲得相同的結果？

　　雖然測驗手冊提供許多資訊，但有時測驗的資料太多無法全部列入手冊；或者該測驗經過多次修訂，因此使用者應注意測驗手冊與測驗的版本是否一致。

2. 心理測量年鑑

　　《心理測量年鑑》（*The Mental Measurement Yearbook*，簡稱MMY），這一本年鑑最初由 Oscar K. Buros 於 1938 年開始彙集，Buros在 1978 年去世後，由美國 Nebraska 大學出版社接手，陸續出版《心

理測量年鑑》，該書提供數百名心理與教育學者專家對測驗的評論。
這本年鑑幾乎涵蓋了所有以英文發行的心理、教育及職業等各種測
驗，同時對前一版的測驗內容加以補充和修訂。

　　《心理測量年鑑》對英語系國家所出版的測驗，提供出版者、適
用對象、分測驗名稱、施測時間、有無複本以及價錢等資料。使用者
可以透過學者專家的評論，對測驗的優點、缺點有正確的了解。

3. 測驗評論

　　《測驗評論》（*Test Critiques*），是由 Keyser 和 Sweetland 從 1984
年至 1988 年合作編製的書籍，全書共有七冊，由美國測驗公司出版，
書中有 500 餘篇測驗學者專家之測驗評論，有些評論集中在某些特殊
領域的測驗，有些評論則針對一般領域，例如態度調查。每一個測驗
評論包含下列五部分：

　　(1)緒論：描述測驗相關的發展背景。
　　(2)使用方面：說明實施測驗和測驗結果解釋的資訊。
　　(3)技術方面：主要說明測驗的信度和效度。
　　(4)總評論：幫助使用者對該測驗有全面性的了解。
　　(5)簡短的參考目錄：提到其他相關的測驗。

　　測驗評論最大的優點是內容非常嚴謹，而且對每一個測驗所提供
的訊息都相當精確。

4. 測驗發展者

　　測驗發展者（The Test Developer）常提供最新的測驗資訊，因為
測驗編製完成到付印之間尚有一段時間，發展者通常介紹一些即將出
版的測驗訊息。此外，也說明最近已經使用此測驗者的情形。

5. 教育測驗服務社測驗彙編

　　美國教育測驗服務社（Educational Testing Service，簡稱 ETS），
位於 New Jersey，是全世界規模最大的測驗公司。該公司出版的測驗

彙編，蒐集超過 14,000 個測驗的資訊，範圍涵蓋各類型的測驗，並且
包含特殊對象（如殘障者）所使用的測驗。該書對每一個測驗提供詳
細的資料，包括：作者、出版日期、出版者、適用對象、測驗目的以
及測量分數。教育研究者可由該書取得參考書目，然後從中得到微縮
軟片的文件。

6. 其他測驗資訊

(1)Psychological Assessment Resource, INC.

(2)Personality Tests and Reviews

(3)Intelligence Tests and Reviews

(4)Mathematic Tests and Reviews

(5)Reading Tests and Reviews

(6)English Tests and Reviews

(7)Science Tests and Reviews

(8)Social Studies Tests and Reviews

(9)Vocational Tests and Reviews

(10)Journal of Educational Measurement

(11)Education and Psychological Measurement

(12)Measurement and Evaluation in Guidance

(13)Journal of Projective Techniques and Personality Assessment

英語系國家的心理與教育測量工具，除了從上述來源去尋找之
外，研究者可以從 ERIC Clearinghouse on Assessment and Evaluation 去
找尋，網址是 http://www.ericae.net/。ERIC的測驗資料庫，目前超過
9,000 個以上的心理與教育測量工具。因為 ERIC Clearinghouse 的網址
有時候會改變，所以遇到這種情形時，可以使用網際網路搜尋引擎
（search engine）來找到 ERIC 的網址。

雖然現成的測量工具很多，但是由於國情、研究對象及出版年代
的不同，除非有特殊需要，不宜直接拿來使用，最好由研究者將現成

的工具加以修訂。

（三）如何取得測驗題本

研究者一旦決定要採用哪一種測驗，可以直接向測驗出版者洽購，測驗的出版者（商）與價錢，可由最新一期的《心理測量年鑑》來得知，大學學生輔導中心通常也有外國測驗出版者的資訊。研究者也可以透過一些外文圖書代理商（例如：台北市文景書局）去購得。

三、使用他人的研究工具

1. 使用他人研究工具必須取得原作者同意。
2. 國外的研究工具，不宜直接翻譯使用之。
3. 原工具施測對象與自己研究對象相同方可使用。
4. 原工具問世之年份如果已超過十年，在使用時應慎重考慮。
5. 原工具的內容與自己研究主題的變項，愈相似者愈適合使用之。
6. 原工具作者的學術地位愈高、愈有專業道德者，該工具愈具有可信度。
7. 原工具之信度（reliability）、效度（validity）若偏低，則不適合拿來使用。

第二節　問卷的編製

一般量化的研究常使用問卷作為調查工具，所以熟悉問卷的編製方法，有利於研究之進行。問卷一詞係由法文翻譯而來，它的原意是指一組問題或問題的集合（Rubbin & Babbie, 1993）。簡言之，問卷是以一些問題組合而成的表格，用來蒐集受試者的反應。以問卷為工具調查所得資料，經由統計分析之後，便可解答研究問題或研究假設。

研究者從事研究時，不一定有合用的現成問卷，在這種情形之下，

就需要修訂他人的問卷，或自行編製問卷。以下分別就編製問卷有關
事項說明之。

一、編製問卷的原則

（一）針對研究架構中所有的變項來命題

在編製問卷時，應針對研究架構中各個變項來逐一編寫問題。不
過，在編寫問題之前，最好先就各變項有關的問題，先訪問一部分受
試者，蒐集與分析其意見或態度，以作為編製問卷問題的參考。換言
之，問卷的問題不能只憑研究者個人的想法來命題。

（二）問題的題型宜多樣化

問題的題型含選擇題、填充題、排序題、開放式問題（open-ended
question）等，一份問卷含有多樣化的題型，較能夠對研究問題作深入
分析。但同樣的題型應安排在一起，以利將來統計分析之進行。

（三）多使用單選題，少用複選題

複選題容易使受試者不加思索就勾選許多選項，同時在統計分析
時，只能做次數分配或百分比分析，不容易進行統計考驗。大體來
說，如果要採用複選題，不如改成排順序問題，比較能夠對研究問題
作深入分析。研究者假如要將複選題改成單選題，只要在問題的題幹
中使用「最」字就可以了。

例如

（　　）您在假日常從事哪些活動？ ………………………… 複選題
　　(1)郊遊　(2)看電影　(3)逛街　(4)看書報
（　　）您在假日最常從事哪一種活動？ ………………… 單選題
　　(1)郊遊　(2)看電影　(3)逛街　(4)看書報

（四）問題不宜過多

問卷的問題如果太多，填答者容易產生不耐煩心理，這樣比較不會仔細填答或全部填答。問卷問題數量的多少，以受試者在 5 至 15 分鐘內，能夠全部填寫完畢為原則。

（五）注意問題排列順序的邏輯性

問卷中容易回答的問題、普通問題、封閉式問題（closed-ended question）宜放在前面。反之，敏感性問題、開放式問題、複雜問題，最好放在後面。

（六）開放式問題不宜太多

所謂開放式問題就是一個問題，對受試者沒有限制填答方式，由受試者隨意自由填答。

例如

您對學校行政管理有哪些建議？請在底下橫線上作答。

_____

_____

由開放式問題所蒐集到的資料，很難客觀加以量化，同時常有許多受試者嫌麻煩而不作答，如果這種問題太多，反而無法得到研究者所需要的資料。一般來說，這類問題以一至三題為原則，藉以彌補封閉式問題的不足。

（七）答案宜使用數字作答，少用文字說明

問卷調查通常對大樣本蒐集資料，同時需要依受試者填答資料加以編碼與建檔，這樣才方便進行電腦分析，假如問卷各個問題都以數

字供受試者填答，較有利於鍵入電腦。反之，如果問題讓受試者以文字敘述，就不利於使用電腦分析。

例如

1.您目前在哪一個鄉鎮任教？＿＿＿＿＿＿＿＿

2.您的教育程度是：＿＿＿＿＿＿＿＿＿＿＿

這兩個問題在資料整理時相當麻煩，最好將答題反應改為選擇題。

例如

請將最適合您的選項號碼，填入前面括弧中。

（　）1.您目前在哪一個鄉（鎮）任教？

(1)埔里　(2)集集　(3)竹山　(4)名間　(5)鹿谷　(6)草屯

（　）2.您的最高學歷是：

(1)小學　(2)國中　(3)高中（職）　(4)專科　(5)大學

(6)碩士　(7)博士

（八）每一份問卷編一個流水號

一般問卷受試者不必填寫自己的姓名，這樣可以保護其個人隱私權。在問卷上方空白處編流水號，樣本數小於 1000，則流水號可從 001 至 999；樣本數如有幾千人，則流水號可從 0001 至 9999，依此類推。編流水號不但可以方便催收問卷，而且有助於登錄電腦資料以免發生錯誤。不過，假如問卷屬於敏感性問題，則宜將流水號改為暗碼，讓受試者看不出問卷上有任何記號，而能放心填答。在問卷回收之後，再以密碼顯像紫外光燈照射，就能清楚看見密碼了。

（九）用字遣詞的要領

1. 問題應清晰易懂，簡明扼要

問題應淺顯具體明確，使人一目了然，盡量避免使用模稜兩可的用語，例如：「您喜歡學習嗎？」，這個問題就不夠明確，如改成：「您最喜歡哪一個學科？」，就比較清楚。

2. 盡量避免涉及個人隱私

一般人對於個人隱私問題，容易產生心理防衛作用，而不願意真實回答，例如：「您有婚前性行為的經驗嗎？」、「您有多少私房錢？」。

3. 盡量避免使用否定語句

問卷盡量使用肯定語句，避免使用否定句，尤其是應避免使用雙重否定句型，例如：「您不認為教師體罰學生是不對的嗎？」這種雙重否定句型很容易使填答者誤解其真義，如果非用不可的話，應在否定的字詞底下畫線，以提醒受試者仔細思索該語句的真正意思。

4. 一個問題應只表達一個觀念或事件

問卷的問題如包含兩個以上的觀念或事件，這種雙管問題（double barreled question），容易造成填答者的困擾，例如：「您喜歡英文和數學嗎？」這個問題可拆成兩題：(1)「您喜歡英文嗎？」；(2)「您喜歡數學嗎？」。

5. 避免使用暗示性的句子

問卷的問題如果具有暗示性，很容易引導受試者填答的思考方向，研究者就不容易得到真實的資料。常見的暗示性用語有：「可以」、「絕對」、「都應該」、「有可能」或權威人士的意見等，例如：「休閒活動可以調劑身心健康，您喜歡休閒活動嗎？」；又如：

「教育部長主張廢除聯考，您贊成嗎？」。

6. 避免使用假設性的句子

假設性或猜測性問題，除非有必要，否則應盡量少用，因為這一類問題充滿不確定性，受試者很難以回答，例如：「假如您當師範大學校長，贊成與其他大學校院合併嗎？」，因為受試者不太可能當校長，所以這類問題沒有什麼意義。

7. 問題不應涉及刻板印象

刻板印象是指，受試者在心中已經具有根深蒂固的觀念，例如：「您認為學生應用功讀書嗎？」、「您是否同意適度運動有益身心健康？」。這類問題憑常識就知道受試者的反應，所以沒有成為問題的價值。

二、問題的類型

問卷是由許多問題（又稱題幹）所組成的，每一個問題之後均有作答反應，茲就問題的類型與作答反應，分別說明如下。

（一）正向與反向問題

正向問題是指正面敘述的問題，例如：「您認為休閒活動有益身心健康？」；反向問題是指否定敘述的問題，例如：「您不贊成教師體罰學生？」。一般而言，問卷最好採正向問題，如果使用反向問題，應使填答者注意否定的字眼，以免產生誤答，最好在否定字底下劃線，或把否定字眼以粗黑字體呈現。有些研究者為了避免受試者不用心作答，對每一個問題都勾選相同的答案，於是在問卷中穿插一些反向問題，使填答者用心思考問題之後才作答。

（二）直接與間接問題

直接問題是將問題直接敘述明白，例如：研究者想知道受試者交異性朋友的情形，直接問：「您有交異性朋友嗎？」；有時直接問題

容易使受試者產生敏感心理，而不願坦白作答。一般來說，間接問題是將問題以迂迴方式呈現出來，這樣比較容易使受試者坦誠作答，例如：「您的異性朋友目前就讀大學幾年級？」；不論受試者填答就讀幾年級，都表示已經有交異性朋友了，像這種問題就是間接問題。

（三）事實與知識問題

事實問題旨在探討與受試者有關的事實資料，例如：「您家裡共有幾個人？」。至於知識問題旨在了解受試者已經具備哪些知識。

例如

（　）台灣哪一條河流最長？
　　　(1)大甲溪　(2)大安溪　(3)濁水溪　(4)高屏溪

（四）態度與意見問題

態度問題旨在探討受試者對某些人、事、物比較持久、深層的信念；意見問題則探討受試者對某些人、事、物比較短暫、表面的看法。

例如

（　）您認為宗教信仰可以使人有精神寄託？ ……… 態度問題
　　　(1)同意　(2)沒意見　(3)不同意
（　）您贊成小學辦理營養早餐？ …………………… 意見問題
　　　(1)非常贊成　(2)贊成　(3)不贊成　(4)非常不贊成

探討態度層面的問題，通常以許多個問題來探討一種態度，並且將多個問題的得分累加之後求得平均分數，來代表某種態度。探討意見層面的問題，大多是一個問題探討一個事件，並且各題分別計分，單獨解釋。

（五）普遍與特定問題

凡問題具有共通性，則屬普遍問題，例如：「您喜歡求學嗎？」特定問題是指有特定的人、事、物，例如：「您喜歡學數學嗎？」

（六）獨立與關聯問題

獨立問題是指一個問題與其他各題毫不相關。關聯問題是指問題之間有所關聯，例如：「您喜歡休閒活動嗎？」如果填答「喜歡」，則再填答：「您最喜歡哪一種休閒活動？」

（七）假設與非假設問題

凡問題非事實者，即是假設問題，例如：「如果您中了彩券壹仟萬元，您打算如何花這筆錢？」反之，問題內容不牽涉假設性或非真實性者，稱為「非假設問題」。

（八）疑問題與敘述題

凡是以疑問句形態來發問的問題，就是疑問題。

例如

（　　）您最喜歡哪一門課？
(1)教育哲學　(2)教育心理學　(3)教育統計學　(4)教育社會學

凡是以敘述句型來發問的問題，就是敘述題。

例如

（　　）您最喜歡吃的水果是：
(1)櫻桃　(2)奇異果　(3)香蕉　(4)鳳梨

（九）封閉式與開放式題

凡是問題預先設定答案，受試者只能在限定的答案中去做反應的問題，稱為封閉式問題。

例如

（　　）您最喜歡哪一種球類運動？
　　　　(1)籃球　　(2)桌球　　(3)棒球　　(4)排球

所謂開放式問題是指：受試者對問題的作答反應，並不限制在預先設定的答案去做反應的問題。

例如

您對小學公辦民營的看法如何？

（十）威脅性與非威脅性問題

凡問題涉及個人隱私、道德規範或社會價值，容易造成受試者答題時心理威脅，以致產生心理防衛或不據實回答者，稱為威脅性問題，例如：「您有婚前性行為的經驗嗎？」；反之，不涉及個人隱私、道德規範或社會價值的問題，稱為非威脅性問題，例如：「您同意研究生可以轉學嗎？」

三、答題反應的形式

（一）封閉式題型

凡受試者只能在限定的答案中去做反應的問題，稱為封閉式問題。

例如

（　）您最喜歡哪一種球類運動？

　　(1)桌球　(2)保齡球　(3)撞球　(4)籃球

封閉式題型，又可以細分為以下幾種答題的型式。

1. 選擇題

例如

(1)單選題

（　）今年您有參加台北市國中教師甄試嗎？

　　(1)有　(2)沒有

(2)複選題

（　）您喜歡哪些學科？

　　(1)國文　(2)英文　(3)數學　(4)社會

2. 填充題

例如

您最喜歡的學科是：＿＿＿＿＿＿＿＿

3. 排序或等級題

例如

底下學科請依個人喜歡的程度排序，最喜歡填 1、最不喜歡填 6。

國文	英文	數學	生物	化學	物理
5	1	6	3	2	4

4. 評定量表題

評定量表（rating scale）問題的選項有一定順序，由最弱到最強，或由最強到最弱都可以。這種題型在測驗上稱之為李克特式（Likert-type）題型。茲舉一個五點式評定量表題如下：

例如

下列因素影響學生學業成就的重要性如何？請您在適當的方格子內打「√」。

	非常重要	很重要	重要	不重要	毫不重要
學習動機		√			
學習興趣	√				
學習方法			√		
學習環境		√			

5. 類別反應題

類別反應題是指一個問題，提供若干個互相排斥的類別答案，讓受試者從中選答的問題。

例如

（　）您的性別是：

(1)男　(2)女

（　）您最高學歷是：

(1)小學　(2)中學　(3)大學　(4)研究所

6. 跳答題

跳答題是一個問題，若受試者選答某一選項，就要跳到第幾題作答的問題。

例如

（　　）您兼過家教嗎？

　　　(1)有（請回答第 9 題）

　　　(2)沒有（請跳過第 9 題，直接回答第 10 題）

7. 雙選答題

填答者對問卷每一問題的選項，必須選答兩個答案的問題，稱為雙選答題。

例如

您對目前工作環境感到困擾的程度與發生的頻率如何？

	很困擾	有點困擾	沒有困擾		時常	偶而	從不
(1)溫度太高…………	(√)	(　)	(　)	………	(√)	(　)	(　)
(2)噪音太大………	(　)	(√)	(　)	………	(　)	(√)	(　)
(3)通風不良………	(　)	(√)	(　)	………	(√)	(　)	(　)
(4)照明不佳………	(√)	(　)	(　)	………	(√)	(　)	(　)

8. 列聯式反應問題

例如

（　　）您兼過家教嗎？

　　　(1)有

　　　(2)沒有

　　　　　　（　　）如果有，每週幾小時？

　　　　　　　　　(1)1 小時　(2)2 小時　(3)3 小時　(4)4 小時

9. 圖畫式選答題

　　圖畫式選答題是指選項以圖畫代替文字的問題，為了使教育程度較低者能夠明白選項的意思，有些問卷採用這種選答方式。

例如

　　（　　）您對自己的生活感到滿意嗎？
　　　　　(1) ☹　(2) 😐　(3) ☺

（二）開放式題型

　　開放式問題是指，受試者對問題的答題反應，並不限制在預先設定的答案去做反應的問題。

例如

　　1.您對小學公辦民營的看法如何？請在底下橫線上說明。

　　　　_____

　　　　_____

　　2.您對本校圖書館的管理有何建議，請在底下橫線上條列說明。

　　　　_____

　　　　_____

1. 開放式問題的優點

　　(1)允許填答者暢所欲言。

　　(2)填答者的意見不侷限在固定的答案上。

　　(3)填答者的資料可作質性分析。

2. 開放式問題的缺點

　　(1)填答者不願表示個人意見。

　　(2)填答者的意見不容易數量化。

　　(3)填答反應與題意毫無關聯。

(4)對表達個人意見有困難者不適用。

四、設計問卷的步驟

問卷的問題與答題反應的類型很多，設計問卷可依循以下步驟來進行。

（一）確定所要蒐集的資料

一般問卷所要蒐集的資料，係依據研究目的、研究問題或假設而來，因此問卷的問題必須要能夠達成研究目的，解答研究問題或考驗研究假設。換句話說，問卷的各個問題不是由研究者憑空想像而來的。

（二）撰擬問卷初稿

問卷初稿至少應包括：標題、簡函或指導語、填答者個人基本資料、問卷問題及答題反應等項，茲分別說明如下。

1. 問卷標題

問卷標題與研究題目有密切關聯，標題通常置於問卷最上方，以粗黑醒目字體呈現，力求簡潔易懂，使受試者看到標題立即了解問卷調查的性質或目的。例如：國中學生學習態度問卷；國小校長工作壓力問卷。

2. 簡函或指導語

簡函或指導語通常置於問卷標題下方，其內容旨在與受試者建立善意關係，使其了解填答問卷與寄回問卷的方法，同時提高填寫問卷的意願。一般簡函或指導語包括以下幾項：

(1)對填答者適當稱呼。

(2)說明該問卷調查的目的與重要性。

(3)說明填答方法。

(4)說明問卷寄回的期限與方式。

(5)致謝詞。

(6)署名研究者暨所屬的單位。

(7)標明寄發問卷的日期。

例如

敬愛的教育先進：

　　您好！本研究之目的，旨在了解國民小學行政人員對校務行政電腦化態度及其因應方式。本問卷不必具名，您所填的資料亦不做個別分析，僅供學術研究之用。懇請您依據貴校實際情況與個人感受作答，並請於五日內填妥，以回郵信封寄回。

不勝感激！耑此　　順祝

教安

　　　國立台中教育大學國民教育研究所　研究生：○○○　敬上

　　　　　　　　　　　　　　　　　　　　　　2016 年 12 月

---

3. 填答者個人基本資料

　　個人基本資料包括：性別、實足年齡、年級、居住地區、最高學歷……等人口變項，這些變項在設計問卷時，應先考量將來問卷資料分析時，哪些變項需要與依變項或中介變項進行統計分析，才置於個人基本資料中。不過，為了方便將這些資料輸入電腦，個人基本資料之選項以阿拉伯數字供受試者選答較佳。

例如

　　（2）1.您的性別是：

　　　　　(1)男　(2)女

　　（1）2.您現在就讀幾年級？

　　　　　(1)一年級　(2)二年級　(3)三年級　(4)四年級

　　填答者個人基本資料的選項假如太多，宜改成劃線供受試者自行
填寫。

例如

　　您目前任教於：＿＿＿＿＿＿＿＿＿小學。

　　您任教的學校位於：＿＿＿＿＿＿＿＿鄉（鎮）。

4. 設計問卷問題與答題反應

　　依據本章第二節編製問卷的原則，編製問卷問題與答題反應，成
為問卷初稿。

（三）檢核並修正問卷初稿

　　在完成問卷初稿之後，為了檢核並修正初稿是否適當，可以請學
者專家針對問卷初稿的內容提供修正意見，以了解問卷內容或用語是
否有不適當之處，再根據其意見修正成為正式問卷。

例如

	問題之重要性				問題之適切性		
	根本不重要	不重要	可有可無	重要	非常重要	合適	不合適	應移至類別幾？

我平時很少專心聽講，到考試前
才隨便抓重點來唸。 ………………… 1　2　3　4　5　—　—　—
修正意見：＿＿＿＿＿＿＿＿＿＿＿＿＿＿＿＿＿＿＿＿＿＿＿＿
我參加考試時，很容易緊張焦慮。 … 1　2　3　4　5　—　—　—
修正意見：＿＿＿＿＿＿＿＿＿＿＿＿＿＿＿＿＿＿＿＿＿＿＿＿

（四）預試

　　問卷初稿經過修正與檢核之後，應實施預試（pretest）。預試的主要目的在檢視問卷題目的良窳，不良的題目捨棄不用或加以修正。反之，優良的題目則保留之。問卷題目經過項目分析之後，才能確保問卷的品質。

　　底下提出預試的實施要領，供讀者參考：

1. 預試的受試者應自未來正式實施調查的母群體中，隨機抽取樣本。可是，預試受試者不可與正式調查的對象重複。

2. 預試的受試者人數多寡沒有一定的標準，如果進行項目分析時，採單一組法（method of single group），則受試者 30 人以上即可被接受。但是，如果進行項目分析時，採取極端分組法（method of extreme groups），則受試者大約 150 人即可。

3. 實施預試的情境與過程，應與未來正式調查的步驟一致。

4. 主持預試與正式調查時之人員應相同。

5. 應提供受試者足夠的填答時間，以便蒐集更多的資訊。此外，以大多數人所需填答時間作為正式調查時間的參考依據。

6. 主試者應將受試者的各種反應或疑難問題記錄下來，以作為修正問卷內容的參考。

第三節　量表的設計

　　量表可以作為衡量個人態度的工具。常用的量表可以分為四類，茲分別說明如下。

一、李克特式量表

（一）答題形式

李克特式量表（Likert-type Scale）每個問題供受試者填答反應，有一定順序，由強至弱或由弱至強。其型式依填答項目之多寡，可分為二點式至九點式量表。選項名稱則依問卷問題來搭配，如同意、贊成、喜歡、重要、適合等。茲舉選項「同意」的例了如下：

二點式量表：同意、不同意。

三點式量表：同意、無意見、不同意。

四點式量表：極同意、同意、不同意、極不同意。

五點式量表：極同意、同意、無意見、不同意、極不同意。

六點式量表：極同意、大部分同意、同意、不同意、大部分不同意、極不同意。

七點式量表：極同意、大部分同意、同意、無意見、不同意、大部分不同意、極不同意。

八點式量表：極同意、人部分同意、同意、稍微同意、稍微不同意、不同意、大部分不同意、極不同意。

九點式量表：極同意、大部分同意、同意、稍微同意、無意見、稍微不同意、不同意、大部分不同意、極不同意。

李克特式量表以四點式或五點式量表（如表 5-1 所示），較常為研究者所使用。

表 5-1　李克特五點式量表

問卷題目（請在各題右邊適當的□內打「√」）	非常同意	同意	無意見	不同意	非常不同意
1. 學生上課時交談應予禁止……………………………	□	□	□	□	□
2. 學生亂丟紙屑果皮，應予以嚴厲的處罰……………	□	□	□	□	□
3. 教師應嚴厲處罰破壞班級秩序的學生………………	□	□	□	□	□
4. 教師給學生較多自由，會造成秩序的混亂…………	□	□	□	□	□
5. 班上有人犯規時，應處罰全班學生…………………	□	□	□	□	□
6. 學生嚴重違反校規就必須退學………………………	□	□	□	□	□
7. 教師應讓學生有較多自主的學習機會………………	□	□	□	□	□
8. 學生欺騙的行為是最不可原諒的……………………	□	□	□	□	□
9. 學生根據想像說出來的話就是撒謊，應予處罰……	□	□	□	□	□
10. 教師應以嚴肅的態度來維持教室的紀律……………	□	□	□	□	□
11. 學生對待教師應比對一般成人更加尊敬……………	□	□	□	□	□
12. 學生在老師面前不一定要立正站好…………………	□	□	□	□	□
13. 教師的品德不論如何，學生都應該尊敬……………	□	□	□	□	□
14. 教師認為最應學習的，學生一定要接受……………	□	□	□	□	□
15. 教師所講的話學生都必須遵行………………………	□	□	□	□	□
16. 學生可以公然提出與教師不同的意見………………	□	□	□	□	□

（二）計分

由於李克特式量表的選項有一定順序，所以有些學者將此量表視為等距量表。因此計分時就依選項之強弱而定，例如：極同意 5 分、同意 4 分、無意見 3 分、不同意 2 分、極不同意 1 分。將每一名受試者在所有選項加起來的總分，就是其態度分數，總分愈高，態度愈趨向同意。如果給分相反，極同意 1 分、同意 2 分、無意見 3 分、不同意 4 分、極不同意 5 分，則總分愈高，就表示受試者的態度愈趨向不同意。

（三）應用

目前一般教育學者常採用三、四、五點式量表，六點式至九點式量表比較少人採用，因為這種量表受試者填答時較費心神，而且計分

比較複雜，但是點式愈多的量表，愈能夠對受試者的態度作精細分析。此外，有些學者建議採用四點式量表，以免受試者填答時，從頭到尾一直勾選「無意見」這一項，這樣反而得不到真實的反應資料。

二、Thurstone 量表

Thurstone 於 1928 年，研發具有等距性質的量表（equal-appealing interval scale），該量表編製程序如下：

1. 廣泛蒐集與研究題目有關的描述句子。
2. 請 50 至 100 名客觀的專家，將所有描述句子評定後分成 11 堆，由最不贊成至最贊成。
3. 計算描述句子在 11 個等級中的次數分配。
4. 製作各描述句子累積次數百分比圖。
5. 依據累積次數百分比圖，計算各描述句之得分與四分差（Q 值）。
6. 將 Q 值較小的描述句保留下來，Q 值較大者予以淘汰。
7. 選取 Q 值較小的描述句大約 10 至 20 個構成量表。

由於研究者要蒐集足夠的描述句頗不容易，同時要請 50 名以上的專家作客觀評量頗費工夫，所以這個量表很少人使用。

三、Guttman 量表

Guttman 量表係由 Guttman 和他的同事，在第二次世界大戰期間，為研究美國士兵的態度所研發出來的。該量表由單一向度（unidimentionality）的項目所組成，因此依一定次序排列。當受試者對第二個項目贊同時，則表示他同時贊同第一個項目。同理，贊同第三個項目者，他也贊同第一與第二個項目，依此類推。受試者贊同的項目位階愈高，其總分也愈高，因此 Guttman 量表稱為累積量表（cumulative scale）。Guttman 量表的編製程序如下：

1. 蒐集與研究題目有關的描述句子。
2. 將這些句子構成量表，然後對一群受試者施測。

3.將大多數受試者（約 80 %）皆回答同意或皆回答不同意的句子
淘汰。

4.將剩餘受試者在該量表得分之高低，由最同意至最不同意順
序，由上往下排列。

5.將描述句依最同意至最不同意的反應順序，由左往右排列。

6.找出無法判定同意或不同意的描述句子。

7.計算複製係數，其公式如下：

$$複製係數 = 1 - \frac{誤答數}{總反應數}$$

兹舉一例說明 Guttman 編製程序。假設研究者選出 5 個描述句，
對 14 名受試者施測，請其對每一描述句填答同意以「A」表示，填答
不同意則以「D」表示，結果如表 5-2 所示，再依上述第 4 與第 5 個
步驟，將受試者與描述句重新排序，結果如表 5-3 所示。

將各題答同意與不同意的分界點，劃一條橫線，再計算⊗之數
目，共 2 個，回答總反應數共有 70，代入複製係數公式。

$$複製係數 = 1 - \frac{2}{70} = .971$$

由於複製係數 .971 大於一般能接受的 .90，所以顯示這個量表具
有很高的單一向度。換言之，經過分析之後，該量表可以成為測量態
度的工具了。

表 5-2　假設的反應（A：同意，D：不同意）

受試者	第 1 題	第 2 題	第 3 題	第 4 題	第 5 題	總分
A	A	D	D	A	D	2
B	A	A	A	A	A	5
C	A	D	D	D	D	1
D	D	D	D	D	D	0
E	A	A	D	A	D	3
F	A	A	A	A	A	5
G	A	D	D	D	D	1
H	A	A	A	A	D	4
I	D	D	D	D	D	0
J	A	A	A	A	D	4
K	A	D	A	A	D	3
L	A	D	D	A	D	2
M	A	D	A	A	D	3
N	D	D	D	D	D	0
同意百分比	79 %	36 %	43 %	64 %	14 %	

資料來源：取自 Abrahamson（1983, p. 159）

表 5-3　表 5-2 之資料反應分析

受試者／分數	第 1 題		第 4 題		第 3 題		第 2 題		第 5 題	
	A	D	A	D	A	D	A	D	A	D
B ／5	×		×		×		×		×	
F ／5	×		×		×		×		×	
H ／4	×		×		×		×			×
J ／4	×		×		×		×			×
E ／3	×		×			⊗	⊗			×
K ／3	×		×		×			×		×
M ／3	×		×		×			×		×
A ／2	×		×			×		×		×
L ／2	×		×			×		×		×
C ／1	×			×		×		×		×
G ／1	×			×		×		×		×
D ／0		×		×		×		×		×
I ／0		×		×		×		×		×
N ／0		×		×		×		×		×

資料來源：取自 Abrahamson（1983, p. 160）

四、語意區分量表

語意區分（semantic differential）是由 Osgood 等人於 1962 年首先提倡的。研究者可以利用語意區分量表，來測量受試者對某一個概念的態度。這種量表適用於課堂研究。研究者對受試者提供成對的形容詞，這些形容詞為一連續性的七點量尺，要受試者在每一對形容詞中依照個人的態度打勾（√），如圖 5-1 所示。

填答說明：底下有四組形容詞，請在每一組中依照你自己的感覺在線上打「√」。例如：

保齡球：

興奮的＿＿＿＿ ＿＿＿ ＿＿＿ ＿＿＿ ＿＿＿ ＿＿ 遲鈍的

假如您覺得打保齡球是令人非常興奮的，就在最左邊的線上打「√」，如果覺得打保齡球是非常遲鈍的，就在最右邊的線上打「√」，如果很難做決定，就在這兩個形容詞中間打「√」。現在請您就「家庭」在底下各組相對的形容詞加以評定：

1. 快樂的＿＿＿ ＿＿＿ ＿＿＿ ＿＿＿ ＿＿＿ ＿＿＿ ＿＿＿憂愁的
2. 放鬆的＿＿＿ ＿＿＿ ＿＿＿ ＿＿＿ ＿＿＿ ＿＿＿ ＿＿＿緊張的
3. 溫馨的＿＿＿ ＿＿＿ ＿＿＿ ＿＿＿ ＿＿＿ ＿＿＿ ＿＿＿冷酷的
4. 美麗的＿＿＿ ＿＿＿ ＿＿＿ ＿＿＿ ＿＿＿ ＿＿＿ ＿＿＿醜陋的

圖 5-1　語意區分量表的例子

受試者所要評定的形容詞涵蓋具體的事物、特定的人、物，或抽象的概念，這些形容詞必須和研究的主題有關，例如：要探討學生學習的態度，那麼所選的形容詞應當是和學習態度有關的事物或概念。

語意區分計分的方法，通常將「不好」的一端計 1 分，「好」的一端計 7 分，或是「好」的一端計+3 分，中間位置計 0 分，「不好」的一端計−3 分。然後求得受試者在每一對形容詞的平均數，就可以了解受試者對所評定項目的語意傾向，例如：在上例中，35 名受試者

在第一項評定結果的平均數為 5.98 分，這個分數就顯示受試者對家庭大都持正面的看法。

第四節 項目分析

項目分析（item analysis）的方法，可以分為難度分析與鑑別度分析。假如研究工具為測驗題目，可以做難度分析。所謂難度是指各個測驗題目的難易程度，通常以一群受試者答對（或通過）某題目的人數百分比，來表示該題目的難度。答對的人數百分比愈高，則該題目愈容易。反之，答對的人數百分比愈低者，則該題目愈困難。以下就項目分析方法說明之。

一、難度分析

測驗題目的難度有兩種計算方法，第一種為單一組法。其計算公式如下：

$$P = \frac{R}{N}$$

P：難度
R：答對的人數
N：受試者的總人數

例如：在 150 名預試學生中，答對某一試題者有 42 人，則其難度為：$P = \frac{42}{150} \times 100\% = .28$（或 28%）。

第二種計算試題難度的方法，係採極端組法。這種方法係將受試者依照其測驗總分排列高低次序，將得分在最前面與最後面的受試者，各取全體人數的 27%，作為高分組與低分組，再分別計算這兩組

受試者，在某一試題答對人數的百分比，然後以這兩組答對人數百分比的平均數，作為該試題的難度。其計算公式如下：

$$P = \frac{P_H + P_L}{2}$$

P ：難度
P_H：高分組答對某題目的人數百分比
P_L：低分組答對某題目的人數百分比

　　例如：某試題的測驗結果，高分組有 80 ％答對，低分組有 28 ％答對，則該題難度為 .54（或 54 ％）。

$$P = \frac{80\,\% + 28\,\%}{2} = 54\,\%$$

　　試題難度 P 值介於 0 與 1 之間，P 值愈接近 0，表示試題愈難；P 值愈接近 1，表示試題愈簡單。研究者在選取試題時，難度愈接近.50 者愈佳。難度分析大都使用在學科成就測驗、智力測驗以及性向測驗等。

　　以 P 值表示試題難度時，P 值愈小，難度愈高；P 值愈大，難度愈低。惟 P 值是一種次序量尺（ordinal scale），其差距單位並不相等，因而只能指出各試題難易的相對位置，卻無法指出各試題難易度之間差異的大小，例如：在某一測驗中，第 1 題、第 2 題、第 3 題答對的人數百分比依次為：60 ％、70 ％、80 ％，則第 1 題的難度最高，第 2 題的難度次之，第 3 題的難度最低，但是第 1 題與第 2 題難度的差異量，並不等於第 2 題與第 3 題難度的差異量。

　　美國教育測驗服務社針對上述缺點，另創一類具有相等尺度（interval scale）特性的難度指數，以Δ（delta）表示之。它是以 13 為平均數，4 為標準差，下限為 1，上限為 25 的標準分數。Δ值愈小，難

度愈低；Δ值愈大，難度愈高。Δ的公式如下：

$$\Delta = 13 + 4x$$

上述公式中的 x，其求法是依據答對與答錯某一試題的人數百分比，在常態分配曲線橫軸上的分界點，此點的位置以標準差為單位來表示，例如：某一試題答對的人數百分比為 15.87 %，亦即P÷0.16，則由圖 5-2 可知，x 值為 1，代入上述公式，Δ值等於 13 ＋ 4（1）＝ 17。若 P ＝ 0.9987，則 x ＝－ 3，Δ值為 1；若 P ＝ 0.0013，則 x ＝ ＋ 3，Δ值為 25。在實際應用上，試題的Δ值與高分組答對人數百分比（P_H）及低分組答對人數百分比（P_L）的關係，可由范氏項目分析表（Fan, 1952）查得，請參閱附錄表 K。

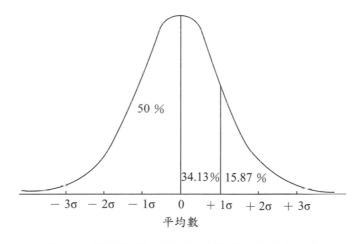

圖 5-2　試題答對人數百分比與常態分配之關係

二、鑑別度分析

鑑別度是指測驗題目能夠鑑別受試者能力的程度。鑑別度愈高的題目，愈能夠測量出它所欲測量的特質。若研究工具使用情意測驗或認知測驗，可以採用鑑別度分析。鑑別度的計算方法也可以分為單一

組法與極端組法等兩種，茲分別說明如下。

以單一組法來做鑑別度分析時，可以採用皮爾遜（K. Pearson）積差相關與因素分析等兩種統計方法。以積差相關分析鑑別度時，可以計算出受試者在某一試題的得分與測驗總分的相關係數，其公式如下：

$$r_{xy} = \frac{N\Sigma xy - \Sigma x\Sigma y}{\sqrt{N\Sigma x^2 - (\Sigma x)^2}\sqrt{N\Sigma y^2 - (\Sigma y)^2}}$$

N ：受試者人數

r_{xy} ：某一題之得分與測驗總分的相關係數

Σx ：某一題之得分和

Σy ：所有受試者之測驗總分和

Σxy ：某一題得分與測驗總分之乘積和

Σx^2 ：某一題之得分平方和

Σy^2 ：所有受試者之測驗總分平方和

在上式中，r_{xy}的值愈大，代表該題的鑑別度愈高。反之，r_{xy}的值愈小，則該題的鑑別度愈低。不過，以這種方法來分析鑑別度時，研究者宜選取r_{xy}值相對較高的題目。

因素分析主要用在評估研究工具的建構效度。在以因素分析進行鑑別度分析時，可將受試者的填答反應資料，以社會科學統計套裝軟體（statistical package for the social science，簡稱 SPSS）做統計分析，再以因素分析後因素負荷量（factor loading）的大小，做為取捨測驗題目的依據。通常因素負荷量大於 .30 以上的題目，就具有高鑑別度，這種試題就可以保留下來，小於 .30 以下的題目，不具鑑別度，這種試題就可以剔除。

第二種鑑別度分析的方法，可以使用極端組法，這種方法又可分為鑑別指數（index of discrimination）與臨界比（critical ratio，簡稱

CR），茲簡述如下。

（一）鑑別指數

將受試者測驗總分依高低次序排列，將得分在最前面與最後面的受試者，各取27 %作為高分組與低分組，然後分別計算出這兩組受試者在個別試題的答對人數百分比，以高分組的百分比減去低分組的百分比，兩者的差即為鑑別指數，其計算公式如下：

$$D = P_H - P_L$$

D　：鑑別指數
P_H：高分組答對的人數百分比
P_L：低分組答對的人數百分比

例如：高分組答對某試題的人數百分比為 .78，低分組答對該試題的人數百分比為 .23，則該試題的鑑別指數（D）為 .78 − .23 −.55。鑑別指數愈人的試題愈佳，表示該試題與測驗總分愈一致，研究者可參考表 5-4，作為判斷試題良窳的標準。

表 5-4　試題鑑別指數與優劣之評鑑

鑑別指數	試題評鑑
.40 以上	非常優良
.30～.39	良好
.10～.29	尚可
.01～.09	劣
.00 以下（負數）	試題有誤或題意不明

資料來源：取自 Hopkins（1998, p. 260）

（二）臨界比

情意測驗或態度量表的鑑別度分析，大都採用臨界比。當個別試

題的得分與總分的關係愈密切，則臨界比愈大。簡言之，測驗總分愈低者，其在每一題的得分較低。反之，測驗總分愈高者，其在每一題的得分也愈高。臨界比的計算公式如下（吳聰賢，1978，頁 475）：

$$CR = \frac{\overline{X}_{H25\%} - \overline{X}_{L25\%}}{\sqrt{\dfrac{S_H^2 + S_L^2}{N-1}}}$$

CR 　　：臨界比

$\overline{X}_{H25\%}$：受試者測驗總分在前 25 % 的高分組，在某一題目得分之平均數

$\overline{X}_{L25\%}$：受試者測驗總分在後 25 % 的低分組，在某一題目得分之平均數

S_H^2 　　：高分組受試者測驗總分的變異數

S_L^2 　　：低分組受試者測驗總分的變異數

　　一般而言，CR 值愈大愈好，通常 CR 值大於 3.0 的題目就可以保留下來，CR 值小於 3.0 的題目，就應淘汰。

第五節　研究工具的信度與效度

　　研究工具在預試之後，應將預試所得資料，分析其信度與效度，必須在確定研究工具具有高的信度與效度之後，才可進行正式調查、測驗或實驗。分析信度與效度的方法有很多種，以下僅就比較常用的加以說明。

一、信度

（一）常模參照測驗的信度

　　信度是指可相信的程度，也就是可靠性，通常是指測量結果的穩定性（stability）或一致性（consistency）。教育研究工具信度的分析，有以下幾種方法：重測法（test-retest method）、複本法（equivalent-forms method）、內部一致性法（internal consistency method）以及評分者法（scorer method），茲就其涵義及應用分別說明如下。

1. 重測法

　　重測法是使用同一個工具，對一群相同的受試者，在不同的時間前後各測量一次，再根據受試者在這兩次測量的得分，求其相關係數（即信度係數），相關係數愈高，表示再測信度愈高。反之，相關係數愈低，則表示再測信度愈低。

　　當得分屬於等距量尺（interval scale）或比率量尺（ratio scale）時，可以使用皮爾遜積差相關（Pearson product-moment correlation）統計法，以第一次測量的得分當作 x，第二次測量的得分當作 y，代入下列公式，即可求得再測信度係數：

$$r_{xy} = \frac{N\Sigma xy - \Sigma x \Sigma y}{\sqrt{N\Sigma x^2 - (\Sigma x)^2}\sqrt{N\Sigma y^2 - (\Sigma y)^2}}$$

例題：

受試者	第一次得分（x）	第二次得分（y）	x^2	y^2	xy
A	61	79	3721	6241	4819
B	77	85	5929	7225	6545
C	74	84	5476	7056	6216
D	69	73	4761	5329	5037
E	63	74	3969	5476	4662
F	76	83	5776	6889	6308
G	63	75	3969	5625	4725
N = 7	483	553	33601	43840	38312

$$r_{xy} = \frac{7 \times 38312 - 483 \times 553}{\sqrt{7 \times 33601 - (483)^2} \cdot \sqrt{7 \times 43840 - (553)^2}} = .76$$

當得分屬於次序量尺時，可以使用斯皮爾曼等級相關（Spearman rank correlation）統計法。將第一次測量的得分等第，以x表示，第二次測量的得分等第，以 y 表示之，代入下列公式，即可求得重測信度係數。

$$r_{xy} = 1 - \frac{6\Sigma d^2}{N^3 - N}$$

例題：

受試者	第一次得分等第（x）	第二次得分等第（y）	d	d^2
A	6	7	− 1	1
B	3	3	0	0
C	7	6	1	1
D	4	1	3	9
E	9	9	0	0
F	10	10	0	0
G	5	5	0	0
H	1	2	− 1	1
I	8	8	0	0
J	2	4	− 2	4
N = 10				$\Sigma d^2 = 16$

$$r_{xy} = 1 - \frac{6 \times 16}{10^3 - 10} = .90$$

以重測法求信度時，除了不可讓受試者知道此工具將重複施測之外，同時應注意前後兩次測量時間的間隔。如果間隔太長，受到受試者身心成長與學習效果的影響，信度容易偏低；反之，如果時間間隔太短，則容易受到練習效果與記憶的影響，以致產生重測信度偏高的現象。

實施重測法時，時間之間隔應多久較合適？這通常要視研究對象而定。一般而言，對兒童實施重測之時間間隔大約兩週較合適，因為兒童心智成長的速度比成人快速，所以對成人實施重測，宜間隔兩週以上，但以不超過四個月為原則。

以重測法分析研究工具的信度時，研究者應注意兩次施測時，情境因素與受試者身心狀況是否相同。前者包括：溫度、噪音、照明、室內環境等，後者包括：受試者身體健康情形、情緒、動機等。此外，主試者所使用的指導語、態度應盡量保持一致。研究者同時應考慮在第一次施測之後，是否能夠讓原來的受試者都有機會再接受測量，假如在第一次施測之後，受試者就畢業或放長假，則不適合採用重測法。

2. 複本法

所謂複本（equivalent forms or parallel forms）是指，兩種研究工具的題型、題目數、難度、鑑別度等方面都相當一致。讓受試者接受第一份工具（正本），再接受第二份工具（複本），將這兩份工具施測結果的得分，計算其相關係數，即得複本信度（alternate-form reliability）。

複本法可以分兩種方式實施：第一，同時連續實施，以此種方式所求得之複本信度，可以說明測量工具所造成誤差的大小，但是無法反映出受試者身心狀況與測驗情境的誤差，這種複本信度又稱等值係

數（coefficient of equivalence）；第二，相距一段時間分兩次實施測量，所求得之複本信度，不但可以顯示測量內容的誤差情形，而且可以顯示出間隔一段時間，受試者與施測情境不同所構成的誤差情形，因此這種信度又稱為穩定與等值係數（coefficient of stability and equivalence）。由測驗原理與研究應用的觀點來說，第二種方式是考驗信度的良好方法。

3. 內部一致性法

以前述重測法和複本法衡量信度，都需要將研究工具施測兩次，不僅容易使受試者產生學習記憶以及身心疲勞，而且在人力、物力與時間上都不經濟。為了避免上述現象，只對受試者施測一次就可分析信度，這種情況可以採用內部一致性法。這種方法比較常用的有：(1)折半法（split-half method）；(2)庫李法（Kuder-Richardson method）；(3)Cronbach α 係數。這些方法都在衡量研究工具內容取樣誤差的程度。茲分別說明如下。

(1)折半法

折半法是將受試者在研究工具上的答題資料，分成相等的兩半，再求這兩半題目得分的相關係數，即得折半信度（split-half reliability）。將研究工具的題目分成兩半有以下五種方法：

①將奇數題當作一半，偶數題當作另一半。

②以隨機方式將題目平均分成兩半。

③將題目分成前半與後半。

④將題目分成四等分，例如：1 至 15 題為 A；16 至 30 題為 B；31 至 45 題為 C；46 至 50 題為 D，然後將 A 與 C 合成一半，B 與 D 合成另一半。

⑤將題目分成 A、B、C、D 四等分，A 與 D 合成一半，B 與 C 合成另一半。

教育研究者最常使用上述第一種方法，計算受試者在奇數題與偶

數題得分的相關係數，即得折半信度。不過，每一半題目只占全部題目的一半，所以此一相關係數只是半個研究工具的信度而已，所以會低估整個工具的信度。由於在其他各種條件相等的情況之下，研究工具的題目愈多愈可靠，因此必須使用「史布公式」（Spearman-Brown formula）加以校正，藉以估計整個工具的信度。史布公式如下：

$$r'_{xx} = \frac{nr_{xx}}{1+(n-1)r_{xx}}$$

在上式中，r'_{xx} 代表研究工具的真正信度係數，r_{xx} 代表未增減題目時之信度係數，n 為題目增加或縮短的倍數，例如：題目由 20 題增加至 80 題，則 n 等於 4；假如題目由 80 題縮短至 40 題，則 n 等於 0.5。在計算折半信度時，每一半題目只占全部題目的一半，因此必須增長兩倍（n = 2）才能求得真正的信度。所以代入上述公式就變成下列公式：

$$r'_{xx} = \frac{2r_{xx}}{1+(2-1)r_{AA}} = \frac{2r_{xx}}{1+r_{AA}}$$

例如：某研究工具兩半的相關係數為 .80，經史布公式校正後的信度係數為 .89。由此可知該工具的真正信度係數，比校正前較高。

$$r'_{xx} = \frac{2 \times .80}{1+.80} = .89$$

史布公式的基本前提，是假設兩半測量分數的變異量相等，而實際所測量資料未必合乎此一假設，因此可以採用下列兩個公式之一，直接求得研究工具的信度。

①盧農公式（Rulon formula）

$$r_{tt} = 1 - \frac{SD_d^2}{SD_x^2}$$

在上述中，SD_d^2 代表每一個受試者在兩半題目得分之差的變異量；SD_x^2 代表整個工具總分的總變異量。

②范氏公式（Flanagan formula）

$$r_{tt} = 2(1 - \frac{SD_a^2 + SD_b^2}{SD_x^2})$$

在上式中，SD_a^2與SD_b^2代表受試者在兩半題目得分的變異量，SD_x^2代表受試者在整個工具得分的總變異量。茲舉一例（如表 5-5 所示）說明之。

表 5-5　以折半法計算信度係數

學生	奇數題（a）	偶數題（b）	a + b	d	r
A	11	8	19	3	
B	10	6	16	4	
C	6	2	8	4	
D	5	1	6	4	
E	12	5	17	7	.79
F	4	1	5	3	
G	4	4	8	0	
H	8	6	14	2	
I	8	5	13	3	
J	2	2	4	0	

史布公式校正：$r_{tt} = \frac{2 \times .79}{1 + (2 - 1) \times .79} = .88$

盧農公式：$r_{tt} = 1 - \frac{3.8}{26.6} = .86$

范氏公式：$r_{tt} = 2(1 - \frac{10.0 + 5.2}{26.6}) = .86$

(2)庫李法

庫李法係由庫德（G. F. Kuder）與李查遜（M. W. Richardson）兩

位學者，於 1937 年所發表分析題目間一致性的方法。他們估計的信度稱為庫李信度（Kuder-Richardson reliability）。因為以折半法分析信度，將題目分成相等的兩部分至少有五種方法，每一種方法所計算出來的信度係數不盡相同，因此以折半法估計信度的學者較少，而採用庫李法與α係數者居多。

庫李信度只適用於答對得 1 分，答錯得 0 分的題目。庫李二氏曾設計出許多公式，不過其中最常用的是庫李 20 號公式，該公式如下：

$$r_{KR20} = (\frac{k}{k-1})(1 - \frac{\Sigma pq}{S^2})$$

在上式中，r_{KR20} 代表庫李 20 號公式所估計出來的信度係數，k 代表題數，p 代表答對某一題的人數百分比，q 代表答錯某一題的人數百分比（即 q = 1 − p），Σpq 代表 p 與 q 乘積的總和，S^2 為總分的變異量。茲舉一例，如表 5-6 所示。

表 5 6　庫李 20 號公式的計算

受試者＼題目	1	2	3	4	5	總分	平均數
甲	0	0	1	0	0	1	
乙	1	1	1	0	1	4	2
丙	0	0	0	0	0	0	
丁	1	1	1	0	0	3	
p	$\frac{2}{4}$	$\frac{2}{4}$	$\frac{3}{4}$	0	$\frac{1}{4}$	8	
q	$\frac{2}{4}$	$\frac{2}{4}$	$\frac{1}{4}$	1	$\frac{3}{4}$		
pq	$\frac{4}{16}$	$\frac{4}{16}$	$\frac{3}{16}$	0	$\frac{3}{16}$	$\Sigma pq = \frac{14}{16}$	

$$S^2 = \frac{(4-2)^2 + (3-2)^2 + (1-2)^2 + (0-2)^2}{4} = \frac{10}{4} = 2.5$$

$$r_{KR20} = \frac{k}{k-1}(1 - \frac{\Sigma pq}{S^2})$$

$$= \frac{5}{5-1}(1 - \frac{\frac{14}{16}}{2.5})$$

$$= 0.81$$

　　由於庫李 20 號公式，必須計算每一題的 p 值與 q 值，如果題目很多，計算起來相當費時。當各題目難度相近時，可以採用庫李 21 號公式，該公式如下：

$$r_{KR21} = \frac{k}{k-1}\left[1 - \frac{M(1 - \frac{M}{k})}{S^2}\right]$$

k：題數

M：平均數

S^2：總分的變異量

將表 5-6 的資料代入 r_{KR21} 公式，就可以得到庫李 21 號的信度係數。

$$r_{KR21} = \frac{k}{k-1}\left[1 - \frac{M(1 - \frac{M}{k})}{S^2}\right]$$

$$= \frac{5}{5-1}\left[1 - \frac{2(1 - \frac{2}{5})}{2.5}\right]$$

$$= 0.65$$

　　r_{KR20} 通常大於 r_{KR21}。不過，當題目的難度都相等時，r_{KR20} 等於 r_{KR21}。

(3)Cronbach α係數

Cronbach（1951）所設計的α係數，適用於多重計分的測驗或量表，例如：你贊成國小師資多元化？凡填答「非常贊成」者給 5 分，「贊成」者給 4 分，「無意見」者給 3 分，「不贊成」者給 2 分，「非常不贊成」者給 1 分，這種問卷的信度可以使用α係數來估計，其公式如下：

$$\alpha = \frac{k}{k-1}(1 - \frac{\Sigma S_k^2}{S^2})$$

k：題數

ΣS_k^2：每一題得分變異數的累積和

S^2：總分的變異量

茲以表 5-7 的資料為例，說明 Cronbach α係數的計算過程。

表 5-7　Cronbach α 係數的計算

		題目					
		1	2	3	4	5	合計
學生	甲	0	3	6	1	3	13
	乙	6	8	9	1	7	31
	丙	2	1	1	0	2	6
	丁	8	8	8	2	4	30
合計		16	20	24	4	16	80
平均數		4	5	6	1	4	20

① k = 5

② $S^2 = \dfrac{(13-20)^2 + (31-20)^2 + (6-20)^2 + (30-20)^2}{4} = 116.5$

③ $S_1^2 = \dfrac{(0-4)^2+(6-4)^2+(2-4)^2+(8-4)^2}{4} = 10$

④因此，第 1 至第 5 題的變異量依序為：10；9.5；9.5；0.5 與 3.5

⑤因此，$S_k^2 = 10 + 9.5 + 9.5 + 0.5 + 3.5 = 33$

⑥將上述資料代入 α 公式

$$\alpha = \frac{5}{4}(1 - \frac{33}{116.5}) = 0.90$$

　　Cronbach α 係數係由庫李 20 號公式衍生出來的。Cronbach α 係數的計算可以使用社會科學統計套裝軟體（簡稱 SPSS）較為便捷。雖然 Cronbach α 係數應用在研究工具信度分析上相當普遍，但是它不適用於估計速度測驗的信度，同時無法顯示時間取樣對測驗分數的影響。

4. 評分者法

　　當研究工具不能客觀評分時，可以請幾名學者專家來評判，再以統計方法求這些評分者給分的一致性，就得到評分者信度（scorer reliability）。當評分者只有兩名時，可以採用斯皮爾曼等級相關來計算評分者信度，其公式如下：

$$r_s = 1 - \frac{6\Sigma d^2}{N(N^2 - 1)}$$

r_s：斯皮爾曼等級相關係數

d ：被評作品分數等第之差

N：被評之作品數

　　茲以表 5-8 為例，說明 2 名教師評定 7 名學生美術作品之評分者信度。

表 5-8　2 位評分者評分信度之計算

學生美術作品	甲教師評定		乙教師評定		d	d²
	分數	等第	分數	等第		
A	76	6	79	5	1	1
B	84	3	85	3	0	0
C	90	1	86	2	− 1	1
D	67	7	70	7	0	0
E	78	5	74	6	− 1	1
F	89	2	87	1	1	1
G	82	4	80	4	0	0
N = 7					$\Sigma d^2 = 4$	

$$r_s = 1 - \frac{6 \times 4}{7(7^2 - 1)} = .93$$

如果評分者為 3 名以上時，可以採用肯德爾和諧係數（Kendall co-efficient of concordance）來求其評分者信度。其公式如下：

$$W = \frac{12S}{k^2(N^3 - N)}$$

W：肯德爾和諧係數

k：評分者的人數

N：被評之作品數

S：被評作品分數等第累加和與其等第平均數的離均差平方和

表 5-9 為 5 名評分者評定 7 名學生作文成績，評分者信度之計算過程與結果。

表 5-9　5 名評分者信度之計算（表內數字為等第）

評分者	學生作文（N = 7）						
（k = 5）	A	B	C	D	E	F	G
甲	3	6	1	7	5	4	2
乙	5	3	2	6	1	3	4
丙	4	5	2	3	6	7	1
丁	4	5	1	6	2	7	3
戊	5	7	1	4	3	2	6
R_i	21	26	7	26	17	23	16

$$\Sigma R_i = 21 + 26 + 7 + 26 + 17 + 23 + 16 = 136$$

$$\Sigma R_i^2 = (21)^2 + (26)^2 + (7)^2 + (26)^2 + (17)^2 + (23)^2 + (16)^2 = 2916$$

$$S = 2916 - \frac{(136)^2}{7} = 273.71$$

$$W = \frac{12 \times 273.71}{5^2(7^3 - 7)} = .39$$

　　肯德爾和諧係數為 .39，經查統計附錄表發現，該數字未達顯著水準。由此可知，這 5 名評分者的評分，彼此之間未具有高的一致性。

（二）標準參照測驗的信度

　　標準參照（criterion reference）的測驗，旨在測量受試者對教材精熟的程度，這種測驗估計信度的方法有以下兩種。

1. 重測法

　　受試者前後兩次接受精熟測驗，以 Cohen 和 Swerdlik（1999）之 Kappa 係數來表示標準參照測驗的信度。其計算方法如下：

　　假設某標準參照測驗分兩次施測，50 名學生被評量精熟或非精熟的人數如表 5-10、表 5-11 所示。要求其重測信度時，可以使用以下公式：

$$k = \frac{P_o - P_c}{1 - P_c}$$

k：重測信度係數

P_o：等於 a ＋ d

P_c：等於（a ＋ b）（a ＋ c）＋（c ＋ d）（b ＋ d）

表 5-11 之

P_o＝ 0.6 ＋ 0.2 ＝ 0.8

P_c＝（0.6 ＋ 0.14）（0.6 ＋ 0.06）＋（0.06 ＋ 0.2）

　　（0.14 ＋ 0.2）＝ 0.58

$k = \frac{0.8 - 0.58}{1 - 0.58} = 0.52$

表 5-10　受試者在標準參照測驗精熟或非精熟人數

		第一次施測		合計
		精熟	非精熟	
第二次施測	精熟	a 30	b 7	a ＋ b 37
	非精熟	c 3	d 10	c ＋ d 13
	合計	a ＋ c 33	b ＋ d 17	a ＋ b ＋ c ＋ d 50

表 5-11　表 5-10 資料以百分比表示

		第一次實施		合計
		精熟	非精熟	
第二次實施	精熟	a 0.60	b 0.14	a + b 0.74
	非精熟	c 0.06	d 0.20	c + d 0.26
	合計	a + c 0.66	b + d 0.34	a + b + c + d 1.00

2. 複本法

在標準參照測驗中,分析複本信度時,只要計算受試者在正本與複本,都精熟或不精熟人數,占全體受試者人數之百分比,例如:50 名學生在正本與複本測驗結果如表 5-12 所示,求其信度係數。

表 5-12　學生在數學成就測驗上精熟與非精熟人數

		測驗乙		合計
		精熟	非精熟	
測驗甲	精熟	a 32	b 5	a + b 37
	非精熟	c 5	d 8	c + d 13
	合計	a + c 37	b + d 13	a + b + c + d 50

複本信度的公式:$P_A = \dfrac{a}{N} + \dfrac{d}{N} = \dfrac{a + d}{N}$

計算結果:$P_A = \dfrac{32 + 8}{50} = .80$

（三）信度與測驗分數的解釋

1. 客觀測驗的變異數

客觀測驗的變異數與時間取樣誤差變異數、內容取樣誤差變異數的和等於 1，例如：某性向測驗再測信度為 .80，庫李信度為 .85，則該測驗的時間取樣誤差變異數為 .20（即 1 −.80），內容取樣誤差的變異數為 .15（即 1 −.85），該測驗真正變異數等於 1 −.20 −.15 ＝ .65。

2. 非客觀測驗的變異數

非客觀測驗的變異數與時間取樣誤差、內容取樣誤差、評分者誤差時變異量的總和等於 1，例如：有一藝術作品之再測信度為 .80，α 係數為 .85，評分者信度為 .75，則該藝術作品的真正變異數等於 1 − .20 −.15 −.25 ＝.40。

3. 測量標準誤差與信度的關係

因為任何測驗的實得分數都有一些誤差，所以實得分數（obtained score，簡稱 X）等於真正分數（true score，簡稱 T）加上誤差分數（error score，簡稱 e），可用下列公式表示：

$$X = T + e$$

就理論上來說，受試者在同一個測驗接受無限多次測量所得到的平均數，就是其真正分數。受試者多次實得分數所形成的常態分配的標準差，稱為測量標準誤（standard error of measurement，簡稱 SEM），其公式如下：

$$SEM = SD\sqrt{1 - r_{xx}}$$

上式中 SD 代表測驗分數的標準差，r_{xx} 代表該測驗的信度係數，例如：某測驗施測一群受試者所得分數的標準差為 10，其信度係數為 .64，則其測量標準誤為：

$$SEM = 10\sqrt{1 - .64} = 6$$

由測量標準誤的公式可知，測驗的信度愈高，測量標準誤愈小；反之，測驗的信度愈低，測量標準誤愈大。

（四）影響信度的因素

影響研究工具信度的因素頗多，大致可以歸納為下列幾項。

1. 受試者方面

受試者接受測量時身心健康情形、注意力、情緒、動機、態度等，變化愈小則信度愈高。反之，變化愈大則信度愈低。一群受試者的特徵（如年齡、教育程度、人格特質等）分布愈廣，信度係數也愈大。反之，則信度愈小。

2. 主試者方面

主試者依照指導語實施測量；主持測驗的態度、情緒、動機變化愈小，評分愈客觀，則信度愈高。反之，則信度愈低。

3. 測驗內容方面

測驗題目愈有代表性，題數愈多，內部一致性愈大，則信度愈高。反之，則信度愈低。

4. 測驗時間方面

兩次測驗的時間相隔愈短，信度愈高。反之，相隔時間愈長，則信度愈低。

5. 測驗情境方面

　　兩次測驗的情境,例如:溫度、照明、空氣流通、濕度、噪音、桌面等條件愈一致者,信度愈高。反之,信度愈低。

二、效度

　　效度是指,研究工具能夠測量所欲測量行為特質的程度。假若研究工具效度偏低,則無法達成其測量的功能,當然研究結果就不可靠。效度可分為以下幾類。

(一)內容效度

　　內容效度(content validity)是指測驗的試題,能測量所欲測量內容的程度,又稱為取樣效度或邏輯效度。考驗內容效度的步驟如下:
　　1.確定所要測量的範圍,並在此範圍內蒐集教材,確定教學目標。
　　2.就所界定的範圍,建立雙向細目表(two-way specification table)。表 5-13 是由教學目標與教材內容兩個向度所組成。
　　3.表中數字代表教材內容與教學目標,在整個範圍的題數。
　　4.請幾名學科專家評量該表內的數字,占整個範圍的比重是否適當。
　　5.評量結果一致性高,就表示該測驗具有高的內容效度。

表 5-13　愛惜生命、愛護生活環境之雙向細目表

教材內容	教學目標						合計
	知識	理解	應用	分析	綜合	評鑑	
親近自然	4	6	6	4	3	2	25
珍惜生命	3	5	4	2	2	1	17
愛人愛物	3	3	7	3	0	1	17
愛護生活環境	5	6	4	3	3	1	22
了解人與自然的關係	5	7	4	2	1	0	19
合計	20	27	25	14	9	5	100

內容效度與表面效度（face validity）的意義不同。表面效度是指受試者對測驗覺得有效的程度，它不能替代客觀的效度。研究者為了取得受試者的合作，在測驗的內容和用語方面，必須符合受試者的經驗背景，這樣受試者容易對測驗認真作答，也可以提高測驗的效度。

（二）專家效度

有些研究者邀請大約 10 名學者專家，對問卷問題表示是否適合於研究題目，這種考驗效度的方法稱為專家效度。茲舉一例說明如下：

	非常適合	適合	不適合	非常不適合
1.我常使父母失望……………………	（√）	（ ）	（ ）	（ ）
2.我覺得父母不公平…………………	（ ）	（ ）	（√）	（ ）
3.我常想離開家………………………	（ ）	（√）	（ ）	（ ）
4.我在家裡很寂寞……………………	（√）	（ ）	（ ）	（ ）

研究者在分析學者專家對問卷各問題，認為適合與非常適合的人數，占全部學者專家人數百分比，就可求得專家效度。通常上述人數百分比在 80% 以上，就可以說該問卷具有效度。因為專家們的意見缺乏客觀的標準，所以重視計量的行為科學家，比較不喜歡用這種方法。

（三）效標關聯效度

研究者假如能夠蒐集與研究工具相關的資料作為效標，再計算該問卷量表的得分與效標之間的相關係數，這樣就可以建立該研究工具的效標關聯效度（criterion related validity）。

效標關聯效度是指，研究工具與效標之間相關程度。效標是考驗研究工具真確性的標準，例如：研究工具為中學生數學科成就測驗，

大學入學考試數學成績就可當作效標，受試者在該成就測驗上的得分
與大學入學考試數學成績的相關很高，就表示中學生數學科成就測
驗，具有很高的效度。反之，假如兩者相關很低，就表示該測驗的效
度不高。

教育研究工具效標的種類如下：

1.學科成就測驗，例如：期末考成績、聯考成績、畢業考成績。
2.職業訓練的表現，例如：教師教學表現、醫師執業的醫療效
　果。
3.實際工作的表現，例如：操作機械的成績。
4.具有高效度的測驗，例如：魏氏智力測驗、比西智力量表。
5.專業人員的評量，例如：精神科醫師對人格異常的評等；教師
　對學生行為的評等。
6.心理異常的診斷，例如：美國精神醫學會（2013）出版《精神
　疾病診斷與統計手冊》（第五版）（簡稱 DSM-5）所作的分
　類。

效標關聯效度分為同時效度（concurrent validity）與預測效度
（predictive validity）兩種，前者是指受試者在研究工具上的得分，與
施測同時取得效標之間的相關程度；後者是指，受試者在研究工具上
的得分與施測之後一段時間所取得效標之間的相關程度。這兩種效度
的高低都可以使用積差相關係數來表示。

（四）建構效度

所謂建構效度（construct validity）是指，一個工具能夠測量心理
學某一個理論的概念或特質的程度。檢驗研究工具建構效度，有以下
幾種方法。

1. 相關檢定

　　若研究工具係依據某著名的理論來編製的，以受試者在該工具的得分與在效標上之得分，求其積差相關，假如兩者之正相關係數達到顯著水準，則該工具就具有良好的建構效度。反之，如兩者之間無顯著正相關，就表示該工具的建構效度偏低。

2. 差異檢定

　　若研究工具根據某心理學理論來編製，該理論主張受試者焦慮偏低或太高，則考試成績偏低；適度的焦慮，則考試成績高。如果將受試者分為高焦慮、中焦慮、低焦慮三組，以單因子變異數分析（one-way ANOVA）檢定結果與該理論的理念一致，則該工具具有高的建構效度。如受試者分為兩組時，則可以採用t檢定。

3. 因素分析

　　以研究工具施測一群受試者，將所得資料進行因素分析（factor analysis），就可以了解該工具所涵蓋的因素，是否與編製該工具理論之概念相符合，若相符合的程度愈高，則該工具之建構效度也愈高。

4. 輻合效度與辨別效度檢定

　　Campbell 與 Fiske（1959）提出「多重特質、多重方法矩陣」（multitrait-multimethod matrix），可以同時檢定輻合效度（convergent validity）與辨別效度（discriminant validity）。該實驗設計主張，同一種方法可以測量不同的心理特質，同一種心理特質可以用不同方法加以測量，按照其理論之概念，測量方法、心理特質與測驗結果有以下四種情況：

　　(1)以相同方法測量相同心理特質，所得分數之間的相關最大。

　　(2)以不同方法測量相同心理特質，所得分數之間的相關次高。

　　(3)以相同方法測量不同心理特質，所得分數之間的相關較低。

　　(4)以不同方法測量不同心理特質，所得分數之間的相關最低。

（五）影響效度的因素

　　一個研究工具的效度如果偏低，則研究結果的正確性令人質疑。因此，研究者應設法提高其效度。但是如何提高研究工具的效度？首先應了解有哪些因素影響效度，然後盡量排除這些因素。底下分別說明影響效度的因素。

1. 指導語不清楚

　　引導受試者填寫研究工具的作答說明，如果不夠清楚、不明確，則受試者無法真實作答，這樣的填答資料自然降低研究工具的效度。

2. 字詞與句子太艱深難懂

　　如果研究工具所使用的辭彙過於複雜、艱深，則受試者不能充分了解題目的真正涵義，甚至曲解題目的意思，在這種情況之下，將無法測量受試者的真正心思意念。

3. 題目難易度不適中

　　如果題目太簡單，大部分受試者都答對；或題目太困難，大部分受試者都答錯，這樣就無法測量出受試者真實的能力。這種題目無法鑑別受試者的個別差異，因此研究工具的效度偏低。

4. 題意曖昧不明

　　如果題意模稜兩可或題意不清，則受試者容易產生混淆或誤解，研究者無法從研究工具中蒐集到真實的資料。

5. 題目設計不當

　　不良的題目或選項，與研究目的毫無關聯，這種研究工具將無法測量出受試者的真實反應。

6. 題目太少

　　題目太少將會使研究者無法真正了解受試者的心意，同時不容易

對研究問題作深入的探討，研究結果的正確性自然降低。

7. 作答的時間不夠

如果研究者無法提供受試者足夠的填答時間，以致受試者不能做完全部題目，這樣勢必降低研究工具的效度。

8. 題目安排不當

一般研究工具的題目，都依難易度順序加以排列，就是先出現較簡單的題目，再逐漸出現較困難的題目。如果相反，先出現較難的題目，再出現較簡單的題目，這樣會使受試者花許多時間在解答困難的題目，進而妨礙他們去做那些本來會做的題目，甚至影響受試者繼續填答的動機，結果將降低研究工具的效度。

9. 題目之後的選項安排不妥當

選項太少或正確答案的位置有一定規則，這樣容易提高受試者猜答的機率，這種現象也會使研究工具的效度降低。

三、信度與效度的關係

信度與效度是評估研究工具品質的重要因素。信度是評估研究工具的穩定性或可靠性，效度則是評估研究工具的真實性或正確性，如果研究工具的穩定性低，則該工具的真實性也會受影響。因此，要有高的效度，需要先具備高的信度。不過，有高的信度，卻未必有高的效度，例如：某班學生數學真實程度 80 分，該班學生接受數學科測驗，第一次全班平均 70 分，第二次全班平均 71 分，可見該測驗的再測信度很高，但是效度就很低。因此，信度是效度的必要條件，而非充分條件。

一個研究工具的信度低，效度一定低；信度高，效度不一定高；效度低，信度不一定低；效度高，信度一定高。

如果研究工具的效度採效標關聯效度，則效度係數的極大值，等

於該工具信度與效標信度乘積的平方根，其公式如下：

$$r_{xy} \leq \sqrt{r_{xx}r_{yy}}$$

r_{xy}：效度係數

r_{xx}：研究工具的信度

r_{yy}：效標的信度

　　由上式可知，效度係數不致大於研究工具的信度或效標的信度。此種現象如表 5-14 所示。

表 5-14　信度、效標與效度之關係

測驗信度係數	效標信度係數	最大效度係數
.0	.0	.00
.2	.0	.00
.4	.0	.00
.6	.0	.00
.8	.0	.00
1.0	.0	.00
.0	.5	.00
.2	.5	.32
.4	.5	.45
.6	.5	.55
.8	.5	.63
1.0	.5	.71
.0	1.0	.00
.2	1.0	.45
.4	1.0	.63
.6	1.0	.77
.8	1.0	.89
1.0	1.0	1.00

資料來源：取自 Keplan 與 Saccuzzo（1993, p. 152）

▌自我評量 ···

1. 試說明台灣測驗資料的來源。

2. 使用他人的研究工具應注意哪些事項？

3. 試述編製問卷的原則。

4. 問卷問題可分為哪些類型？試各舉一例說明之。

5. 試述設計問卷的步驟。

6. 試述實施預試的要領。

7. 試述項目分析的目的與方法。

8. 試述使用庫李法分析信度的時機。

9. 試述研究工具信度與效度的關係。

10. 檢驗研究工具建構效度有何方法？

11. 何謂效標關聯效度？試述之。

12. 試比較常模參照測驗與標準參照測驗之差異。

13. 試說明影響研究工具信度的因素。

14. 試說明影響研究工具效度的因素。

15. 試說明信度與效度的關係。

第六章

調查研究法

 學習目標

研讀本章之後，學習者應能達成下列目標：

1. 了解調查研究的涵義與目的。

2. 了解調查研究的種類。

3. 明白問卷調查的實施方式及其優缺點。

4. 明瞭訪問調查的類型及其要領。

5. 了解訪問的技巧與實施步驟。

6. 了解訪問調查的優缺點。

7. 明白得爾慧技術在教育研究上的應用。

8. 了解得爾慧技術的優缺點。

前置綱要

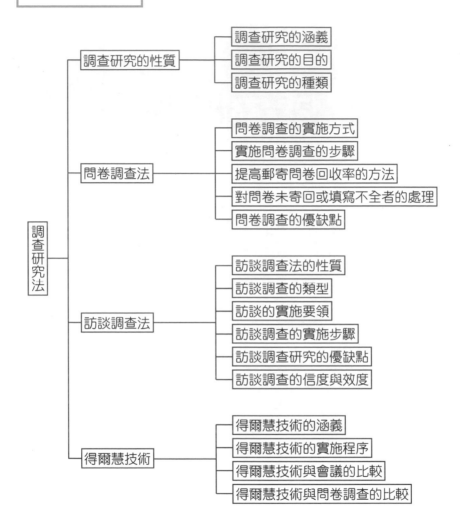

調查研究法
- 調查研究的性質
  - 調查研究的涵義
  - 調查研究的目的
  - 調查研究的種類
- 問卷調查法
  - 問卷調查的實施方式
  - 實施問卷調查的步驟
  - 提高郵寄問卷回收率的方法
  - 對問卷未寄回或填寫不全者的處理
  - 問卷調查的優缺點
- 訪談調查法
  - 訪談調查法的性質
  - 訪談調查的類型
  - 訪談的實施要領
  - 訪談調查的實施步驟
  - 訪談調查研究的優缺點
  - 訪談調查的信度與效度
- 得爾慧技術
  - 得爾慧技術的涵義
  - 得爾慧技術的實施程序
  - 得爾慧技術與會議的比較
  - 得爾慧技術與問卷調查的比較

本章摘要

1. 調查研究在教育研究上的應用相當普遍。

2. 調查研究可蒐集現況資料，進而提出改進策略。

3. 調查研究依蒐集資料時間，可分為縱貫式調查和橫斷式調查。

4. 調查研究依蒐集資料方式，可分為：(1)問卷調查；(2)訪問調查；(3)調查表調查。

5. 調查研究依研究變項的性質，可分為狀況調查及調查研究。

6. 調查研究依調查對象的性質，可分為團體調查與樣本調查。

7. 問卷調查實施時分為郵寄、當面與網路線上實施三類。

8. 一般問卷調查回收率不高，有八種方法可以提高回收率：(1)慎選調查對象；(2)題目不宜過多；(3)提供誘因；(4)提高問卷設計品質；(5)署名發問卷單位或個人；(6)考慮適當郵寄時間；(7)選擇郵寄方式；(8)催收問卷。

9. 訪談就內容而言可分為：(1)結構性訪談；(2)無結構性訪談；(3)半結構性訪談。

10. 依受訪人數之多少，可分為個別及團體訪談。

11. 依訪問工具可分為電話訪談和電腦輔助電話訪談。

12. 訪談的實施要領包括：訪談前的準備、訪談的技巧。

13. 訪談調查的實施有八個步驟：(1)確定訪談的目的和內容；(2)先進行文獻探討；(3)選擇適當的樣本；(4)設計訪談的問題；(5)選擇訪談員；(6)訓練訪談員；(7)實施正式訪談；(8)記錄訪談資料。

14. 得爾慧技術兼具問卷調查與會議的優點及功能。

　　古埃及人曾利用調查來統計人口以及各種農作物的產量，作為政府課徵稅收的依據。由於調查研究是一種科學方法，因此近代的心理學、教育學、社會學、政治學以及公共衛生學等各個領域，都常以調查法來從事研究。除了在學術研究上時常採用調查法之外，商業界也經常使用市場調查來蒐集商業情報，藉以了解消費者對其產品的態度與使用情形，以便在商業競爭中提高產品的市場占有率，例如：美國蓋洛普（Gallup）公司所做的民意調查，在了解受調查者的意見或態度具有相當高的準確性，因而聞名於世。

　　到了1960年代，實證主義成為教育研究的主流，實證主義的學者主張，要充分了解社會現象，唯有透過客觀的測量，提出科學的數據，這樣才能夠符合科學的要求。在這種時代背景之下，許多教育學者紛紛採用調查研究法來研究教育問題。到目前為止，我國心理學、教育學、社會學等行為科學的學術性論文，甚至於政府機關的決策，超過一半以上採用這種研究法。由此可見，調查研究法是各種教育研究法中，使用頻率相當高的一種研究方法。

第一節　調查研究的性質

一、調查研究的涵義

　　調查研究是利用問卷或訪問，蒐集母群體或樣本對某些事物的看法、意見或態度，將所蒐集到的資料進行統計分析，以期了解受調查者心思意念的一種研究方法。調查研究具有以下幾個特徵：

（一）調查研究是一種科學研究方法

　　許多教育學者經常使用調查研究法，這種方法是一種解決問題的活動，研究者由提出研究問題，建立研究假設，蒐集母群體或樣本的

資料，再從這些資料來分析，進而推演出結論，藉以解答研究問題或研究假設。這些步驟是有系統的、邏輯的、客觀的，所以符合科學方法，任何人只要依循這個程序，就可以重複來驗證其真實性。

（二）調查研究以母群體或樣本為對象

調查研究以母群體為對象時，稱為普查。這種研究方法在母群體不大時，比較有實施的可能，如果母群體很大時，研究者通常採用樣本來進行調查，再將樣本調查結果推論到母群體。大體來說，問卷調查可以視實際需要採用母群體或樣本作為調查對象，至於訪問調查比較花費時間，所以大都以小樣本來進行調查。

（三）調查研究的範圍涵蓋人、事、物等方面

有一些調查研究以人作為調查的主題，蒐集靜態事實資料，例如：就讀學生人數、學生家長所從事職業的人數、畢業生就業人數等。有一些調查研究以事為調查的主題，例如：教師分幾個等級；國小校長之評鑑標準。另外，有一些調查研究以物為主題，例如：全校有幾部影印機、有多少張課桌椅、學校有幾間教室等。

（四）調查研究的主要變項涵蓋心理或社會變項

許多調查研究的變項涵蓋受調查者的心理變項或社會變項。前者包括個人的意見、態度、期望、動機、人際關係與信念等；社會的變項則包括個人在團體中的背景變項，例如：性別、年齡、教育程度、職業、政黨、收入、宗教信仰等。

二、調查研究的目的

在教育研究上採用調查研究法，主要目的在蒐集教育現象的相關資料，以作為擬訂教育計畫、探討教育問題，提出解決教育問題的策略。大體來說，實施教育調查研究至少有以下幾項目的。

（一）蒐集現況資料

　　研究者為了了解某些教育問題，有時需要蒐集教育現況資料，例如：師範大學教師獲得博士學位的人數；各學系學生到圖書館借書的人次；各學系畢業生考取研究所碩士班的人數；畢業生就業的情形等。

（二）了解教育人員的態度

　　教育相關人員包含：教師、學生、職員、工友、教育行政人員及關心教育的社區人士等，這些人員對教育問題的看法，可以經由調查來獲得。

（三）擬訂教育計畫

　　教育行政人員蒐集教育現況資訊，與教育相關人員對教育問題的意見結果，可以作為教育行政機關擬訂教育計畫的參考，這樣所推行的教育措施才能夠契合實際的需要。

（四）提出教育改進策略

　　教育問題錯綜複雜、經緯萬端，不宜由學校教育人員或教育行政機關主管僅憑個人的想法，來提出改進辦法，如果他們在決定教育改革策略之前，能事先進行調查研究，則依據調查資料所制定的改進策略，才能夠具體可行，進而收到教育改進的實質效果。

（五）提供研究的依據

　　在進行教育問題的深入探究之前，如果研究者能夠就所蒐集到的調查資料進行整理與分析，就可以了解各個變項之間的關係，這樣有助於研究者對於教育問題的了解。

三、調查研究的種類

調查研究大致可分為以下幾大類。

（一）依蒐集資料時間分類

1. 縱貫式調查

縱貫式調查（longitudinal survey）係指，對同一群人作長期追蹤調查，這種調查方法又可以細分為三種。

(1)趨向研究（trend study）

趨向研究是在不同時段調查同一個群體，由調查結果來了解這個群體的行為，是否依循一定的方向而變化。如果研究對象是從該母群體隨機抽取的樣本，在不同時段抽取的樣本可能不同，但是這些樣本都足以代表母群體，由樣本在不同時段調查的結果，也可以了解其態度變化的情形，例如：某位教育學者研究國小教師採用建構式教學法是否有逐年增加的趨勢，於是每年從某縣（市）國小教師中，隨機抽取 500 名國小教師作為研究樣本，然後寄發調查問卷給這些樣本教師填寫，這樣連續實施十年，雖然每一年所抽取的樣本教師可能不同，但是這些樣本對母群體而言都具有代表性，所以從這些樣本教師的填答資料，就可以分析出該縣（市）小學教師採用建構式教學法的趨勢。

(2)同一團體研究（cohort study）

研究者對同一個團體實施多次調查，從調查所得到的結果，就可以了解這個團體的態度與時間變化之間的關聯，例如：某一名教育學者以國立台灣師範大學 90 級畢業生為母群體，從中隨機抽取 300 名為樣本，調查他們的工作滿意度，七年之後再從同級畢業生中，抽取另一批樣本進行調查研究，這樣就是同一團體研究。

趨向研究與同一團體研究，最大的差別在於前者的母群體成員並非固定的，而後者的母群體成員則是固定不變的。

(3) 小組研究（panel study）

研究者在進行研究之初，先選擇一個小組為樣本，然後在一段期間內，對每一個樣本實施多次調查。

2. 橫斷式調查

橫斷式調查（cross-section survey）是指，在某一個時間對不同樣本實施一次調查，然後再由調查所得的資料，分析比較這些樣本之間的差異情形，例如：要研究不同教育背景小學教師的教學態度，可以利用簡單隨機抽樣法，自某一縣（市）隨機抽取專科、大學、研究所等畢業生現任小學教師者若干人，再以問卷調查這些樣本教師的教學態度，然後根據調查結果對不同教育背景之小學教師，將其教學態度進行比較，這種調查法就是橫斷式調查法。

（二）依蒐集資料方式分類

1. 問卷調查

問卷調查係將研究的相關變項，諸如自變項、中介變項、依變項等，編製成問卷作為調查工具，提供受試者填答，再將填答資料進行統計分析，就可以知道不同背景變項的填答者，對於問卷內容的看法，並且比較其差異情形。

2. 訪問調查

訪問（interview）調查係由研究者或受過訪問訓練的人員，親自或以電話訪談研究對象，以便深入了解受訪者對訪問問題的看法。由於訪問調查相當花時間，所以不易大量進行訪問，研究者可以針對研究對象在問卷上填答不完全、沒有填答或填答反應特殊者，進行訪談，藉以彌補問卷調查的不足。

3. 調查表調查

調查表調查係將要調查的現況事實資料，編製成問卷之後，交給相關人員填寫，例如：要調查學校有幾部投影機，可以將調查表送請總務處保管組組長填寫；如果要調查各學系學生缺曠課情形，可將調查表交給教務處課務組組長填寫。

（三）依研究變項的性質分類

1. 狀況調查

狀況調查（status survey）是指進行調查的變項，係屬於有形的變項（tangible variable），例如：視聽媒體設備、課桌椅、教室、電腦、圖書、教具等有形的物體。

2. 調查研究

調查研究通常以無形的變項（intangible variable）作為研究的重點，例如：工作士氣、教學態度、職業倦怠感、學習態度等變項。

（四）依調查對象的性質分類

1. 團體調查

團體調查是以母群體的全部個體作為調查對象，這種調查又稱為普查。團體調查所得到的結果不必作統計推論，在母群體不大時可以採用這種調查法，例如：在進行台中市國中輟學學生的生活狀況調查研究時，以台中市國民中學所有輟學學生為對象，然後對這些學生實施普查。

2. 樣本調查

樣本調查是以母群體中的一部分團體作為研究對象，再由這些個體的調查結果來推論其所屬母群體，例如：某研究者進行台北市國小

教師職業倦怠感之研究，由於個人人力、物力及時間的限制，無法進行普查，於是自台北市全部現職國小教師中，隨機抽取 500 人作為調查對象，再根據調查結果推論台北市國小教師的職業倦怠感。樣本調查實施起來比普查方便，所以大多數教育研究者採用這種研究方法。

第二節　問卷調查法

一、問卷調查的實施方式

研究者將編製好的問卷，設法交給研究對象填答，這種調查方式稱為問卷調查。問卷調查在實際實施時，又可以分為以下三種方式。

（一）郵寄問卷

郵寄問卷是將問卷郵寄給接受調查者，並且請其填答之後寄還給研究者。郵寄問卷適用於調查分散在各地區的研究對象，相當省時、省事。不過，採用郵寄問卷必須考慮填答者是否有能力、時間及意願填寫問卷。一般來說，郵寄問卷的優點與缺點分別如下。

1. 郵寄問卷的優點

　　(1)節省時間，大約在一個月內即可結束問卷回收工作。

　　(2)節省費用，大量問卷可以採廣告函件計費。

　　(3)受調查者可在自由氣氛之下填答。

　　(4)容易進行大規模的調查。

2. 郵寄問卷的缺點

　　(1)問卷回收率普遍偏低。

　　(2)無法確定填答者是否為接受調查者。

　　(3)受調查者如更換住址，問卷不易寄達。

(4)受調查者對開放式問題，填答意願不高。

(5)許多受調查者不按照約定的時間寄回問卷。

（二）當面發放問卷調查

假如研究者能夠將受試者集合在一起，就可以考慮當面實施問卷調查，在受調查者全部填寫問卷完畢之後收回問卷，這種問卷調查的問卷回收率相當高。當面實施問卷調查可分為兩種方式：第一，由研究者直接向受調查者實施問卷調查；第二，由研究者委託他人，協助實施問卷調查。

（三）網路線上實施問卷調查

在網路線上實施問卷調查，非常快速便捷，資料處理非常方便，所以是現代問卷調查的新趨勢。研究者可以將問題放進設計獨特的頁面，接受調查者只要按下滑鼠，答案就會直接輸入到追蹤系統。線上問卷調查能精確知道接受調查者的想法，而且能分析出哪些電子郵件應該要傳送到哪一族群的人，並且可以設定系統依答題者所選擇的答案，跳至不同的題目繼續進行作答，此外，尚有即時預覽功能讓受訪者清楚知道作答進度。

二、實施問卷調查的步驟

1. 確定問卷調查的目的。

2. 撰寫問卷題目初稿。

3. 選擇研究對象，決定普查或抽樣調查。

4. 將問卷初稿進行預試，然後修正問卷初稿使其成為正式問卷。

5. 分析正式問卷的信度、效度；如果信度與效度皆很高，就成為調查工具。

6. 準備一封簡函，或將簡函印在問卷上。

7. 寄發問卷或當面實施問卷調查。

8.對未寄回問卷者進行追蹤（follow-up），藉以催收問卷。

三、提高郵寄問卷回收率的方法

問卷的回收率能達到 60 ％以上就算良好，如果大樣本的調查回收率低於 50 ％，則調查結果的可靠性就容易受到質疑。一般郵寄問卷的回收率通常不高，大約介於 20 至 30 ％之間。為了提高問卷的回收率，至少有以下幾個方法。

（一）慎選調查對象

問卷如果寄給達官顯宦、政商名流人士、社會各界領導人，通常回收率不高，即使將問卷寄回，其中不乏由助理、秘書代填者。此外，教育程度低與生活貧困者，大都為生活忙碌奔波，不關心研究問題，因此填寫問卷的意願不高。大體來說，中等的教育程度、職位、社會經濟地位者，比較容易填寫並且寄回問卷。

（二）問卷題目不宜過多

問卷題目多寡適中，比較能夠引發填答者的動機。反之，問卷題目太多，容易使填答者產生厭煩的心理，因而減低填寫問卷的意願，甚至不願填寫。問卷題目數量多少並無一定的標準可循，通常以 5 至 15 分鐘能夠填完全部問題比較適當。

（三）提供填答誘因

對受調查者承諾提供一些獎勵措施，往往可以提高其填寫問卷的動機，例如：對寄回問卷且全部填完者，在結束該研究之後，免費贈送研究結果摘要供其參閱，或在填答問卷之前附贈受調查者喜歡的小禮物，以答謝其協助與合作。可是，提供誘因應考慮受調查者實際的需要以及個人的背景，研究結果摘要對教育程度高者比較有效。反之，小禮物對教育程度低者比較能收到效果。

（四）提高問卷設計品質

問卷的紙張大小適中，排列整齊，字體優美，字體大小適宜，各行之間的距離不太緊密也不太寬鬆，作答方便，印刷精美，問卷的問題不具敏感性，文句流暢易懂，都有利於回收率的提高。

（五）署名發問卷的單位或個人

問卷如果有政府機關或權威人士署名，較有助於提高回收率，例如：研究小學教師工作壓力，有教育局或教育部署名，比較能激發小學教師填答的意願。有一些教育研究是由政府機構所委託，在這種情形之下，最好以該機構名義來發出問卷，這樣頗能提高問卷的回收率。

（六）考慮適當的郵寄時間

研究者寄發問卷的時間，宜考慮受調查者收到問卷之後，是否有時間或有心情填寫，假如收到問卷剛好在考試期間、開學、找工作、出國旅遊或重大天災的時候，通常受調查者填答問卷的意願不高。

（七）選擇郵寄的方式

問卷採用限時專送或掛號的郵寄方式，比較能夠引起受調查者的重視，這樣有助於提高問卷的回收率。如果調查的樣本很大，採取上述投郵方式，所花費的金錢就相當可觀，在這種情形之下，可以考慮免貼郵票的廣告郵件，只要到郵局辦理手續，受調查者收到問卷填寫完畢之後，就可以直接投郵，研究者到郵局辦理結帳，只需支付實際寄回問卷的郵資，這樣可以節省相當可觀的郵資。

（八）催收問卷

在郵寄的問卷調查中，總是會有一些受調查者，為了某些因素而

沒有將問卷寄回來,以致回收率不高。為了提高問卷回收率,研究者最好在寄發問卷一個星期之後,進行催收問卷工作。第一次催收就寄出催覆信函,在信函中強調受調查者對本研究的重要性,同時附上一份原問卷,請受調查者填寫並且寄回,這時會有部分問卷寄回。研究者再對沒有寄回者進行第二次催收,催收問卷可多達四次,每次大約間隔一星期,催覆方式除了寄發信函之外,也可以打電話、傳真或使用電子郵件等。

　　根據研究,第一次催收後,問卷回收率可到達 68 %,第二次催收,回收率可到達 79.9 %,第三次催收,回收率可到達 89.9 %,未催收之前的回收率為 48.1 %,如圖 6-1 所示。由此可知,催收問卷對於問卷回收率的提升,有很大的幫助。

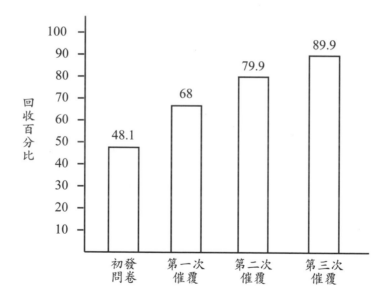

圖 6-1　初發問卷與催收問卷之回收率

資料來源:取自 Heberlein 與 Baumgartner(1978)

四、對問卷未寄回或填寫不全者的處理

因為問卷通常是無記名的，如何知道誰有沒有寄回來？可以在寄發問卷的信封裡放一張明信片，明信片正面寫上研究者的姓名與地址，背面寫上填寫問卷者姓名，請他（她）把問卷與明信片一起寄回來，這樣在整理回收問卷與明信片之後，就知道誰沒有把問卷寄回來。

在接受問卷調查的對象中，未寄回問卷或問卷填寫不齊全者，其人格特質、學業成就、智力、社經水準等，與寄回者通常有明顯差異。假如這些人超過全部研究對象的 20 ％，則研究所得到的結果效度會偏低。換言之，研究結果的真實性令人質疑。

當研究者在歷經多次催收問卷之後，如果未寄回問卷的人數超過全部受調查人數的 20 ％，為了使調查結果更可靠，這時可以從未寄回或已寄回但問卷填寫不全者當中，隨機抽取一些人進行當面訪問，藉以獲得更多的訊息。不過，假如這些受訪問者分散各地，不容易進行當面訪問時，可以採用電話訪問。

五、問卷調查法的優缺點

（一）問卷調查法的優點

1.可以對大量的研究對象實施調查。
2.可以對受調查者提供標準化刺激。
3.問卷不具名，受調查者誠實回答的可能性高。
4.經濟方便，容易在短時間之內蒐集大量的研究資料。
5.受調查者可自由表達意見，而且沒有即時作答的時間壓力。

（二）問卷調查法的缺點

1.不容易掌控問卷回收的時間。

2.無法確定填答者的真實身分。

3.無法了解未寄回問卷者的態度或意見。

4.問卷回收率普遍較低，容易導致調查結果的誤差。

5.受調查者對敏感性問題或開放式問題，填答意願不高。

6.容易得到表面性資料，不利於深入探討問題的真相。

7.不容易控制填答的情境，受試者填答動機與意願不一致。

8.問卷寄回之後，對填答不全者不方便請其重填問卷。

9.受調查者不明白的問題，除非當面實施調查，否則無法說明。

第三節　訪談調查法

一、訪談調查法的性質

訪談調查係指透過訪談、對話來蒐集受訪者意見、態度的研究方法。訪談調查為了得到真實的訪談資料，常需使用錄音、錄影、攝影等器材。訪談調查可以從受訪者得到第一手資料，在質性研究法中，最常使用訪談法。這種研究法雖然不像問卷調查法可以作統計分析，但是對研究問題可作深入探討。近年來，教育研究強調質量並重，使用訪談調查法者有日益增多的趨勢。

二、訪談調查的類型

（一）訪談內容

就訪談的內容可以分為三類。

1. 結構性訪談

結構性訪談（structured interview）是指，訪談的問題事先設計

好，在進行訪談時，依照問題的順序逐一訪談，受訪談者對這種問題的回答，大都為二選一，例如：回答「是」或「不是」；「有」或「沒有」；「對」或「不對」；或是從一組答案中選擇一個來回答。

結構性訪談的性質比較符合科學原理，研究者可以從訪談結果作科學性的分析，訪談結果所得到的資料，可以解答研究問題。不過，這種訪談結果通常只能得到比較表面的資料，受訪者的回答容易符合社會期望（social desirability）。換句話說，研究者不容易從受訪者得到真實的答案。

2. 無結構性訪談

無結構性訪談（unstructured interview）是指，訪談的問題並沒有事先設計好，訪談者從受訪談者的回答情形，決定下一個訪談的問題，而且受訪者可以自由自在地表達自己的想法，其回答方式不受限制。由於這種訪談法比較能夠問出受訪者的真心話，進而了解問題的癥結所在，所以在臨床心理學或精神醫學上，經常被採用。不過，無結構訪談相當花時間，訪談者需要接受過專門訓練，同時要有多次訪談經驗，這樣才能夠產生良好的訪談效果。因為無結構性訪談不容易記錄或數量化，所以適用於試探性研究。

3. 半結構性訪談

半結構性訪談（semistructured interview）是指，兼採結構式與無結構式訪談的一種訪談法。這種訪談通常在訪問之初，先向受訪者問一些系列性的結構性問題，然後改採開放式問題，例如：要訪問師範大學生畢業之後，從事教學工作的意願，訪談者可以先向受訪者問一些結構性問題，譬如在學校就讀的時候，有無參加學生社團活動，個人有無修輔系等問題，然後問一些開放式問題，例如：假如有別的行業比當教師待遇更好時，您還會選擇教學工作嗎？為什麼？

（二）訪談人數

就受訪談人數的多寡，可以分為兩類。

1. 個別訪談

個別訪談是指一次只訪談一個人。在這種情形之下，受訪者能夠充分發表自己的意見，研究者可以深入了解受訪者的心思意念。不過，如果接受訪談的人數很多，個別訪談所花的時間將相當可觀。

2. 團體訪談

多位受訪者同時接受訪談，稱為團體訪談。舉例來說，全家人同時接受訪談；多名學業成績不及格的學生同時接受訪談，都屬於團體訪談。在團體訪談中，受訪者與訪談者之間，以及受訪者彼此之間產生互動，使得受訪者比較能夠從各個不同的角度來思考問題，不會太主觀或太固執己見。

（三）訪談工具

就訪談工具而言，可分為兩類。

1. 電話訪談

近年來由於電話普及率相當高，因此使用電話訪談有日漸增多的趨勢。利用電話訪談來蒐集研究資料，具有以下優缺點：

(1)訪談對象無遠弗屆不受地理環境、遠近或氣候的影響。

(2)節省交通費用、成本低。

(3)節省時間、速度快，一天可以訪談許多人。

(4)相較於面對面的訪談，受訪者較自在，心理防衛性也比較低。

(5)上班族活動範圍小，容易以電話接觸得到。

可是，電話訪談有以下限制，實際運用時應加以注意：

(1)許多人的電話號碼保密未登錄在電話簿上。

(2)受訪者不容易確認訪問者身分時，其合作意願不高。

(3)訪談者無法觀察受訪者的表情、情緒反應、肢體動作，從電話交談只能獲得部分訊息。

(4)上大夜班或長期外出工作者，不容易用電話找到他們。

(5)受訪者的生活或工作情境不一，對訪談結果難免有不同程度的影響。

2. 電腦輔助電話訪談

電腦輔助電話訪談（computer-assisted telephone interviewing，簡稱CATI），隨著微電腦的發展日益普及，許多研究者使用微電腦來協助蒐集資料和協助訪談。電腦輔助訪談者將整份問卷輸入電腦，然後轉變成語音系統，這樣可以幫助訪談者，避免問錯問題，或將資料記錯地方。同時，訪談者可以立即依據受訪者的反應來選擇下一個訪談的問題，例如：假如訪談的問題是：「您是否想出國留學？」如果回答「是」，則該反應由電腦記錄下來，然後訪談者再跳到第三頁繼續問一些與出國留學有關的問題，如果訪談者無法很快翻到第三頁，就會使訪談暫時中斷下來。使用微電腦不但可以記錄受訪者的反應，而且會立刻呈現下一個要訪談的問題。因為全部訪談的問題儲存在電腦裡，所以使用電腦輔助訪談有以下優點：

(1)訪談的問題全部輸入電腦，可以使用在複雜問題的訪談。

(2)可以避免訪談時出差錯。

(3)對受訪者的反應可以立即記錄下來。

(4)可以檢查受訪者的回答資料是否有矛盾之處。

三、訪談的實施要領

（一）訪談前的準備

1.以電話或信函讓受訪者知道訪談者的身分及訪問目的。

2.徵得受訪者的同意之後，告知訪談的時間與地點或場所。

3.準備訪談的問題以及訪問所需要的器材。

（二）訪談的技巧

1. 先建立友善的關係

　　在進行正式訪談之前，訪談員應先自我介紹，說明來訪問的重要性，並且保證訪問的資料絕對保密，只作團體分析之用，不對個人訪談內容作分析，讓受試者沒有後顧之憂。一開始最好先和受訪者閒話家常，等到氣氛融洽之後，才可進入訪問的主題。為了使受訪者暢所欲言，訪談員的態度必須友善、真誠坦率、謙虛有禮，對於受訪者的意見不可加以批評或表示驚訝。

2. 傾聽受訪者的話語

　　訪談員應細心聆聽受訪者的話語，當受訪者談話停頓時，不必急著催促受訪者說話，這時大多數受訪者在思考如何回答問題，在整個訪問過程中，要傾聽受訪者真正的心聲。

3. 依序訪談

　　訪談者依照事先設計好的問題逐一發問，等到全部訪談結束之後再問一些相關問題，或問一些開放式問題，讓受訪者自由言談。

4. 觀察

　　訪談者除了與受訪者交談之外，可以同時觀察其身體各部位的動作、情緒、表情等行為語言。由受訪者的肢體動作及情緒表現，可作為了解其性格的重要資訊。

5. 記住受訪者談話重點

　　訪談時最好不要埋首作筆記，應面帶微笑，注視對方，在訪談過程中，當受訪者談到某些特定的人物、事情發生的時間、地點時，應特別留意記住，這些地方可能是問題的關鍵所在。

6. 善用引導技巧

　　在訪談對話中，有時受訪者談到某事就停頓下來或沉默不語，這時訪談者宜稍候一下，再引導他繼續談下去，例如：剛才您談到這個問題，後來怎樣？

四、訪談調查的實施步驟

（一）確定訪談的目的與內容

　　在實施訪談之前，應針對研究的變項設計訪問的內容，訪談內容必須符合訪談的目的。

（二）先進行文獻探討

　　訪談調查研究和其他研究法一樣，研究者應先探討與研究題目相關的文獻，經由文獻探討可以知道哪些問題值得去訪談。

（三）選擇適當的樣本

　　訪談樣本的選擇，應依據抽樣的原理與方法，選取具有代表性的樣本。有不少教育研究人員，在進行調查研究時，僅訪談幾名樣本，不但受訪者樣本沒有代表性，而且研究結果的信度與效度也不高。

（四）設計訪談的問題

　　訪談的問題分為閉鎖式與開放式問題，不論何種形式的問題，研究者最好將受訪者的意見加以表格化，以便將訪談資料加以整理與分析。

（五）選擇訪談員

　　研究者不能親自去訪談時，需要遴選適當的訪談員，加以訓練之後成為正式訪談員。因為訪談員的智力、人格特質、態度、價值觀及

宗教信仰等，都會影響訪談結果，因此選擇訪談員要慎重。大致來說，訪談員以平易近人、態度親切、認真負責、誠實、對談問工作有興趣、有耐心、沒有偏見，以及與受訪者說相同語言者較適合。

（六）訓練訪談員

　　為了使訪談所得資料具有客觀性以及值得信賴，訪談員必須接受訓練。訓練訪談員可以分兩階段進行：第一個階段研讀訪談手冊，熟悉訪問目的與內容，了解訪談器材的使用或訪談記錄方法，使訪談者對整個訪談過程有通盤的了解；第二個階段訪談員做訪談練習，將訪談練習過程錄影下來，事後重播幾次，由研究主持人與訪談員看錄影重播之後相互討論，使練習訪談人員知道自己訪談的優缺點，以便修正談問的缺失，熟悉訪問技巧。

　　訓練訪談員的重點包括以下幾項：

1. 了解研究問題的性質、研究目的及研究變項，訪談員在進行訪談時能蒐集與研究問題有關的資訊。
2. 了解研究題目的重要性，激發其訪談的動機與興趣。
3. 提供訪談所需要的各種技巧，例如：如何與受訪者建立友善、和諧的關係，如何接近受訪者，如何發問，遇到拒絕接受訪談時應如何處理，以及如何記錄訪問資料等。

（七）實施正式訪談

1. 訪談者應穿著整齊、端莊，依約定的時間、地點前往會談場所。
2. 訪談者最好一或二人，配戴識別證。
3. 訪談者最好由具有與受訪者相同語言能力者擔任。
4. 在出發去訪談前，最好再與受訪者聯繫，訪談者在確定受訪者有空接受訪問時再前往。
5. 如果受訪者爽約沒有出現在會談場所，訪談者最好留下便條紙

　　或請他人轉告，另行約定下次會談的事宜。

6. 訪談時是否可以錄音或錄影，應先徵求受訪者的意見。

7. 訪談時間不宜過長，大約以 10 至 30 分鐘為宜。

8. 不宜在用餐時間或接近下班時間去訪談。

9. 如果有準備小禮物要贈送受訪者，應在訪談前先送，比較容易取得對方合作。

10. 訪談內容不可超出研究的主題和範圍。

（八）記錄訪談資料

　　在訪談期間可用筆將訪談重點記錄下來，或是利用錄音機記錄整個晤談的內容。不過，當場做筆錄或錄音，受訪者容易產生焦慮不安的心理，為了克服這個問題，訪談者最好在事先設計好的問題旁邊做個記號，假如訪談的問題屬於開放式問題，不妨先將受訪者可能的反應寫出來，在訪談時只要對受訪者的反應做記號，這樣可以節省當場做紀錄的時間。

　　一般而言，使用錄音機紀錄訪問資料，不但可以省去當場做筆錄而且可以使訪談順利進行，可是有些受訪者知道自己被錄音，容易產生心理防衛不願全盤托出，以致影響訪談結果的真實性。

　　如果受訪者不願意在訪談中接受錄音或錄影，訪談者在結束訪談離開訪談現場之後，宜盡快將受訪者談話的重點內容做筆記，以免忘記，尤其一天訪談幾個人之後，如果不趕快做記錄，經過一段時間之後，容易產生記憶混淆不清的現象。

五、訪談調查研究法的優缺點

（一）訪談調查的優點

1. 彈性比較大，可以重複進行訪談。

2. 可以了解受訪者內心深層的心思意念。

3.當面訪談，可以讓受訪者有受人尊重的感覺。

4.可以使受訪者暢所欲言，蒐集更深入的調查資料。

5.可從受訪者的表情、言語或行為，觀察其動機、態度與人際關係。

（二）訪談調查的缺點

1.當面訪談相當花時間。

2.訪談所得資料不易整理。

3.訪談所得資料難以數量化。

4.由少數受訪者的意見，不適合推論到母群體。

5.訪談的樣本小，不容易像問卷調查採大樣本實施。

6.訪談員的性別、能力、態度、價值觀、經驗、宗教信仰等，都可能影響訪談結果。

六、訪談調查的信度與效度

（一）訪談調查的信度

1.在訪談後兩週至半年內，對受訪者重複訪談相同問題，由受訪者答案的一致性來估量信度。

2.由幾位訪談員對同一受試者進行訪談，然後比較訪談結果的一致性。

3.在訪談後將訪談問題略做改變，再將改變後的問題訪談受試者，然後分析前後答案的一致性。

4.將相同的訪談錄音帶，交給兩位評分者評分，再求其相關係數。

（二）訪談調查的效度

1.訪談的內容如經由結構性設計，則其內容效度比較高。

2.將訪談所得資料與效標求相關，即可分析其效標關聯效度。

第四節 得爾慧技術

一、得爾慧技術的涵義

得爾慧技術（The Delphi Technique）兼具問卷調查與會議之優點，該技術係由美國 Rand 公司於 1950 年代用於預測未來的一種技術，取古希臘阿波羅神殿所在地 Delphi 而得名。得爾慧技術是對一群學者專家使用連續問卷進行反覆調查，讓這群學者專家透過群體溝通，藉以集思廣益、凝聚共識，進而解決問題，研究結果可以作為政府或企業機構，實施重大決策的參考。

得爾慧技術最早使用在國防軍事防禦系統，預測敵方可能採取的攻擊策略，以便採取有效的反制措施。一直到了 1960 年代以後，逐漸廣泛應用在科技、企業管理、商業、工業與醫療方面。近年來，有些教育學者將得爾慧技術應用在擬定教育目標與課程設計上。

二、得爾慧技術的實施程序

得爾慧技術的實施，可分為以下七個步驟：

1. 確定研究目的，提出研究問題。
2. 選擇學者專家作為調查樣本。
3. 編製第一次問卷，寄給接受調查者填寫意見，提出解決問題的方法。為了使接受調查的學者專家充分表達自己的想法，問卷題目屬於開放式問題。
4. 在第一次問卷回收之後，將填答者的反應進行整理、分析、歸納，據以編製第二次問卷，本次問卷採三至五點式量表。
5. 在第二次問卷回收之後，將填答者的反應加以整理、歸納、分析，計算填答者在每一題反應的平均數，就可知道全體樣本對

問卷各題的態度。再根據第二次問卷分析所得資料編製成第三次問卷，寄給研究樣本，將自己的看法與團體的態度做比較，以決定是否遵守團體的意見或堅持自己的想法。

6. 在回收第三次問卷之後，將填答者的意見再作整理分析，據以編製成第四次問卷，實施方法與第三次問卷調查相同，讓填答者作最後決定，是否堅持己見或改變立場附和團體的意見。

7. 在回收第四次問卷之後，將問卷資料進行分析，找出大多數填答者對問題一致觀點的題目作為決策參考，並且列出學者專家意見不同的題目，進一步分析不一致的理由何在。

綜而言之，得爾慧技術是提供一系列前次團體成員的意見，作為當次回答參考，經由多次調查凝聚共識，進而找出解決問題的方法。

三、得爾慧技術與會議的比較

教育問題的研究，有時可以利用會議方式來徵求與會人員的意見。雖然會議是由與會人員齊聚一堂，廣泛交換意見，具有腦力激盪與集思廣益的效果，但是會議不一定能有效解決各種問題。

（一）會議的缺點

1. 主席堅持己見，與會人員的意見不被採納。

2. 主席會議時間掌控不當，不能讓與會者知無不言，言無不盡。

3. 與會者為了得到主席的好感，不願提出相反的意見。

4. 晚輩基於敬老尊賢的心理，不便在會議場合說出與長輩不同的看法。

5. 有時與會人員堅持己見，導致議而不決。

6. 與會者為了個人或團體利益，不能就事論事。

7. 會議資料準備不全，與會者對會議內容不甚了解，空泛討論難有共識。

8. 與會者附和權威人士言論，不願表達自己的意見。

9.與會者遲到早退，會議結果不切實際。

10.會議所得到的結論，不能切實執行。

（二）得爾慧技術的優點

1.每一名受試者都有同樣自由表達自己意見的機會，個人的意見不受任何人影響。

2.所有受試者都能有充分表達個人想法的時間。

3.可以自由提出與他人相左的意見。

4.不必顧及人情或面子，坦然提出自己的見解。

5.可以整合受試者的意見，得到明確的結論。

6.不必考慮個人或團體的利益，一切就事論事。

7.可以經由多次反覆徵詢，對問題達成共識。

8.受試者不知其他人的身分，個人意見不受他人影響。

9.受試者在家或辦公室填答，不必齊聚一堂。

10.根據所有受試者的共識，可以切實來執行。

四、得爾慧技術與問卷調查的比較

目前許多教育研究者採用問卷調查法，在短時間之內可以大量蒐集受試者的意見，經由電腦進行資料處理與分析，就可以解答研究問題。雖然問卷調查可以讓受試者自由表達個人意見，可以在自己方便的時間與地點作答，不必具名，具有相當程度的保密性。但得爾慧技術具有更多優點，茲就得爾慧技術的優點與限制，分別陳述如下。

（一）得爾慧技術比問卷調查具有的優點

1.得爾慧技術具有會議與問卷調查的功能。

2.可以對研究問題作深入探討。

3.學者專家對問卷有多次回答的機會。

4.學者專家對先前未填答的問題有彌補的機會。

5.開放式問題可讓學者專家自由反應。

6.經由一連串的問卷調查，研究者與調查樣本建立友善的關係。

7.學者專家之間彼此不認識，可以充分表達自己的意見。

8.學者專家個人的意見不影響他人的思考。

（二）得爾慧技術的限制

1.研究過程繁複，所需時間相當可觀。

2.學者專家多次填答問卷，容易產生厭煩心理。

3.學者專家若缺乏對問題的背景知識或不願合作，則研究結果的品質欠佳。

4.學者專家人數少，研究結果僅為少數人的意見。

5.學者專家彼此常有意見相左情形，不容易客觀整合。

6.以少數學者專家作研究對象，所獲得的結論具有高度同質性。

▌自我評量 ··

1. 調查研究法有何優缺點？試述之。
2. 試述問卷調查的實施方式。
3. 實施問卷調查的步驟為何？
4. 如何提高郵寄問卷的回收率？
5. 試說明訪談調查的步驟。
6. 訪談調查有何優缺點？試述之。
7. 試述得爾慧技術的實施程序。
8. 試述訪談的技巧。
9. 試述電話訪談的優缺點。
10. 電腦輔助訪談有何優點？試述之。
11. 試述調查研究的目的。
12. 如何提高訪談的信度與效度？
13. 如何提高問卷調查的信度與效度？

第七章

觀察研究法

 學習目標

研讀本章之後，學習者應能達成下列目標：

1 了解觀察研究的性質。

2.了解觀察法的類型。

3.了解觀察的策略。

4.明白觀察的工具及其使用方法。

5.明瞭觀察的實施步驟。

6.能夠分析觀察的信度和效度。

前置綱要

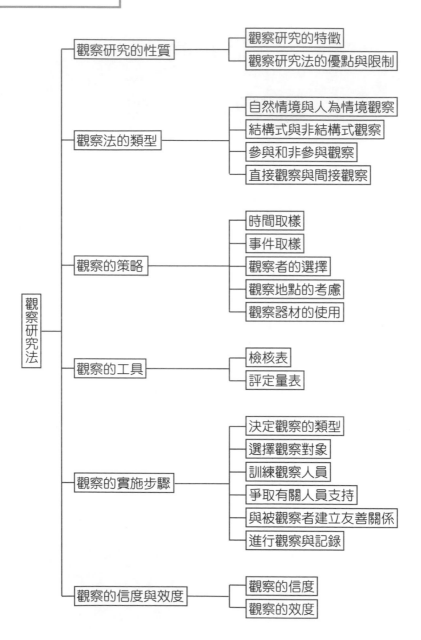

┌─ 本章摘要 ─┐

1. 觀察研究適用於特殊對象，例如：兒童、身體殘障、精神疾病者。
2. 觀察研究在自然情境之下觀察，容易得到受試者之真實行為表現資料。
3. 結構式觀察係將所欲觀察的項目和表格設計好，再逐項觀察記錄。
4. 人為情境觀察係在事先安排之場所進行觀察。
5. 非結構式觀察係指，沒有具體的觀察項目或記錄表格。如發現受試者有某行為表現時，就以文字描述。
6. 參與觀察是指觀察者成為團體中的一份子，從中去觀察。
7. 非參與觀察是指，觀察者不參與受試者活動的觀察。
8. 直接觀察屬於參與觀察，間接觀察可請團體中的特定成員代為觀察。
9. 觀察策略分為：(1)時間取樣；(2)事件取樣；(3)觀察者的選擇；(4)觀察地點的考慮；(5)觀察器材的使用。
10. 常用的觀察工具有檢核表和評定量表兩類。
11. 觀察的實施步驟包括：(1)決定觀察的類型；(2)選擇觀察對象；(3)訓練觀察人員；(4)爭取有關人員支持；(5)與被觀察者建立友善關係；(6)進行觀察與記錄。
12. 觀察研究應具有高的信度和效度。

觀察是人類蒐集外界訊息最直接的方法。由於觀察研究也是一種科學方法，加上近年來心理計量學與電腦技術的進步，經由觀察所得到的資料容易量化，並且能夠客觀的分析與解釋，因此在發展心理學、社會心理學、人類學、教育社會學、臨床心理學等領域，都常以觀察法來進行研究。此外，精神科醫師也常使用觀察法來診斷病患是否有精神異常。

在教育研究方面，利用觀察很容易得到教育活動或教育現象的相關資料。這幾年來，教育研究強調質量並重，除了敘述性研究常使用觀察法之外，質的研究採用觀察法更普遍。可是，觀察者個人的動機、情緒、人格特質及觀察情境，都會影響觀察的結果。以下將就觀察法的相關問題，分別加以說明。

第一節　觀察研究的性質

一、觀察研究的特徵

觀察研究是以視覺和聽覺器官做為蒐集研究資料的研究方法。觀察研究具有以下幾個特徵：

（一）觀察研究適用於某些特殊對象

在一般教育研究中，如果以國小低年級兒童、精神病患、身體機能殘障者，作為研究對象時，這些人並不適合接受問卷或訪問調查，也不適合接受實驗，但是他們適合接受觀察研究，因為觀察研究即使受試者不合作或缺乏語文能力，也照樣能夠進行。

（二）觀察法不經語文媒介就能蒐集研究資料

一般實徵性研究，例如：問卷調查、訪談以及實施測驗等，都要

受試者以語言或文字來表達，才能夠得到研究所需要的資料，唯獨觀察研究利用觀察就能夠蒐集受試者的資料。

（三）觀察研究必須針對研究問題，有周詳的計畫來實施

觀察研究和我們平時的觀察有很大的不同，一般人日常生活中觀察各種事物時，大都沒有明確的目的，同時缺乏有計畫和有系統的觀察，因此無法對所觀察到的行為作深入分析與客觀的解釋。觀察研究必須針對研究目的，事先做好周詳的計畫與安排，採用科學方法來蒐集資料，對所得到的資料做有系統的分析和解釋，同時研究結果可以加以驗證。

（四）觀察是質性研究的重要方法

在個案研究、俗民誌研究及田野研究中，研究者必須參與或投入受試者的生活中，觀察其言行舉止，才能夠深入了解其行為的深層意義。因此，觀察法是質性研究常用的方法。

（五）觀察資料也可以數量化

雖然質性研究常使用觀察，可是在量化的研究中，也可以採用觀察法，因為研究者可以設計出數量化的觀察工具，所以觀察結果就能以科學化的數字來表示。

二、觀察研究法的優點與限制

（一）觀察研究法的優點

1. 觀察的資料比較真實，能隨時隨地蒐集受試者各種行為表現資料。
2. 在自然情境中觀察受試者的言行舉止，能了解受試者行為全貌。

3.不容易引起受試者心理防衛、掩飾或不合作的心理。

4.能蒐集到一些無法言語表達的材料。

5.可以長期觀察特定的行為，能夠了解受試者行為發展的軌跡。

（二）觀察研究法的限制

1.在自然情境中觀察，不容易控制無關的干擾變項。

2.在觀察過程中，受試者的行為不容易詳細記錄，也不容易量化。

3.觀察過程相當費時、費力，不容易進行大樣本觀察。

4.受時間限制，某些事件的發生是有一定時間限制的。

5.觀察者感官都有生理限制，人格特質、偏見、主觀意識等，都會影響觀察結果的分析與解釋。

6.接受觀察者的限制。譬如研究青少年犯罪問題，被觀察者常有自我心理防衛現象，而不表露真實的行為。

第二節　觀察法的類型

　　觀察法依觀察的情境、觀察程序的結構性、觀察者參與情形以及觀察者接觸觀察情境的方式等，可以區分為以下幾類。

一、自然情境與人為情境觀察

　　自然情境是指，觀察場地未經事先安排，同時受試者的活動順其自然不加以控制，在自然情境之下的觀察，又稱為田野觀察（field observation），社會學與人類學的研究常使用這種觀察法。在教育研究方面，利用戶外教學活動進行觀察，就是自然情境觀察，這種觀察活動中受試者比較容易表現真實的行為。

　　人為情境是指，經過事先安排的場地，同時對場地內的活動內容加以控制，然後記錄受試者的行為表現，人為情境的觀察又稱為實驗

室觀察（laboratory observation），心理學方面的研究大都採用人為情境觀察。在教育研究方面，例如教學觀摩就是一種人為情境觀察。

二、結構式與非結構式觀察

結構式觀察是指，有具體的觀察項目和紀錄表格，觀察所得資料容易分析與量化，因此適於考驗研究假設，例如：導師利用學生品德檢核表來觀察學生是否服務熱心、能與人合作、上課守規矩、人際關係良好等，只要觀察到學生表現上述行為，就在該表格做紀錄，這種觀察就是結構式觀察。

非結構式觀察是指，不但沒有具體的觀察項目，也沒有紀錄表格，每當觀察受試者表現某特殊行為時，就以文字敘述，由觀察所得到的資料不容易進行量化分析，因此比較適用於探索性研究，例如：某研究者要探討學生的情緒智商（emotional quotient，簡稱 EQ），但是目前國內缺乏 EQ 的測量工具，所以只能觀察學生情緒表現之後，以文字來描述學生的 EQ。

非結構式觀察時，要一面觀察一面做紀錄相當不容易，甚至會引起受試者的戒心，影響觀察結果。如果能將所觀察到的行為以特殊符號來記錄，事後再將這些符號的意義轉換成文字說明，這樣不但可以幫助記憶，而且可以使觀察順利進行。

三、參與和非參與觀察

參與觀察是指，觀察者參與受試者群體的活動，成為該群體的一份子，從中去觀察群體中成員的行為。觀察者在參與觀察情境下，與被觀察者打成一片，因此被觀察者心理防衛降至最低，所以表現出來的行為比較真實，例：社會學家要研究原住民的生活習慣和風俗，於是暫時放棄原來舒適的生活環境，和原住民生活在一起，學習他們的語言，適應當地的習俗，參與各種活動，消除他們心中的疑慮，這樣就能夠蒐集原住民生活習性之詳實資料。不過，在教育研究上，研

究者很少採用這種觀察方式。

　　非參與觀察是指，觀察者只觀察而不參與任何活動，因此被觀察者容易產生戒心與疑慮，這樣比較不容易蒐集到真實性的行為資料。為了避免受試者知道有人觀察他，可以使用單面透視窗的設備，觀察者在暗房，被觀察者在明亮的房間，兩個房間中間隔著一層深色玻璃，同時還有錄音機或錄影機等輔助器材，不但可看到而且可以聽到受試者的言行舉止，這種觀察效果並不亞於自然情境之下的觀察。

四、直接觀察與間接觀察

　　直接觀察是指，由研究者或經由訓練之後的觀察員，到現場去觀察受試者的行為，這種觀察容易獲得第一手資料，但是有些被觀察者比較敏感，容易表現不真實的行為，而且對個人的隱私行為也不容易直接觀察得到。

　　間接觀察是指，觀察者不直接介入被觀察者的生活與活動的情境，利用間接方式請團體中特定成員代為觀察，例如：請班長協助觀察，不讓任何同學知道，這種布眼線的觀察方法，也可以得到相當真實的資料。此外，查看課桌椅破損情形，藉以推知學生愛護公物的情形，這種觀察也是間接觀察。

第三節　觀察的策略

　　觀察者在進行觀察之前，需要先決定採取何種觀察的策略，然後依選定的策略來進行觀察。在觀察研究法中，觀察的策略會影響所蒐集的資料是否具有代表性和客觀性。一般來說，觀察可以採取以下幾種策略。

一、時間取樣

時間取樣（time sampling）是指，依照時間樣本來觀察受試者的行為，也就是在不同時段內觀察受試者的行為。時間樣本可以採用隨機方式，或採系統取樣方式，例如：觀察學生的違規行為，一星期上課 20 小時，共計 1,200 分鐘，以隨機方式抽取 20 個 10 分鐘來觀察，這種方式就是一種隨機的時間取樣。如果每隔 20 分鐘觀察 5 分鐘，每天觀察八次，連續觀察一星期，這種方式就是系統取樣。

時間取樣法適用於觀察出現頻率較高的行為，例如：平均每 15 分鐘至少發生一次的行為，就適合採用時間取樣法。反之，如果所要觀察的行為不常發生，也許在時間取樣的時段內，都觀察不到受試者的行為表現，則不適合採用時間取樣觀察法。

採時間取樣法時，時間間隔的長短，應依一段時間之內所要觀察的人數，以及所要觀察的項目而定。

二、事件取樣

事件取樣（event sampling）是指，對受試者表現某特定行為之後，就立即加以觀察的一種方法。事件取樣的觀察沒有時間限制，觀察者一直等待受試者表現某行為時就進行觀察，例如：研究者在教學情境中，選擇兒童爭吵行為作為觀察項目，觀察者等待兒童發生爭吵行為時，就加以觀察記錄。事件取樣法的觀察，適用於觀察不經常發生的行為，這種方法可以觀察到受試者整個行為的發生過程。

時間取樣與事件取樣觀察法，各有其優缺點。時間取樣容易觀察到普遍發生的行為，事件取樣可以觀察到較少發生的行為，但是可以對行為發生的整個過程完整的觀察。因此，教育研究者在決定採用何種觀察策略時，應依觀察的項目及研究目的，作適當的安排。

三、觀察者的選擇

在進行觀察時，通常一個地方只要一位觀察者，可是當受觀察者分組討論，而要觀察各組成員的合作情形時，每一組應有一名觀察者。假如研究者想要了解學生的品德，則可以請級任導師、科任老師當觀察者。至於一般教育研究，通常觀察者應事先接受訓練，使觀察者具有客觀、細心、誠實與沒有偏見等人格特質，這樣觀察比較能夠得到真實可靠的資料。

四、觀察地點的考慮

教育研究如以學生為對象時，觀察地點大致可分為教室內與教室外，在教室內進行觀察，學生比較不容易表現真實的行為，因為教室是屬於人為情境。不過，假如能長期觀察，觀察者的身分不要曝光，也能夠得到真實的資料。至於教室外的情境，就很類似自然情境，這種觀察比較能夠蒐集到真實的行為資料。

五、觀察器材的使用

觀察者使用錄影機或錄音機將實況錄製下來，更能夠得到真實的資料。然而觀察時使用這些器材比較容易引起被觀察者的焦慮，不過如果被觀察者是學前兒童，他們不一定了解這些器材的功能，所以以觀察器材來輔助觀察，一樣可以觀察到學前兒童真實的行為表現。觀察者如要使用觀察器材，最好先徵得受觀察者的同意。

第四節　觀察的工具

在進行結構式觀察時，通常需要有明確的觀察項目和紀錄表格，以方便觀察記錄。觀察記錄工具可以分為以下幾項。

一、檢核表

檢核表（check list）是一種相當簡便的觀察量表。檢核表可分為兩種：第一種檢核表記錄時，只針對所觀察行為是否出現，加以畫記號（如打√）；第二種檢核表則將要觀察的行為全部列出來，觀察者若發現被觀察者表現某一類行為，就在該類行為旁畫個記號。

例一

	是	否
1.上課時常遲到……	____	√
2.上課專心聽講……	√	____
3.上課守規矩………	√	____

例二

____ 1.能與人合作
√ 2.善與人溝通
√ 3.領導能力強
____ 4.做事主動積極
√ 5.個性開朗活潑

二、評定量表

評定量表可以提供觀察者，將所要觀察的行為與項目，針對每一名被觀察者來評量，量表又稱量尺，也就是衡量的尺度。觀察評定量表可以分為以下幾類。

（一）分等級

一般分等級的評定量表，將所要觀察的行為分成三個、五個或七個等級，其中以五個等級最常見，觀察時判斷被觀察者的行為在哪一

個等級，就在該等級上打個「√」。

例如

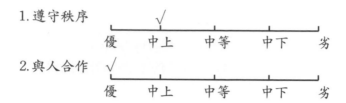

1.遵守秩序　　　　　　√
　　　　　　├─────┼─────┼─────┼─────┤
　　　　　　優　　　中上　　　中等　　　中下　　　劣

2.與人合作　√
　　　　├─────┼─────┼─────┼─────┤
　　　優　　　中上　　　中等　　　中下　　　劣

（二）以數字表示

例如

(1)優　　(2)中上　　(3)中等　　(4)中下　　(5)劣

　_2_　：遵守秩序

　_1_　：與人合作

　_4_　：服務態度

（三）語意區分法

　　語意區分法是指，將所要觀察的行為項目，分別列出兩個極端，供觀察者勾選，例如：評定學生上課表現情形如下：

注意力集中　＿＿＿　√＿＿　＿＿＿　＿＿＿　注意力不集中
發 言 踴 躍　＿＿＿　＿＿＿　＿＿＿　＿√＿　保持沉默
遵 守 秩 序　√＿＿　＿＿＿　＿＿＿　＿＿＿　擾亂秩序

（四）提供標準

　　研究者就所要觀察的行為項目，先提供一組標準，供觀察者評量。

例如

張三的能力在班上所占的地位，贏過百分之多少的同學？

	60 %	70 %	80 %	90 %	95 %	99 %
創 造 力	√					
記 憶 力			√			
數字計算						√
空間推理		√				
抽象推理					√	

（五）強迫選擇

所謂強迫選擇（force choice）是指，評量者只能在所要觀察的行為項目中，選擇一項與實際狀況最接近的答案。

例如

您對這名兒童最合適的描述是：

____慷慨的

____積極的

____樂觀的

_√_合群的

____助人的

第五節　觀察的實施步驟

從事教育研究假如要採用觀察法，以下幾個步驟可供參考。

一、決定觀察的類型

如前所述，觀察法可以分為四大類，每一類各有其使用的時機，也各有其優缺點，研究者想要採用哪一種觀察研究類型，需依據研究問題或假設的需要而定，例如：研究學生次文化的問題，宜採自然情境、非結構式、參與等觀察方法。

二、選擇觀察對象

觀察對象就是研究對象，如果觀察者人數不多，被觀察者的人數也相對減少，因為觀察頗費時、費力，所以觀察對象最好以小樣本為原則，這些樣本以隨機方式來選取較佳。假如是個案研究宜採立意取樣法。此外，觀察對象的選取，尚需考慮與被觀察者有關的人員是否同意，如班級教師、學校行政人員、學生家長等。

三、訓練觀察人員

（一）訓練內容

觀察人員可以由研究者自己擔任，或另外請幾位觀察者在不同場地負責觀察。不論觀察者是誰宜事先加以訓練，訓練的內容至少包括以下幾項：

1. 了解觀察的目的與項目。
2. 了解觀察工具的使用與記錄方式。
3. 熟悉觀察器材的操作方法以及使用的時機。
4. 觀察預習，以發現觀察工具是否妥當。
5. 觀察預習，使觀察者明瞭減少受觀察者心理防衛的要領。
6. 使觀察者了解評量時應客觀，不可對被觀察者有任何偏見。

（二）觀察的誤差

觀察者個人的經驗、認知或偏見，都容易影響觀察結果，造成觀察誤差。觀察者使用評定量表來記錄時，常見的觀察誤差有以下五種：

1. 寬鬆誤差（error of leniency）：被對觀察者評量過於寬鬆。
2. 嚴格誤差（error of severity）：對被觀察者評量過分嚴苛。
3. 集中誤差（error of central tendency）：對被觀察者評量分數集中在中間。
4. 月暈效應（halo effect）：對被觀察者有以偏概全的態度。
5. 邏輯誤差（logical error）：對被觀察者因先入為主的觀念，做不客觀的評量，例如：將面貌清秀的學生評定較佳。

（三）減少觀察誤差

1. 不讓觀察者知道研究者的假設與期望。
2. 不讓觀察者知道被觀察者個人背景資料。
3. 精心設計觀察用的表格，以減少記錄的誤差。
4. 要求觀察者記錄以正確性最重要，而非重視速度。
5. 選擇細心、誠實、沒有偏見的觀察者。
6. 提供自然的觀察情境，減少受觀察者自我防衛的心理。

四、爭取有關人員支持

在進行觀察工作之前，首先應與被觀察者的機關首長接洽，表明自己的身分，說明觀察工作的意義與重要性，在獲得其首肯之後，再與被觀察者的直接主管或班級導師洽商，並且將所要觀察的時間、方式以及觀察結果作何種用途等，向對方說清楚、講明白，以爭取對方合作與支持，這樣觀察工作就能順利進行。

五、與被觀察者建立友善關係

當觀察者獲准進入觀察場所之後，被觀察者對陌生人容易產生焦慮不安、好奇或疑慮，因而表現不合作、不友善的態度，造成觀察工作的阻礙，或是導致觀察結果不真實。為了排除這些因素，觀察者在正式進行觀察之前，應多次前往觀察場所，設法與被觀察者培養友善和諧的關係。假如研究對象是學生，可以請班級教師介紹觀察者給學生認識，同時藉機會向學生說明觀察的目的與用途，在得到學生們的認同與接納之後，就可以進行觀察工作。

六、進行觀察與記錄

在實際觀察時，針對研究目的以及研究的問題或假設，選擇事件取樣或時間取樣方式來觀察。觀察時要細心並且保持沉默，不宜與被觀察者交談，或有任何干擾正常活動的事情發生，同時要對被觀察者的行為表現做正確與快速的記錄，成為日後整理、分析與解釋的資料。

第六節　觀察的信度與效度

一、觀察的信度

觀察信度的分析，由不同觀察者在相同情境同時進行觀察，然後分析其觀察結果的一致性。信度的高低以係數表示，觀察信度係數常以下列公式計算：

$$信度係數 = \frac{觀察一致的次數}{觀察一致的次數 + 不一致的次數}$$

例如

　　A、B兩位觀察者觀察 10 名學生，上課是否認真聽講，結果如表 7-1 所示。觀察信度的計算如下：

表 7-1　觀察結果的一致性

學生	A	B	一致性
1	×	∨	不一致
2	∨	∨	一　致
3	∨	∨	一　致
4	×	×	一　致
5	∨	×	不一致
6	∨	∨	一　致
7	∨	∨	一　致
8	∨	×	不一致
9	∨	∨	一　致
10	∨	∨	一　致

註：∨：認真聽講；×：不認真聽講

$$信度係數 = \frac{7}{7+3} = .70$$

　　假如觀察者在 3 人以上，可以利用肯德爾和諧係數來代表觀察者信度（observer reliability），該公式如下：

$$W = \frac{12S}{K^2 (N^3 - N)}$$

W：觀察者信度係數

K：觀察者人數

N：被觀察的人數

S：每一名受試者被評定的等級之總和，與平均等級之差的平方和

例如

　　茲以 5 名觀察者，觀察 7 名學生上課發問的情形，結果如表 7-2
所示。

表 7-2　5 名觀察者評定 7 名學生上課發問的等級

觀察者	被觀察者　N = 7						
K = 5	A	B	C	D	E	F	G
甲	3	6	1	7	5	4	2
乙	5	3	2	6	1	3	4
丙	4	5	2	3	6	7	1
丁	4	5	1	6	2	7	3
戊	5	7	1	4	3	2	6
R_i	21	26	7	26	17	23	16

註：表中數字 1 表示發問次數最多，7 表示發問次數最少

$\Sigma R_i = 21 + 26 + 7 + 26 + 17 + 23 + 16 = 136$

$\Sigma R_i^2 = (21)^2 + (26)^2 + (7)^2 + (26)^2 + (17)^2 + (23)^2 + (16)^2 = 2916$

$S = 2916 - \dfrac{(136)^2}{7} = 273.71$

$W = \dfrac{12 \times 273.71}{5^2(7^3 - 7)} = .39$

　　經過統計之後發現，這 5 名觀察者的評定信度係數為 .39。因為信
度的高低與觀察者人數和被觀察者人數的多寡有關，所以在解釋觀察
結果時，應再參閱統計學書籍。

二、觀察的效度

　　觀察的效度是指觀察結果的正確性。效度愈高，表示觀察結果愈能顯現所欲觀察的行為特徵。一般來說，使用單面透視窗觀察、自然情境觀察、間接觀察，所得到的效度比較高，因為在這幾種觀察方式中，被觀察者不容易知道自己被觀察，受試者容易表現出自然而且真實的行為，所以觀察到的行為就是受試者真正的行為特徵。

▌自我評量 ⋯⋯⋯⋯⋯⋯⋯⋯⋯⋯⋯⋯⋯⋯⋯⋯⋯⋯⋯⋯

1. 觀察研究適用哪些對象？
2. 觀察研究法有何優缺點？
3. 結構式觀察和非結構式觀察有何不同？
4. 試說明觀察的策略。
5. 如何減少觀察的誤差？試述之。
6. 試述觀察的步驟。
7. 如何訓練觀察者？試述之。
8. 如何提高觀察的效度？試說明之。
9. 如何進行間接觀察？試述之。
10. 試述選擇觀察對象的原則。

第八章

歷史研究法

 學習目標

學習者研讀本章之後，應能達成下列目標：

1. 了解歷史研究的性質。

2. 了解歷史研究的目的。

3. 明瞭史料的運用。

4. 明白史料的考證方法。

5. 明白史料的蒐集要領。

6. 明瞭史料的整理方法。

7. 知道歷史研究的實施步驟。

8. 明瞭歷史研究在教育上的應用。

9. 了解歷史研究的限制。

前置綱要

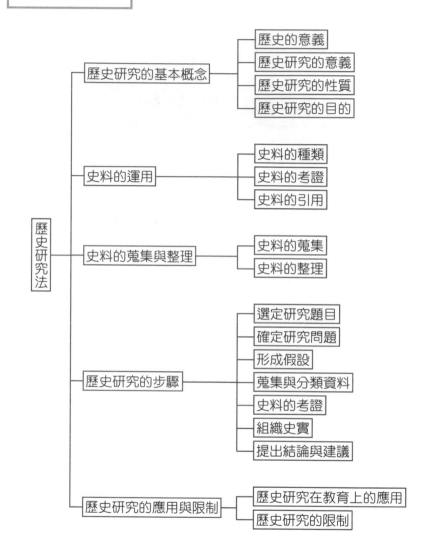

歷史研究法
- 歷史研究的基本概念
  - 歷史的意義
  - 歷史研究的意義
  - 歷史研究的性質
  - 歷史研究的目的
- 史料的運用
  - 史料的種類
  - 史料的考證
  - 史料的引用
- 史料的蒐集與整理
  - 史料的蒐集
  - 史料的整理
- 歷史研究的步驟
  - 選定研究題目
  - 確定研究問題
  - 形成假設
  - 蒐集與分類資料
  - 史料的考證
  - 組織史實
  - 提出結論與建議
- 歷史研究的應用與限制
  - 歷史研究在教育上的應用
  - 歷史研究的限制

┌ **本章摘要** ┐

1. 歷史研究可以使人了解歷史的前因後果。

2. 歷史可採取有組織、有系統方法進行研究。

3. 歷史研究可以提供預測未來的重要訊息。

4. 歷史研究必須有史料方能進行。

5. 史料依其內容可分為遺物和傳說。

6. 依史料的形態可分為：(1)文件；(2)口頭敘述；(3)數量紀錄。

7. 依史料的來源可分為主要資料與次要資料。

8. 史料的考證可分為外在鑑定與內在鑑定。

9. 引用史料時宜謹慎行事。

10. 史料的蒐集途徑與文獻蒐集相似。

11. 史料的整理應有邏輯性。

12. 歷史研究的步驟包括：(1)選定研究題目；(2)確定研究問題；(3)形成假設；(4)蒐集與分類資料；(5)史料的考證；(6)組織史實；(7)提出結論與建議。

13. 歷史研究在教育上有其價值和意義。

14. 歷史研究有五項限制：(1)史料不易蒐集完整；(2)不易建立普遍性的原則；(3)研究時間冗長；(4)需要具備史學專業知能；(5)不容易科學化。

第一節　歷史研究的基本概念

一、歷史的意義

　　歷史是過去實際發生的事，或以往實際發生事件的紀錄。就前者來說，歷史是往事；就後者而言，歷史不只是往事而已，歷史是將以往的事實加以記載，往事如果沒有記錄下來，就很容易煙消雲散，後人難以知曉。簡言之，歷史是經由歷史學家以文筆記載往事的一門學問。歷史是陳年往事變化的過程，可以作為後人的殷鑑。

二、歷史研究的意義

　　歷史研究是針對過去所發生的事件，作有系統的探討。歷史研究者首先要蒐集歷史資料，簡稱史料，再將這些錯綜複雜的史料加以整理，以嚴謹的方法去分析事件的前因後果，對史料作客觀批判、鑑定與解釋。雖然歷史不一定會重演，但是歷史研究的結果，可以使後人知道歷史事件的來龍去脈，同時可以吸取往事的成敗經驗，避免重蹈覆轍，進而收到以古鑑今與鑑往知來的效果。

三、歷史研究的性質

　　歷來，學者對歷史研究抱持不同的觀點，有的學者認為歷史學屬於社會科學，但是有一些學者認為歷史並非科學。主張歷史學是科學的主要理由是：歷史研究可以採用科學方法來進行，例如：史學研究者研究時，也要界定問題、提出研究問題或研究假設、蒐集史料、分析史料、考驗研究假設，最後得到結論。不贊成歷史學是科學的理由是：科學旨在研究自然現象，歷史研究是以過去的人、事、物作為研究對象，這些對象變化無常，不容易發現顛撲不破的定理或定律，所

以歷史學只是屬於社會科學的一環，而社會科學只是藉用自然科學的方法來從事研究而已。

總而言之，歷史可以採取有組織、有系統的科學方法來進行探究。雖然歷史研究很難像自然科學研究那麼嚴謹，但是研究者應以科學的方法和客觀的態度來研究歷史。

四、歷史研究的目的

教育研究者從事歷史研究，至少有以下幾個目的：

1. 使人了解以往事件的真相，並從中吸取成敗的經驗。
2. 歷史研究的發現，可作為解決當前問題的殷鑑，以免重蹈前人覆轍。
3. 由往事的研究結果，可作為預測未來的重要訊息。
4. 由歷史研究發現，可以作為建構理論的基礎。
5. 可了解目前各種制度、措施的由來與優缺點，作為教育改革的參考。

第二節　史料的運用

一、史料的種類

史料是歷史研究的要件，沒有史料或史料不充足，就很難進行歷史研究。史料大都相當龐雜，為了研究方便起見，可以將史料分為以下幾類。

（一）依史料的內容區分

1. 遺物

　　遺物（relics）是指，過去所遺留下來的物體或物品，例如：建築物、書籍、字畫、設備、教具、視聽器材、化石、器皿、雕塑、繪畫、服飾、貨幣、武器、實驗器材、運動器材、教科書與藝術品等。遺物係自然留存下來的物體，因此頗能顯現歷史的原貌。

2. 傳說

　　人類在沒有文字以前，口頭傳說是保留史事的重要方式。可是，時至今日仍然有許多歷史上的傳說流傳下來。由於傳說中的史料不盡可信，研究者在引用這種資料時應特別審慎。傳說包括：說故事、歌曲、諺語、戲劇、對話、口述往事等。

（二）依史料的形態區分

1. 文件

　　在所有史料中以文件（document）最多，文件大都為書寫的資料或印刷的物品。文件包括：法規、會議紀錄、公報、年鑑、統計、證書、教師手冊、教科書、學報、校刊、考試題目、行事曆、學生作業、成績單、學籍資料、研究報告、報紙、畢業紀念冊、雜誌、期刊、圖畫、相片、信函、手稿、日記、自傳、班級課表等。有些文件未出版，有些已出版但未發行；有的文件是原稿，有的是複製品。有些文件是為保存歷史紀錄有意地記載，有些則是無計畫的短期留存文件。

2. 口頭敘述

　　教育研究者有時需訪問曾經參與或目睹某事件經過的人士，將訪問的內容錄音，再以書面資料呈現出來，所以口頭敘述就是口述歷史。口頭敘述包括：傳說、民謠、英雄事蹟、神話、故事、小說等。

3. 數量紀錄

　　數量紀錄通常是一些以數字記載的資料，包括：學校預算、學生人數、升學率、學生出缺席統計、測驗分數、師生人數、學生家長職業統計、學校校舍面積、圖書館藏書量等。數量紀錄有時可視為文件資料。

（三）依史料來源區分

1. 主要資料

　　主要資料是指某事件發生當時，實際參與者或目擊者，對該事件經過的報告或紀錄。主要資料與歷史事件有最直接的關聯；又稱為第一手資料。主要資料是最寶貴的史料，也是研究者最想找到的史料，它對歷史研究的成敗具有關鍵性的影響，同時也是做歷史研究最真實的證據。主要資料有以下三種來源：

　　(1)原始留存下來的遺物，例如：服飾、住所、親筆墨寶等。

　　(2)文件資料，例如：個人著作、日記、手稿、錄音、錄影、函件、親筆簽名等。

　　(3)事件發生當時現場參與者或觀察者所提供的報導。

2. 次要資料

　　在從事歷史研究時，最好能找到最珍貴的第一手史料，但是這種資料總是可遇而不可求，可是，次要資料也有它的應用價值。所謂次要資料，係指由非直接參與或觀察者對某事件所做的紀錄、報導。假如研究者直接引用第三者的紀錄或報導，這種資料稱為第二手資料，假如第三者所引用的資料為第二手資料，而研究者又直接引自他人的第二手資料，則這種史料稱為第三手資料。一般來說，研究者轉引用的資料愈多手，其可靠性愈低，這種史料受到扭曲和改變的程度也愈大。因此歷史學家通常只在沒有史料可供使用時，才使用次要史料，

雖然次要資料也有其價值，可是史料經常由多次轉述而來，所以研究者宜盡量避免採用次要資料。

二、史料的考證

研究者在蒐集到豐富的史料之後，必須先對這些史料進行考證或鑑定，在確定這些史料有高度的真實性之後，才可以有憑有據地引用，史料的考證可分為以下兩類。

（一）外在鑑定

外在鑑定（external criticism）是指，從史料的外表衡量以確定史料的真偽，例如：從作者、史料產生的時間、空間和時代背景等方面，來推敲史料的真偽，外在鑑定可以從以下幾方面來進行。

1. 史料產生年代的鑑定

史料產生年代可以從幾個角度來考證：第一，作者出生與死亡的年代；第二，原著作出版的時間；第三，後人在校刊重印後，在序文中的說明；第四，書寫作品的物品，如紙張、竹簡、羊皮紙、墨水、布料、顏料、石器、木料等，這些物品的年代可由化學或物理方法來檢驗。

2. 史料作者的鑑定

文件史料由誰撰寫？作者寫這份文件的動機與目的何在？在何時、何處與何種背景之下撰寫這些史料？研究者都應設法鑑定。

有些研究報告或著作，係由兩人或三人以上的作者署名，其中有機關首長名列其中，這些機關首長通常並非真正的作者，因為他們工作忙碌，無暇從事研究，有些部屬為了討好上級長官，於是將首長列在研究著作上。研究者應設法求證史料真正作者是誰。此外，古代史料雖然作品上有署名，但因年代久遠，難免有人冒名頂替，研究者也要詳加查核。

3. 偽書的辨別

一般而言，書籍愈古老，流傳愈廣，愈有名氣的古董、畫作偽造品就愈多。偽書就是書的全部或一部分內容，為後人所作，而借用古人之名。讀者如想要知道中國史上的偽書，可以查閱四庫全書總目提要，其中所指偽書者，絕大部分是偽書。

（二）內在鑑定

內在鑑定（internal criticism）是從文件內容，衡量其與事實符合的程度，藉以確定該文件資料的意義的價值。內在鑑定可以由以下幾方面來著手。

1. 記載者的信用程度

記載者是否為某事件的參與者或觀察者？記載者所引用的資料是主要資料或次要資料？哪些因素促使他們去記載？記載內容是否誇大不實？以上這些問題都值得研究者去考證。

2. 記載者的能力

史料記載者的語文表達能力、史學素養及專業知識背景，都會影響史料的正確性。研究者應考慮：史料記載者的能力是否為相同領域的權威人士所肯定？記載者是否受過學術專業訓練？

3. 記載內容的真實程度

史料記載內容是否真實，可以從以下幾個特徵來鑑定：

(1)有客觀證據可以佐證者，其真實性較高。

(2)不同版本記載內容不同者，古老的史料大都比較可靠。

(3)兩種不同版本所記載的史料，所記某事完全相同者，則某事的真實性高。

(4)若某事有正反兩面的記載，正面者保持沉默，反面者大肆非難，則反面記載的可信度比較高。

(5)著作所記載與事實相反者，該著作真實性低。

(6)來歷不明的著作，其真實性低。

(7)著作中的思想與其時代背景不符合者，其真實性低。

三、史料的引用

教育研究者在撰寫研究論文時，都需要作文獻探討，在文獻探討時，要參考和引用前人研究發現，研究者為了解釋某項史實，常要引用史料來佐證。因此，史料引用是否得當對整個研究的成敗有很大的影響。一般來說，引用史料宜遵守以下幾個原則：

1.盡量引用第一手史料，少引用間接史料。

2.引用史料應清楚說明該史料的詳細出處。

3.引用史料不可斷章取義，應看清楚上下文的真正涵義。

4.對史料的真實性不確定時，應查證之後再引用。

5.所引用的史料不可隨意更改其內容。

6.所引用的史料不要偏離研究問題。

第三節　史料的蒐集與整理

在說明史料的種類、考證與引用之後，本節將介紹如何去蒐集與整理史料。

一、史料的蒐集

從事歷史研究最重要的就是有充足可信的史料，如果缺乏史料，就如巧婦難為無米之炊，初學者常有不知如何蒐集史料的苦惱。雖然史料的蒐集沒有一定公式可循，但是研究者可以從以下幾個途徑來進行：

1.查閱期刊論文索引與研究題目有直接相關的論著，從這些論著

所附的參考文獻去尋找。

2. 查閱研究題目有關領域中，具有聲望學者的論文著作，發現他們常引用哪些史料，這種史料比較具有公信力，頗值得參考。

3. 查閱四庫全書總目提要之史部與集部，從中再詳閱有關書籍。

4. 參閱西洋教育史，可以找到部分西方國家的教育史料。

5. 詳閱研究題目有關領域之學術性論文、書籍、雜誌、期刊。

二、史料的整理

在蒐集到各種史料之後，應將史料加以整理、分類或歸納，史料的整理有以下方法。

（一）依史料的時間先後順序整理

研究者將所蒐集到的史料，依史料發生的時間先後順序來整理，其方法條列如下：

1. 將史料發生的時間，同年同月份者抄錄在資料卡上。該卡上有作者、書名、出版時間、出版地點、出版公司及第幾版等資料，在查到相關史料時，就詳加記錄。

2. 將資料卡上的資料鍵入（key in）電腦，由電腦依史料時間先後排序。

3. 中外史料分開處理，不要混合在一起。

（二）依研究架構中各個變項來整理

研究者可以依照研究架構中各個變項，分別處理史料，同一個變項的史料抄錄在一起。

（三）綜合研究變項與時間順序來整理

同一個研究變項的史料，再依史料的時間先後順序排列。

（四）綜合研究變項與中外史料來整理

同一個研究變項的史料，將中外史料分開整理。

（五）針對研究問題來整理

凡與同一個研究問題有關的史料，先放在一起再加以整理。

第四節 歷史研究的步驟

雖然許多學者認為歷史研究屬於質的研究，可是也有不少學者主張歷史研究，可以採用科學研究的方法來進行研究。以科學方法來研究歷史，可以分成以下幾個步驟。

一、選定研究題目

歷史研究就時間而言，可分為上古史、中古史、近代史。就地區性來分，可以區分為本國歷史與外國歷史。一般而言，年代愈久遠的歷史，其文獻愈少，即使有文獻，但像上古史之甲骨文不易閱讀，因此，初學研究者最好選定近代史方面的主題來研究。此外，研究本國歷史也比外國歷史容易，因為研究外國歷史，史料蒐集不易，而且需要有良好的語文能力來閱讀外國史料。由此可知，教育方面的研究，以本國近代史有關的主題比較容易進行。

研究者在選擇歷史性研究題目時，尚需考慮史料是否充足，史料蒐集及閱讀有無困難，研究時間是否足夠，研究結果是否有助於教育的革新，或教育理論的建立等因素。

二、確定研究問題

歷史研究的問題，可以朝以下四個方向來思考：

1.該事件發生在什麼時間。

2.該事件發生在何處。

3.該事件與哪些人有關。

4.該事件發生的背景及後續現象為何。

三、形成假設

研究者針對研究問題提出假設，歷史研究不能以統計方法來考驗假設，只能蒐集證據仔細評鑑其可靠性，若證據與假設相符合，則該假設就獲得支持。反之，若證據與假設不符合，則推翻原來的假設。

四、蒐集與分類資料

研究者根據研究問題所屬的領域去蒐集有關的資料，例如：研究教育方面的歷史，則學校的相關紀錄、文件、建築物、課本、學生作業、學業成績、教具、校史、帳冊、畢業紀念冊等，都應加以蒐集並且做好分類。

五、史料的考證

在從事歷史研究時，所蒐集到的資料必須經過外在鑑定與內在鑑定，如果鑑定結果確實可靠，則史料就具有效度，研究結果才有價值。外在鑑定需要利用許多科學技術來處理，內在鑑定係從史料的內容，衡量其與客觀事實相符合的程度，考證的項目包含：記載者的能力、信用程度以及記載內容的真實程度等。

六、組織史實

歷史研究者在經過史料的考證之後，將錯綜複雜的歷史資料加以整理、歸納、分析與批判，使史實合乎邏輯，能找出因果關係，這樣就能夠對歷史的來龍去脈有真正的了解，進一步客觀撰寫研究的結果。

研究者在撰寫史料時，必須保持中立、客觀的立場，同時要了解

史料發生當時的時代背景，不宜以現代人的觀念來解釋過去的史料，這樣才能對史料的意義作正確的闡釋。在解釋史料時不可將少數歷史資料就隨意作因果關係的推論，因為有許多影響歷史結果的原因，是研究者沒有發現的。

七、提出結論與建議

研究者將史料作深入分析之後，應參酌相關文獻，再加上個人研究之心得，針對研究問題逐一作成結論。結論宜簡明、扼要，再根據結論來提出具體可行的建議，以及對後來研究者提出後續研究的建議。

第五節　歷史研究的應用與限制

一、歷史研究在教育上的應用

（一）在研究目的方面

從事歷史研究時，首先應考慮研究的主題在教育上有何價值與意義，如果只是為了研究而研究，那對於教育的興革助益不大。

（二）在史料的分析方面

從事教育研究時，研究者應對史料從宏觀與微觀的視野來分析史料，這樣才能對史實與教育的關聯作深入的了解，盡量避免只從表面的歷史資料來作解釋。

（三）在史料考證方面

歷史研究者應對史料作充分與深入的考證，在解釋過去的教育史

實時，務必嚴謹審慎，不宜只從現代的觀點來解釋歷史，而應以史料當時的時空環境、社會制度及時代背景來分析，勿以現代人的眼光來解釋史料，這樣可以避免流於以今釋古的缺失。

（四）在研究結果的推論方面

在從事教育研究時，研究者通常要對所蒐集到的資料，作因果關係的推論。大體來說，影響歷史上教育事件的因素很多，假如研究者能有充分的史料來佐證，就能作合理的推論，如果史料不充足時，則不宜作高度的推論。

二、歷史研究的限制

（一）史料不易蒐集完整

一般研究者所蒐集到的史料多為第二手或更多手史料。雖然第一手史料最真實、最寶貴，可是這種資料很難蒐集得到。在史料不充足的情況之下進行史料分析，就很容易產生不切實際的結果。

（二）不易建立普遍性的原則

歷史研究不像實驗或調查研究一樣，只能就小樣本的歷史資料來加以探討，這些片面的史料不足以代表歷史的全貌，以致很難建立普遍性的原理原則。

（三）研究時間冗長

一般歷史研究，從找題目、蒐集史料、鑑定史料到整理、分析與解釋史料，以至驗證假設，撰寫研究報告，是一段相當繁瑣複雜的過程。一般研究生在修業年限的壓力之下，很難有充裕的時間來進行歷史研究，雖然有些學位論文採用歷史研究法，但是研究者只就有限的史料來進行分析，因此容易造成見樹不見林的結果。

（四）需要具備史學專業知能

教育研究人員通常非歷史本科系畢業，他們頂多只修過一些零星的歷史課程，對於古書的閱讀能力、史料的鑑定、蒐集、整理、分析等方面，常心有餘而力不足，更遑論具有史學專業能力。

（五）不容易科學化

歷史研究常涉及研究者的價值判斷，不容易了解事件的因果關係，即使經由外部與內部鑑定，還是有誤差的時候。因此，研究結果很難使人完全接受。

▌自我評量 ···

1. 試述歷史研究的意義。

2. 史料如何進行考證？試述之。

3. 歷史研究在教育上有何價值和意義？

4. 試述歷史研究的步驟。

5. 試述歷史研究的目的。

6. 試述蒐集史料的途徑。

7. 試述史料整理的方法。

8. 歷史研究的問題可以朝哪些方向思考？

9. 試說明歷史研究在教育上的限制。

10. 試述引用史料宜遵守的原則。

第九章

個案研究法

 學習目標

研讀本章之後，學習者應能達成下列目標：

1. 了解個案研究的基本概念。
2. 了解個案研究法的特徵。
3. 了解個案研究的目的。
4. 明白個案研究的範圍。
5. 懂得如何蒐集個案資料。
6. 了解分析個案問題的方法。
7. 明瞭個案問題分析與診斷要領。
8. 明白個案研究在教育上的應用。
9. 明瞭個案研究的優點與限制。

前置綱要

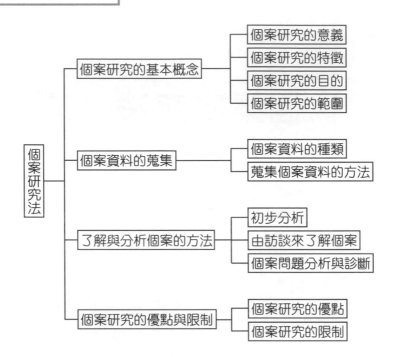

個案研究法

- 個案研究的基本概念
  - 個案研究的意義
  - 個案研究的特徵
  - 個案研究的目的
  - 個案研究的範圍
- 個案資料的蒐集
  - 個案資料的種類
  - 蒐集個案資料的方法
- 了解與分析個案的方法
  - 初步分析
  - 由訪談來了解個案
  - 個案問題分析與診斷
- 個案研究的優點與限制
  - 個案研究的優點
  - 個案研究的限制

┌─── **本章摘要** ───┐

1.個案研究的對象不只限於個人。

2.個案研究有四個特徵：(1)注重個體的研究；(2)以多元方法蒐集個案資料；(3)對個案進行深入分析研究；(4)研究問題不只限於異常行為。

3.個案研究有五個目的：(1)找出問題的原因；(2)提出解決問題的方法；(3)提供預防措施；(4)協助個案潛能充分發展；(5)提升組織機構的績效。

4.個案研究的範圍包括：(1)個人；(2)家庭；(3)組織機構；(4)社區等。

5.個案資料的種類包含：(1)個人基本資料；(2)家庭背景；(3)家庭生活；(4)學校生活；(5)社會生活；(6)個人生活；(7)身心健康情形。

6.蒐集個案資料的方法有：(1)文件法；(2)訪談法；(3)問卷調查法；(4)觀察法；(5)心理測驗法；(6)家庭訪問。

7.了解個案可先從個人基本資料、身體外表、行為語言著手。

8.了解個案從家庭方面進行，包括：(1)父母管教態度；(2)家庭環境；(3)父母婚姻與感情生活；(4)手足之間的感情。

9.了解個案尚可從學校教育與社會生活方面來進行。

10.由訪談可以深入了解個案，惟訪談重點宜包括：(1)個案目前困擾問題或症狀；(2)問題或症狀的發生經過；(3)個案的人際關係；(4)個案過去生活經驗；(5)個案對自己未來的展望。

11.個案診斷宜請專業人員參與，例如：臨床心理師、精神科醫師、社會工作師、諮商心理師、教師、醫師、律師、導師、學校行政人員等。

　　大多數教育研究法都以群體作為研究對象，由群體行為統計分析結果，來建立假說、學說或理論，或根據研究結論來提出建議。但是，群體是由個人所組成的，每一個人都有其獨特的智力、性向、興趣和人格特質，個人不但在相同情境與相同刺激之下，其行為反應有很大的個別差異，即使同一個人在不同情境之下，對相同的刺激，其行為反應也未必一致。因此，以群體作為研究對象所發現的原理原則，不見得可解釋個人的行為。唯有個案研究以個人或一個團體作為研究對象，這樣才能夠對研究問題作深入的探討。

　　個案研究原為醫師用來診斷與治療病人的一種醫療方法。但是，後來不同領域的學者也相繼採用個案研究法，例如：臨床心理師在研究心理異常者，常以當事人當作個案來進行研究；社會工作師以需要接受社會服務者，作為社會個案工作的對象；企業管理專家以企業經營所遭遇到的問題，當作個案來進行研究；學生輔導工作者，以問題學生或適應不良學生，當作個案來進行諮商輔導。

　　近年來，社會科學研究風氣逐漸盛行，舉凡教育、政治、經濟、法律、大眾傳播、企業管理、犯罪、幼兒保育以及社會工作等學門，也都普遍採用個案研究法。

第一節　個案研究的基本概念

一、個案研究的意義

　　所謂個案，狹義而言就是指個人。廣義來說，個案可以是一個家庭、機構、族群、社團、學校等。簡言之，個案不僅限於一個人。個案研究是指對特別的個人或團體，蒐集完整的資料之後，再對其問題的前因後果作深入的剖析，例如：有一個 4 名子女皆獲得博士學位的家庭，研究者為了探究其原因，於是以這個家庭當作個案來研究，經

過客觀與深入研究之後，就可以了解這個家庭子女教育成功的道理。

二、個案研究的特徵

（一）注重個體的研究

個案研究常以個人為研究對象，對個體的身心特質作深入剖析，但有時以某特殊團體作為個案研究的對象。

（二）以多元方法蒐集個案資料

個案資料的蒐集方法相當多元，包括：觀察、晤談、心理測驗、問卷調查、家庭訪問與個案的師長、朋友或親人晤談等。

（三）對個案進行深入分析研究

每一個個案有其獨特的背景，個案的問題是長期形成的。因此，分析個案問題須考慮許多變項，不只探討目前存在的問題，也要探討目前問題的來龍去脈。

（四）研究問題不只限於異常行為

過去個案研究大都探討偏差行為、適應不良及異常行為，例如：青少年犯罪、自殺、精神疾病、變態心理等問題。近年來，個案研究的問題也包括資賦優異、績效卓著的機構或團體。由此可見，個案研究的範圍比往昔擴大。

三、個案研究的目的

（一）找出問題的原因

許多個案的偏差行為，不做個案研究很難了解其行為發生的真正原因，例如：學生偷竊行為，經個案研究之後就可發現原因不一，有

的學生缺少零用錢，有的學生以偷竊來報復別人，有的學生以偷竊來對父母的管教表示不滿，有些偷竊的學生是因為吸食毒品、缺錢花用。由此可知，個案研究可以找出個案行為的真正原因。

（二）提出解決問題的方法

個案研究在找出問題真正的原因之後，就可提出解決問題的對策。如果學生偷竊是起因於缺少零用錢，則可以建議個案的父母，每週給個案適當的零用錢，以免子女因缺少零用錢而產生偷竊的行為。如果偷竊是為了報復別人，則需要對個案實施心理輔導。

（三）提供預防措施

個案研究能夠深入探討問題，發現問題的根本原因，這樣就能夠根據原因提出防範措施。

（四）協助個案潛能充分發展

個案研究可以發現個案的潛在能力，協助個案適性發展，例如：經個案研究之後，發現一名學生具有良好的數學性向，就可建議該生家長或教師，協助這名學生在數學領域上下工夫，使其將來在數學領域有優異的表現。

（五）提升組織機構的績效

當個案研究以組織機構作為研究對象時，可以診斷其經營管理上的缺失，進而提出改進方案，重振組織成員士氣，提升組織的績效與競爭力，例如：一所高中學生升學率逐年下降，經個案研究之後發現主要原因在校長領導風格欠佳，教師教學態度不良等因素，研究者就可提出興革之道，使該校辦學績效提升。

四、個案研究的範圍

　　個案研究大都以個人為對象，所以研究以個人問題為主要範圍，但是有時研究者以家庭、機構或社區為對象，因此個案研究的範圍相當廣泛，茲簡述如下。

（一）個人

　　凡個人有偏差行為、精神異常、智能優異、智能不足、學習困難、人格異常、身心障礙或犯罪行為，均可進行個案研究，研究結果可以作為心理諮商輔導、精神治療、特殊教育與犯罪矯治的參考。

（二）家庭

　　有些家庭子女個個非常傑出，成為社會的棟樑。反之，有些破碎家庭，父母離異、親子不和睦，家裡多人犯罪或得精神疾病，個案研究結果可以作為親職教育與家庭諮商輔導之參考。

（三）組織機構

　　一個機構是由許多人所組成的，有些組織機構人員不和諧、溝通不良、工作士氣低落、工作績效差，無法達成組織目標，這些問題都適合進行個案研究。研究可以發現組織機構的問題癥結所在，提出改進策略，以期提升組織的競爭力。

（四）社區

　　有些社區人口老化，有些社區人口密集，不正當場所充斥，許多人失業，犯罪率高，缺乏公德心，到處髒亂，社區文化水準低，離婚率高，以上這些問題社區，有賴個案研究來找出問題的原因，這樣才能夠提出方案，改善社區環境與提升社區人員生活水準。

第二節　個案資料的蒐集

一、個案資料的種類

（一）個人基本資料

個案基本資料包括：姓名、性別、年齡、職業、婚姻、出生地、住址、學歷、經歷等。

（二）家庭背景

家庭背景包括：父母教育程度、父母職業、居住環境、出生排行、家庭成員、經濟狀況、父母婚姻狀況等。

（三）家庭生活

家庭生活資料包括：家人關係、父母管教態度、兄弟姊妹感情、家庭氣氛、父母感情等方面。

（四）學校生活

學校生活方面包括：學習能力、師生關係、同儕關係、學習興趣、學習態度、學習成就、社團活動、學習障礙、學科興趣、品德操行等。

（五）社會生活

社會生活包括：社交、參與社團活動、社會服務、政黨參與、參加鄰里社區活動情形等。

（六）個人生活

個人生活包括：興趣、嗜好、人生觀、宗教信仰、生活習慣、理財、消費、休憩、旅遊等方面。

（七）身心健康情形

身心健康情形包括：身高、體重、患病史、發育情形、住院次數、生理缺陷、殘障、心理或精神疾病等。

二、蒐集個案資料的方法

（一）文件法

研究者蒐集個案的各種靜態資料，舉凡學業成績、自傳、日記、週記、操行、健康檢查、圖書借閱、上課出缺席、社團活動參與、參加校內外比賽等有關資料，都應加以蒐集，這些檔案資料是提供診斷與輔導個案行為的重要訊息。

（二）訪談法

研究者利用面對面訪談或電話訪談個案，可以蒐集個案的嗜好、興趣、人生觀、人際關係、家庭生活、學校生活、社會生活及身心狀況等方面的資訊。訪談法可以蒐集到比較深入的資料。不過，訪談對象不僅限於個案，凡是與個案有關的人，如同學、師長、親友、上司、同事、父母、鄰居等，都可以加以訪談，以便蒐集更多的資料。

（三）問卷調查法

一般問卷調查法都是在調查大樣本時使用，但是個案研究者也可以設計問卷，提供個案填寫。研究者由個案在問卷上填答之資料，可以很快蒐集到一些與個案有關的資訊。

（四）觀察法

一般個案研究大都採自然情境觀察，這種方法可以蒐集個案的情緒、人際關係、衣著、性格與身體動作等方面的資料。不過，研究者採用觀察法，最好有計畫、有系統以及長期觀察，觀察到的行為或事實應詳加記錄，同時觀察者宜保持客觀的態度，觀察者最好兩人以上，這樣比較能使觀察所得到的資料，具有良好的信度與效度。

（五）心理測驗法

心理測驗是蒐集個案智力、性向、人格、態度、興趣及學業成就的工具。由心理測驗所得到的資料，可用來診斷個案的各種心理特質，並且可作為診斷個案學習困難、心理適應、潛在能力及預測未來發展的資料。

（六）家庭訪問

家庭訪問可以蒐集個案與家人的關係、家庭環境、父母管教態度、父母感情、家庭氣氛及居住社區環境等資訊。家庭是個人成長的重要地方，偏差行為的個案大都來自問題父母或破碎家庭，透過家庭訪問往往可以獲得有關個案的重要訊息。

第三節　了解與分析個案的方法

教育研究者在蒐集個案各方面的資料之後，可以從個人、家庭、學校教育及社會生活等方面來作初步的分析，或從訪談中進一步來了解個案，也可以由個案會議（case conference）來集思廣益。茲簡述如下：

一、初步分析

（一）個人方面

1. 個人基本資料

(1)名字父母

　　父母對孩子的命名，大都經過審慎思考、再三斟酌，所以由子女的名字大略可以知道父母對子女深切的期望。例如：有些個案的名字叫「金來」、「添富」、「進財」、「金樹」、「萬財」、「添財」、「朝富」、「發財」、「財源」、「登富」、「裕元」、「永富」、「金山」、「居財」、「金豐」、「金發」、「金滿」、「財發」等，這些與錢財有關的名字，往往顯示父母希望子女帶來財運。大體來說，這種家庭在孩子出生時是比較貧窮的。有少數個案的名字叫「罔腰」、「罔市」，這樣名字表示個案不是父母心目中所想要的孩子。有的個案名叫「招治」、「招弟」，這表示父母希望她的出生能招來弟弟。有的個案名叫「文彥」、「文傑」、「文隆」、「文昌」、「文華」、「文英」、「文彬」、「博文」、「文博」，這種名字通常表示父母期望子女將來長大，有文人的才華。

(2)出生序

　　排行老大的個案通常比較有責任感，喜歡支配別人，具有權威性格。排行老二的個案容易產生自卑感、個性倔強、好勝心強、富冒險精神。排行在中間的個案個性比較圓融，人際關係較佳，但比較少得到父母的關愛。排行老么的個案容易得到父母的溺愛或縱容，缺乏負責任的精神，不過老么性格比較友善，有些老么是所有兄弟姊妹中有最高成就者。至於獨生子女的個案，容易受到父母過度保護或過高的期望，產生自我中心，不能吃苦耐勞與依賴他人的個性。獨子缺乏與同輩相處機會，人際關係往往比較差，同時容易從父母處學到權威性格。

2. 身體外表

(1)容貌與髮型

身體外表包括：容貌、高、矮、胖、瘦、皮膚顏色、髮型等。帥哥、美女通常比較有良好的自我概念，對自己有自信心、自傲，成為同儕羨慕與嫉妒的對象。反之，醜男、醜女容易產生自卑心理，人緣較差；頭髮整潔者比較在乎別人對自己的看法。

(2)衣著

一般人的衣著與個性有關，外向者比向內者較喜歡穿鮮艷、時髦的服裝。經常穿牛仔衣褲、馬靴的女性，比較具有男性化的性格；喜歡穿異性服裝者，有性變態的傾向。時常西裝筆挺、皮鞋亮麗者，有顯示其高社會地位的心理。

(3)裝飾品

個案身上所佩戴的裝飾品，除了愛美之外，尚有引人注意或表明自己身價的象徵。有些個案身上戴有許多名貴的裝飾品，例如：手鐲、手錶、項鍊、耳環、戒指等，以表示自己為富豪人家。有些個案喜歡佩戴假勳章、徽章，以此顯示自己小兵也可立大功或是曾叱吒風雲的沙場英雄。另外，有些個案所佩帶的裝飾品與自己的性別不符合，這通常顯示其不願意認同自己的性別。有些青少年在鼻子上佩帶鼻環或在耳朵上戴許多耳環，這些青少年大都有標新立異，引人注目的心理。

(4)化妝

愛美是人的天性，女性比男性更喜歡以化妝來增加美感。不過，有些個案天天濃妝艷抹，這種個案特別喜歡給別人留下好的印象。反之，有些女性個案不使用化妝品，這也許是為了節省開支或認為化妝不能改善自己的容貌。有些男同性戀者喜歡以化妝來扮演女性的角色。

3. 行為語言

(1)情緒表現

　　情緒包括：喜、怒、哀、樂、悲傷、恐懼等。個案極度喜樂或悲傷容易流出眼淚。盛怒或緊張時容易在額頭、手心或上唇與鼻孔之間流出汗水。緊張的另一個特徵是口乾舌燥、臉部或口腔部位肌肉抽搐。此外，焦慮不安時，個案的眼神較為呆滯。臉上經常有笑容的個案通常心情舒暢，較少心事，但由笑容不見得能正確判斷個案的情緒，因為有些人皮笑肉不笑、苦笑、傻笑，甚至笑裡藏刀。少數個案情緒起伏非常大，則有可能屬於躁鬱精神病，情緒長期處於低潮的個案，可能是憂鬱症患者。

(2)動作

　　走路、吃飯、做事的速度比別人快的個案，比較有急躁、衝動、好勝心強的個性。這種人屬於 A 型人格（type A personality）。反之，做事慢條斯理的個案為 B 型人格（type B personality）。握手力道強、時間持久的個案，比較容易親近人、做事積極、精力充沛。反之，握手力量輕、時間短暫的個案，比較容易緊張，與人保持距離。時常有反覆性動作的個案，如摸摸頭髮、鼻子、耳朵，大都是以這些動作來降低自己的緊張。

(3)視線

　　視線移動快、東張西望、眼神不正視對方的個案，比較機警、心情急躁、不誠實、猜疑心重。反之，視線移動緩慢、眼睛只正視前方者，可能是思維遲鈍、意志消沉的人。當個案在和別人講話時，眼睛不敢正視對方者，比較內向、缺乏自信心。反之，在和別人談話時，眼睛敢正視對方者，比較有自信心、敢表達自己的想法，甚至於想支配對方。

(4)姿勢

女性個案兩腿交叉而坐或雙腿分開而坐，通常表現出男性的氣概。坐姿筆挺者表示意志堅定。反之，彎腰駝背的坐姿，大都顯現意志力薄弱，容易屈從他人。坐時背部靠到椅背者比較從容不迫、隨遇而安。反之，個案一直坐在椅子的前端不靠到椅背，內心大都焦慮不安，準備隨時要離開座位。有些個案坐時常以鞋子敲擊地板，這也顯示出其浮躁不安的情緒。有些個案坐時雙手交叉緊抱胸前，這個姿勢可能表示自我保護、比較內向的性格。

就站立的姿勢來說，單手或雙手喜歡插入口袋者，比較擁有緊張不安的性格；雙手叉腰者表示權威性格；雙手交叉擺在臀部者，表示服從別人。站立時眼睛一直看天花板或地面者，比較內向、沒有自信心。此外，走路的姿態如憲兵者，這種個案不苟言笑、充滿朝氣、嚴以律己。

(5)言談

個案在談話時，經常談到的內容可以顯現其個人的價值觀。談話內容可以粗略分為：政治、經濟、科學、宗教、藝術、社會服務、旅遊、健康與醫療等類型，例如：談話內容不離股票、期貨、基金、房地產的人，則屬於經濟型。講話速度緩慢，屬於情緒低落或可能患有憂鬱症；講話速度快速者屬於情緒高昂或可能患有急躁型精神病。

個案講話聲音低沉，表示自卑和不安；講話聲音宏亮、口齒清晰者，往往較有自信心、人際關係較佳；口齒不清、口吃的個案，往往充滿緊張不安的性格。講話內容條理分明、思路清晰，喜歡使用抽象性字眼的個案，智力較高，屬於理智型。講話內容語無倫次、不連貫、思路混沌不清者，其智力較低，或患有精神分裂症；思考方式常鑽牛角尖或吹毛求疵者，可能具有強迫性精神官能症。

（二）家庭方面

家庭是影響個人成長最重要的地方，教育研究者可以從以下幾個

家庭層面來了解個案。

1. 父母管教態度

　　父母管教嚴厲的個案，比較容易產生攻擊或退縮的個性；父母溺愛的個案容易產生依賴、自我中心、擔心身體健康、要別人為他（她）服務，不會自我保護與自我管理的個性。受到父母拒絕的個案，容易產生排斥他人或需要得到他人的愛。父母管教態度不一致的個案，容易形成個性不統整的人格特質。父母期望過高的個案，容易產生焦慮不安、反抗權威的心理。父母管教方式屬於放任型的個案，容易產生胡作非為、不守紀律、我行我素的性格。不少犯罪青少年，其父親平日與子女相處的時間很少，也缺乏適當管教子女的技巧。此外，父母的管教態度對子女交友的數目與交友的類型也有很大的影響。

2. 家庭環境

　　幼年家庭貧窮的個案，長大之後容易產生刻苦耐勞、節儉、吝嗇的性格。反之，幼年家庭富裕的個案，比較容易形成游手好閒，揮霍無度的個性。就住家的社區環境而言，居住在工商業混雜區的個案，容易學到不良行為；居住在文教區的個案，則容易產生向上求學的毅力。居住在集合住宅的個案，比較有機會學習到與人相處的技巧。居住在鄉村或偏遠地區的個案，比較沒有學壞的機會。

3. 父母婚姻與感情生活

　　一般而言，父母離婚、分居、死亡、長期犯罪坐牢者，這些生長在破碎家庭的個案，其人格發展比較容易不正常。幼年失去母愛的人，有早婚的傾向。父母婚姻生活不美滿、感情不和睦的個案，容易產生畏懼結婚甚至不想結婚的心理。

4. 手足之間的感情

　　個人的行為容易模仿或向兄姊學習。性別相同、年齡相同的孿生子女，彼此競爭較劇烈。兄弟姊妹之間的感情可顯現父母家庭教育的成

敗。手足之間感情不和睦，反目成仇的個案，比較不容易有愛人之心。

（三）學校教育方面

就讀名校的個案通常智力較高，比較容易產生高傲與自信的心理。如果個案就讀校譽很差的學校，或其學業成績不佳，就容易產生自卑感，對自己缺乏信心。在學期間時常違反校規、品行不佳者，畢業後步入社會觸犯法律的機會較大。求學期間師生關係欠佳，很少有朋友的個案，比較內向，人際關係不易正常發展。在學期間常擔任學生幹部者，領導能力較佳。在學校參與多個學生社團者，個性比較外向，同時也具有較多的才藝。經常轉學、輟學、逃學的個案，其學校生活適應不良。此外，與家庭背景地位高的朋友交往的個案，其優越感比較強。

（四）社會生活方面

有些個案長年失業，因為他們缺乏工作興趣，對個人或家庭缺乏責任感，其中不乏精神疾病者。有些個案沒有固定工作或時常轉換工作，主要是因為工作不力，無法與同事或上司相處，人際關係不良、個性上有缺陷等所造成的。有些個案不參與任何社會團體，從不參加社團活動，如同學會、校友會、協會、工會、商會等等，這種人比較沒有知心朋友，具有退縮、孤僻、頑固的性格。也有一些個案從來不關心任何社會的事務，只獨善其身，甚至成為社會邊緣人，無法適應正常的社會生活，其獨犯法律或產生精神疾病的可能性比較大。

二、由訪談來了解個案

研究者經由訪談來了解個案時，訪談的技巧請參閱第六章第三節，訪談宜包括以下幾個重點。

（一）了解目前困擾問題或症狀

個案的問題或症狀繁多，大致可以分為以下幾類。

1. 思想方面

個案異常的思想包括：悲觀、妄想、強迫性觀念、自誇、注意力不集中、健忘痴呆、思考不合邏輯、思緒混亂、思想過於快速或遲緩、思考內容幼稚、無端恐懼、心灰意冷以及思想違反社會規範等。

2. 動作方面

動作異常包括：重複出現某種行為、過動、動作緩慢、四肢顫抖、抽搐、舉止笨拙、行動不便，身體無力等。

3. 情緒方面

異常的情緒包括：過分高興樂觀、容易發怒、憂傷過度、恐懼不安、消極悲觀，心煩意亂、心浮氣躁、心情起伏過大以及情緒表達不當等。

4. 感覺方面

個案異常的感覺包括：各種幻覺，如聽幻覺、視幻覺、味幻覺、嗅幻覺、觸幻覺等，也就是這種感覺的對象事實上不存在，可是個案當事人真的可以感覺到它的存在。此外，有些個案有耳鳴、心悸、自我感喪失、偏頭痛等感覺。

5. 藥物濫用與上癮方面

有些個案的問題屬於藥物濫用者，例如：酗酒、使用各種毒品、迷幻藥、吸菸、賭博、縱火等。

6. 生活習慣方面

有些個案患有失眠、夢遊、作惡夢、厭食、貪食、網路成癮等生活方面的困擾問題。

7. 性異常方面

性異常的個案有：偷窺、暴露、戀物、虐待、被虐待、亂倫、強

暴、異裝、獸姦、嚴重手淫等性變態。

（二）了解問題或症狀的發生經過

　　教育研究者在了解個案的問題或症狀之後，接著應了解這些問題或症狀的原因，請個案詳細說明這些問題或症狀是從什麼時候開始，發生的過程及相關因素，尤其是要深入了解最早出現該症狀的情況，以及個案對自己的問題或症狀的看法。此外，研究者應進一步了解個案症狀繼續存在的理由，或該症狀消失之後又復發的原因。

（三）了解個案的人際關係

　　個案不良適應問題常與人際關係不佳有密切的關係，許多精神疾病或心理疾病也是由人際關係所造成的。因此，個案研究者在訪談時不可忽略個案的人際關係。研究者要了解其人際關係問題，應與他討論目前有幾個知心朋友，與家人、老師、同事、同學、上司、異性朋友相處的情形如何？他最喜歡或最討厭與哪一種類型的人相處？在與別人相處過程中採取什麼態度？他用什麼方式與人溝通？這種溝通方式得到什麼結果？研究者應讓個案對自己人際關係不良，有反省的機會。

　　個案如果擁有冷漠、自我中心、排斥別人、支配他人等人格特質，其人際關係比較差，這種人際關係大都由個案與父母或家人的不當關係所造成。因此，訪談時應談到個案與家人溝通的模式。

（四）了解個案過去生活經驗

　　個人的行為頗受過去生活經驗的影響，精神分析學派特別重視個人幼年時代生活經驗，對個人人格發展的重要性。換言之，個案幼年時代的生活經驗與其目前的行為，有密切的關係。因此，研究者在晤談時，應仔細了解個案目前的問題或症狀，到底與過去的何種生活經驗有關，晤談重點不宜只針對目前的問題，應請個案談及幼年不愉快

的往事或不幸的遭遇。

（五）了解個案對自己未來的展望

研究者從晤談中了解個案對自己未來的生涯規畫或期望,是否充滿消極、悲觀、無奈、沒有指望或毫無目標,即可得知其人生觀。

三、個案問題分析與診斷

在對個案資料作初步分析,以及經由晤談來了解個案之後,接下來就是對個案的問題或症狀進行深入的分析與診斷。教育研究者要對個案作深入分析與診斷,大都缺乏這方面的專門知識或經驗,最好邀請臨床心理師、精神科醫師、社會工作師、教師、諮商心理師、學校行政人員、學科專家、醫師、律師、導師、護理師等人員,組成一個小組開個案會議,運用這些專業人員的智慧集思廣益,來對個案的問題從各個角度分析、診斷,進而提出輔導或治療的策略。

第四節　個案研究的優點與限制

一、個案研究的優點

（一）採用多種方法蒐集個案資料

雖然個案研究對象是單一的,但蒐集資料卻是廣泛且多元,這樣就能夠得到相當齊全的資料。個案資料有助於了解其問題的來龍去脈,對於問題的診斷、輔導、諮商或心理治療均有莫大的助益。

（二）可以深入了解個案問題的原因

個案研究係針對個別差異,對個案的問題作徹底分析,可以找出

問題或症狀的真正原因，發現影響個案問題的相關因素。

（三）可以對個案作深入的分析與診斷

由個案研究所蒐集的資料，研究者經由與學者專家在個案會議上深入研討，就能對個案的問題作客觀分析與正確的診斷。

（四）能夠有效協助個案解決問題

由於個案研究係針對個案問題，作審慎分析與診斷，因此能提出有效的輔導或心理治療策略，使個案恢復正常，潛能可以充分發揮。

（五）研究步驟條理井然

一般個案研究遵循以下步驟：
1. 發現與界定研究問題。
2. 蒐集各種與個案有關資料。
3. 分析資料並診斷問題的原因。
4. 提出輔導與治療策略。
5. 對個案作追蹤輔導。

二、個案研究的限制

（一）需要大量的人力、物力去蒐集資料

個案的問題往往是日積月累形成的，研究者要想蒐集個案齊全的資料，勢必要花許多時間、心力，才能蒐集與個案有關的各種資料。

（二）要確定與個案問題有關的因素相當不易

個案問題形成的因素錯綜複雜，有些問題屬於潛在意識，要想釐清影響個案問題的真相，確實很不容易。

（三）即使發現個案問題的原因，也不一定能對症下藥

研究者即使真的找出個案問題的原因，這些原因有的是來自幼年時期的心理創傷，要想復原相當困難，例如：研究發現某個案因幼年父母感情不和睦，經常嚴重衝突，因而使個案視結婚為畏途，研究者難以解開其心結，使個案重新獲得開朗的性格。

（四）研究結果不容易類推至其他個案

由於每一個個案都有其獨特性，研究者雖然花費許多時間、精力，所得到的研究結果，也不適合推論到其他個案，更不適合推論到母群體，例如：有一名長年患氣喘病的個案，經中外名醫診治都無法痊癒，經個案研究之後發現，其病因係來自幼年時代父母經常吵架所造成的不安全感，氣喘的聲音代表小聲哭泣，也就是由潛在意識所造成的。這名氣喘的個案經心理治療恢復其安全感之後，其宿疾就不藥而癒了。但是，其他氣喘病的個案則不一定是由相同原因所造成的。

▌自我評量···

1. 試述個案研究的目的。

2. 試述個案研究的特徵。

3. 試述個案研究的範圍。

4. 蒐集個案資料有哪些方法？試述之。

5. 試述個案資料的種類。

6. 個案訪談的重點宜包括哪些？試述之。

7. 如何對個案問題進行分析與診斷？試述之。

8. 試述一般個案研究的實施步驟。

9. 個案研究有哪些優點？試述之。

10. 個案研究有何限制？試述之。

第十章

內容分析研究法

 學習目標

學習者在研讀本章之後，應能達成下列目標：

1. 了解內容分析法的涵義與用途。
2. 了解內容分析資料的來源。
3. 了解內容分析法質量並重。
4. 了解內容分析的步驟。
5. 了解內容分析的信度與效度。
6. 了解內容分析的優缺點。
7. 了解內容分析法的限制。

前置綱要

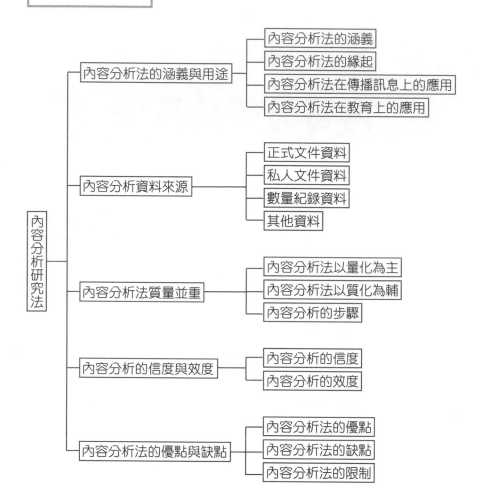

內容分析研究法
├─ 內容分析法的涵義與用途
│　　├─ 內容分析法的涵義
│　　├─ 內容分析法的緣起
│　　├─ 內容分析法在傳播訊息上的應用
│　　└─ 內容分析法在教育上的應用
├─ 內容分析資料來源
│　　├─ 正式文件資料
│　　├─ 私人文件資料
│　　├─ 數量紀錄資料
│　　└─ 其他資料
├─ 內容分析法質量並重
│　　├─ 內容分析法以量化為主
│　　├─ 內容分析法以質化為輔
│　　└─ 內容分析的步驟
├─ 內容分析的信度與效度
│　　├─ 內容分析的信度
│　　└─ 內容分析的效度
└─ 內容分析法的優點與缺點
　　├─ 內容分析法的優點
　　├─ 內容分析法的缺點
　　└─ 內容分析法的限制

┌─ **本章摘要** ─┐

1. 內容分析法廣泛應用在傳播學及各社會學科領域。
2. 內容分析法是兼採量化與質化的研究法。
3. 內容分析的步驟，先確定研究主題，接著蒐集各種文件資料，再將資料分類，形成研究問題或假設，然後抽取分析材料，最後對材料內容進行分析進而產生結論。
4. 內容分析的信度是指，兩個或兩個以上的研究者以相同的分析法，對同一材料進行評量結果的一致性程度。
5. 內容分析的效度是指，分析結果的真確性。
6. 內容分析法常採大樣本，許多文獻資料在圖書館容易查尋，所以成本低。
7. 內容分析法蒐集的文獻資料，不受研究者個人態度或人格特質的影響。但是有些文件資料無稽可考，不容易找尋。
8. 不同研究者對相同文件資料的解釋可能不相同。
9. 有些文件資料未必完全可靠，難免影響研究結果。
10. 內容分析法所蒐集的文件資料，非語文的行為未提供直接的資料。
11. 內容分析法的文件資料不容易數量化。

第一節　內容分析法的概述

一、內容分析法的涵義

內容分析（content analysis）又稱資訊分析（information analysis）或文獻分析（documentary analysis）。自 1930 年起，隨著大眾傳播研究的發展，內容分析逐漸受到重視。此方法最先應用在各種報紙內容的分析研究，後來隨著電腦科技與統計套裝軟體的進步與發展，目前已經廣泛的被運用在傳播學和其他社會學科領域，並且成為一種重要的研究方法。

二、內容分析法的緣起

內容分析法最早應用於傳播學領域，第二次世界大戰期間美國學者拉斯韋爾（Harold Dwight Lasswell）等人從事戰時通訊研究的工作，以德國出版的報紙作為分析對象，獲取了許多軍事機密的情報資料，這項工作產生明顯的實際效果，而且在方法上獨樹一格。20 世紀 50 年代美國管理學家貝雷爾森（Berelson）發表《傳播研究的內容分析》一書，確立了內容分析法的地位。後來世界著名的未來學家約翰・奈斯比特（John Naisbitt，1929.1～）所出版的《大趨勢》（Megatrends）一書，就是運用內容分析法寫成的，他也是真正使內容分析法系統化的人。

三、內容分析法在傳播訊息上的應用

內容分析法是一種對於傳播媒介訊息作客觀而有系統的量化及描述的研究方法，例如：以報紙、雜誌、書籍、信札、日記、自傳、小說、歌詞、筆記、備忘錄、演講稿、電視節目或廣播等資料的內容來

做客觀的和系統性分析，可用來發現史料與當代資料中的相關事實。一種常用的資料是選舉宣傳標語，從其內容可以比較兩個候選人、兩個政黨或兩個國家的政策，以及看出時代的變遷。

內容分析法可以有系統地整理與綜合紀錄中明顯與暗藏的內容。在目的上不只作敘述性的解說，也推論傳播過程所發生的影響；在分析過程裡，尤重內容中的各種語言特性。它特別適用於無法做直接觀察的研究，例如：研究候選人的政治理念。

四、內容分析法在教育上的用途

有些教育與心理學者利用內容分析法，發現中小學教科書或其他出版品內容的主要特徵，分析教科書編輯者的態度與偏見，例如：國民小學教科書國語課程領域中，內容的主角人物幾乎只有男性，很少以女性或殘障人士為主角的主題內容。有些學者研究發現，長久以來台灣中小學教科書的編輯制度，受到編輯人員個人黨政政治意識形態的偏見，對於民主化的推動產生不利的影響，因此對中小學教材實施內容分析，並且提出課程改革乃受到課程設計與發展學者的重視。

第二節　內容分析資料來源

內容分析的資料來源，大致可以分成正式文件資料、私人文件資料、數量紀錄資料、其他資料。

一、正式文件資料

正式文件資料，例如：一般書籍、教科書、雜誌、學術期刊、法律、公報、報告、報紙、照片、檔案、法案、法律判決書、契約、地籍圖、商業書信、出口和進口文件等。

二、私人文件資料

私人文件資料，例如：手稿、演講、繪畫、歌曲、詩詞、自傳、日記、遺囑、捐獻、信件、駕駛執照、個人識別證、身分證、備忘錄、醫療機構診斷書、房屋所有權狀、土地所有權狀、e-mail 等。

三、數量紀錄資料

數量紀錄資料，例如：統計資料、預算、銷售紀錄、物價指數、人口數、成績、股價、降雨量、空屋率、報紙銷售份數、地震次數統計、氣溫變化、出生率、升學率等。

四、其他資料

其他文件資料，例如：口頭證詞與口述歷史（oral history）和網頁資料（如網站、部落格、BBS）等。在社會科學領域中，內容分析法最常使用於分析與研究對象訪談所記錄下的文件或逐字稿。

第三節　內容分析法質量並重

內容分析法是一種對文獻內容作客觀系統分析的方法，其目的是了解文獻的事實和趨勢，發現文獻中所隱含的內容，並且對文獻發展作預測。其基本做法是把傳播的文字內容，以客觀角度進行系統性的分析，藉以了解該項文件內容的背景及其意義。

一、內容分析法以量化為主

內容分析法可以透過量化解析與質化分析。量化的分析方法可以統計各種不同主題，在圖書、報章雜誌、收音機和電視播放時間中所占的比例，然後再做統計分析。雖然它是一種量化分析的過程，但是

並不表示是純粹的量化的分析，也可以從數量的變化來推論質的變化情形，所以可以說是一種質量並重的研究方法。

二、內容分析法以質化為輔

質化分析方法偏重在大眾傳播內容訊息的特性，而且探討傳播內容對於傳播過程所發生的各種影響，藉以推論產生傳播內容的背景和意義的一種研究方法。內容分析法兼採量化與質性研究法，將傳播的語文內容利用系統、客觀和量化等方式加以歸類與統計分析，並且根據這些內容分析的數字，提出敘述性的解釋。後來有些學者除了透過量化的技巧，並且以客觀和系統的方法對文件內容和檔案資料進行分析之外，更以質的分析方法來進行研究。內容分析與歷史研究法相類似，通常需要透過文獻蒐集來獲得資料，不過歷史研究法是以探討比較遙遠的史料為主，而內容分析法則重在解釋某一特定時間內某現象的演變與發展情形。

三、內容分析的步驟

內容分析的程序，大致可以分成以下幾個步驟：

1. 確定目標以及確定研究主題。在教育科學研究中，內容分析法可使用於多種研究的目標，例如：現狀分析、比較分析、趨勢分析等。

2. 蒐集和選取各種文件樣本或檔案資料。

3. 確定文件或檔案資料分析的類別，例如：將報紙刊載內容分為：社論、商業、財經、社會、體育、娛樂、藝術、休閒、專欄、政治、消費、新聞、評論、商業廣告、犯罪、天氣、星座運勢等。

4. 形成研究問題或研究假設。

5. 抽取分析材料包括兩個方面的內容：一是界定總體；二是從總體中抽取有代表性的樣本。內容分析法常用的三種抽樣方式：

資料來源取樣、日期抽樣、分析單位取樣等。

6.對材料內容進行分析、評估和推論。

第四節　內容分析的信度與效度

一、內容分析的信度

內容分析的信度是指，兩個或兩個以上的研究者以相同的分析法，對同一材料進行評量結果的一致性程度，它是內容分析結果可靠性、客觀性的重要指標。內容分析法分析信度的基本過程如下：

1.對評量者進行分析方法的講習。

2.由兩個或兩個以上的評量者，按照相同的分析維度，對同一材料獨立進行評量分析。

3.對他們各自的評量結果，使用信度公式來計算信度係數。

4.根據評量與計算結果修訂分析維度（即評判系統）或對評量者進行講習。

5.重複評量過程，直到可以接受的信度為止。

二、內容分析的效度

效度是指一項研究的真實性和準確性程度，又稱真確性。它與研究的目標密切相關，一項研究所得結果必須符合其目標才是真實有效的，因此效度也就是研究結果達成目標的程度。

第五節　內容分析法的優缺點與限制

一、內容分析法的優點

內容分析法至少有以下優點：

1. 撰寫文獻者如果已經往生時，除了內容分析法之外，很難有其他方法可以替代。

2. 內容分析法經常採用比較大的樣本，所得到的分析結果比較具有真實性與代表性。

3. 內容分析法比問卷調查、大規模實施的普查或抽樣調查，成本都比較低而且比較節省時間。因為這種研究方法不像實驗法需要特殊的設備或經費，而且許多文獻資料大多集中在各圖書館、圖書室、報社資料室，都很容易查尋得到。

4. 由於有些文獻，例如：報紙的專欄，都由學有專精的人士所撰寫，所以其報導的內容比較具有公信力。

5. 內容分析的文獻資料大多早已完成，因此對研究的事件毫不受研究者個人的態度或人格特質的影響。

6. 如果研究過程發生錯誤，研究者可以重做分析而不必重做調查或實地研究，因此最適合研究過去發生的事件。

二、內容分析法的缺點

內容分析法至少有以下缺點：

1. 內容分析法只能應用於有紀錄可查的歷史事件。

2. 文獻資料字裡行間的涵義難以確認，造成編碼的困難，文獻內容意義可能有多種，即使相同的資料內容，不同研究者可能有不同的解釋。

3.有時不同研究者對相同資料的看法見仁見智，不能提出相同的
　見解，須配合其他資料才能做定論。

4.對於尚未出現的議題，缺乏研究的相關資料難以達到現成資料
　的內涵。

5.研究者所根據的資料未必完全可靠，難免影響結論的正確性。

三、內容分析法的限制

內容分析法雖有不少優點，但它仍有以下限制：

1.文獻資料可能是由不同的人，基於某種目的而為，難免會有誇
　張、隨意編織，甚至夾雜個人偏見，僅記載作者認定是好的事
　件，不被認定是好的事件便可能流失。

2.資料可能隨時流失，只有名人的資料保留下來，一般人寫的信
　件或日記，即使價值很高，可能遭到破壞或貯存在不知處，難
　以取得。

3.文獻提供的僅是語文的行為，非語文的行為則未提供直接的資
　料。

4.文獻大都缺乏標準的格式可循，尤以個人的文獻為然，因此欲
　比較各人所完成的文獻時，研究者可能感到困難。

5.編碼困難，以文字寫成的文獻因目標不同，內容或材料殊異，
　缺乏標準化，長度格式不一。此外，所有文獻大多是以文字陳
　述，缺乏數字，量化頗為困難。

▊自我評量 ∙∙∙

1. 試述內容分析法的涵義。
2. 試述內容分析法在教育上的應用。
3. 試述內容分析法資料的來源。
4. 試述內容分析的步驟。
5. 試說明內容分析的信度。
6. 試說明內容分析法的效度。
7. 試說明內容分析法的優點與缺點。
8. 試說明內容分析法的限制。

第十一章

相關研究法

 學習目標

學習者在研讀本章之後，應能達成下列目標：

1. 了解相關研究的基本概念。
2. 了解不同變項屬性的雙變數相關統計法。
3. 理解多變項相關分析方法。
4. 明瞭相關在教育研究上的應用。
5. 明瞭各種相關統計法的適用時機。
6. 了解相關係數大小與樣本大小的關係。
7. 明白相關與因果的關係。
8. 了解相關係數大小的意義。
9. 明瞭在預測研究中相關係數大小的解釋。

前置綱要

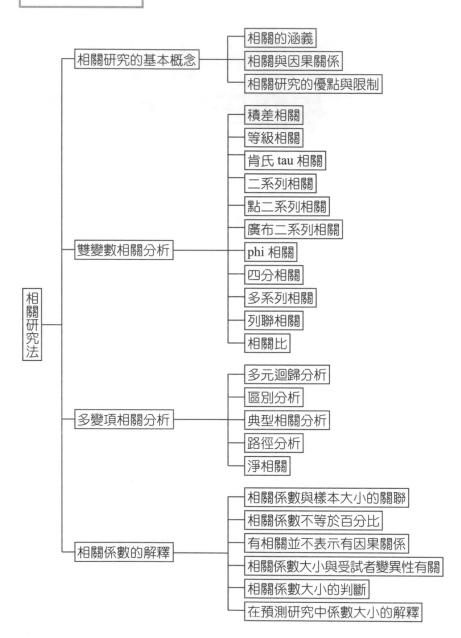

┌─ 本章摘要 ─┐

1. 相關研究旨在分析變項與變項之間的關係。

2. 雙變數相關統計法可分為積差相關等十一類。

3. 多變項相關分析可分為：(1)多元迴歸分析；(2)區別分析；(3)典型相關分析；(4)路徑分析；(5)淨相關等。

4. 不同屬性變項採用不同相關統計法。

5. 相關係數與樣本大小有關。

6. 相關係數的平方為決定係數，決定係數是指由 x 變項能解釋 y 變項變異量的百分比。

7. 有相關不一定有因果關係存在。

8. 相關係數不等於百分比。

9. 樣本同質性愈大，則其相關係數愈高。

10. 解釋相關大小不能只看相關係數的大小。

第一節 相關研究的基本概念

一、相關的涵義

　　相關是指變數與變數之間的關係。相關的大小以相關係數（coefficient of correlation）r 值來表示。相關係數有五種：(1) r = 1.00 為完全正相關；(2) 0 < r <+1，稱為正相關（positive correlation）；(3) r = 0 稱為零相關；(4) − 1 < r < 0，稱為負相關（negative correlation）；(5) r = − 1.00 時，稱為完全負相關。由上述可知，r 值介於 + 1.00 與 − 1.00 之間。

　　相關係數的平方（r^2）稱為決定係數，就是由 x 變數能解釋 y 變數總變異量的百分比，例如：x 變數與 y 變數的相關係數為 r =.60，r^2 =.36，所以 x 變數可以解釋 y 變數 36 % 的變異量。換言之，r^2 值愈大，就愈能由 x 變數來預測 y 變數。

　　相關研究者常以一組受試者，在兩個或更多變數資料，計算這些變數之間的相關係數。惟不同屬性的變數，如等距、等比、次序和二分變數之間的相關，需要使用不同的相關統計法，當兩個變數之間的關係不成一直線時，則需要用到相關比（correlation ratio）。

二、相關與因果關係

　　變數之間有相關存在，也不一定有因果的關係，例如：有人認為多喝牛奶的兒童長得高，這無異是說，牛奶是因、長高是果。其實，這種說法不見得完全正確，因為個子高的兒童可能是因為運動量多、睡眠多，或是由飲食習慣、遺傳因素所造成。又如，我們常聽說：「十個禿頭，九個富」，這個例子禿頭是因、富有是果，這種說法可能是錯的，因為可能是富裕的人打拚過度才造成禿頭的。因此在教育

研究時，如果經統計之後發現兩個變數之間具有高相關，不可輕言下結論說變數之間有因果關係。

　　研究者有時所得到的相關是人為因素造成的，例如：在推薦甄試時，由某系五名教授對應考生的音樂、美術加以評審，這五名教授因個人主觀偏見，對考生的音樂分數都打得很高，但對美術分數都打得很低，經統計之後發現，音樂與美術得分之間有負相關存在，這種相關其實與評分者有密切關係。總之，x 變數與 y 變數之間的相關，可能是 x 影響 y，也可能 y 影響 x，或由第三個變數影響 x 與 y，甚至 x 與 y 之間的相關是人為造成的。相關係數只能用來了解變數之間的關係程度，至於要確定變數之間是否有因果關係，最好利用實驗研究法來探討。

三、相關研究的優點與限制

（一）相關研究的優點

1. 可從一個研究中分析各個變數之間的關係。
2. 可以發現各變數之間關係的程度。
3. 可以從受試者的某一變數分數，預測另一個變數的分數。

（二）相關研究的限制

1. 由相關的統計資料，不能確定因果關係。
2. 將研究問題化為若干成分，探討變數之間的關係，不容易了解問題的全貌。
3. 影響變數之間的因素很多，變數之間的相關夾雜許多因素，研究者很難加以釐清。

第二節　雙變數相關分析

所謂雙變數相關（bivariate correlation），就是分析兩個變數之間的相關程度。相關研究的變數可細分為：連續、等級、人為二分、二分名義與類別等五類。雙變數相關統計法因變數屬性的不同，又可細分為十一類，如表 11-1 所示。

一、積差相關

積差相關（product-moment correlation）的計算，適用於兩個變數都是連續變數，例如：某班學生 45 名，每名學生皆有國語和數學分數，則該班學生國語和數學分數的相關程度，就可以用積差相關來統計。在教育研究中大多數的變數都是連續分數，而且積差相關所求得的標準誤（standard error）最小，所以使用積差相關統計最常見。積差相關係數可以由兩個變數都是連續分數來計算，即使在這兩個變數中有一組或兩組都不是連續分數的情形之下，也可以使用這種統計法。研究者有時會使用相關矩陣（correlation matrix），該矩陣內的相關係數就是積差相關係數。

二、等級相關

等級相關（rank correlation）是積差相關的一種特殊形式，在兩個變數之一或兩個變數都是等級（第）情況，如果其中之一的變數為連續分數，則必須先將連續分數轉換成等級，轉換的方法應先將連續分數依大小排列，然後將這些分數排成等級，例如：86、55、92、82、88、72、51、79、30、59，依分數高低可以排成 3、8、1、4、2、6、9、5、10、7。等級相關可分為斯皮爾曼等級相關與肯德爾等級相關兩類，後者係在受試者人數很少時使用之。

表 11-1　不同變項屬性的雙變數相關統計法

統計法	符號	第一個變數	第二個變數	備註
積差相關	γ	連續變數	連續變數	穩定性最高，標準誤最小
等級相關	ρ	等級變數	等級變數	是積差相關的一種特例
肯氏 tau 相關	$\Im$	等級變數	等級變數	受試者在 10 人以下時，優於等級相關
二系列相關	γ_{bis}	人為分為兩類	連續變數	通常在項目分析時使用
點二系列相關	γ_{pb}	二分名義變數	等距或比率變數	用於計算項目間之相關
廣布二系列相關	γ_{wbis}	人為分為兩類	連續變數	得到的相關低於 γ_{bis}，於想探討二分變項位於極端者時使用之
phi 相關	ϕ	二分名義變數	二分名義變數	常使用在求兩個測驗項目之間的相關
四分相關	γ_{tet}	人為分為兩個類別	人為分為兩個類別	兩個變項原為連續變數，均可以人為分成兩類別
多系列相關	γ_{ser}	連續變數	人為分為多個名義變數	兩個變項均須是常態分配的連續變數
列聯相關	C	兩個以上類別	兩個以上類別	與卡方關係密切，在某條件下可與 $\gamma_\Im$ 比較
相關比	η	連續變數	連續變數	用以發現非直線相關

三、肯氏 tau 相關

　　肯氏 tau 相關是另一種等級相關係數，理論上它優於等級相關。tau 係數可計算兩組變數的等級相關，它的計算雖然比等級相關複雜，而且比等級相關對相同資料所求得的相關係數較低，但是樣本人數在 10 人以下時，能夠形成常態分布。

四、二系列相關

　　二系列相關（biserial correlation）適用於一個變數為連續變數，另一個變數為人為分為兩類，例如：研究者想了解數學分數和國文分數之間的相關。數學分數原為連續變數，國文分數以人為方式分成及格、不及格兩類，就可計算數學與國文之二系列相關。就理論上來說，相關係數介於＋1與－1之間，可是當變數呈現非常態時，二系列相關係數可能大於1。由二系列相關所求得的係數，其標準誤較大，準確性也較差。

五、點二系列相關

　　點二系列相關（point-biserial correlation）適用於分析一個變數是二分名義變數，另一個變數是連續變數的相關，例如：某研究者分析性別與數學成績之間的相關，就可採用點二系列相關統計。這種相關具有三項優點：(1)相關係數小於1；(2)標準誤容易計算；(3)由積差相關係數顯著性臨界值，就可查得該相關是否顯著。

六、廣布二系列相關

　　廣布二系列相關（widespread biserial correlation）適用於兩個連續變數，這兩個變數各為群體中的極端分數，例如：由6名教學評鑑專家評量120位教師的教學能力，由他們評量結果，選出教學能力最佳與最差各10名教師，再將這兩組教師的教學能力分數，就可以求得廣布二系列相關係數。

七、phi 相關

　　phi相關（phi correlation）適用於兩個變項都是二分名義變數。例如，性別分為男、女；升學考試分為錄取與不錄取。因為二分名義變數在教育研究領域中不多見，所以這種相關比較少人使用。phi 相關

較常應用在測驗題項目分析，因為受試者在測驗題目的反應，都可分為正確或錯誤，所以要分析兩個題目的相關時，就可以採用 phi 相關。

八、四分相關

四分相關（tetrachoric correlation）適用於分析兩個變數都是人為分為兩個類別的相關。使用這種相關時，必須二分變數是連續的，而且分數呈現常態分布。因為四分相關係數不如積差相關係數穩定，而且標準誤很難計算，所以少用為宜。不過，當大樣木且能將樣本均分為兩個相等組別時，則是使用四分相關統計的最佳時機。

九、多系列相關

多系列相關（serial correlation）旨在分析一個連續變數，和另一個以人為方式分成多個類別的名義變數，例如：某研究者分析小學教師教學態度總分，與其中一個教學態度項目的相關，教學態度為連續變數，每一個項目可分為「非常同意」、「同意」、「無意見」、「不同意」、「非常不同意」等五個類別，供受試者勾選一個適合的答案，這種相關係數可以考驗測驗內部一致性，由多系列相關公式校正之。

十、列聯相關

列聯相關（contingcncy corrclation）適用於兩個變數均為類別的名義變項，這些變數不一定要具有連續性或某種順序。列聯相關與卡方統計數有關，由卡方值可求出列聯相關係數。反之，由列聯相關係數也可以求得卡方值，由卡方值可以判斷列聯相關的顯著程度。

十一、相關比

相關比適用於兩個變數之間呈現曲線相關時，例如：年齡與記憶力的關係，兒童隨著年齡的增加，記憶力也相對提高，可是到了中年

以後，記憶力反而有逐漸下降的趨勢。學生焦慮的程度與考試分數呈現曲線相關，因為焦慮程度低的學生對考試不在乎，所以考試分數低；中度焦慮學生其動機較強，考試成績較好；高度焦慮的學生因容易緊張過度，考試成績反而下降，如圖 11-1 所示。相關比的優點是：當變項之間呈現曲線相關時，與其他相關統計相較，較不容易產生錯誤。相關比的缺點是不容易計算，不過這個問題早已被電腦克服了。

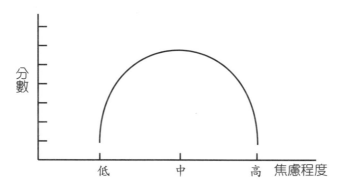

圖 11-1　焦慮程度與測驗分數之曲線相關

第三節　多變項相關分析

當研究者要探討三個以上變項之間的相關時，就可以使用多變項相關分析（multivariate correlation analysis）。教育研究者常使用的多變項相關分析方法，可分為以下幾類，茲簡述如下。

一、多元迴歸分析

多元迴歸（multiple regression），係由兩個以上的預測變項預測一個效標變項的統計方法，由複迴歸可確定兩個以上預測變項與效標變項之間的關係，例如：研究者想探討小學生的智力、性向、友伴關

係、家庭社經地位、居住地區與學業成績的關係，首先將上述所有變項數量化之後求複相關（multiple correlation），以學業成績為效標變項，其餘五個變項作為預測變項，研究者在求出一個迴歸方程式之後，將每名學生在這個預測變項上的分數，代入此公式，就可以預測每一名學生在效標變項上的學業成績。

教育研究常用同時迴歸（simultaneous regression）與逐步迴歸（stepwise regression）分析。前者適用於驗證性研究，分析時將若干預測變項同時投入迴歸公式中；後者則比較適用於試探性研究，分析時將預測變項逐一投入迴歸公式中，就可發現各預測變項對效標變項的預測力。茲舉一個多元迴歸的例子說明如下：

某研究者分析國小實習教師之：（A）任教意願、（B）工作價值觀、（C）畢業成績、（D）性別、（E）學系別等因素，與（F）實習成績的關係，由 A 至 E 為預測變項，F 為效標變項。研究者對 200 名實習教師實施問卷調查，蒐集 A 與 B 變項的分數，其餘變項均予以數量化，例如：以 1 代表男性，0 代表女性，經逐步多元迴歸分析結果列於表 11-2。

由表 11-2 來看，任教意願（A）可以解釋實習成績變異量的 24 ％，再投入工作價值觀（B）之後，兩者可解釋實習成績總變異量的 31 ％，全部五個預測變項可以解釋實習成績總變異量的 37 ％。在投入工作價值觀（B）分數之後，決定係數增加 7 ％，在投入畢業成績（C）之後，比前二者決定係數增加 4 ％。

表 11-2　國小教師實習成績之多元迴歸分析結果（N = 200）

投入變項順序	複相關（R）	決定係數（R^2）	R^2增加量
A	.49	.24	
B	.56	.31	.07
C	.59	.35	.04
D	.60	.36	.01
E	.61	.37	.01

二、區別分析

區別分析（discriminant analysis）與多元迴歸分析相似，這兩種分析方法都是求兩個以上的預測變項與效標變項之間的相關。可是區別分析的效標變項，可以分為兩個以上的類別或層次，如果效標變項為連續變項變數時，則宜採用複迴歸分析。區別分析可以根據過去群體在預測變項與效標變項之間的關係，然後就個別受試者在預測變項上的分數，預測其未來所歸屬的類別，例如：研究者探討不同學習方法的學生，高、低成就組分數的關聯。表 11-3 為 25 名高學習成就與 25 名低學習成就學生的平均分數。

研究者發現：高低成就組學生，在這七種學習方法上有顯著差異，因此將這 50 名學生正確區分為高成就組或低成就組。區別分析方程式對每一位學生在各變項上的得分給與加權，稱為區別功能係數。每一名學生在各變項上的標準分數乘上此加權數，就可預測其在團體中屬於哪一組學生。由表 11-3 可知，學生上課注意聽講、課後複習、請教老師和請教同學，是預測其學習成就比較重要的幾個變項。預測變項與效標變項之相關愈高者，其區別功能係數也愈大。

區別分析適合用來作為人事甄選之用，例如：依照高中生的智力、性向、職業興趣等分數，預測高中生適合就讀大學的哪一個學

表 11-3　高、低學習成就與學習方法差異情形

學習方法	高成就組平均分數	低成就組平均分數	區別功能係數
課前預習	0.95	0.62	0.12
上課注意聽講	3.98	1.73	0.58
課後複習	3.72	1.57	0.46
請教同學	2.56	0.98	0.38
請教老師	2.30	0.24	0.41
參加補習	4.21	3.15	0.29
勤作筆記	2.44	1.29	0.32

系。不過，區別分析的計算過程相當複雜，需要具備多變項統計學知識，才容易進行分析並解釋其結果。

三、典型相關分析

典型相關（canonical correlation）分析，使用在有若干個預測變項（x_1，x_2，x_3……x_n），以及若干個效標變項（y_1，y_2，y_3……y_n），要計算預測變項與效標變項之間相關的時候，例如：研究者要分析人際關係、學生事務、工作負荷、內在衝突、角色期許等五個預測變項，與解決問題、理性分析、延宕處理、自我調適、社會支持等五個效標變項之間的相關，這時候就可以使用典型相關分析。因為預測變項與效標變項各有五個，如果逐一採用積差相關相當繁瑣，而此預測變項之間以及效標變項之間彼此仍然有相關存在，所以不適宜採用積差相關。

典型相關分析，需先從預測變項中找出典型預測因素x，並從效標變項中，找出效標因素 y，然後計算 x 與 y 之間的相關。可是計算過程頗為複雜，所以可以採用社會科學統計套裝軟體來處理。表 11-4 為某一個研究分析國中教師，工作壓力與因應方式之典型相關分析的結果。

表 11-4　工作壓力與因應方式的典型相關分析摘要表

x 變項 工作壓力	x_1	x_2	x_3	x_4	y 變項 因應方式	y_1	y_2	y_3	y_4
人際關係	0.76	−0.39	0.17	0.46	解決問題	−0.77	−0.10	0.31	0.08
學生事務	0.62	0.28	0.14	0.54	理性分析	−0.51	0.43	0.32	0.65
工作負荷	0.69	−0.24	−0.16	−0.12	延宕處理	0.27	0.17	0.34	0.38
內在衝突	0.56	0.06	−0.66	0.32	自我調適	−0.04	0.01	0.97	0.17
角色期許	0.91	0.30	−0.20	0.03	社會支持	−0.22	−0.52	0.32	0.71
抽出變異數百分比	0.53	0.07	0.11	0.13	抽出變異數百分比	0.20	0.09	0.27	0.22
重疊	0.06	0.01	0.01	0.00	重疊	0.03	0.01	0.01	0.00
					p^2	0.11	0.05	0.02	0.01
					典型相關	0.33***	0.22	0.14	0.02

***$p < .001$

　　由表 11-4 來看，x 變項的第一個典型因素（x_1），可以說明 y 變項第一個典型因素（y_1）總變異量的 11 ％。y 變項的第一個典型因素（y_1），可以解釋 y 變項總變異量的 20 ％；x 變項的第二個典型因素（x_2），可以解釋 y 變項第二個典型因素（y_2）總變異量的 5 ％。y 變項的第二個典型因素（y_2），可以解釋 y 變項總變異量的 9 ％。

　　其次，x變項透過第一個典型因素（x_1），可以解釋y變項總變異量的 3 ％，x變項透過第二個典型因素（x_2），可以解釋y變項總變異量的 1 ％。

四、路徑分析

　　路徑分析（path analysis）係運用變項之相關資料，來考驗三個以上變項之間的因果關係。路徑分析是迴歸分析的延伸，也是一種多變項分析。假設某教育學者探討學生數學成績不良的問題，經調查分析之後發現，智力、學習態度、學習動機等變項，為影響數學成績的重要變項，因為這些變項之間彼此有相關存在（如表 11-5 所示），為了釐清這些變項對數學成績的影響。於是採用路徑分析法，該研究者在進行三個變項之多元相關分析之後，根據理論提出因果模式，並畫出路徑圖，如圖 11-2 所示。

表 11-5　影響數學成績因素之相關矩陣

	學習動機	數學成績	智力	學習態度
學習動機	1.00			
數學成績	.62	1.00		
智　力	.17	.23	1.00	
學習態度	.01	.14	.12	1.00

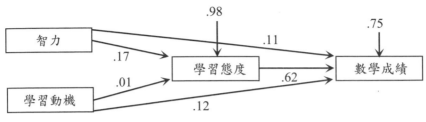

圖 11-2　影響數學成績的路徑

五、淨相關

　　淨相關（partial correlation）是指，兩個變項同時與第三個變項有相關，在除去第三個變項之後，這兩個變項的相關程度，例如：研究者發現小學生的國語和數學之間有高的正相關，這仍然不能表示國語成績愈好，數學成績也愈好。因此，如果將智力因素的影響去除之後，國語和數學之間可能變成低相關或負相關。將影響國語和數學成績的「智力」變項之解釋力除去之後，就可以得到國語和數學之間的淨相關了。淨相關的計算公式，請參閱統計書籍。

第四節　相關係數的解釋

一、相關係數與樣本大小的關聯

　　相關的大小以相關係數來表示。但是，變項之間的相關不能只從相關係數的大小來看，例如：兩個變項之間的相關係數為 r ＝.60，這個數字表示一個變項能正確預測另一個變項的機率為 36 %，就是：

$$r^2 = (.60)^2 = 36 \%$$

　　相關係數如果達到 .05 或 .01 之顯著水準，就表示變項之間具有顯著的相關，但積差相關是否達到顯著水準，應核對積差相關係數顯著性臨界值，該數值與樣本大小有關，如表 11-6 所示。

　　由該表來看，當樣本 17 人時，相關係數 .482 即達到 .05 顯著水準，可是，樣本 92 人時，相關係數只要 .205，就達到 .05 之顯著水準。由此可見，相關係數的高低，依樣本之大小而定。易言之，不可只從表面的相關數值大小就解釋其意義。

二、相關係數不等於百分比

　　相關係數通常以小數點來表示，例如：智力與學業成績的相關係數為 .60，這不等於兩者有 60 % 的關係存在。

三、有相關並不表示有因果關係

　　兩個變項之間的相關，只能說明這兩個變項具有某種程度的關係，但是不一定具有因果關係，例如：有人認為學音樂的孩子不會變壞，這就是說：「學音樂是因，品德好是果」，其實這種說法不見得正確，因為可能品德是因，學音樂是果，或是兩者都是果，都受到另一個共同因素的影響，如果將這些因素加以控制，則兩者之間就沒有相關了。

四、相關係數的大小與受試者變異性有關

　　大體來說，受試者同質性愈大，則其各種行為表現之間的相關係數愈高。反之，受試者同質性愈小，則其相關係數就愈低，例如：甲班學生智商最高 130，最低 110，平均 120；乙班學生智商最高 160，最低 70，但平均也是 120，則甲班之國語與數學成績之間的相關比乙班高。

表 11-6　積差相關係數顯著性臨界值

df = n － 2	$\alpha=.05$	$\alpha=.01$
1	.997	.999
2	.950	.990
3	.878	.959
4	.811	.917
5	.754	.874
6	.707	.834
7	.666	.798
8	.632	.765
9	.602	.735
10	.576	.708
11	.553	.684
12	.532	.661
13	.514	.641
14	.497	.623
15	.482	.606
16	.468	.590
17	.456	.575
18	.444	.561
19	.433	.549
20	.423	.537
21	.413	.526
22	.404	.515
23	.396	.505
24	.388	.496
25	.381	.487
26	.374	.479
27	.367	.471
28	.361	.463
29	.355	.456
30	.349	.449
35	.325	.418
40	.304	.393
45	.288	.372
50	.273	.354
60	.250	.325
70	.232	.302
80	.217	.283
90	.205	.267
100	.195	.254

五、相關係數大小的判斷

相關係數的高低可以由以下標準來判斷：

1. $r < .20$，很低正相關。

2. $.21 < r < .40$，低正相關。

3. $.41 < r < .70$，中度正相關。

4. $.71 < r < .90$，高正相關。

5. $r > .91$，很高正相關。

相關係數如果為負值的判斷亦然，例如：$r = -.80$，就是高的負相關。在教育研究中影響受試者行為的因素很多，任何因素的相關即使不大，只要相關係數介於 .20 至 .40 之間，研究者就應予以關切。

六、在預測研究中係數大小的解釋

預測與相關兩者有密切關係，當 x 與 y 兩個變項的相關愈大時，則從 x 變項來預測 y 變項就愈正確。假設兩個變項的相關係數介於 .20 至 .35 之間，雖然該係數已達到統計上之顯著水準，但是這兩個變項之間的相關仍然不高，所以由 x 變項來預測 y 變項的實質意義不大。即使兩個變項之間的相關係數到達約 .50 時，只能說兩個變項之間有 25 % 的共變量。換句話說，該相關係數要從一個變項來預測另一個變項，其可靠性不高。不過，如果在多元迴歸方程式與其他相關相結合，則預測力將隨之提高。

x 與 y 兩個變項的相關係數介於 .65 至 .85 之間，則由 x 變項預測 y 變項的正確性就頗高。如果相關係數大於 .85，則兩個變項有相當顯著的相關。在這種情形之下，預測變項大約有 72 % 的變異量可以解釋效標變項。在教育研究所作的預測，因為影響效標變項的因素很多，所以預測變項與依變項之間不容易產生高相關，也就是說不容易對效標變項作正確的預測。

▌自我評量 ···

1. 試述相關研究的涵義。
2. 試述相關研究的優點和限制。
3. 何謂相關比？試述之。
4. 何謂決定係數？試述之。
5. 試述採用點二系列相關統計的優點。
6. 試述多元迴歸分析的適用時機。
7. 試述區別分析的用途。
8. 試述典型相關分析的適用時機。
9. 試說明相關係數與樣本大小的關聯。
10. 為何有相關並不一定有因果關係？試述之。
11. 試說明路徑分析的適用時機。

第十二章

實驗研究法

 學習目標

學習者研讀本章之後，應能達成下列目標：

1. 了解實驗研究的意義。
2. 了解實驗研究的步驟與特徵。
3. 了解各種實驗研究法。
4. 明瞭實驗的內在與外在效度。
5. 明白控制無關干擾變項的方法。
6. 懂得實驗設計的方法。
7. 了解真正實驗與準實驗的異同點。
8. 明白實驗研究法在教育上的應用。
9. 明瞭實驗研究法的優點及限制。

前置綱要

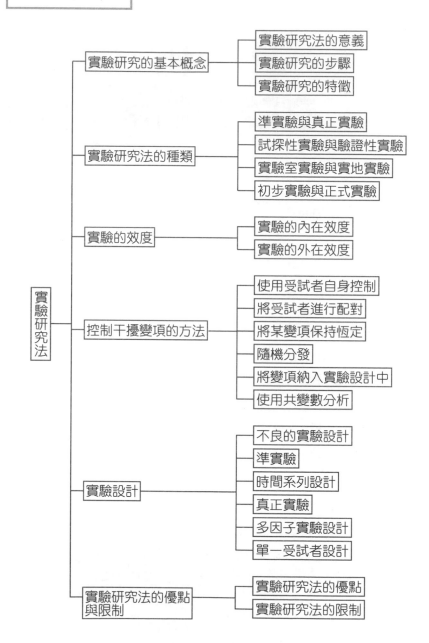

實驗研究法
- 實驗研究的基本概念
  - 實驗研究法的意義
  - 實驗研究的步驟
  - 實驗研究的特徵
- 實驗研究法的種類
  - 準實驗與真正實驗
  - 試探性實驗與驗證性實驗
  - 實驗室實驗與實地實驗
  - 初步實驗與正式實驗
- 實驗的效度
  - 實驗的內在效度
  - 實驗的外在效度
- 控制干擾變項的方法
  - 使用受試者自身控制
  - 將受試者進行配對
  - 將某變項保持恆定
  - 隨機分發
  - 將變項納入實驗設計中
  - 使用共變數分析
- 實驗設計
  - 不良的實驗設計
  - 準實驗
  - 時間系列設計
  - 真正實驗
  - 多因子實驗設計
  - 單一受試者設計
- 實驗研究法的優點與限制
  - 實驗研究法的優點
  - 實驗研究法的限制

本章摘要

1. 實驗研究法旨在探討自變項與依變項之間的因果關係。

2. 實驗時必須操弄自變項，控制無關干擾變項。

3. 實驗研究法的種類很多，在教育研究上最常採準實驗研究。

4. 實驗的可靠性稱為內在效度，影響內在效度的因素很多。

5. 實驗結果可推論到其他群體或情境的程度，稱為外在效度。

6. 控制無關干擾變項的方法很多種，各種方法適用的時機不同。

7. 不能隨機分發受試者，無法完全控制實驗誤差來源的實驗，稱為準實驗。

8. 對一組受試者在實驗處理前後，分別多次觀察或測量，適用時間系列設計。

9. 常用的多因子實驗設計有二因子與三因子設計。

10. 以個別受試者進行實驗，適用單一受試者設計。

11. 實驗研究法最合乎科學原理，但是在教育上仍然有許多限制。

　　在各種教育研究法中，實驗研究法是最合乎科學的。因為實驗研究法能夠發現自變項與依變項之間的關係，所以實驗研究法是一種比較嚴謹的研究方法。雖然到目前為止，實驗研究法在教育研究上很少人採用，但是實驗研究法仍不失為重要的研究法。

第一節　實驗研究的基本概念

一、實驗研究法的意義

　　實驗研究法旨在探討自變項與依變項之間的因果關係。為了解自變項與依變項之間是否有因果關係，研究者在實驗之前，先將受試者隨機分為實驗組和控制組（又稱對照組），使這兩組受試者的各種條件相等，然後對可能影響依變項的無關干擾變項作適當控制，或使其保持恆常，接著對實驗組進行實驗處理（experimental treatment），最後比較實驗組與控制組的受試者，在依變項得分的差異，就能發現自變項與依變項之間的關係。

二、實驗研究的步驟

（一）確定研究題目

　　研究者經由文獻探討或從教育工作中所遭遇的問題，確定研究題目，提出研究目的與待答問題。凡探討自變項對依變項影響的問題，都適於成為實驗研究的題目，例如：國小教師教學方法對學生學習影響之研究。

（二）提出研究假設

　　實驗研究為了考驗自變項對依變項的影響，所以要由每一個待答

問題，提出若干研究假設。

（三）對研究的變項提出操作型定義

操作型定義（operational definition），是將自變項與依變項加以明確界定，通常是將這兩種變項數量化，例如：高智商是指智商在140以上，低智商是指智商在70以下，只有對研究變項界定清楚之後，才能夠檢定假設。

（四）準備實驗器材

大多數教育實驗的前測與後測，需要以測驗、問卷或量表作為測量工具，實驗處理的器材也要先準備好，方能使實驗順利進行。

（五）控制無關干擾變項

凡對依變項有影響的無關干擾變項，均須嚴加控制，這樣實驗結果才能夠發現實驗處理對依變項的影響。

（六）實驗設計

實驗設計（experimental design）的種類繁多，研究者應針對研究目的選擇合適的實驗設計，並且設法提高實驗的內在效度（internal validity）與外在效度（external validity），同時考慮研究者的人力、物力及時間因素。

（七）受試者的抽樣與分發

研究者選擇具有代表性的樣本參加實驗，研究結果才能夠推論到母群體，再以隨機方法將受試者分發到實驗組或控制組。

（八）進行實驗

實驗者依照指導語，告訴受試者如何進行實驗，對實驗組呈現實

驗處理，控制無關干擾變項，然後觀察、測量與記錄受試者的反應。

（九）資料的處理與分析

研究者在蒐集受試者實驗的資料之後，以統計分析法檢定各個研究假設，就可以發現哪些假設獲得支持。

（十）撰寫研究報告

從實驗所得到的結果，不論是否支持研究假設，研究者應依照撰寫研究報告的原則與格式，來撰寫論文或研究報告。

三、實驗研究的特徵

（一）不同組別的比較

一般實驗研究，將受試者分發至實驗組或控制組，讓實驗組接受實驗處理，然後比較這兩組受試者在依變項上得分的差異，例如：實驗組接受新教學法，控制組接受舊教學法，實驗結果發現：實驗組學生學習成績優於控制組，就可以說明新教學法產生正面的效果。

（二）操弄自變項

研究者針對研究問題或假設，操弄自變項，然後再觀察不同自變項對依變項的影響，例如：某學者探討噪音對閱讀速度的影響，他自全校 1,000 名學生中，隨機抽取 80 名學生作為實驗對象，其中 40 名分發至實驗組，另外 40 名分發至控制組。讓實驗組學生在噪音 80 分貝的教室閱讀，控制組學生在無噪音的教室閱讀，這兩組學生所閱讀的教材相同，教室的物理環境除了噪音不同之外，其他條件都相同，經過一段時間之後，以相同工具測量每一名學生的閱讀速度。在這個實驗中，噪音強度就是自變項。研究者也可以將噪音調整為 100 分貝、60 分貝，所以自變項就是研究者可以自行安排或變換的變項。

（三）隨機化

自母群體中隨機抽取若干樣本接受實驗，研究結果就能推論到母群體，藉以提高外在效度。研究者將樣本隨機分發到實驗組或控制組，就理論上來說，這兩組受試者的各種特質，整體而言是相等的，隨機分發的目的在提高內在效度。不過，研究者將受試者隨機分發到這兩組之前，宜注意以下要點：

1. 在進行實驗之前，先做好隨機分發受試者至實驗組或控制組的工作。
2. 不可以讓受試者知道自己是屬於哪一組，以免影響實驗結果。
3. 在隨機分發之後，不允許受試者私下交換組別。
4. 實驗組與控制組人數不可太少，最好每一組人數各多於 40 人。

第二節　實驗研究法的種類

一、準實驗與真正實驗

準實驗（pseudo experiment）是指，實驗者無法隨機分發受試者到實驗組或控制組，也不能完全控制實驗誤差來源，這種實驗稱為準實驗，例如：某研究者探討小學實施新教學法的效果，他與小學校長接洽之後，學校只能提供兩班學生接受實驗，不同意將班級學生任意拆散，於是研究者只能將其中一班當作實驗組，另一班當作控制組。在這種情形之下，這兩班學生的能力或由其他因素所造成的差異，就很難作適當的控制。雖然準實驗為了遷就現實教育環境，不妨礙日常教學活動，但是實驗結果的可靠性比較低，研究者在提出因果關係的結論時，應格外小心謹慎。

真正實驗（true experiment）是指，實驗者能夠隨機分發受試者到

實驗組或控制組，也可以對實驗誤差來源加以控制，使得實驗結果能夠完全歸因於自變項的改變，例如：某研究者探討數學新教材的效果，他與小學校長接洽之後，同意研究者自行選擇三年級學生接受實驗，於是研究者自三年級學生中，隨機抽取 40 名學生，分發到實驗組，再隨機抽取 40 名學生分發到控制組。就理論上而言，這兩組學生各方面的條件完全相等，實驗組學生接受新教材的教學，控制組學生則接受舊教材的教學。此外，研究者應採取各種方法來控制實驗誤差，避免無關干擾變項的影響，例如：這兩班教室的物理環境、教學時間、教師教學方法、教學態度等都維持一樣，經過一段時間之後，同時對這兩組學生實施數學測驗，由測驗分數的高低就知道數學新教材的效果了。

二、試探性實驗與驗證性實驗

試探性實驗（exploratory experiment）是指，研究者對想要探討的問題所知不多，不能提出研究問題或研究假設，更無法提出解決問題的方案，只能嘗試探討某些自變項與依變項之間的關係。換言之，試探性實驗在找出影響依變項的自變項，在找到自變項與依變項的因果關係之後，研究者就可進一步進行驗證性實驗（confirmatory experiment）。由此可知，試探性實驗是驗證性實驗的基礎。驗證性實驗是指研究者明確要探討的問題，能提出研究問題或研究假設，進一步驗證自變項與依變項的關係，大多數教育學術論文屬於驗證性研究。

三、實驗室實驗與實地實驗

實驗室實驗（laboratory experiment）是指，在實驗室中進行實驗。一般實驗室都必須將物理環境，如照明、溫度、濕度、噪音等作嚴密的控制。因為實驗室實驗能有效控制無關的干擾變項，所以受試者在實驗室的實驗結果，任何人只要重複該實驗，也可以得到相同的結果。心理學的實驗，大都屬於實驗室實驗。

在實際教育情境中的實驗，可以採用實地實驗（field experiment），例如：以教室、學生活動中心、操場或戶外場所等來進行實驗。實地實驗大都在自然情境中進行，實驗結果可以用來解釋教育情境中所發生的問題。

四、初步實驗與正式實驗

初步實驗（pilot experiment）又稱為初步研究（pilot study），所謂初步實驗是指在正式進行實驗之前，先做預備性的實驗，這種實驗常採用少數樣本來進行，由初步實驗結果可以發現實驗的各個步驟有何缺點尚待改進，以作為正式實驗的參考。

第三節　實驗的效度

實驗的效度就是實驗結果的準確程度，實驗效度愈高，實驗結果愈可靠。實驗效度可以分為內在效度與外在效度，茲分別說明如下。

一、實驗的內在效度

所謂內在效度是指，由實驗處理影響依變項的真正程度。大體來說，研究者對無關干擾變項控制愈嚴謹，內在效度就愈高。反之，控制愈鬆散，內在效度就愈低。換言之，內在效度愈高，研究者就愈能夠解釋實驗處理對依變項的影響。影響實驗內在效度的因素，大致可以分為以下 13 項。

（一）歷史（同時事件）

在進行實驗處理期間，除了實驗處理之外，同時可能有其他事件發生，也會影響依變項，使實驗研究的內在效度降低，例如：某研究者探討數學新教材的效果，實驗組學生與控制組學生都實施數學前測

與後測，實驗組接受新教材之教學，控制組則接受舊教材之教學，可
是實驗組學生在實驗期間參加校外數學補習，控制組學生則沒有參加
補習，這樣實驗組學生的後測成績就受到補習的影響，補習便同時與
實驗處理產生混淆，所以實驗組學生學習效果，不完全是由新教材所
造成的。

（二）身心發展與成熟

　　受試者接受長期的實驗，其身心發展或成熟程度也隨之變化，容
易與實驗處理同時影響實驗結果，尤其在單一組受試者的實驗較為常
見，例如：有一組受試者在接受實驗處理之外，前測與後測相隔一
年，則後測所得到的分數不完全來自實驗處理，因為在一年的實驗期
間，受試者身心發展產生明顯的變化，以致後測分數不只是受到實驗
處理的影響。

（三）測驗

　　許多教育實驗對受試者進行實驗處理之前先做前測，實驗處理之
後再做後測，然後比較前、後測的分數。因為這兩次測驗內容相同，
所以受試者接受前測的經驗，往往會提高後測的分數，導致實驗處理
所產生的效果混沌不清。

（四）工具

　　假如研究者所使用的測量工具之信度與效度均不高，則實驗前測
與後測的測量分數，不穩定也不可靠，即使後測分數優於前測，也很
難完全歸因於實驗處理所產生的效果。

（五）統計迴歸

　　假如研究者所選取的實驗對象，在前測測量出具有極端的心理特
質，則後測分數容易趨近團體的平均分數，也就是前測分數很高者，

後測分數有降低的現象。反之，前測分數很低者，後測分數則有升高的趨勢，這種現象稱為統計迴歸。

（六）選樣本的偏差

研究者假如選取與分發樣本時，實驗組與控制組的各種特質不相等，則實驗結果不可完全歸因於實驗處理，例如：實驗組為升學班學生，控制組為普通班學生，實驗處理為建構式教學法，即使實驗組後測分數（如學習成績）顯著地高於控制組，也个可完全歸因於實驗處理所造成的效果。

（七）受試者的流失

研究者隨機抽樣和分發受試者至實驗組或控制組，但是在實驗期間有些受試者可能因為死亡、疾病、遷居、轉學、輟學、退學或其他因素，而無法繼續參加實驗，造成實驗組與控制組的受試者，有異於原來的無偏差樣本，以致造成這兩組受試者實驗結果的偏差。

（八）樣本選擇與成熟之間的交互作用

如果研究者所選擇的研究樣本，實驗組的某些特質顯著地高於控制組，但是在經過一段時間之後，由於受試者身心成熟的影響，因而使得這兩組受試者的身心特質差異不明顯，甚至控制組反而優於實驗組，這種現象係來自樣本選擇與成熟之間的交互作用，例如：某研究者探討運動量對身高的影響，他從某一所國中選取受試者，實驗組男生人數多於女生，控制組女生人數多於男生。由於男女生理成熟速度不一致，因此前測雖然女生身高顯著高於男生，但是在經過一年之後實施後測，結果發現男生平均身高反而高於女生，如圖 12-1 所示。

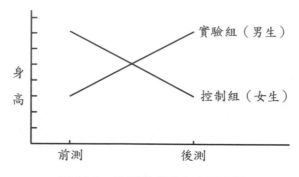

圖 12-1　性別與成熟之交互作用

（九）實驗的處理擴散

假如實驗組與控制組的受試者，彼此認識而且接觸相當頻繁，則控制組的成員很容易由實驗組得知實驗處理的內容，甚至互相討論，因此實驗的處理會擴散至控制組，以致使控制組在沒有接受實驗處理的情形之下，產生與實驗組有接受實驗處理的相似效果。

（十）強亨利效應

強亨利效應（the John Henry effect）是指，在實驗過程中控制組的受試者不甘示弱，力圖與實驗組的受試者一較長短，甚至凌駕於實驗組之上，因而其行為表現超越平時的水準，使得這兩組受試者後測結果沒有顯著差異，控制組實驗結果受到受試者動機的影響，而非純由實驗處理所造成。實驗組所接受實驗處理的效果，就很難與控制組後測的結果，作客觀比較。

（十一）實驗處理的平等補償

假如實驗組接受實驗處理時，研究者為了使受試者合作，於是提供小禮物給實驗組的受試者，在這種情形之下，教育行政人員為了公平起見，也提供小禮物給控制組的受試者，這樣會使實驗處理的效果混淆不清，影響實驗的內在效度。

（十二）控制組士氣低落

當控制組受試者羨慕實驗組的實驗處理時，他們容易產生士氣低落，導致後測分數降低，所以實驗組由實驗處理所產生的效果，就不容易與控制組作客觀比較。

（十三）實驗者的偏見

在實施教育實驗時，實驗者容易對認識的受試者暗示，或洩漏前、後測的答案，致使實驗處理的效果產生混淆。為了避免實驗者的偏見發生，研究者可以採用雙盲（double-blind）設計，雙盲實驗設計的目的，是在避免實驗的對象知道自己屬於實驗組或對照組。進行實驗的人員或研究人員也不知道哪些人屬於實驗組，哪些人屬於對照組，因此不受個人主觀偏見影響實驗的結果，通常雙盲實驗得出的結果會更嚴謹，也可以提高實驗的內在效度。

二、實驗的外在效度

實驗的外在效度是指，實驗結果可以推論到其他群體或情境的可靠程度。Bracht 和 Glass（1968）將實驗的外在效度分為以下兩類，茲分別說明如下。

（一）母群體效度

母群體效度是指，一個實驗結果可以推論到母群體的程度。如果一個實驗的對象是由母群體隨機抽樣而來，而且這個樣本對母群體具有代表性，則實驗結果就能推論到該母群體，也就是說這個實驗具有高的母群體效度。假設國小學生的實驗結果能推論到國中學生，則該實驗就具有高的母群體效度。

另一種母群體效度，依受試者個人變項與實驗處理交互作用之大小而定，例如：國小三年級學生接受數學科教材實驗，實驗組採用新

教材，控制組採用舊教材，實驗結果發現：實驗組的數學成績優於控制組，可是在國小五年級學生的實驗結果正好相反，這個實驗的發現如果要推論到其他年級的學生，就會受到限制。

（二）生態效度

生態效度（ecological validity）是指，一個實驗的結果可以推論到不同情境的程度。假如在鄉村的實驗結果可以推論到城市；在戶外情境的實驗結果可以推論到實驗室的情境，則該實驗就具有高的生態效度。影響一個實驗的生態效度的因素，至少有以下十項。

1. 實驗處理明確敘述

研究者應對實驗處理作清楚描述，其他研究者以同樣方法對不同群體的受試者做實驗，如果兩者結果相同或極相似，則原實驗就具有良好的生態效度。

2. 多重實驗處理的干擾

如果一個實驗對受試者進行多項實驗處理，這種實驗結果不適於推論到只接受其中一項實驗處理的研究情境。因為不同的實驗處理會相互影響，所以實驗結果要適用於其他群體時，實驗處理以一項為宜。

3. 霍桑效應

美國有一群工業心理學家，曾經在芝加哥西方電力公司霍桑廠（the Hawthrone plant of the Western Electric Company）進行實驗，探討室內照明強弱與工人檢驗零件、裝配繼電器和線圈效率的關係，結果發現燈光照明愈強，生產效率愈高。但是，當研究者將燈光逐漸減弱，工人的生產量不但沒有減少反而增加，心理學家稱這種現象為霍桑效應（Hawthrone effect）。這些工人產生霍桑效應的原因，在於工人覺察到自己接受實驗以及受到特別禮遇，因而提高了工作動機。

　　假設有一個教育實驗，實驗組接受新教學法，控制組接受傳統教學法，接受新教學法的學生，知道自己屬於實驗組，因此實驗結果發現實驗組的教學效果較佳，這種效果不完全來自教學法，而是霍桑效應的影響。教育實驗所產生的霍桑效應愈大，愈不適合推論到其他實驗情境。

4. 新奇性與中斷效應

　　在教育實驗中，一個新奇的實驗處理，容易獲得實驗組的青睞，使得其行為表現超乎預期水準，這種實驗所獲得的結果，就不適合推論到非新奇性的實驗情境。此外，假如實驗處理打斷了受試者正常的作息，這種實驗處理一開始受到受試者的排斥而降低實驗效果，如果實驗再繼續進行，受試者對實驗處理能習以為常，實驗處理就能產生應有的效果。

5. 實驗者效應

　　一個實驗處理是否產生效果，有時受到實驗者個人因素的影響，在這種情形之下該實驗處理的效果，就無法推論到其他實驗者所做的實驗。

6. 前測的敏感性

　　受試者在接受前測之後，對實驗處理更具有警覺性，因而影響後測成績，這種現象稱為前測的敏感性。受試者接受人格或態度測驗的前測之後，最容易發生這種情形。因此，受試者有接受前測的實驗結果，就不適於推論到未接受前測的群體。

7. 後測的敏感性

　　受試者在接受實驗處理時，如果知道還要接受後測，則在接受實驗處理時產生敏感性，因而影響實驗處理的效果。

8. 實驗處理與實驗期間的交互作用

一個實驗假如進行的期間漫長，就容易使時間與實驗處理產生交互作用，例如：實驗組所接受的實驗處理為新教學法，控制組沒有接受實驗處理。學期初進行實驗，實驗組對新教學法感到新鮮，可是到了學期末可能對這種教學法產生反感，這種現象就是實驗處理與實驗期間產生交互作用。

9. 測量時間與實驗處理效應之間的交互作用

在實驗組接受實驗處理之後，假如立即實施後測，與間隔一段時間再實施後測，則兩者所獲得的結果不一致，實驗處理與後測之時間間隔愈久，其後測分數愈低。

10. 依變項的測量

當一個實驗後測所使用的工具與另一個實驗不同時，則不宜由一個實驗的結果推論到另一個實驗，例如：一個實驗的後測採用選擇題，另一個實驗的後測採用問答題，則前者的實驗結果，不適於推論到後者。

第四節　控制干擾變項的方法

一、使用受試者自身控制

研究者在從事實驗時，假如兩組受試者分別接受不同的實驗處理，則不同組別受試者的差異，將影響實驗結果。為了克服此問題，可以使用單一組受試者接受不同的實驗處理，例如：同一組受試者接受兩種教學法，然後比較這兩種教學法所產生的教學效果。可是，接受這種實驗的受試者容易產生疲勞與練習效果，因而產生累進誤差（progressive error）。為了避免這種現象的產生，可以採用對抗平衡

（counterbalance）與隨機法。假設以 A 代表第一種教學法，B 代表第二種教學法，這兩種教學法的順序可作以下安排：ABBA 或 BAAB，當實驗處理有 A、B、C 三種情況時，教學順序可作以下安排：ABC、BCA、CAB，這樣可以使 A、B、C 實驗的次序達到平衡，如果實驗次序為 A→B→C，將產生不同的疲勞與練習效果。其次，以隨機法讓受試者接受不同的教學法，也可以消除疲勞或練習效果對實驗結果的干擾。

　　使用受試者自身控制具有以下優點：接受不同實驗處理的受試者，沒有個別差異的問題。當實驗者不容易找到大量受試者時，可以使用這種受試者內（within subjects）的實驗方式。

二、將受試者進行配對

　　研究者將不同組別受試者的條件加以配對（match），可以使各組受試者間（between subjects）的差異消失，例如：有一個實驗要將 20 名受試者分為實驗組與控制組，因而造成實驗結果的誤差，於是將這兩組受試者進行配對，假設這 20 名受試者的智商高低排序，如表 12-1 所示。

　　配對的方法有很多種，有一種配對法是將智商最高的配最低的，次高的配倒數第二者，依此類推。假如受試者有 20 人，以這種方法可配成 10 對，將其中 5 對當實驗組，另外 5 對當控制組，結果如表 12-2 所示。

表 12-1　20 名受試者智商高低的順序

受試者	智商	受試者	智商
1	116	11	90
2	114	12	89
3	112	13	87
4	110	14	87
5	108	15	84
6	107	16	82
7	100	17	81
8	98	18	80
9	95	19	70
10	91	20	55

表 12-2　將表 12-1 之 20 名受試者配對

配對	受試者	智商	配對	受試者	智商
1	1	116	6	6	107
	20	55		15	84
2	2	114	7	7	100
	19	70		14	87
3	3	112	8	8	98
	18	80		13	87
4	4	110	9	9	95
	17	81		12	89
5	5	108	10	10	91
	16	82		11	90

雖然配對法能夠使實驗組與控制組的差異降低,但是配對法有以下缺點:

1. 配對的變項即使兩組平均數相等,但是不能保證這兩組在其他變項上也完全相等。
2. 當配對變項較多時,不容易找到各變項都適配的受試者。
3. 有些研究者在配對時,不容易找到條件相匹配的受試者,就放寬配對的標準。

三、將某變項保持恆定

有些無關變項會影響實驗結果,但實驗者無法排除該變項,這時可以設法將該變項保持恆定。假設年齡會干擾實驗結果,實驗者可以採用相同年齡的受試者來接受實驗。此外,將實驗室保持相同的物理環境,也是使干擾變項保持恆定的方法,這樣也有助於提高實驗的內在效度。

四、隨機分發

以隨機法將受試者分發到實驗組或控制組,每一組的人數如果是

大樣本，則這兩組在統計上可以視為相等。常用的隨機分發有以下方法。

（一）抽籤法

先將每一個受試者編一個號碼，分別寫在紙條上，再將全部紙條丟入一個容器內，實驗者將手伸入容器攪拌後，隨意拿起紙條，將其中一半當實驗組，另一半當控制組。

（二）利用亂數表

假設 30 名受試者要隨機分成三組，實驗者先將受試者編號，由 1 號到 30 號，再利用亂數表的數字隨機分發，例如：有一串亂數為：270596814269783035490016293，將亂數中之 1、2、3 的數字依序抄下來，結果為：21233123，則 1 號分發到第 2 組，2 號分發到第 1 組，3 號分發到第 2 組，4 號分發到第 3 組，依此類推，一直到全部受試者分發完畢為止。

（三）利用原有順序

假如受試者為一個班級的學生，要分成三組做實驗，實驗者請學生依照座號順序報數 123，123，123……凡報 1 者就分發到第一組，報 2 者分發到第二組，報 3 者分發到第三組，依此類推，一直到全班學生都分發完畢為止。

（四）次第分發

依照受試者來到實驗室的順序來分組，第 1 個人分發到第一組，第 2 個人分發到第二組，第 3 個人分發到第三組，依此類推。這種方法適用於自願前來參加實驗的對象。

五、將變項納入實驗設計中

　　將可能影響實驗結果的變項當作自變項，納入實驗設計中成為多因子實驗設計（factorial experimental design），這樣可以把該變項所造成的變異量，從依變項的總變異量中排除，例如：在探討不同學習態度對自然科成績的影響時，發現受試者的家庭社會經濟地位，對自然科成績有所影響，於是將家庭社經地位當作自變項，經多因子實驗分析之後，就能找出學習態度對自然科成績的影響。

六、使用共變數分析

　　在實驗結束之後，將影響實驗結果的變項，以共變數（covariance）統計分析法，將該變項所造成的變異部分，自實驗的總變異量中排除。

第五節　實驗設計

　　教育的實驗設計，可依設計之嚴密程度和資料蒐集方法，分為以下幾項。

一、不良的實驗設計

　　不良的實驗設計係指，研究者不能控制無關干擾變項，因此使實驗的內在效度降低。這種設計不容易了解自變項對依變項的影響。茲舉例說明如下。

（一）單組個案研究設計

　　單組個案研究（the one-shot case study）設計，是指單一組受試者接受一個實驗處理，然後觀察或測量依變項，如下圖所示：

$$\times \qquad\qquad \bigcirc$$
實驗處理　　　觀察依變項

　　例如：某國小教師採用建構式教學法（×），在三年甲班上數學課，一個學期之後對該班實施數學測驗（○），結果該班數學平均83分，該教師相信建構式教學法不錯，因為他去年以另一種教學法在三年丙班上課，平均成績只有75分。這個實驗設計有以下缺點：

1. 對影響數學成績的因素毫無控制，所以不能確定數學成績是完全由建構式教學法所造成的。
2. 不知道該班學生在接受建構式教學法之前的數學程度，所以無從比較該班學生接受建構式教學法之後，數學成績是否進步。
3. 如果其他班級學生也接受該教學法，其數學成績如何不得而知。

（二）單組前測與後測設計

　　單組前測與後測設計（the one-group pretest-posttest design），就是一組受試者在接受實驗處理前、後，皆分別接受觀察或測量，如下圖所示：

$$\bigcirc_1 \qquad \times \qquad \bigcirc_2$$
前測　　實驗處理　　後測

　　例如：某教育研究者為了探討自然科新教材的效果，於是請一名自然科教師擔任實驗者，教學實驗對象為國小五年甲班學生40人，在進行實驗之前對該班學生實施自然科測驗（$\bigcirc_1$），經過一個學期上自然科新教材（×），然後再對原班學生實施同樣的測驗（$\bigcirc_2$），如果後測的成績優於前測（$\bigcirc_2 > \bigcirc_1$），則該研究者宣稱自然科新教材有正面的效果。

　　雖然這個實驗設計比單組個案研究嚴謹，不過它對可能影響實驗

內在效度的 13 項因素（請見本章第三節），並沒有作嚴謹的控制，因此研究者很難確實知道後測與前測成績的差異，是如何產生的。

（三）靜態組比較設計

靜態組比較設計（the static-group comparison design）是指，從靜態的教育情境中，選擇受試者分為兩組，因為不是隨機分發，所以這兩組受試者的特徵並不相等。實驗組受試者接受實驗處理，控制組接受另一個實驗處理，然後比較這兩組受試者的後測分數，如下圖所示：

	實驗處理	後測
實驗組	$\times_1$	$\bigcirc_1$
控制組	$\times_2$	$\bigcirc_2$

該圖虛線表示這兩組不相等，$\times_1$ 與 $\times_2$ 表示不同的實驗處理，$\bigcirc_1$ 與 $\bigcirc_2$ 表示不同的觀察或測量，例如：某研究者探討新教學法（$\times_1$）是否優於傳統教學法（$\times_2$），安排國小四年甲班學生接受新教學法，四年乙班學生接受傳統教學法，經過一學期之後，測量這兩班學生的學習成績，如果 $\bigcirc_1 > \bigcirc_2$，就表示 $\times_1$ 的實驗處理比 $\times_2$ 較有正面的效果。

這種實驗設計雖然對歷史（同時事件）、身心發展與成熟、測驗與統計迴歸等因素，能做較佳控制。但是，無法克服受試者的流失與各種特徵不相等的問題。

（四）靜態組前測與後測設計

靜態組前測與後測設計（the static group pretest-posttest design）是指，未經隨機分發的兩組受試者，都接受前測與後測，如下圖所示：

	前測	實驗處理	後測
實驗組	$\bigcirc_1$	$\times_1$	$\bigcirc_2$
控制組	$\bigcirc_3$	$\times_2$	$\bigcirc_4$

例如：研究者探討英文新教材（x_1）是否優於舊教材（x_2），就直接以某國中二年級學生為對象，其中二年甲班接受英文新教材的教學，二年乙班接受英文舊教材的教學，在學期初都先實施英語測驗，學期末再對這兩班學生實施英語測驗，如果二年甲班的英語成績進步大於二年乙班（即$O_2 - O_1 > O_4 - O_3$），研究者就可以說英文新教材優於舊教材。

雖然這種實驗設計可以探討英文新教材的教學效果，可是影響英文學習成績的因素很多，例如：學生的 IQ、學習動機、學習方法等等，研究者對這些因素都沒有作嚴密控制。

二、準實驗

準實驗是指，不能隨機分發受試者，以致無法完全控制實驗誤差來源的實驗。準實驗只能盡量控制影響實驗內在效度的因素。在實際教育的情境下，有時不能隨機分發學生至實驗組或控制組，在這種情形之下的實驗就是準實驗。雖然準實驗的結果不如真正實驗可靠，但是對於教育現象的了解，仍然有很大的幫助。

例如：某研究者探討建構式教學對國中學生數學成績的影響，乃以某校國一甲班為實驗組接受建構式教學（x），國一乙班為控制組不接受建構式教學，學期結束後同時對兩組學生進行數學測驗，如下圖所示：

	實驗處理	測驗
實驗組	$\times$	O_1
控制組		O_2

因為實驗組與控制組的學生不是隨機分發而來，所以兩者不完全相等。因此實驗結果即使發現$O_2 > O_1$，也不能說建構式教學一定有效果。

三、時間系列設計

時間系列設計（time-series design）最典型的例子，就是對一組受試者在實驗處理前後，分別多次進行觀察或測量，如下圖所示：

O_1　O_2　O_3　O_4　O_5　　　　$×$　　　　O_6　O_7　O_8　O_9　O_{10}

實驗處理

觀察（前測）　　　　　　　　　　　　　　觀察（後測）

假如每一次前測所得到的分數大致相同，但後測平均數高於前測，則表示該實驗處理所產生的正面效果，高於單一組的前測與後測。換言之，該實驗處理產生持續的效果，例如：某教師在採用新教學法（×）之前連續五週，每週對任教班級學生實施數學測驗一次，在實施新教材法之後連續五週，每週對該班學生實施一次數學測驗，如果後測分數都高於前測，則實驗結果顯示新教學法有相當穩定的效果。

時間系列設計有以下三個因素影響其內在效度：第一，在實驗處理之前，最後一個前測與實驗處理之後第一個後測之間，有任何事情發生，都足以影響後測分數；第二，後測所使用的測驗工具，或評分人員與前測不同；第三，受試者經歷多次測驗容易產生練習效果。

雖然時間系列設計是一種不錯的實驗設計，可是在教育研究中採用者不多，因為同一種工具要對學生多次測量，不但受試者會產生厭煩的心理，此外，由於受試者之間有個別差異存在，所以由實驗處理所產生的效果不十分穩定，如圖 12-2 所示。

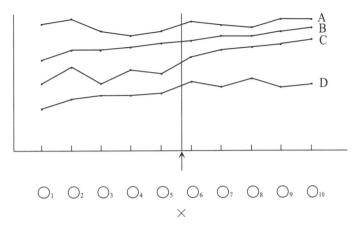

圖 12-2　時間系列設計可能的結果

　　從圖 12-2 來看，雖然 A 在實驗處理（×）後，O_6 的分數高於O_5，似乎實驗處理產生正面效果，但是最後測量分數O_{10}與O_1大致相同。換句話說，該實驗處理只產生短暫效果。就 B 而言，從前測（O_1到O_5）一直到後測（O_6到O_{10}）的分數緩慢升高，這種現象可能是受試者身心成熟所造成的，而非實驗處理產生效果。就 C 來說，在最後一次前測O_5與實驗處理之後，第一次後測O_6的分數有顯著升高的現象，而且O_{10} 顯然高於O_1。由此可知，C 的實驗處理產生正面的效果。最後從 D 來看，在實驗處理之前與實驗處理之後，分數明顯升高（O_6＞O_5），但是O_7至O_{10}的測量分數有升也有降。由此可見，該實驗處理所產生的效果不十分穩定。

四、真正實驗

　　真正實驗是指，研究者能隨機分發受試者至實驗組或控制組，使這兩組受試者的各種特徵整體來講是相等的，所以這種實驗的內在效度較高。真正實驗設計可以細分成以下幾類。

（一）實驗組與控制組後測設計

隨機抽取研究樣本，再以隨機法分發受試者到實驗組與控制組，實驗組接受實驗處理，控制組則否，然後對這兩組受試者在依變項上進行後測，如下圖所示。假如O_1的分數高於O_2，就表示實驗處理產生正面的效果。

	隨機	實驗處理	後測
實驗組	R	×	O_1
控制組	R		O_2

這種實驗設計受試者是隨機分發的，所以受試者身心發展與成熟、統計迴歸、測驗只實施一次等，都控制很得當，只要每一組受試者至少40人，就是一個很好的實驗設計。不過，這種實驗設計有幾個缺點：(1)受試者易流失。實驗組接受實驗處理，所以受試者流失比控制組大，於是造成兩組接受後測的人數不相等；(2)後測的測量工具如果信度與效度不高，則測量結果不可靠；(3)在實驗期間除了實驗處理之外，同時可能有其他事件發生；(4)實驗組與控制組之實驗者不同人時，也會影響實驗結果。

假如研究者探討參加教師教學方法研習的效果，乃隨機選取 120 名小學教師作為研究樣本，再隨機分發 60 名至實驗組，60 名到控制組，實驗組教師接受教學方法研習，控制組教師不參加研習活動，研習結束前以問卷調查這兩組教師的研習效果，如下圖所示。假如問卷調查所得的分數，$O_1 > O_2$，則表示教學方法研習產生正面的效果。

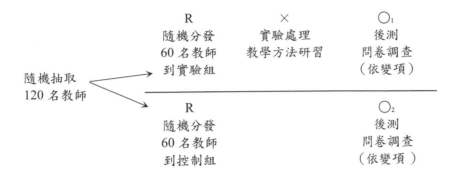

（二）實驗組與控制組前測、後測設計

這種設計是隨機抽取研究樣本，再隨機分發至實驗組與控制組，實驗組與控制組都要同時接受前測與後測，如下圖所示：

	隨機分發	前測	實驗處理	後測
實驗組	R	O_1	$\times_1$	O_2
控制組	R	O_3		O_4

這種設計兩組都有接受前測的經驗，可能產生警覺性並與實驗處理產生交互作用。大體來說，這種實驗適用於每一組少於 30 人之實驗，如果實驗結果發現：$O_2 - O_1 > O_4 - O_3$，這就表示實驗處理（×）產生正面的效果。

（三）Solomon 四組設計

Solomon 四組設計係前兩種實驗設計的合併，如下圖所示。其主要目的在比較有實施前測與無實施前測，對實驗處理的影響。假如O_2＋$O_4 > O_5 + O_6$，就表示實施前測比沒有實施前測，對後測的影響更大。雖然這種設計的內在效度頗高，可是需要大樣本才能分成四組，同時研究者需要花更多的心力才能進行實驗工作。

	隨機分發	前測	實驗處理	後測
第 1 組實驗組	R	O_1	$\times_1$	O_2
第 2 組控制組	R	O_3	$\times_2$	O_4
第 3 組實驗組	R		$\times_1$	O_5
第 4 組控制組	R		$\times_2$	O_6

（四）隨機取樣配對控制組後測設計

這種設計係自母群體中隨機抽取部分樣本，經配成若干對之後，再隨機分發到實驗組與控制組，這兩組受試者都接受後測。茲舉例說明如下：假設某研究者探討建構式教學，對國中二年級學生數學成績的影響，於是自 300 名國二學生中，隨機抽取 60 人作為研究樣本，依學業總成績配成 30 對，再隨機抽取 15 對分發至實驗組，另 15 對分發至控制組，實驗組學生接受建構式教學，控制組則否。在學期末同時對這兩組學生實施數學測驗，假如實驗組後測分數O_1高於控制組O_2，就顯示建構式教學對數學學習產生正面的效果。如下圖所示：

		建構教學	後測
300 名國二學生→隨機抽取 60 人	實驗組 30 人	$\times$	O_1
	控制組 30 人		O_2

五、多因子實驗設計

前述各種實驗設計，研究者只操作一個自變項，再測量該變項對依變項的影響。可是在複雜的教育現象中，不只是一個自變項影響依變項，當研究者想探討兩個以上的自變項，各自對依變項的影響，以及每一個變項之間的交互作用時，就可採用多因子實驗設計。在教育研究中，常使用的多因子實驗設計，可分為二因子與三因子設計，茲分別說明如下。

（一）二因子實驗設計

1. 獨立樣本受試者間設計

　　各組受試者彼此獨立，分別接受不同情境的實驗，稱為獨立樣本受試者間設計，例如：某研究者探討不同教材和不同領導方式，對學生學習成就的影響，第一個因子 A（即第一個自變項）為教材，分為新教材（A_1）與舊教材（A_2）；第二個因子 B（即第二個自變項）為教師領導方式，分為權威型（B_1）、放任型（B_2）、民主型（B_3），這種實驗設計 A 有 2 個水準（levels），B 有 3 個水準，所以稱為 2 × 3 設計，就是有 6 種（2 × 3 ＝ 6）實驗情境。假設研究者以隨機法自 500 名學生中，抽取 30 名當作受試者，再隨機分發到這 6 種實驗情境，每一個情境 5 個人，分別接受不同的實驗處理，實驗結果各種實驗情境受試者之學習成就分數，列於表 12-3。這種實驗設計就是二因子獨立樣本受試者間設計。

表 12-3　2×3 設計的實驗結果

教材 A ＼ 領導方式 B	權威型 B_1	放任型 B_2	民主型 B_3
新教材 A_1	12 9 7 8 10	7 5 9 8 6	13 11 10 15 9
舊教材 A_2	10 8 4 7 6	8 3 6 2 5	10 8 6 6 10

2. 相依樣本受試者內設計

　　相依樣本受試者內設計是指，每一名受試者重複接受各種不同的實驗處理。茲舉一個 2 × 2 設計的例子。假如研究者探討不同教材（A 因子）和不同上課時段（B 因子）對學生學習成就的影響，於是以 7 名學生作為實驗對象。教材分為新教材（A_1）、舊教材（A_2）；上課

時段分為上午（B_1）、下午（B_2），每一名受試者分別各接受 4 種實驗情境，實驗結束時測量學習成就，如表 12-4 所示。

表 12-4　2 × 2 設計的實驗結果

| 學生 | 新教材（A_1） | | 舊教材（A_2） | |
	上午（B_1）	下午（B_2）	上午（B_1）	下午（B_2）
甲	15	11	12	11
乙	13	10	11	10
丙	17	14	13	10
丁	10	7	12	9
戊	14	13	10	6
己	9	7	8	5
庚	8	6	6	7

3. 受試者間與受試者內混合設計

　　一個實驗有兩個自變項，其中一個是受試者間設計，但另一個是受試者內設計，則稱為受試者間與受試者內混合設計（mixed design），例如：研究探討不同教材和不同上課時段，對學生學習成就的影響，於是以隨機抽樣方式，抽取 12 名學生，再隨機分發 6 人至新材教組，另 6 人分發至舊教材組，這 12 名學生都分別接受兩個上課時段實驗，在實驗結束前測量每一名學生的學習成就，結果如表 12-5 所示。在這個實驗中，A 因子為受試者間設計，B 因子為受試者內設計。

表 12-5　2 × 2 混合設計實驗結果

| A 因子 | | 學生 | B 因子 | |
			上午 B_1	下午 B_2
A 因子	新教材 A_1	1	17	14
		2	18	13
		3	23	20
		4	19	16
		5	22	19
		6	20	17
	舊教材 A_2	7	12	10
		8	16	15
		9	20	18
		10	18	13
		11	17	14
		12	14	16

（二）三因子實驗設計

1. 獨立樣本的受試者間設計

　　研究者探討三個自變項（因子）對一個依變項的影響，每一名受試者只接受一種實驗情境，則稱為獨立樣本受試者間三因子實驗設計，這種設計係二因子實驗設計的擴展。例如，要探討不同教材（A因子）、不同上課時段（B因子）和教學媒體（C因子）的有無，對學生學習成就的影響。第一個自變項教材分為新教材（A_1）、舊教材（A_2）；第二個自變項為上課時段，分為上午（B_1）、下午（B_2）；第三個自變項為媒體，分為有媒體（C_1）、無媒體（C_2），依變項為學習成就，研究者隨機抽取 40 名學生，再隨機分發至這 8 種（$2 \times 2 \times 2 = 8$）實驗情境，分別接受不同的實驗處理。這三因子實驗設計實驗結果，如表 12-6 所示。

表 12-6　$2 \times 2 \times 2$ 三因子實驗設計實驗結果

	上午 B_1		下午 B_2	
	有媒體 C_1	無媒體 C_2	有媒體 C_1	無媒體 C_2
新教材 A_1	17 19 21 24 18	13 12 16 19 11	18 12 17 20 16	12 10 9 12 14
舊教材 A_2	14 15 18 16 14	12 13 15 16 11	15 14 17 14 12	10 9 8 11 10

2. 相依樣本的受試者內設計

　　每一名受試者都接受三個自變項的實驗情境，如果每個自變項分兩個水準，則屬於 $2 \times 2 \times 2$ 受試者內設計，例如：研究者探討教材、教學媒體、上課時段，對學生學習效果的影響。教材分新、舊教材；

教學媒體分有教學媒體、無教學媒體；上課時段分上午、下午。研究者隨機抽取 7 名學生，每一位學生分別接受 8 種實驗情境，實驗結果如表 12-7 所示。

表 12-7　相依樣本受試者內設計實驗結果

教材		新				舊			
媒體		有		無		有		無	
上課時段		上午	下午	上午	下午	上午	下午	上午	下午
學生	甲	27	24	20	16	23	21	18	13
	乙	19	20	13	14	16	16	12	12
	丙	24	22	17	18	21	18	16	16
	丁	20	19	12	10	16	16	11	10
	戊	23	21	17	14	20	15	14	11
	己	26	23	20	16	23	19	17	13
	庚	31	25	24	21	25	21	20	9

3. 獨立樣本和相依樣本混合設計

茲舉一個獨立樣本和兩個相依樣本混合設計的例子。假如研究者以個性不同學生為實驗對象，探討其對不同教學方式之三種學科成績的差異。個性分為內向、外向；教學方式分為建構式教學、傳統式教學；學科分為國文、英文、數學。4 名內向組學生分別接受建構式三個學科的教學，以及傳統式三個學科的教學，4 名外向組學生也是一樣，實驗結果如表 12-8 所示。

表 12-8　一個獨立樣本與兩個相依樣本實驗結果

	學生	建構式教學 B_1			傳統式教學 B_2		
		國文 C_1	英文 C_2	數學 C_3	國文 C_1	英文 C_2	數學 C_3
內向 A_1	甲	74	67	56	77	68	62
	乙	81	76	80	80	78	82
	丙	83	75	70	78	72	71
	丁	69	80	73	68	77	70
外向 A_2	戊	78	81	70	79	76	73
	己	82	72	74	83	70	75
	庚	86	67	62	80	69	64
	辛	71	83	76	76	80	69

（三）階層實驗設計

階層實驗設計（hierarchical experimental design），又稱為分隔設計（nest design）。這種設計是指 B 因子的一些水準只在 A 因子的 A_1 水準出現，而 B 因子的其他水準則只在 A 因子的 A_2 水準出現，這是一種特殊的實驗設計，例如：研究者探討建構式教學法與傳統式教學法，對國中學生數學成績的影響，乃自某城市 30 所國中隨機抽取 6 所作實驗的學校，經與校方接洽之後，每校只願接受一種教學方式的實驗，於是以隨機法抽選 3 所國中採用建構式教學法，另 3 所國中採傳統教學法，表 12-9 是每校 5 班學生，在實驗結束時所測量的數學平均成績。

表 12-9　建構式與傳統教學實驗結果

教學方 ＼ 學校	甲 B_1	乙 B_2	丙 B_3	丁 B_4	戊 B_5	己 B_6
建構式 A_1				12 10 9 8 11	11 10 9 7 6	13 12 10 11 8
傳統式 A_2	9 8 6 9 10	10 11 8 9 12	12 7 9 8 10			

（四）對抗平衡設計

對抗平衡設計係指，每一組受試者都接受各種實驗處理，惟次序不同，其目的在消除由實驗順序所造成的誤差，當實驗處理在 3 個或 3 個以上水準時，又稱為拉丁方格（Latin square）。茲舉例如下：

第 1 組　　×₁　　○　　×₂　　○　　×₃　　○
第 2 組　　×₂　　○　　×₃　　○　　×₁　　○
第 3 組　　×₃　　○　　×₁　　○　　×₂　　○

×：實驗處理　○：後測

　　研究者比較各組在實驗處理×₁、實驗處理×₂和實驗處理×₃後所測量之平均數，就可了解哪一個實驗處理比較有正面的效果。這種實驗設計可以對影響內在效度的受試者特徵，作良好的控制，但是前面的實驗處理，如×₁、×₂會影響受試者在以後實驗處理（如×₃）的表現。

六、單一受試者設計

　　有一些研究不適合以團體作為實驗對象，或研究對象人數很少時，採個別觀察或實驗比較恰當，這種研究設計特別適用於特殊兒童的研究，例如：視覺與聽覺障礙兒童只有 8 人，如果將他們分為 2 組進行實驗，則無實質的意義。反之，採用單一受試者設計來進行研究，比較能收到實際的效果。單一受試者設計有許多類型，在此僅提出幾類加以說明。

（一）A－B 設計

　　A－B 設計係比較同一個受試者，在 A 與 B 兩種情境之下的行為表現，情境 A 是基準線期間，研究者多次觀察和記錄受試者的行為，一直到受試者的行為表現呈現穩定狀態為止，接著施予實驗處理，這段期間為情境B，研究者在情境B多次觀察或測量受試者的行為，如下：

A－B 設計：在一個基準線期間之後，實施實驗處理

○ ○ ○ ○ ○ ｜ × ○ × ○ × ○ × ○
　　基準線期間 A 　　　　　　實驗處理期間 B

○：觀察　　×：實驗處理

　　假如受試者在 B 階段的行為表現比 A 階段優良，則研究者可以說該實驗處理產生正面效果，例如：有一位修鍵盤樂學生，經任課老師 5 週觀察發現，彈琴技巧沒有明顯進步，後來這位老師在該學生練琴之後就立刻給予讚美，經過 6 週之後，其琴法有明顯進步，如圖 12-3 所示。

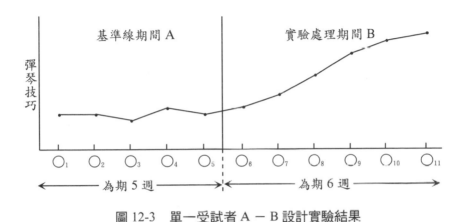

圖 12-3　單一受試者 A － B 設計實驗結果

（二）A － B － A 設計

　　Α － B － A 設計又稱倒返設計（reversal design），這種設計係在 A － B 設計之外，再加上基準線期間。假如在實驗處理期間 B 受試者所表現的行為，顯著地優於基準線期間的 A 行為，則研究者就有充分的證據說，該實驗處理產生正面的效果。該設計進行步驟如下：

A － B － A 設計：在實驗處理前後，各為基準線期

　　例如：有一位選修長笛的學生，從開學到第 4 週，吹長笛技巧沒

有明顯進步，教師自第 5 週起連續 4 週，都對其吹奏長笛行為給與讚美（×），結果發現其吹奏技能顯著進步，可是在第 9 週至第 12 週都不對其吹奏行為給與讚美，研究者發現演奏技能顯著退步，與開學至第 5 週前的表現差不多，結果如圖 12-4 所示。由此可見，實驗處理確實有正面的結果。

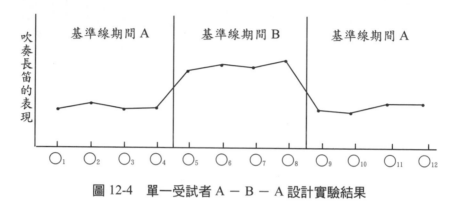

圖 12-4　單一受試者 A－B－A 設計實驗結果

（三）A－B－A－B 設計

A－B－A－B 設計是有兩個基準線和兩個實驗處理，這種設計因為經過兩次實驗處理，所以更能證明實驗處理的效果。假如受試者在兩次實驗處理期間所表現的行為，都顯著優於基準線期間，則顯示該實驗處理產生正面的效果。A－B－A－B 設計實驗的進行步驟如下：

○○○○	×○×○×○×○	○○○○	×○×○×○×○
基準線期間 A	實驗處理期間 B	基準線期間 A	實驗處理期間 B

○：觀察　×：實驗處理

例如：有一位選修小提琴課程的學生，從開學一個月之後，拉小提琴進步有限，教師自第 5 週起連續 4 週，都對該生拉小提琴的行為加以讚美，結果發現這期間拉小提琴的技能明顯進步。接著在第 9 週

至第 12 週不對其拉小提琴加以讚美，該生拉小提琴的行為表現又回到原點，最後在第 13 週至第 16 週，教師又對該生拉小提琴的行為給予鼓勵、稱讚，結果發現這名學生拉小提琴的技能顯著進步了，如圖 12-5 所示。

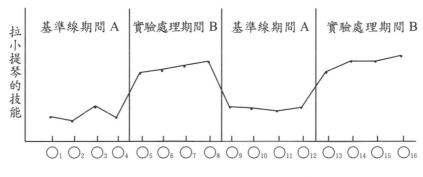

圖 12-5　單一受試者 A － B － A － B 設計實驗結果

（四）B － A － B 設計

B － A － B 設計，第一階段進行實驗處理（B），第二階段為基準線期間，受試者未接受實驗處理，第三階段再進行實驗處理。假如受試者接受前後兩次實驗處理之後的行為表現，皆比基準線期間較佳，則顯示實驗處理產生正面效果。反之，在兩次實驗處理之後，受試者的行為表現，皆比基準線期間較差，則顯示實驗處理沒有實質的效果。

例如：有一名學生第 1 至第 5 週每天下課時間都找人吵架，教師看到這名學生跟別人吵架就讓他罰站，第 6 至第 10 週看到這名學生跟別人吵架，不施以處罰，第 11 至第 15 週看到他與人吵架，教師就讓他罰站，結果發現實驗處理期間吵架次數均比基準線期間較少。由此可見，對這名學生施予罰站，有助於改善其不守規矩的行為。參見圖 12-6。

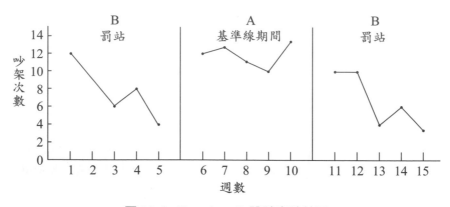

圖 12-6　B － A － B 設計實驗結果

（五）A － B － C － B 設計

在 A － B － C － B 設計中，A 為基準線，B 為實驗處理，C 是將實驗處理略作改變，實驗者可以比較 B 與 C 的效果，例如：有一名學生第 1 至第 3 週上課時不守秩序（基準線期間），第 4 至第 6 週當這名學生守規矩時就立即讚美（B），第 7 至第 9 週這名學生守規矩時，教師不定時給與讚美，第 10 至第 12 週當這名學生上課守規矩時就立即讚美，實驗結果發現立即讚美的效果大於不定時讚美，參見圖 12-7。

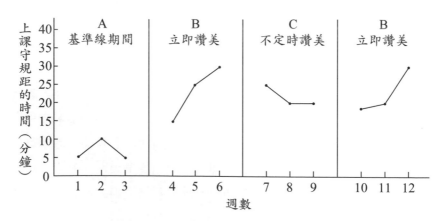

圖 12-7　A － B － C － B 設計實驗結果

（六）多基準線設計

多基準線設計（multiple-baseline design），適用於探討同一個受試者，在不同時段實驗處理所產生的效果。其實驗的進行方式如下圖所示：

第一種行為　○○○○×○×○×○×○×○×○
第二種行為　○○○○○○×○×○×○×○×○
第三種行為　○○○○○○○○×○×○×○×○

○：觀察或測量　　×：實驗處理

例如：研究者探討教師實施處罰對某生(1)上課遲到；(2)不守規矩；(3)遲交作業等行為的效果。教師對這三種行為處罰的順序，先由第一種行為，再到第二種行為，最後到第三種行為。學生不良行為消失愈多，就表示處罰愈有效果。假設實驗結果如圖 12-8 所示。由該圖來看，教師對學生上課遲到或不守規矩的處罰效果較大，對遲交作業的處罰效果則較小。

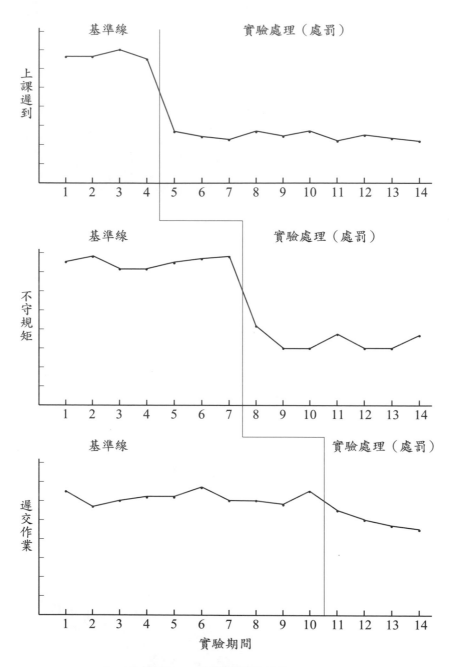

圖 12-8　多基準線設計的例子

第六節　實驗研究法的優點與限制

一、實驗研究法的優點

1.實驗研究法最合乎科學，實驗結果可以驗證。

2.實驗研究法能夠發現自變項與依變項的因果關係。

3.嚴謹的實驗設計，能夠發現研究問題的真相。

二、實驗研究法的限制

1.人類的行為相當複雜，很難以實驗法探討所有變項的關係。

2.在實驗過程中，受試者的人格特質會影響其接受實驗的態度。

3.教育情境有其獨特性，不容易複製相同情境來進行實驗。

4.實驗者與受試者彼此容易產生互動，因而影響實驗結果。

5.真正的實驗必須以隨機抽樣，分發受試者到實驗組或控制組，這樣會妨礙正常的教學活動。

6.教育的對象是人，常含有價值判斷系統，不容易分割成若干變項來進行實驗。

▌自我評量 ·····························

1. 試比較真正實驗與準實驗的不同。

2. 實驗研究有哪些特徵？試述之。

3. 何謂實地實驗？試舉例說明之。

4. 影響實驗內在效度的因素有哪些？試述之。

5. 解釋下列名詞

   (1)霍桑效應　　　(2)強亨利效應　　　(3)時間系列設計

   (4)對抗平衡設計　(5)多基準線設計　(6)試探性實驗

6. 實驗進行時如何控制干擾的變項？試述之。

7. 何謂 Solomon 四組設計？試舉例說明之。

8. 試舉一個 A－B－A－B 實驗設計的例子。

9. 何謂受試者間與受試者內混合設計？試舉例說明之。

10. 影響實驗生態效度的因素有哪些？試述之。

11. 試述實驗研究法的優點與限制。

12. 試舉一個 3×2 實驗設計的例子。

第十三章

因果比較研究法

 學習目標

研讀本章之後，學習者應能達成下列目標：

1. 了解因果比較研究的涵義。

2. 了解因果比較研究的目的。

3. 明瞭因果比較研究的適用時機。

4. 懂得因果比較研究的設計方法。

5. 了解因果比較研究與相關或實驗研究的異同。

6. 明白因果比較研究的步驟。

7. 明瞭因果比較研究的效度及其影響因素。

8. 了解因果比較研究的優點及限制。

前置綱要

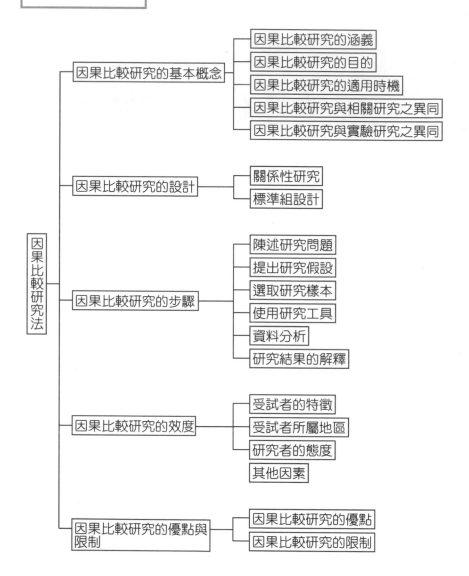

本章摘要

1. 因果比較研究係在問題發生之後，探討其原因之研究法。

2. 研究者無法操縱自變項時，可採用因果比較研究法。

3. 研究者若操縱自變項會違反研究倫理時，適用因果比較研究法。

4. 有現成資料可供分析時，可採用因果比較研究。

5. 因果比較研究的設計，可分為關係性研究與標準組設計。

6. 因果比較研究的步驟包括：(1)陳述研究問題；(2)提出研究假設；(3)選取研究樣本；(4)使用研究工具；(5)資料分析；(6)研究結果的解釋。

7. 影響因果比較研究的效度因素有：(1)受試者的特徵；(2)受試者所屬地區；(3)研究者的態度；(4)其他因素。

8. 因果比較研究不如實驗研究法嚴謹，但是有時可發現變項之間的因果關係。

9. 因果比較研究在實際運用時，仍有其限制。

　　實驗研究雖然能夠探討變項之間的因果關係，但是許多問題不可採用實驗法來操弄自變項控制無關干擾變項，然後觀察自變項與依變項之間的關係，而必須等到問題發生之後，才能夠進行研究，例如：學生輟學問題的研究，研究者必須以輟學的學生作為研究對象，去探求其輟學原因。不可能操弄某些實驗變項，使一群學生輟學。

第一節　因果比較研究的基本概念

一、因果比較研究的涵義

　　因果比較研究（casual-comparative research）是指，在研究問題發生之後，探討造成此問題的原因，這種研究又稱為事後回溯（ex-post facto）研究。ex-post facto 是拉丁語，其意思是指事實發生之後（after the fact）。在心理學、社會學、教育學、醫學、犯罪學等領域中，也常採用因果比較研究法，例如：心理學者研究吸菸者的人格特質，無法操弄實驗變項，使受試者成為吸菸者，只能夠以有多年吸菸習慣者為對象，研究其人格特質。

　　因果比較研究者，常以不同組別受試者為對象，比較受試者在依變項上的差異，藉以探討造成此差異的原因，其研究過程與實驗研究不同。因為實驗研究係對實驗組受試者，給與實驗處理之後去分析依變項，可是因果比較研究不能操弄自變項，只能由依變項去探求自變項。

二、因果比較研究的目的

　　因果比較研究旨在發現問題的源頭，藉以了解問題的來龍去脈。就研究結果的應用而言，不但可以預防此問題再度發生，而且可以根據研究結果來提升教育品質，例如：利用因果比較研究發現，中途輟

學學生大都出自於問題家庭，則研究者可以建議學校加強辦理親職教育活動，同時建議教師多了解學生家庭背景，並且多與家長連繫，這樣就可減少學生輟學。

三、因果比較研究的適用時機

（一）研究者無法操弄自變項時

研究者從事教育研究時，無法操弄自變項，例如：受試者的性別、智力、性向、興趣、人格特質等，在探討這些變項與依變項的關係，或這些變項對依變項的影響時，皆適合採用因果比較研究，例如：研究兒童的智力對學業成就的影響，就可以採用因果比較研究。

（二）操弄自變項違反研究倫理時

有一些研究如果操弄自變項，就能夠發現自變項與依變項有何關聯，可是基於人道立場的考量或法律的約束，研究者不可任意操弄自變項，在這種情況之下，就可採用因果比較研究，例如：研究噪音強度對兒童閱讀速度的影響，研究者雖然可以讓兒童在不同噪音之下進行閱讀，然後測量其閱讀速度，但是這種研究就違反人道精神。因此，研究者改採因果比較研究法，在不同噪音強度的小學，分別測量兒童的閱讀速度，經統計分析之後就能發現噪音強度對兒童閱讀速度有何影響了。

（三）有現成的研究資料可供分析時

有許多現成的教育資料，可以直接利用他們來進行因果比較研究。現成教育資料很多，諸如學生學業成績、請假次數、家庭背景、學校規模、學校所在地等，例如：以提早入學兒童的學業成績，跟正常入學兒童的學業成績進行比較，就可以發現提早入學的利弊得失。又如，從離婚統計資料，研究者可以分析出父母離婚與學生人格特質

的關係。

四、因果比較研究與相關研究之異同

（一）相似之處

　　因果比較與相關研究，兩者均在探討變項之間的關係，研究者都無法操弄變項，研究結果都可以作為實驗研究的基礎。

（二）相異之處

　　因果比較研究需要比較兩組或更多組受試者的分數，才能夠發現自變項與依變項的關係，但是相關研究只要以一組受試者，就可以分析兩個或更多個變項之間的關係。

五、因果比較研究與實驗研究之異同

（一）相似之處

　　因果比較研究與實驗研究，兩者至少要有一個實驗組與一個對照組，經比較兩組平均數之後，就可發現這兩組之間有無顯著差異。

（二）兩者相異之處

　　研究者在實驗研究中可以隨意操弄自變項，再觀察自變項與依變項之間的關係。可是，在因果比較研究中，研究者無法操弄自變項，只能由依變項來找尋自變項。因此，實驗研究比因果比較研究，較能發現變項之間的因果關係。簡言之，因果比較研究比實驗研究，較不具科學性。

第二節　因果比較研究的設計

　　教育研究者常使用的因果比較研究，可分為關係性研究與標準組設計（criterion-group design），以下分別說明這兩種設計方法。

一、關係性研究

　　關係性研究係蒐集一組受試者，在二或三個以上變項的資料，經統計分析之後，就可發現這些變項之間的關係，例如：由 50 名學生的身高與學業成績，就可以求得這兩個變項之間的相關。但是，在相關性研究中，研究者無法操弄學生身高這一個變項，研究結果只能說這兩個變項之間相關的大小，而不能說它們具有因果關係。雖然如此，關係性研究的結果，仍有其價值。

二、標準組設計

　　研究者選取某一個變項不同的兩組受試者，然後比較這兩組受試者在其他變項上的差異情形。其中一組擁有某一個特徵（characteristic，以 C 表示之）者作為標準組，另一組不具有該特徵者作為參照組，其基本模式如下：

組別		自變項	依變項
A	標準組	擁有某特徵（C）	測量（○）
	參照組	不具某特徵（－C）	測量（○）
B	標準組	擁有特徵 1（C_1）	測量（○）
	參照組	擁有特徵 2（C_2）	測量（○）

註：虛線表示上下兩組不完全相等

茲舉一個標準設計的例子，如下：

組別		自變項	依變項
A	標準組	轉學生（C）	學校生活適應（O）
	參照組	非轉學生（－C）	學校生活適應（O）
B	標準組	教師（C_1）	工作壓力（O）
	參照組	教師兼行政者（C_2）	工作壓力（O）

第三節　因果比較研究的步驟

一、陳述研究問題

　　研究者由文獻或日常生活中觀察的事件，明確提出所要研究的問題，例如：要研究學生逃學問題，則對研究問題提出以下陳述：

　　1.逃學學生學業成績如何？

　　2.逃學學生具有何種人格特質？

　　3.逃學學生與家庭有何關聯？

　　4.逃學學生的同儕關係如何？

二、提出研究假設

　　在陳述研究問題之後，可進一步提出假設，上述研究問題可以提出以下假設：

　　1.逃學學生學業成績與一般學生有顯著差異。

　　2.逃學學生人格特質與一般學生有顯著差異。

　　3.逃學學生與家庭有密切關聯。

　　4.逃學學生的同儕關係與一般學生有顯著差異。

三、選取研究樣本

研究者針對研究目的，以合適的取樣法抽取若干名受試者作為研究樣本，再抽取和研究樣本同質性受試者作比較樣本。選取這兩種樣本可以採用配對法或極端組法（extreme-groups method）。所謂極端組法係指：研究樣本和比較樣本的各種特徵完全相反，例如：高焦慮與低焦慮；智能不足與資賦優異；高創造力與低創造力等。假如研究對象為九年級數學低成就學生，以簡單隨機抽樣法自九年級學生中，抽取 50 名作為研究樣本，再自九年級數學優異學生中，隨機抽取同性別學生 50 名作比較樣本。

四、使用研究工具

因果比較研究常使用的工具，包括：標準化測驗、問卷、量表、訪談、觀察等。不論採用哪一種工具，都需要具有高的信度與效度。

五、資料分析

因果比較法之資料分析，當樣本人數少於 30 人時，宜採用 t 檢定法或以卡方檢定（chi-square test），比較兩組受試者在各依變項上的差異。當樣本人數大於 30 人時，可以採用 z 分佈檢定法。在使用 t 檢定時，須符合以下三個假定：

1. 分數為等距或比率變數。
2. 分數呈常態分布。
3. 兩組受試者分數之變異量相等。

當研究者要比較兩組以上受試者，在某變項之平均數量是否有顯著差異時，可以採用單因子變異數分析（analysis of variance，簡稱 ANOVA），假如變異數分析達到統計上之顯著水準，就可進一步以 Scheffé 法、Tukey 法、Duncan 法做事後比較。此外，因果比較研究如果研究結果不推論到母群體，就可採用無母數統計（nonparametric statistics），例如：Mann-Whitney U 檢定法或 Wilcoxon 配對組符號等級檢定。但是，當自變項與依變項大於 2 時，就宜採用多變量分析（multivariate analysis）。上述統計方法，請參閱統計學書籍。

在因果比較研究中，最常做的統計分析為 t 檢定和卡方檢定。茲各舉一例，如表 13-1 與表 13-2。由表 13-1 的統計資料來看，經 t 檢定結果發現：數學高成就組在成就動機、學習習慣、學習方法等方面，均顯著高於數學低成就組。至於準備考試與考試技巧，兩組之間則無顯著差異。再就表 13-2 來看，不同家庭社經地位的七年級學生，經卡方檢定結果顯示，其考試焦慮程度並未達到統計上之顯著差異水準。

六、研究結果的解釋

由於因果比較研究不像實驗研究法那樣嚴謹，研究者不能隨機分

表 13-1　數學高、低成就學生學習行為之比較（n = 26）

學習行為	高成就組 $\bar{x}$	低成就組 $\bar{x}$	t 值
成就動機	7.85	5.24	2.05*
學習習慣	10.11	8.15	1.97*
學習方法	8.37	6.28	1.78*
準備考試	6.54	5.29	1.12
考試技巧	5.86	4.96	0.65

*$p < .05$

表 13-2　七年級學生家庭社經地位與考試焦慮程度之分析

家庭社經地位	高焦慮	低焦慮	χ^2
高	13	10	
中	8	12	1.31
低	16	14	
合計	37	36	

發受試者，也不能操弄自變項，所以在解釋研究發現時應相當謹慎小心，不可隨意說自變項與依變項之間有因果關係。大體來說，在解釋研究發現時，應注意以下幾個原則。

（一）查明有無共同原因

假設研究者發現某國中近年來轉學生人數減少，不良適應學生人數也跟著減少，經進一步研究發現，該國中新校長上任之後，相當重視學生輔導工作，使得不良適應學生人數減少，所以轉學生人數減少，這兩者並無因果關係，因為這兩個變項都有共同的原因，就是學校校長重視學生輔導工作。

（二）勿使因果混淆不清

因果比較研究不可倒果為因，有時研究問題並無必然的因果關係，例如：研究者發現蹺課學生的學業成績比較低，不可就下結論說蹺課是造成學業成績低落的原因，因為有可能學業成績不良才造成蹺課。

（三）查明其他自變項的影響

有些研究問題不只一個自變項影響依變項，研究者在詮釋研究結果時宜慎重，例如：某研究者發現某大學有幾名教師對校長辦學績效表示肯定，研究者不可據此就貿然下結論說，校長辦學成績優良，因為說不定這些教師與校長不是同學、校友，就是同鄉或親戚朋友。

第四節　因果比較研究的效度

由於因果比較研究的受試者並非隨機抽樣而來，而且研究者也無法操弄自變項，所以影響因果比較研究之效度因素頗多，茲簡述如下。

一、受試者的特徵

因果比較研究之受試者無法隨機取樣，標準組與參照組的許多特徵不同，這樣會降低其內在效度。減少標準組與參照組之誤差，進而提高因果比較研究的效度，有以下兩個方法。

（一）將受試者配對

在選取參照組受試者時，其各種特徵應盡量與標準組相同，例如：性別、年齡、智商、學業成績等，盡量讓兩組都相同，這樣可以減少受試者間的誤差。

（二）使受試者具同質性

有時不容易進行配對，但是研究者應設法使標準組與參照組具同質性，例如：研究焦慮程度對學業成績的影響時，可以將一個班級學生的學業成績分為高、中、低，然後比較成績高與低這兩組學生考試焦慮的差異情形。

二、受試者所屬地區

假如標準組與參照組之受試者，分別屬於不同地區，雖然其他特徵相似，也會降低內在效度，例如：標準組之受試者為台中市立忠孝國小中途輟學學生，參照組之受試者為台中市立東勢國小之中途輟學學生，這兩個學校之地理環境與人文特色不同，因此不宜拿來直接相互比較。如果研究對象為同一個學校之中途輟學學生與一般學生，這樣作比較的內在效度將可以提高。

三、研究者的態度

研究者在對標準組與參照組受試者進行訪問、測驗、實施問卷調查時，如果態度保持客觀、中立，也可以提高研究結果之內在效度。

四、其他因素

其他因素包括受試者合作意願高，測量工具之信度、效度高等，都會提高研究結果的內在效度。

第五節　因果比較研究的優點與限制

一、因果比較研究的優點

1. 因果比較研究適合於不能使用實驗研究法的情境。
2. 因果比較研究在不像實驗法那樣嚴謹控制變項的情境之下，也能發現變項之間的因果關係。
3. 因果比較研究比較不會違背研究者應遵守的倫理道德。
4. 因果比較研究需要的時間與經費，比實驗法較少。

二、因果比較研究的限制

1. 研究者無法操弄自變項，因此由因果比較研究所得到的結果，不能證明自變項與依變項之間確實具有因果關係。
2. 研究者無法隨機分發受試者至實驗組（標準組）或控制組（參照組），因此這兩組受試者的各種特徵並不相等。
3. 除了自變項之外，尚有許多其他變項與依變項有密切關係，研究者可能沒有發現。
4. 假如研究結果發現自變項與依變項之間有相關存在，研究者要確定何者為因、何者為果時，尚可利用路徑分析，否則會發生困難。

▋自我評量 ···

1. 試述因果比較研究的目的。

2. 試述因果比較的適用時機。

3. 試說明因果比較研究與相關研究之異同。

4. 試說明因果比較研究與實驗研究之異同。

5. 因果比較研究的步驟為何？試述之。

6. 影響因果比較研究效度的因素有哪些？試述之。

7. 試述因果比較研究的優點與限制。

8. 何謂因果比較標準組設計？試舉例說明之。

9. 因果比較研究與歷史研究有何異同？

10. 因果比較研究有幾種設計類型？

第十四章

質性研究法

 學習目標

研讀本章之後，學習者應能達成下列目標：

1. 了解質性研究之涵義。
2. 了解質性研究之理論基礎。
3. 了解質性研究之特徵。
4. 明白質性研究之實施步驟。
5. 懂得質性研究蒐集資料之方法。
6. 明瞭質性研究的類型。
7. 明白人種誌研究的涵義。
8. 明瞭人種誌研究的方法。
9. 了解人種誌研究的優缺點。
10. 明白行動研究的意義。
11. 了解行動研究的特徵及實施程序。
12. 明瞭質性研究的信度與效度。

前置綱要

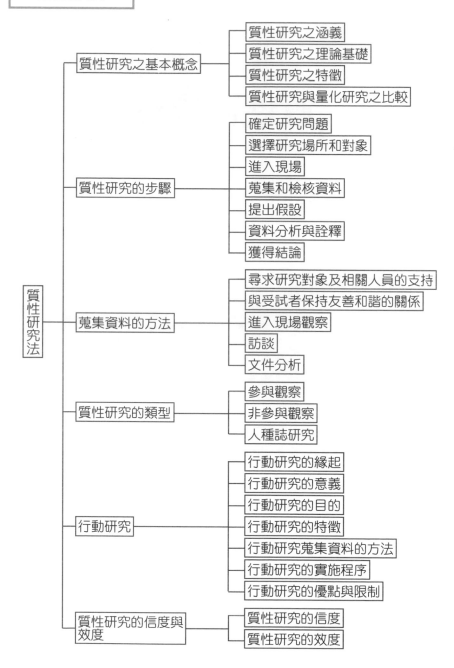

質性研究法

- 質性研究之基本概念
  - 質性研究之涵義
  - 質性研究之理論基礎
  - 質性研究之特徵
  - 質性研究與量化研究之比較
- 質性研究的步驟
  - 確定研究問題
  - 選擇研究場所和對象
  - 進入現場
  - 蒐集和檢核資料
  - 提出假設
  - 資料分析與詮釋
  - 獲得結論
- 蒐集資料的方法
  - 尋求研究對象及相關人員的支持
  - 與受試者保持友善和諧的關係
  - 進入現場觀察
  - 訪談
  - 文件分析
- 質性研究的類型
  - 參與觀察
  - 非參與觀察
  - 人種誌研究
- 行動研究
  - 行動研究的緣起
  - 行動研究的意義
  - 行動研究的目的
  - 行動研究的特徵
  - 行動研究蒐集資料的方法
  - 行動研究的實施程序
  - 行動研究的優點與限制
- 質性研究的信度與效度
  - 質性研究的信度
  - 質性研究的效度

本章摘要

1. 質性研究屬於人文典範，強調要了解個人應從其立場來進行。

2. 質性研究在自然情境下，以觀察、深入訪談或分析私人文件，來分析受試者的內心世界。

3. 質性研究建立在實地理論、現象理論及詮釋學的基礎上。

4. 質性研究有八個特徵：(1)在自然情境中蒐集資料；(2)以文字、圖畫或視聽器材記錄資料；(3)重視過程與結果；(4)將蒐集到的資料作歸納分析；(5)注重現場參與者的觀點；(6)以統整的觀點進行研究；(7)研究者保持客觀的立場；(8)視研究對象為獨特的個案。

5. 質性研究有七個步驟：(1)確定研究問題；(2)選擇研究場所和對象；(3)進入現場；(4)蒐集和檢核資料；(5)提出假設；(6)資料分析與詮釋；(7)獲得結論。

6. 質性研究最常採用深度訪談與文件分析兩種方式。

7. 質性研究有三個類型：(1)參與觀察；(2)非參與觀察；(3)人種誌研究。

8. 行動研究係在工作情境中，遭遇困難問題時採取行動進行研究。

9. 行動研究有六個特徵：(1)從事行動研究的人員就是實際工作的人員；(2)從事研究者就是應用研究結果的人員；(3)在實際工作場景中進行；(4)以解決工作上的問題為目的；(5)以訪談和觀察來蒐集資料；(6)以合作方式進行研究。

10. 行動研究的實施程序：(1)找尋研究問題；(2)閱讀相關文獻；(3)擬定研究計畫；(4)蒐集與分析資料；(5)修正研究計畫；(6)提出研究報告；(7)經驗分享。

11. 質性研究常採用三角測量法來考驗其效度。

　　近年來，在社會科學的領域中，質性研究（qualitative research）使用者日益增多，究其主要原因乃量化研究僅選取某些變項進行操弄，再以統計方法考驗各變項之間的關係，這種研究方式難免輕忽了受試者主觀的意識，對於錯綜複雜的人類行為，僅能從幾個變項去分析。在這種衝擊之下，質性研究乃逐漸受到學者重視。惟研究者欲對研究問題作深入與廣泛的探究，宜兼採量化研究，方能收到質量並重的效果。

第一節　質性研究的基本概念

一、質性研究的涵義

　　研究者為了深入探討某個問題，在自然情境之下，長期觀察、深入訪談或分析私人文件，以期廣泛蒐集受試者的各種資料，經整理、歸納、分析之後，以文字描寫受試者的內心世界、價值觀、行為舉止，這種研究方法稱為質的研究，又稱為質性研究。

　　質性研究起源於美國芝加哥大學社會學研究人員，運用參與觀察、深入訪談及分析私人文件等方法，於 1910 至 1940 年之間研究少年犯罪者的生活史，並探討波蘭人移民至美國的家庭生活。他們的研究方法稱為芝加哥學派（Chicago School）。

　　質性研究屬於人文學派典範（paradigm），近年來這種研究逐漸為教育學、心理學、社會學、人類學、精神醫學及語言學者所接受。該典範強調社會現象的存在，來自個人或團體對社會現象的主觀認知，從個人的立場去了解和體驗社會現象，為了達到這個目的，研究者就必須投入或親自參與研究對象的生活中，經由觀察或訪談來了解其內心深層的潛意識。

二、質性研究的理論基礎

（一）紮根理論

紮根理論（ground theory）又稱為實地理論，是指：研究者進入受訪者的生活情境中，經由實地觀察、深入訪談，利用實地錄音、照相、攝影來記錄受試者真實的行為。這樣所蒐集到的資料，最能呈現受訪者心思意念的全貌。研究者將蒐集到受訪者的原始資料，逐漸萃取、轉化與濃縮，進而解釋原始資料的意涵。

（二）現象理論

現象理論（phenomenological theory）主張，人在社會生活中所得到的經驗，只能從個人的生活世界來探究。研究者只能客觀描述，不作主觀的評價。

（三）詮釋學

詮釋學（hermeneutics）是指，對個人的語言、思想、行為加以理解和解釋的一門學問。質性研究需要透過與研究對象對話，探究其思維的脈絡，理解當事人主體意識與其主觀的價值體系，所以質性研究與詮釋學的方法有密切關係。

（四）符號互動論

原本人、事、物本身未具有意義，人在生活中對外在一切事物的解釋，是由個人自己的經驗來主觀建構的。

（五）人種誌方法論

各族群的人有其獨特的風俗民情，這些獨特文化的形成，與當地人們的觀念、意識型態有密不可分的關係。因此，研究者必須與該族

群的人長期生活在一起，方能深入了解他們的價值觀與思考模式。

三、質性研究的特徵

（一）在自然情境中蒐集資料

研究情境不經任何設計，而是在自然情境（或稱為田野）中進行。研究者在自然情境下，長期與研究對象接觸，記錄現場自然發生的各種現象。所以研究者自己，就是研究的重要工具。

（二）以文字、圖畫或視聽器材記錄資料

質性研究常以訪問逐字稿、照相、錄音、作筆記、日記、個人評論、官方紀錄等方式，記錄各種瑣碎資料，例如：記錄受試者的姿勢、表情、講話重點、身體語言、作品、人際交往、服裝儀容等。

（三）重視過程與結果

質性研究注重情境脈絡（context），對事件發生的原因與過程特別感到興趣，同時對於為何產生這個結果的深層涵義特別重視。

（四）將蒐集到的資料作歸納分析

質性研究常將觀察、訪問所得到的資料，作整理、歸納與分析，進而探索問題的真相。

（五）注重現場參與者的觀點

研究者從現場去了解人們如何觀看周遭的世界，站在其立場去探索人們的思想觀念，發現人們如何解釋他們的經驗。

（六）以統整的觀點進行研究

研究者將現場所有的人、事、物看成一個整體，而不是當作可分

割的變項來探究。為了對研究對象有全方位的了解，研究者常需長時間投入現場，而且運用各種方法來蒐集研究的資料。

（七）研究者保持客觀的立場

任何研究者難免都有個人的信念、偏見，但是從事質的研究者，應以公正、客觀的態度，來看待研究對象。

（八）視研究對象為獨特的個案

研究者將每一個個案當作特殊的與獨特的對象，對個案深入了解其心思意念，研究者尊重個案為獨立自主的個體。

四、質性研究與量化研究之比較

質性研究與量化研究，在一些層面上的比較，如表 14-1 所示。

表 14-1　質性與量化研究之比較

層面	質性研究	量化研究
研究方法	深度訪談、文件分析	問卷調查、實驗、找出變項之間的相關
研究工具	錄音機、錄影機、攝影機	問卷、量表、測驗
研究情境	自然情境	實驗或人為情境
研究者角色	研究者浸淫在研究情境中	研究者與研究情境分離
研究假設	研究進行中逐漸形成假設	研究前即提出假設
資料呈現	以文字描述	以數字、圖形表達
信度	分析訪談資料的一致性	分析研究工具的一致性或穩定性
效度	三角交叉檢核	分析研究工具的正確性
取樣	立意取樣	以隨機取樣為主
資料解釋	對複雜現象整體描述	將複雜現象簡化
結果呈現	以故事摘要呈現	以統計摘要呈現
推論性	研究結果不可推論到其他個案	研究結果可以推論到其他群體

第二節　質性研究的步驟

　　一般而言，質性研究過程大致可以分成以下七個步驟。

一、確定研究問題

　　在進行研究之前，先確認所要探討的問題，例如：某位研究者對國小轉學生的學校生活適應感到興趣，於是將研究問題訂為：國小轉學生學校生活適應如何？

二、選擇研究場所和對象

　　研究場所與對象的選擇，通常採立意取樣法，選取願意合作的對象。但是，尚須考慮是否能得到受試者監護人或其行政單位主管的同意。

三、進入現場

　　研究者進入現場與研究對象建立友善關係，逐漸減少其排斥或抗拒心理，在與研究對象建立和諧關係之後，才開始進行觀察、記錄或訪談。

四、蒐集和檢核資料

　　質性研究在研究過程中，利用長期觀察、無結構式訪談與文件分析（document analysis）來蒐集資料，同時可以利用錄音、錄影、文字、繪圖來記錄資料，並將觀察或訪談資料以逐字稿記錄下來，但是所蒐集到的資料尚須加以檢核、查證，以確保資料的正確性。

五、提出假設

　　質性研究通常不是一開始就先提出假設，而是在研究的過程中，經蒐集資料之後逐漸形成假設，但是該假設可以視實際需要作修正。

六、資料分析與詮釋

　　研究者就所蒐集到的資料，仔細閱讀現場觀察紀錄、訪談紀錄與有關文件資料，再逐漸決定研究的主題，等到資料中的主題確定之後，再進一步對資料分析與解釋。為了將資料作系統化分析，需要將各種資料加以分類，然後將同一類資料放置在一起，這樣有助於了解資料的脈絡和整體結構，同時可以統計各類資料的次數，次數最多的就可視為資料的主題。

七、獲得結論

　　研究者根據各種資料的分析結果，就可以提出結論。結論的提出並非只有在研究結束之前，而是在整個研究過程之中，依據各種重要訊息隨時提出結論，可是該結論也可隨著後續資料進行補允或修正。

第三節　蒐集資料的方法

一、尋求研究對象及相關人員的支持

　　在蒐集質性資料之前，研究者應設法取得機關首長的同意，假如研究對象為學生，尚須爭取教師與學生家長的支持，並且獲得學生的信任與合作。為了達成這個目的，研究者可以表明自己的身分，說明研究結果的用途，保證不干擾他們的作息，不會侵犯其隱私權，研究資料只作研究之用，研究結果絕對保密。

二、與受試者保持友善和諧的關係

當研究者進入現場要觀察或進行訪談時，受試者可能出現排斥、冷淡、懷疑與敵意的態度。在這種情形之下，研究者要保持冷靜、對受試者表現友善的態度，逐漸建立彼此友誼，進而與受試者建立信任與合作的關係。

三、進入現場觀察

當研究者與受試者建立友善關係之後，就可參與受試者的各種活動，觀察其言行舉止，藉以蒐集各種資料。但是觀察者應具備發問技巧、善於傾聽受試者的語言，把握適當時機問問題，這樣有助於資料的蒐集。

四、訪談

訪談不但可以了解受試者的想法，而且可以觀察其表情及肢體動作。訪談是蒐集受訪者資料的重要方法。底下分別就訪談的類型、訪談的問題及訪談的要領，分別說明如下。

（一）訪談的類型

1. 結構式訪談

結構式訪談是指，訪談的問題先設計好，訪談時逐題進行，如此可以有系統地蒐集訪談資料，並且能夠對訪談資料作分析、比較，例如：研究者對一名八年級轉學生與同班之一名中途輟學學生進行訪談，這兩名學生接受訪談的問題都一樣，所以可以將這兩名學生對訪談問題的反應作比較，這種類型的訪談可以考驗研究假設。

2. 半結構式訪談

半結構式訪談是指，訪談的問題一部分在訪談之前事先設計好，

在訪談時依據這些問題逐題訪談。另外，有些問題則視受試者臨場反應，隨時訪談之。

3. 非結構式訪談

非結構式訪談是指，訪談的問題並非事先設計好，而是到現場構思或依受訪者的反應來提出問題。

4. 正式訪談

正式訪談是指，在事先約定的場所、時間來進行訪談，訪談問題大多屬於結構式的問題。

5. 非正式訪談

非正式訪談是指，在自然情境中隨時隨地進行訪談，訪談問題大多屬於半結構或非結構式問題。

（二）訪談的問題

1. 知識性問題

由訪談中了解受試者所具備的知識，例如：智商在多少以下就算智能不足？

2. 態度問題

態度問題是指對問題的看法或偏好的傾向，例如：您贊成興建核能四廠？

3. 價值問題

價值問題是指對問題的意義與重視程度，例如：您認為當義工有何意義？

4. 現況問題

現況問題是指最近發生的問題，例如：您最近閱讀哪些課外讀物？

5. 陳年往事問題

　　研究者為了了解受訪者幼年時代的遭遇，進而分析其心理創傷的原因，訪談重點偏重在早年的深刻記憶，例如：您小時候最不愉快的事是什麼？

（三）訪談的要領

　　質性研究常採用深入訪談（in-depth interview），也就是對一個問題不斷追問下去，以了解受試者的深層意念。這種訪談的基本要領如下。

1. 先建立友善關係

　　訪談者在進行正式訪談之前，應先與受訪者建立友善的關係，以降低其防衛心理，進而坦誠接受訪談。建立友善關係可先從關心其生活近況，說明訪談的重要性及訪談結果的用途，並且保證訪談內容絕對保密。

2. 多傾聽

　　訪談者在訪談過程中，宜多聽少說，讓受訪者能盡情道出真心話。當受訪者暫停說話時，不宜急著催促其繼續講下去，以免打斷其思考，影響講下去的意願。

3. 不直接觸及敏感問題

　　訪談者盡量不要問及不堪回首的往事，或問個人隱私問題，使其覺得難堪，產生退縮與防衛的心理。

4. 釐清其原意

　　在訪談過程中，如不清楚受訪者的意思，訪談者宜請受訪者重複說明，或問受訪者：「您的意思是不是這樣？」

5. 掌控訪談的進行

訪談者宜掌控時間，如受訪者談話內容常有重複現象，則表示訪談接近尾聲。一般來說，一次訪談以不超過一小時為原則。

6. 尊重受訪者

如果受訪者不願意接受訪談，則不可以勉強。反之，假如願意接受訪談，則訪談是否可以錄音、作紀錄或錄影等，都應尊重受訪者的意願。

五、文件分析

文件分析是指，對文件資料包含私人文件、正式文件、數據紀錄等各種書面資料或視聽資料，進行蒐集與剖析，例如：從教科書、報紙、論文、公報、小說、期刊、雜誌、演講稿、圖書及私人文件等資料分析之後，就可以了解個人或團體的想法、態度、價值觀，甚至潛在意識。

假設研究者針對國小三年級國語科教材，分析該學科教材中主角人物的特徵。這些人物的身體、情緒與社會等方面的特徵細分如下：

身體方面	情緒方面	社會方面
外貌	溫和的	職業
衣著	冷漠的	宗教信仰
年齡	敵意的	人際關係
性別	親切的	種族
⋮	⋮	⋮
等	等	等

然後就國小三年級國語每一課的內容，分別在以上三個類別的細目作記號，就可以分析該科教材所蘊含的潛在意義，這樣就能對該科

教材的潛在內容，進行質性分析。

第四節　質性研究的類型

在教育研究中比較常用的質性研究，有以下三個類型，茲分別說明如下。

一、參與觀察

參與觀察是指，研究者進入受試者的生活情境中，去觀察其言行、習俗。參與觀察的方式，就參與程度及身分公開程度，可分別說明如下。

（一）參與程度

1.完全不參與：觀察者只觀察而不參與任何活動。

2.小部分參與：觀察者偶爾參與受試者的活動。

3.中度參與：觀察者扮演局內人與局外人的時間各半。

4.大部分參與：觀察者大部分時間參與受試者的活動。

5.完全參與：觀察者全程參與受試者所有的活動。

（二）身分公開程度

1.公開觀察（overt observation）：受試者知道誰是觀察者，例如：任課教師告知同學，有一位研究者要來觀察同學分組討論的情形。

2.隱藏觀察（covert observation）：受試者不知道觀察者，例如：某研究者獲得學校同意，一方面擔任科任教師，一方面利用上課時間觀察學生的行為。

二、非參與觀察

非參與觀察是指，觀察者不參與受試者的任何活動，但是可以從旁觀察。非參與觀察可以分為自然觀察與角色扮演，茲簡述如下。

（一）自然觀察

自然觀察是指，在自然的情境中，觀察與記錄受試者的行為，例如：利用戶外教學、課外活動的機會，在很自然的情境之下，觀察受試者的行為表現。

（二）角色扮演

研究者要受試者在教育情境中扮演某一種角色，在角色扮演（role playing）過程中觀察其行為表現，例如：假如您是一位國小級任教師，發現有一名學生逃學，当您與這名學生見面時，您會跟他說些什麼？角色扮演可分為個人角色扮演與小組角色扮演兩種，上面這個例子為個人角色扮演。

在小組角色扮演時，要小組成員以自己扮演的角色，用手勢或語言表演所遭遇的情境，然後將所觀察到的記錄下來。觀察時應特別注意成員之間互動的情形，例如：假設您和六位老師都是學校訓育委員會的委員，在討論某位學生偷改自己學科成績時，您有何意見能夠讓所有成員接受？雖然利用角色扮演可觀察受試者行為表現，但是在人為情境之下所扮演的行為，無法像真實情境之下一樣逼真。

三、人種誌研究

（一）人種誌研究的涵義

人種誌（ethnography）又稱俗民誌或民族誌。人類學者為了了解一個民族的生活方式、風俗民情及文化特色，於是長期參與該族群的

各種活動，長期觀察其成員之間的互動方式，再將所觀察到的結果加以描述，並且對該族群的價值觀、思想觀念作進一步的詮釋，這種研究方式稱為人種誌研究。人種誌研究普遍應用到社會學、社會心理學、人類學與教育學等領域。

（二）人種誌研究的特徵

1. 受試者在自由自在的情境之下接受觀察或訪談，又稱為田野研究（field study）。
2. 在進行研究之前不提任何假設，根據觀察、訪談所得資料做歸納與分析。
3. 研究者能深入了解受試者之價值觀與文化傳承。
4. 研究者能探索研究對象的思維方式，發現族群的集體意識形態。

（三）人種誌研究的方法

研究者以錄音、錄影、札記來記錄資料，在觀察與訪談一段時間之後，提出初步的結論，再由繼續觀察、訪談所得到的資料，修正原來的結論，最後由各種資料的分析、歸納，就能發現研究問題的真相，研究者再對該現象加以詮釋，例如：研究者觀察某一族群的結婚儀式，發現有一種習俗，就是新娘出嫁當天，在禮車出發前往新郎家時，新娘就從禮車內向外拋出一把扇子，研究者不明白這種禮俗的涵義，於是訪談一些族人長老，才知道這個儀式代表新娘出嫁之後，要當人家媳婦必須拋棄大小姐脾氣，才能夠與公婆和睦相處。

假設某研究者以人種誌研究法，探討某一所師範大學的校風，他就要經常與該校教師、職員、學生、行政人員相處在一起，參與該大學所舉辦的各種活動，長期觀察師生互動、行政人員工作態度以及各種行政措施的推展情形，同時對該校有關人員進行正式或非正式訪談。

研究者蒐集資料的方法，包括以文字描述所見所聞，以及將各種

會議實況、上課討論、演講、座談、社團活動、校慶活動等錄音或錄影下來，這樣就可以對該校校長的領導風格、學生學習風氣、校園倫理、教職員工敬業精神等，有深入的了解。

　　總之，人種誌研究者先與受試者建立友善、信任的關係，透過長期觀察、訪談來蒐集資料，對各種資料進行分析與詮釋，雖然研究相當耗時，但是研究報告可以使人身歷其境，由研究結果可以了解問題的全貌。

（四）人種誌研究的程序

　　人種誌研究大都採用循環的探索模式。研究者選擇一個人種誌方案之後，進入現場觀察與訪問，蒐集人種誌資料，作成人種誌紀錄，記錄方法包括作筆記、錄音、錄影、繪圖等，將現場蒐集到的資料加以分析，最後撰寫研究報告，如圖 14-1 所示。

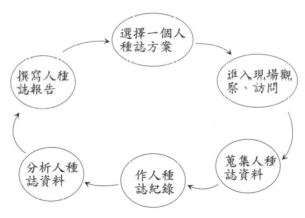

圖 14-1　人種誌循環探索模式

（五）人種誌研究的範圍

　　人種誌研究的範圍可大可小，由研究者採微觀人種誌（micro-ethnography）或鉅觀人種誌（macro-ethnography）來決定。表 14-2 為由

微觀人種誌到鉅觀人種誌之研究對象，例如：以大學教育為研究主
題，單一的社會情境如教學；多元的社會情境，如學生社團活動；單
一的社會機構如某一所大學；多元的社會結構，如許多大學或不同的
學院；單一的社區，如某一個學系；複雜的社區，如各個學系、研究
所；複雜的社會，如許多大學的教學、研究、推廣與服務。

表 14-2　人種誌研究的範圍

研究的範圍	研究的對象	以大學教育為例
微觀人種誌	單一的社會情境	教學
鉅觀人種誌	多元的社會情境	學生社團活動
	單一的社會機構	某所大學
	多元的社會機構	許多大學或不同的學院
	單一的社區	某一個學系
	複雜的社區	各個學系、研究所
	複雜的社會	許多大學的教學、研究、推廣與服務

資料來源：修改自 Spradley（1980, p. 30）

（六）人種誌研究的優點

1. 在自然情境之下所觀察到的行為相當真實。

2. 藉深入訪談能對研究問題作客觀的剖析。

3. 對研究問題不預先提出假設，研究結果不受個人偏見的影響。

4. 研究結果能推論到實際情境。

（七）人種誌研究的限制

1. 由觀察或訪談所獲得的資料，不容易數量化。

2. 觀察者或訪談者的個人因素，會影響資料蒐集的客觀性。

3. 研究者需要接受專業訓練，才能夠進行觀察或訪談。

4. 研究對象屬於個案居多，研究結果不適合推論到其他群體。

第五節　行動研究

行動研究（action research）具有質性研究的性質。行動研究法在社會學、社會工作領域上較為普遍。近年來教育學者使用行動研究者日漸增多，以下將就行動研究的緣起、意義、目的、特徵、蒐集資料方法，以及實施程序，分別說明如下。

一、行動研究的緣起

美國心理學者 Kurt Lewin 於 1940 年代，在美國麻省理工學院團體動力研究中心，首先採用行動研究一詞，他主張要解決社會問題，必須採取實際的行動，而行動研究係包含：計畫、行動、觀察與反省思考等一系列的活動歷程。

二、行動研究的意義

行動研究又稱合作研究，或現場研究。行動研究是指，工作人員在工作情境中遭遇到困難問題時，盡速採取行動來進行研究，找出解決問題的策略與途徑，研究結果作為解決實際問題的依據。雖然從事研究者具有實務上的經驗，但是普遍缺乏學術研究訓練，因此在進行行動研究時，需要與學者專家合作，方能順利探討問題，研究結果作為工作革新的參考。

三、行動研究的目的

教育行動研究的主要目的在探求致用的知識，解決各種教育問題，而非發現普遍性的原理原則或建立新的理論學說。行動研究可以增進研究者對自我專業的了解，自我評估採取行動的有效性，修正行動策略，提升專業知識，促進教育進步以及帶動教育革新。

四、行動研究的特徵

（一）從事行動研究的人員，就是實際工作的人員

在學校教育所發生的各種問題，諸如教學、行政、課程、輔導、師生關係等，均可由教育人員採取行動研究。因為學校教育人員對自己工作上所遭遇到的問題最清楚，也比較容易著手去探討。

（二）從事研究者就是應用研究結果的人員

在一般教育研究中，研究人員只從事研究，不負責研究結果的執行，所以研究與結果應用之間往往產生脫節。行動研究可以彌補此缺點，研究者可以根據研究發現來改進目前的教育問題。

（三）在實際工作場景中進行

當行動研究者要探討工作上所遇到的問題時，研究的場所為自然的情境，如學校、教室或戶外等。

（四）以解決工作上的問題為目的

行動研究係針對教育情境中所發生的問題，採取行動來探究，研究結果旨在解決工作上的疑難問題。

（五）以訪談和觀察來蒐集資料

行動研究者常利用訪談、觀察，來蒐集受試者的各種資料，同時分析有關文件記錄資料。

（六）以合作方式進行研究

教育人員在學校共同面對問題，一起研究教育上的問題，經由彼此互動、討論，可以收到集思廣益的效果，並且可以和校外的學者專

家合作，所以研究人員可以從研究過程中，得到學習與專業成長。

（七）可以增進參與行動研究者的學術研究能力

行動研究者由所蒐集到的資料，經由歸納、分析、批判與辯證，可以增進對問題分析與研究學術的能力。

五、行動研究蒐集資料的方法

1. 對研究對象進行深入訪談。
2. 對研究對象的言行舉止，進行如影隨行的追蹤蒐集資料。
3. 利用各種視聽器材及科技器材，進行錄音、錄影、照相。
4. 對現場進行摘記、札記（log）。
5. 蒐集相關文件，例如公文、會議資料、學生學習作業、評鑑資料等。
6. 以問卷、量表調查受試者的意見。
7. 參加座談、教學觀摩來蒐集資料。
8. 請實習輔導老師提供學生學習行為資料。
9. 請導師提供學生品德行為資料。
10. 參加課程或行政會議，蒐集其他同仁的意見。

六、行動研究的實施程序

（一）找尋研究問題

從事行動研究的教師，經由日常教學的札記、心得、日誌、教學觀摩、與同事溝通討論、向學者專家請益等各方面所得到的訊息，來思考所要研究的問題。

（二）閱讀相關文獻

研究者參閱相關文獻，可以從前人的研究發現，加以整理、分

析、歸納、批判，作為自己研究的參考。

（三）擬定研究計畫

研究計畫包括：研究的對象、研究工具、採用觀察、訪談或問卷調查，工作人員的任務與分配，蒐集資料的過程與方法，邀請學者專家參與指導等。行動研究的題目不宜過大，擬定研究計畫時可以和同事討論，以收到集思廣益的效果。

（四）蒐集與分析資料

以工作人員的工作日誌、週記、教學札記等，蒐集研究問題所需要的資料，再對資料作深入分析，以了解問題的原因。

（五）修正研究計畫

針對研究問題未能解決的原因，就研究計畫內容進行修正，以期解答研究問題。

（六）提出研究報告

在整個研究結束之前，研究者必須將行動研究中所蒐集到的各種資料加以分析，藉以釐清研究問題，最後作成結論與建議。此外，行動研究的實施步驟，可以參考圖 14-2 的螺旋模式。

（七）經驗分享

在行動研究結束之後，研究者宜將研究結果發表出來，以增進彼此經驗交流，進而達到不斷成長與創新的功效。

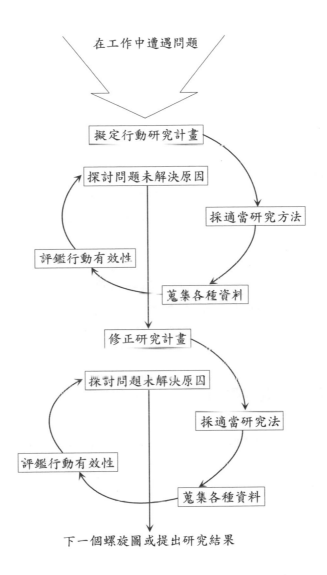

圖 14-2　行動研究螺旋模式

七、行動研究的優點與限制

（一）行動研究的優點

1. 研究者容易認真投入研究工作

研究者乃實際工作者，由於研究者親自參與研究過程，同時了解研究結果對於改善自己所面臨問題的重要性，所以會認真從事研究。

2. 提高研究者學術研究能力

行動研究者，在經歷研究問題的探討，研究方法的設計，研究資料的蒐集、分析與處理，以及研究報告的撰寫，將可提升自己的學術研究能力。

3. 解決工作上所遭遇到的問題，具時效性

由於行動研究不在建立新的理論，研究結果不作問題情境之外的推論，研究側重於實際問題的改善，所以對於及時解決問題頗具有時效性。

（二）行動研究的限制

1. 研究者自身的限制

研究者雖然致力從事當前問題的研究，可是接受研究方法的訓練不足，因此難免對研究工作產生畏縮的心理。有些研究者平時工作繁重，無法專心從事研究。

2. 主管人員不支持

從事教育研究難免要花時間，影響教學或行政工作，同時還需要使用學校的設備。研究者如果要請教學者專家，有時需要請假。此外，主管如果自己很少做研究，擔心屬下的研究成果比他（她）多，在上述情況之下，主管通常不鼓勵教育人員進行行動研究。

3. 研究結果推論的限制

通常行動研究以班級為單位，研究對象並非隨機取樣而來，因此研究結果要推論到其他學校或其他地區時，將有很大的限制。

第六節　質性研究的信度與效度

質性研究容易受到個人主觀因素的影響，在蒐集資料過程中各種因素都與信度、效度有密切關係。底下提出幾個檢驗質性研究信度與效度的方法。

一、質性研究的信度

（一）重測信度

研究者以相同問題在不同時段訪談受試者，或以電話訪談受試者，如果受試者所講的內容前後相同，則表示信度高。

（二）評分者信度

研究者請幾名觀察者，在同一個現場觀察受試者的行為，如果觀察結果一致，則信度高。

二、質性研究的效度

（一）三角測量法

三角測量法（triangulation）源自航海與軍事策略，採用多元的參照點來測量一個物體的正確位置。在質性研究中，由兩名以上研究人員所組成的研究小組，例如：研究主持人、協同研究人員、研究助理等人員，一起針對相同研究情境相互討論，彼此交叉檢核所蒐集到的

資料，是否具有一致性，如果一致性高就表示其效度高。

（二）效標關聯效度

假如觀察或訪談結果與效標具有高度相關，就表示有高的效標關聯效度。

（三）內在效度

將訪談整理之資料，以逐字稿呈現給受試者加以檢視，經修正之後可以提高研究之內在效度。

由於質性研究過程中，沒有隨機分發受試者，也很難對無關干擾變項加以控制，所以其信度與效度不能以量化研究的標準來衡量。簡言之，質性研究之信度與效度比較不可靠，也難以證實，同時難以進行大樣本研究。質性研究結果不容易推論至母群體，所以這種研究方法頗受到量化研究者的質疑。

▊自我評量 ···

1. 試述質性研究之理論基礎。

2. 試述質性研究之特徵。

3. 試述質性研究的步驟。

4. 質性研究有哪些類型？

5. 試沭質性研究的適用時機。

6. 質性研究如何蒐集資料？

7. 質性研究如何考驗其效度？

8. 試比較量化研究與質性研究之差異。

9. 如何提高質性研究的內在效度與外在效度？

10. 試述人種誌的方法。

11. 試述行動研究的目的。

12. 試說明行動研究的特徵。

13. 試述人種誌研究的優點與限制。

14. 試述行動研究的優點與限制。

第十五章

研究報告的撰寫與評鑑

 學習目標

學習者研讀本章之後，應能達成下列目標：

1. 了解研究報告的撰寫原則。
2. 明瞭論文前置資料的內容。
3. 明白論文主體的撰寫要領。
4. 明瞭論文主體的內容。
5. 了解 APA 寫作格式。
6. 了解參考文獻的寫法。
7. 了解附錄可陳列的內容。
8. 懂得評鑑研究報告的優劣。

前置綱要

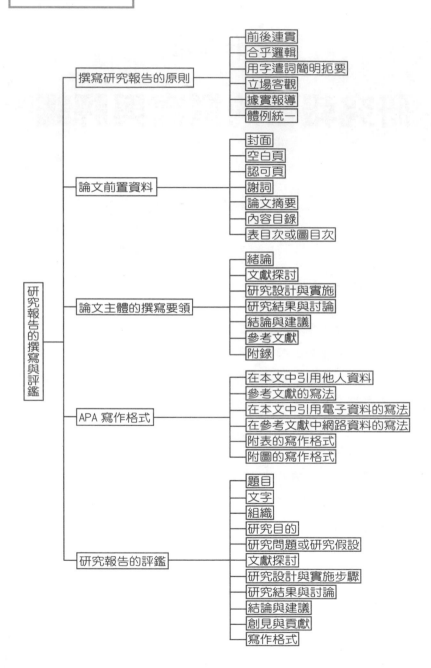

研究報告的撰寫與評鑑

- 撰寫研究報告的原則
  - 前後連貫
  - 合乎邏輯
  - 用字遣詞簡明扼要
  - 立場客觀
  - 據實報導
  - 體例統一
- 論文前置資料
  - 封面
  - 空白頁
  - 認可頁
  - 謝詞
  - 論文摘要
  - 內容目錄
  - 表目次或圖目次
- 論文主體的撰寫要領
  - 緒論
  - 文獻探討
  - 研究設計與實施
  - 研究結果與討論
  - 結論與建議
  - 參考文獻
  - 附錄
- APA 寫作格式
  - 在本文中引用他人資料
  - 參考文獻的寫法
  - 在本文中引用電子資料的寫法
  - 在參考文獻中網路資料的寫法
  - 附表的寫作格式
  - 附圖的寫作格式
- 研究報告的評鑑
  - 題目
  - 文字
  - 組織
  - 研究目的
  - 研究問題或研究假設
  - 文獻探討
  - 研究設計與實施步驟
  - 研究結果與討論
  - 結論與建議
  - 創見與貢獻
  - 寫作格式

本章摘要

1. 研究報告的撰寫有六個基本原則：(1)前後連貫；(2)合乎邏輯；(3)用字遣詞簡明扼要；(4)立場客觀；(5)據實報導；(6)體例統一。

2. 論文前置資料包含：(1)封面；(2)空白頁；(3)認可頁；(4)謝詞；(5)論文摘要；(6)內容目錄；(7)表目次或圖目次。

3. 論文主體包含：(1)緒論；(2)文獻探討；(3)研究設計與實施；(4)研究結果與討論；(5)結論與建議；(6)參考文獻；(7)附錄。

4. 教育論文寫作宜採 APA 最新版的格式。

5. 參考文獻中文作者應依姓名之筆畫排序。

6. 研究報告的評鑑項目包括：(1)題目；(2)文字；(3)組織；(4)研究目的；(5)研究問題或研究假設；(6)文獻探討；(7)研究設計與實施步驟；(8)研究結果與討論；(9)結論與建議；(10)創見與貢獻；(11)寫作格式。

　　研究報告或論文寫作的目的，在於將研究成果公諸於世，讓讀者容易明瞭並促進學術交流。因此，在寫作時宜遵守一些原則，寫作格式應符合國際社會通用者。美國心理學會（American Psychological Association，簡稱 APA）的規格，茲分別說明如下。

第一節　撰寫研究報告的原則

一、前後連貫

　　一篇教育論文包括：研究動機、研究目的、研究問題（或研究假設）、研究方法、研究結果、結論與建議等要項，這些項目應前後呼應、環環相扣。首先針對研究動機提出研究目的，再依據研究目的提出研究問題（或研究假設），採用合適的研究方法，經分析之後得到研究結果，再由研究結果並參酌文獻資料提出結論，再依據結論來提出建議。

二、合乎邏輯

　　論文寫作時應有邏輯性，例如：在本文中提到某學者的觀點，則在後面參考文獻中應有該學者之詳細資料。又如，某一段落引用他人文獻時，被引用者有數人時，則應依一定順序來呈現，本文與參考文獻的寫法應一致，先出現中文姓名，再出現外文姓名；中文姓名應依作者姓名筆畫順序，由少至多呈現出來。英文則應依作者姓名之英文字母順序來呈現。例如：……（王智弘，1994；邱小萍，1999；張文隆，1997；Huey, 1996; Post, 1989; Weinstein, 1988）。

三、用字遣詞簡明扼要

　　研究報告或論文屬於學術性文章，在行文時最好使用白話文平鋪

直述，避免使用過於艱深或累贅的字眼。此外，文句不宜過於簡略，以免讀者不明白該文句的真正意思，例如：「中師」，到底是指中等學校教師或台中師範學院，乍看之下容易產生誤解。數目字或年份不論使用國字或阿拉伯數字，應前後統一。

　　一些眾人皆知的名詞不必附上英文，例如：教師（teacher）、學習（learning）、教育（education）、認知（cognition）、輔導（guidance）等。此外，文中不宜使用流行的俚語，如「酷斃了」、「帥呆了」，文中數字小數點不宜使用五、六位數，而應一律採用小數點兩位數（四捨五入）。

四、立場客觀

　　研究報告或論文的寫作，在引用他人資料或評論他人觀點時，應採客觀的立場，避免使用故意誇張、攻擊或批評的文字，也應避免恭維的稱謂。在行文時凡引述他人觀點，不必加上該人目前或以前之職務頭銜，直接寫出其姓名即可，例如：不用何校長福田博士（1996）……，而應用何福田（1996）認為……。另外，在文中宜採第三人稱，不用第一人稱。例如：不用「我認為……」、「我的研究發現……」，這樣會使讀者覺得過於主觀，而宜改為：「作者認為……」、「研究者發現……」。

五、據實報導

　　研究者應依據研究結果作真實記載，假如研究結果發現與自己原先的想法相反，也不可任意扭曲報導以符合自己的意思。有些研究者在統計分析之後，發現研究工具之信度、效度偏低，於是自行更改數字；也有些研究者為了擴充論文的篇幅，而將後面的參考文獻寫得很多，但有一半以上在本文中找不到。另外，有些研究者抄襲或剽竊他人作品，或引用他人作品，文中卻未註明出處，以上情形皆違反學術倫理，甚至有犯法行為，研究者不可不慎。

六、體例統一

研究報告或論文各章、節的撰寫體例，應力求統一。每一章、每一節上下應空幾行，前面應空幾個字，每一章的規格都要一致。如果第一章的標題採用底下體例，則其他各章的體例都要一樣。

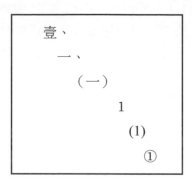

第二節　論文前置資料

在論文主體之前的部分，稱為前置資料，這一部分包括：封面、空白頁、認可頁、謝詞、論文摘要、內容目錄、表目次或圖目次等，茲分別說明如下。

一、封面

論文最外面一頁為封面，又稱題目頁，封面一般採用 16 開紙張，長度 26 公分，寬度 19 公分，顏色以單一色調、典雅為宜，封面的內容包括以下幾項：

1.學術研究機構名稱。

2.學位類別（碩士或博士論文）。

3.指導教授：須具備教育部審定合格副教授以上者，一般碩士論

文指導教授為一人，博士論文則為一至二人。

4.論文題目：假如題目太長一行橫寫不下時，第二行應比第一行
稍短，第三行比第二行稍短，成倒正三角形的形狀。

5.研究生姓名：○○○　撰

6.完成論文之年月：中華民國○○○年○○月

教育論文封面大都為橫式，如圖 15-1 所示。

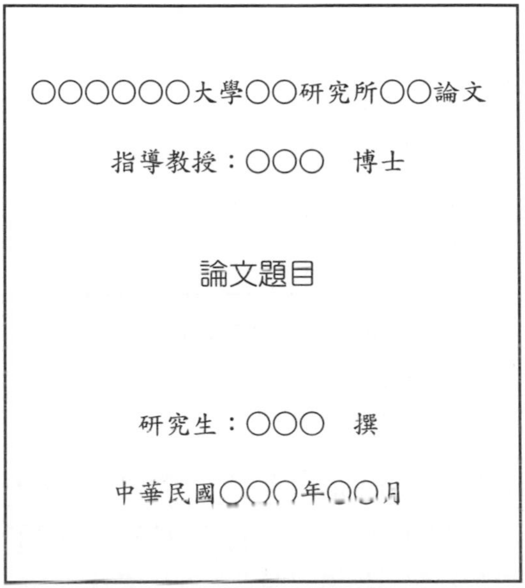

○○○○○○大學○○研究所○○論文

指導教授：○○○　博士

論文題目

研究生：○○○　撰

中華民國○○○年○○月

圖 15-1　論文封面格式

二、空白頁

一般論文封面的下一頁為空白頁，又稱為蝴蝶頁，這一頁可作為
獻詞之用（例如：以本論文獻給我父母），也可以作為贈送他人題字
之用。

三、認可頁

認可頁是留給指導教授、口試委員與研究所所長簽名之用，該頁
的規格如圖 15-2 所示。

〇〇〇〇〇〇大學〇〇研究所

〇〇學位論文考試委員會審定書

〇〇〇君所撰論文

論文考試委員會

主席：＿＿＿＿＿

委員：＿＿＿＿＿　＿＿＿＿＿

＿＿＿＿＿　＿＿＿＿＿

指導教授：＿＿＿＿＿

所　　長：＿＿＿＿＿

中華民國：　　年　　月　　日

圖 15-2　認可頁格式

四、謝詞

教育研究者在進行研究的過程中，大都需要他人的協助，方能順利完成論文，所以在論文完成時，應寫一些感謝的話語。致謝詞內容大致包括：指導教授費心指導；問卷調查、觀察、訪談或測驗等人士的協助；提供研究經費單位的資助、資料處理人員的幫忙，以及家人的鼓勵支持等。謝詞不宜太冗長，以不超過頁數一頁為原則。

五、論文摘要

學位論文摘要，可以使讀者閱讀之後，對整本論文有概略性的了解，以便決定是否要繼續閱讀該論文。摘要分為中文摘要與英文摘要，撰寫時要將整篇論文的內容扼要敘述，以不超過一頁為原則。摘要的內容大致包括：研究題目、研究問題（或假設）、研究方法、主要發現等。論文的關鍵詞彙（Keywords）可置於摘要內容最下方。

六、內容目錄

　　目錄又稱目次，目錄係將整本論文各章節依序陳列出來，研究報告內容不多者，可以不必寫目次。論文通常要寫目錄，其順序為：章、節、參考文獻、附錄，每一項均以虛線標示頁碼，例如：

第一節　研究目的……………………………………………………… 6

　　參考文獻分中文與外文兩部分，若外文只有英文，則這一部分可以寫成英文部分。各種研究工具，如問卷、訪談紀錄則放在附錄中。各章標題應為奇數頁，如遇到偶數頁時，則該頁保留空白。簡言之，每一章首頁應置於紙張的正面。

七、表目次或圖目次

　　論文或研究報告中如有圖表，則應依次序排序，表之次序按照章、節順序排列，例如：第 1 章第 2 節第 3 個表，就以表 1-2-3 表示。如果表不多，則可簡化，如表 1-2、表 3-3 等，圖目次的寫法與表目次相同。除了第幾個表或圖之外，每一個表或圖都要寫出該表、圖的名稱，在名稱之後劃上虛線，並以阿拉伯數字標示該表或圖所屬的頁碼。

第三節　論文主體的撰寫要領

　　一般論文的主體（又稱正文），包含緒論、文獻探討、研究設計與實施、研究結果與討論、結論與建議、參考文獻與附錄等部分。除了參考文獻之外，其餘五部分各寫成一章，每一章的標題置於奇數頁。茲將論文主體的撰寫要領，簡述如下。

一、緒論

　　緒論係對整本論文的要旨作簡介，讓讀者了解其研究背景與動機，研究目的與研究問題。緒論又稱導論或前言，這一部分放在第一章，緒論包括以下幾項。

（一）研究問題的性質

　　說明研究問題的背景，研究問題的重要性以及問題的由來。

　　論文前置資料之頁碼以希臘字標示之，例如：從第 1 至第 11 頁，依序為 i，ii，iii，iv，v，vi，vii，viii，ix，x，xi，其餘類推。

（二）研究動機與目的

　　這一部分在說明要做此研究的原因，以及做此研究有何意義。其中研究目的應針對研究動機條列說明之。

（三）研究問題與假設

　　研究者針對每一項研究目的提出一個研究問題，茲舉例如下：

研究目的
　　1. 了解國小轉學生在學校生活適應之情形。
　　2. 探討國小轉學生個人因素與學校生活適應之間的關係。
　　3. 探討國小轉學生家庭因素與學校生活適應之間的關係。
　　4. 探討國小轉學生學校因素與學校生活適應之間的關係。

研究問題
　　1. 國小轉學生之學校生活適應情形如何？
　　2. 國小轉學生個人因素與學校生活適應有何關聯？
　　3. 國小轉學生家庭因素與學校生活適應有何關聯？
　　4. 國小轉學生學校因素與學校生活適應有何關聯？

有些論文只提出研究問題而沒有提出假設，但是有些論文提出研究問題，再從各研究問題中，提出若干假設。一般來說，如果提出假設，習慣上提出對立假設。

（四）專有名詞詮釋

專有名詞是指與論文題目有關的重要名詞，必須詳加解釋，使讀者了解其真正的涵義，故又稱為名詞釋義。研究者可先對專有名詞作一般性界說，再提出自己的界定與說明，例如：有一篇論文題目為：國民小學輔導人員專業倫理行為之研究，作者乃對專業倫理作如下界說：專業倫理行為係指輔導人員的哲學信念、價值觀以及從事專業的倫理道德。本研究所指的專業倫理行為，係以受試者在國民小學輔導人員專業倫理行為問卷上的得分來衡量。

（五）研究範圍與限制

研究範圍大致可分為：研究對象、研究時間、研究區域、研究變項等方面。至於研究限制則包括：研究工具、研究時間、研究地區、研究變項及研究結果之推論等方面。

二、文獻探討

論文的第二章為文獻探討，如果文獻很多，則可拆成兩章。文獻探討係指對文獻資料作整理、歸納、分析、批判，而非將所蒐集到的文獻全部陳列出來而已。在撰寫文獻探討時宜遵循以下原則：

1. 凡引用他人作品，一定要在參考文獻中寫出完整資料，包括作者、出版年份、書名、出版地、出版者，如果作品為雜誌或期刊，則應寫明第幾卷、第幾期、第幾頁。

2. 同一個專有名詞第一次出現時可附上外文，以後再出現則不必重複寫上外文。

3. 文獻可依先人作品之年份、觀點或國別，分別列圖或表，以便

讓讀者容易了解。

4.引用他人作品時，必須寫明「……」（引自……）。

5.如果引用他人作品，他人又引用其他人作品時，則必須書明「……」（轉引自……）。

6.若某一段話引用幾個人的見解時，應在該段落末了，先按照這些作者中文姓名筆畫數排列，再寫外國作者，而且應按其姓名之英文字母順序排列，兩者都要寫上年份。換言之，應與參考文獻的寫法一致。

7.一般常見的名詞，不必附上外文。

8.圖或表如非自己繪製者，應在圖、表下方註明資料來源。

9.過於陳舊或與研究題目無多大關聯之文獻，最好不要寫出來。

10.外國人姓名不必翻譯成中文。

三、研究設計與實施

假如文獻探討只有一章，則第三章為研究設計與實施，這一章可分為五節，第一節為研究架構，說明有幾個自變項、中介變項、依變項，並且以箭頭標明變項之間的關係，這一部分為整個研究之藍圖。第二節為研究對象或樣本設計與抽樣方法，這一節應說明研究對象為普查或抽樣，如係抽樣應說明如何抽取樣本，並將全部樣本依性別、年齡、教育程度等個人背景變項，做統計分析求各變項之人數、百分比，再略作敘述。如能將樣本結構與母群體結構進行適合度檢定（test of goodness of fit），則更能顯現樣本的代表性。

第三節為研究工具之編製或修訂，這一節應說明研究工具如何取得，如係使用他人工具，應在附錄附上同意書，如係自己修訂或編製者，應說明：編製依據、預試、項目分析、信度、效度。第四節為實施程序，這一節應將從事調查、訪談、催收問卷的過程詳細說明，至於研究之流程圖或甘特圖（Gantt chart）（參見圖 15-3），可以在研究計畫中呈現出來。

研究工作項目	2016 年						2017 年					
	4-7月	8月	9月	10月	11月	12月	1月	2月	3月	4月	5月	6月
蒐集相關文獻	■	■	■	■	■							
擬定研究計畫書	■	■	■	■	■							
編製預試問卷及施測					■	■	■					
編擬訪談大綱及訪談內容					■	■						
預試問卷之分析							■	■				
編製正式問卷及施測							■	■	■			
進行訪談								■				
訪談內容的彙整								■	■			
正式問卷分析										■	■	
論文撰寫			■	■	■	■	■	■	■	■	■	
口試											■	
論文修改											■	■

圖 15-3　研究進度甘特圖舉例

　　第五節為資料處理與統計分析,這一節可以說明利用何種工具,例如以社會科學統計套裝軟體來處理資料,並依研究問題(或研究假設)逐一說明資料之統計分析方法。如係採用質性研究,應說明如何將訪談資料轉成逐字稿、編碼、分類與分析方法。

四、研究結果與討論

　　研究結果放在第四章,最好針對第一章之研究問題,將每一個研究問題的研究發現寫成一節。研究者在撰寫這一章時,應將資料處理分析所得到的結果,客觀、嚴謹、忠實地呈現出來。同時,在每一節之後對研究發現作綜合分析與解釋。這一章常有一些圖、表,圖、表的撰寫,宜遵循以下幾個原則:

　　1.要呈現某一個圖或表之前,應先對該圖或表作簡要說明,然後再呈現該圖、表。

　　2.圖、表應編號,例如:第 4 章第 2 節第 3 個圖,就以圖 4-2-3 來表示。

　　3.圖、表的標題應簡明扼要,且不超過圖、表的範圍。

　　4.若一個表在一頁沒寫完,下一頁仍應寫出表頭,且加上續字,例如:第 105 頁底下有一個表 3-4-7 教師教學態度;第 106 頁上方應寫明表 3-4-7(續)教師教學態度。

　　5.表只劃橫線不必劃縱線,例如:

表 3-3-1　預試學校與樣本人數

	旭光國小	僑孝國小	新東國小	合　計
五年級	72	70	45	187
六年級	84	82	37	203
合　計	156	152	82	390

　　討論最能看出研究者作學術研究的功力。這一部分的寫法可以將自己的研究發現,與前人的研究結果作比較,並且分析、批判為何結果會相同或不同。如果研究發現未支持研究假設時,研究者應分析是否某些因素沒有考慮周詳,或是研究設計上有何缺失。

五、結論與建議

　　研究者應根據研究發現，參酌相關文獻加上個人的見解，針對第一章的各個研究問題逐一提出結論。結論宜簡明扼要，結論並非將研究發現逐一陳列出來而已，最好依據研究發現，針對研究問題作價值判斷或推論。因此，結論不宜再出現他人見解或出現表格、數字等資料。

　　至於建議部分，應根據結論並參酌文獻資料，提出具體可行之建議，供有關單位或人士參考，同時對以後從事類似研究者提出中肯的建議，包括：自己的研究有何缺失，以後進行此研究時，尚可考慮哪些因素，或將哪些變項納入，抽樣、研究工具或統計分析方法如何改善。此外，建議部分不宜再提出某學者的觀點，以免成為他人的建議。

六、參考文獻

　　凡在本文中所使用的文獻資料，都必須詳細列出參考文獻。反之，在本文中沒有參考的文獻資料，盡量不要在參考文獻中寫出來。參考文獻如果很多，應分成中文部分、外文部分。如果外文部分只有英文，則寫成英文部分。習慣上先寫中文部分，再寫英文部分。假如參考文獻全部都是書籍，而且沒有期刊、雜誌、報紙、電腦網路資料等，則參考文獻可以改為參考書目。

七、附錄

　　凡不在論文或研究報告的各種資料，均可在附錄中陳列出來。最常見的資料有：問卷、函件、訪談紀錄、會議紀錄、協助研究之人員、統計資料、照片或機構名稱。

第四節　APA 寫作格式

目前我國教育論文或研究報告之寫作，大都採用美國心理學會（APA），在 2009 年 7 月發行手冊第六版的格式。在此，就 APA 的寫作格式，作簡要說明。

一、在本文中引用他人資料

（一）基本格式

同一作者在同一段落中重複被引用時，第一次必須書寫年份，第二次以後則年份可以省略。為了與世界接軌，中文年號宜採西元年號。例如：

郭明德（2002）歸納出校長的角色……；郭明德同時認為……。
According to the double-blind hypothesis（Bateson, 1998）……Bateson also found…….

（二）作者為一個人時

1.中文的寫法：姓名（出版或發表的年份）。

例如

林明瑞（2003）……或……（林明瑞，2003）。

2.英文的寫法：姓氏（出版或發表的年份）或（姓氏，出版或發表的年份）。

例如

Robbins（2003）……或……（Robbins, 2003）。

3.同一位作者在不同年份提出同一個觀點，在引用時，名字只需
　出現一次，接著按年份排序。

例如

　　……（Freud, 1920, 1953）。

（三）作者有二人以上時

1.作者有二人時，兩人的姓名（氏）都要寫出來。

例如

　　劉美娥、許翠華（1999）……或……（劉美娥、許翠華，
　　1999）。
　　Sashkin and Morris (1998)……或……(Sashkin & Morris,
　　1998).

2.作者有三至五人時，第一次所有作者都必須寫出來，第二次以
　後只要寫出第　位作者並加等人（et al.）。

例如

　　(1)謝文全、林新發、張德銳、張明輝（1998）指出……或
　　　……（謝文全、林新發、張德銳、張明輝，1998）。
　　(2)謝文全等人（1998）指出……或……（謝文全等人，
　　　1998）。
　　(3)Neale, Bailey, and Ross (1999) found……或…… (Neale,
　　　Bailey, & Ross, 1999) .
　　(4)Neale et al. (1999) ……或…… (Neale et al., 1999) .

3. 作者有六人以上時，每次僅需寫出第一位作者姓名（氏），並加上等人（et al.），但是在參考文獻中，所有作者姓名（氏）都要列出來。

4. 二位以上作者時，被引用作者之間用「與」（and）連接，但在括弧內及參考文獻中，則用（、）（&）連接。

例如

　　吳清山與林天祐認為……或……（吳清山、林天祐）。

　　Brown and Duguid……或…… (Brown & Duguid)。

（四）作者為機關團體或單位時

1. 容易混淆不清之機關團體或單位，每次都要用全名。

例如

　　國立台中教育大學附設實驗國民小學，不宜寫成中教大附小。

2. 眾人熟悉的機構或單位，第一次引用時可在全銜之後加註簡稱，第二次以後再出現時，則只需寫出簡稱。

例如

　　行政院國家科學委員會〔國科會〕（2003）……或……（行政院國家科學委員會〔國科會〕，2003）。

　　第二次以後則為：國科會（2003）。

　　Educational Testing Service [ETS]（2002）……或……（Educational Testing Service [ETS], 2002）。

　　第二次以後則為：ETS（2002）……或……（ETS, 2002）。

（五）作者為英文而且姓氏相同時，應將全名寫出來

例如

　　R. D. Luce (1998) and P. A. Luce (2002) ……。

（六）一個段落同時引用幾名作者時

1. 中文應依作者姓名筆畫由少至多順序排序，不同作者之間用分
號（；）分開。

例如

　　……（吳佩昇，1996；梁坤明，1998；劉世閔，1996）。

2. 英文應依作者姓氏字母順序排列。

例如

　　……（Joyce & Showers, 1982; Kamil, 1988）。

3. 中文作者在先，英文作者在後。

例如

　　……（吳佩昇，1986；梁坤明，1998；劉世閔，1996；
Joyce & Showers, 1982; Kamil, 1988）。

（七）未標明作者或作者為無名氏時

1. 未標明作者的文章，將引用文章的篇名或章名當作作者，在文
中中文用粗體字，英文用斜體字，在括弧中用雙引號＂　＂顯
示出來。

例如

組織行為（2002）……或……（"組織行為"，2002）。
Organization Behavior（1991）……或……（*"Organization
Behavior"*, 1991）。

2.作者署名為無名氏（anonymous）時，以「無名氏」當作作者。

例如

……（無名氏，2003）。
……（anonymous, 2003）。

（八）引用資料無年份記載或古典的文獻時

1.知道作者姓名（氏），不知該筆資料的年代，則中文以無日
期，英文以 n.d.代替年代。

例如

禮記學記篇。
Plato (n.d.) argued……。

2.知道作者姓名（氏），不知該作品年代，但知道翻譯版的年代
時，則在引用翻譯版年份之前加 trans.,

例如

（Plato, trans. 1978）。

（九）引用翻譯著作時

引用翻譯著作時，要註明原著作之出版年份與翻譯年份。

例如

　　……Gibson（1926/1987）。

（十）引用文獻資料為特定的章、節、表、圖、公式時

　　當引用上述特定文獻資料時，要標明詳細出處，如引用整段原文資料時，則必須註明頁碼。

例如

　　　　……（歐滄和，2002，頁 76）。
　　　　……（Rogers, 1989, chap 2）。
　　　　……（Maslow, 1970, p. 14）。
　　　　……（Maslow, 1970）……（p. 14）。

（十一）引用個人通訊紀錄時

　　凡書信、電子郵件、筆記、日記等資料，不必列入參考文獻中，但是在本文引用時，就要加以註明。

（十二）使用網路等電子化資料時

　　請參閱〈APA格式：網路等電子化資料引用與參考文獻的寫法〉一文。

（十三）引用整段原文資料時，需註明頁碼

例如

　　　　……Brown（1996, p. 5）。

二、參考文獻的寫法

（一）中文參考文獻依作者姓名筆畫數排序

中文依作者之姓氏筆畫由少到多排序，筆畫數少的放在前面，筆畫數多的放在後面，同姓者則比較名字中第二個字的筆畫數，少的置於前面，依此類推。

> 例如

　　　王以仁（1992）。**教師心理衛生**。台北市：心理。
　　　王家通（1994）。**初等教育**。台北市：師大書苑。
　　　吳清山（1996）。**教育改革與教育發展**。台北市：心理。

（二）英文參考文獻依作者姓名之英文字母排序

> 例如

　　　Eagle, M. N. (1984). *Recent development in psychoanalysis.* New York, NY: McGraw-Hill.
　　　Gentry, W. D. (1988). *Handbook of behavioral medicine.* New York, NY: Guilford.
　　　Maslow, A. (1962). *Toward a psychology of beign.* Princeton, NJ: Van Nostrand.

（三）同一位作者有幾本著作時

1. 同一位作者有幾本著作，不論中英文均依年份順序排列，年份早的放前面。
2. 同一位作者有幾本著作，這些著作又是同一年份時，不論中英文均依書名第一個字筆畫數或字母順序，標上 a、b、c。

例如

葉重新（1986a）。**大學教師的角色**。……

葉重新（1986b）。**以教育復興中國文化之道**。……

Beck, A. T. (1976a). *Beck Depression Inventory*……

Beck, A. T. (1976b). *Cognitive therapy and emotional disor-*
ders……

3.一位作者排在多位作者之前。

例如

蔡培村（1995）。……

蔡培村、孫國華（1996）。……

Leithwood, K. A. (1988). ……

Leithwood, K. A., & Montgomery, D. J. (1982). ……

（四）參考的著作是一本書，則應依下列順序呈現

姓名（年份）。書籍名稱。出版地：出版者。書籍名稱中文用粗黑字體或在底下劃線，英文用斜體字。英文只要第一字母大寫，其餘字母小寫，但是在冒號（：）之後的第一個字母也需要大寫。

例如

吳秉恩（1986）。**組織行為學**。台北市：華泰。

葉重新（1999）。**心理學**（第二版）。台北市：心理。

Selye, H. (1956). *The stress of life.* New York: McGraw-Hill.

Monet, A., & Lazarus, R. S. (1977). *Stress and copying: An an-*
thology. New York, NY: Columbia University. Press.

Gage, N. L., & Berliner, D. C. (1998). *Educational psychology*
(6th ed.). New York, NY: Houghton Mifflin.

（五）期刊、雜誌的寫法

姓名（年份）。篇名。期刊雜誌名稱。卷（期），頁碼。英文之期刊雜誌名稱除介系詞外，每一個字的第一個字母都要大寫。期刊雜誌名稱及卷（vol.）均用斜體字。

例如

> 張明輝（1997）。學校組織的變革與因應策略。**教育研究集刊，38**，2-21。
>
> Waetjen, W. (1962). Is learning sexless? *Education Digest, 28*, 12-14.

（六）未出版的學位論文或研究報告的寫法

例如

> 鄭世仁（1984）。**國民中小學教師角色衝突調查研究**（未出版之碩士論文）。國立台灣師範大學，台北市。
>
> 葉重新（1993）。**台中師範學院師專與師院結業生教學態度之比較研究**。行政院國家科學委員會專題研究成果報告（報告編號：NSC-81-0301-H-142-503），未出版。

（七）參考著作的版別

參考的著作，第一版不必標示版別，第二版以後中文者直接寫第幾版；英文者，第二版以 2nd ed.標示，第三版以 3rd ed.標示，第四版以 4th ed.標示之。

例如

> 王文科（1990）。**教育研究法**（增訂再版）。台北市：五南。
>
> Bogdon, R. C., & Biklen, S. K. (1998). *Qualitative research for*

education: An introduction to theory and methods (3rd ed.). Boston, MA: Allyn & Bacon.

（八）作者為某一機關團體

中文以機關團體名稱第一個字的筆畫數和其他著作一起排序；英文則依英文字母順序排列。

例如

秦夢群（1998）。**教育行政：理論部分**。台北市：五南。

高雄市政府教育局（2000）。教師評鑑。**港都文教簡訊，38**，1-15。

國立台灣師範大學教育研究中心（1995）。**新世紀中小學教育改革建議書**。台北市：漢文。

張明輝（1997）。**學校教育與行政革新研究**。台北市：師大書苑。

（九）參考第二手文獻資料的寫法

例如

歐陽教（1990）。教育的概念分析。載於黃光雄（主編），**教育概論**（頁 1-29）。台北市：師大書苑。

Selye, H. (1983). The stress concept: Past and the future. In C. L. Copper (Ed.), *Stress research* (pp. 1-20). New York, NY: John Wiley & Sons.

（十）參考電子媒體之資料

由 E-mail、CD-ROM、On line、網際網路等電子媒體所得到資料，其寫法與一般書目相似。

例如

Rincker, J. L. (1992). *Teacher autonomy and shared decision making.* [CD-ROM]. Abstract from ProQuest File: Dissertation Item: AAT 9310147.

Department for Education and Employment (1999). *Nation Professional qualification for headship.* Retrieved from http://www.dee.gov.uk/headshippq/stg-1.html

（十一）報紙資料沒有作者時的格式

例如

兒童學英語，到底好不好？（1987 年 4 月 22 日）。**中國時報**，第 5 版。

政治人物的誠信操守比權位重要〔社論〕（2004 年 1 月 7 日）。**自由時報**，第 3 版。

（十二）編輯之書籍

書籍由一個人編輯，英文參考文獻要寫 Ed.；兩個人以上編輯，則寫 Eds.

例如

Wittrock, M. C. (Ed.) (1986). *Handbook of research on teaching.* New York, NY: Macmillan.

Englehardt, H. T., Jr., & Callahan, D. (Eds.) (1980). *Knowing and valuing: The search for common roots.* New York, NY: The Hastings Center.

（十三）英文修訂版的書籍，要加 Rev. ed.

> 例如

> Rosenthal, R. (1987). *Meta-analystic for social research* (Rev. ed.). Newbury Park, CA: Sage.

（十四）法令參考文獻的寫法

> 例如

> 高級中等以下學校及幼稚園教師資格檢定及教育實習辦法。教育部 87 年 6 月 18 日修正。

（十五）百科全書或辭典的寫作格式

> 例如

> 周何（總主編）（1992）。**國語活用辭典**（第二版）。台北市：五南。
>
> Sadie, S. (Ed.) (1980). *The new grove dictionary of music and musicians* (6th ed., Vols. 1-20). London, UK: Macmillan

（十六）翻譯書的寫作格式

> 例如

> 王明傑、陳玉玲（編譯）（1999）。**美國心理學會出版手冊**（中譯二版）（原作者：American Psycholgoical Association）。台北市：雙葉。（原者出版年：1997）

（十七）報紙資料有作者或記者的寫作格式

> 例如

> 張錦弘（2002 年 6 月 15 日）。高中以下教師遲到早退列考核。**聯合報**，第 6 版。

（十八）ERIC 報告的格式

例如

Reyes, P. (1992). *Preliminary models of teacher organization a commitment: Implications for restructuring the work-place.* Madison, WI: Center on Organization and Restructuring of School. (ERIC Document Reproduction Service No. ED 349680)

三、在本文中引用電子化資料的寫法

（一）Email 的引用

論文如以 Email 作為參考資料，則比照個人通訊（personal com-munications）格式，只在文中註明不列入參考文獻中。

例如

林志清（個人通訊，2001 年，5 月 10 日）……。

……（林志清，個人通訊，2001 年 5 月 10 日）。

A. P. Johnson (personal communication, July, 2003)……。

……(A. P. Johnson, personal communication, July, 2003).

（二）網頁的引用

文中如引用網頁資料，只需在文中註明，不必列入參考文獻中。

例如

從教育部的網頁中，可以獲得教師法的規定。

（http://www.edu.tw/high-school/rules/three/2-22.htm）。

（三）網路資料的引用

在文章中引用網路資料時，其寫作方式與一般參考資料相同。

例如

吳清山（2001）認為……。

四、在參考文獻中網路資料的寫法

（一）公告事項

例如

台中市政府教育局（2004 年 1 月 8 日）。「2004 年大台中
元宵燈會」花燈製作比賽〔公告〕。台中市：台中市
教育局社教課。2004 年 1 月 12 日，取自 http://www.
tceb.edu.tw/

（二）期刊文章

例如

南方朔（1999 年 12 月）。穿越人性迷霧。**張老師月刊，
264**。取 自　http://www.books.com.tw/data/magazine/
changmag.nsf/Item- view/54A9C4452C6B17D64825684
F00FD333-open Document.htm

（三）學術單位網頁資料

例如

國立台中師範學院國民小學、幼稚園及特殊教育教師教育
學程修習辦法（無日期）。取自國立台中師範學院網
頁 http://www.ntctc.edu.tw/secr/rules/rule.htm

（四）政府部門或其他單位之數據資料

例如

九十一學年度認輔教師及認輔學生統計表（91 年版）〔資料檔〕。台中市：台中市政府教育局。

（五）專題研討會報告資料

例如

曾志朗（無日期）。莎翁之謎在於心。諮商與心理學術研討會專題報告。取自國立台中師範學院諮商與教育心理研究所網頁。http://www.ntctc.edu.tw/gicep/news/20031028.txt

（六）學位論文摘要及資料庫資料

例如

台中市國民小學校長領導行為與教師工作滿意度相關之研究〔摘要〕。國立台中師範學院國民教育研究所碩士論文，未出版。取自「全國博碩士論文資訊網」http://datas.ncl.edu.tw/theabs/1/（編號：91NTCTC576053）

（七）媒體報導資料

例如

楊欣怡（2003 年 12 月 27 日）。教師甄選率比考博士難。中時電子報。取自 http://tw.news.yahoo.com/2003/12/27/leisure/ctnews/4447271.html

五、附表的寫作格式

1.若附表占半頁以上時，宜置於一頁，不宜占兩頁。

2. 若附表的篇幅少於半頁時，宜先文字說明，緊接著出現該表。

3. 文中提及附表時，不宜說參見「上表」或「下表」，應指明附表的編碼，如「表 3-1」、「表 3-2」。

4. 附表的編碼與名稱須置於表的上方。

5. 附表的名稱宜力求簡短，若表的名稱較長，宜第一行最長，第二行稍短，第三行最短，呈倒正三角形。

6. 附表內各欄位的主題，須清楚標示所測量資料的性質或單位，例如：平均數（$\overline{X}$）、標準差（SD）、人次（f）等符號，應置於各欄位的上方。

7. 附表左、右兩側垂直線，均省略不劃。

8. 附表中的資料，如需進一步解釋時，應在待註解資料的右上方加註符號（例如：*、**、***），然後在該表底線左下方加以註明。

9. 如所註的內容取自他人，則需添加版權許可的附註。

10. 附表宜置於紙張中間（即左右兩邊空白空間一樣大小）。

六、附圖的寫作格式

1. 附圖的名稱應清楚敘述該圖資料的性質。

2. 附圖的名稱應簡潔扼要。

3. 附圖的名稱應置於該圖下方。

4. 附圖如占半頁以上，則自成一頁。

5. 附圖如少於半頁，須先有文字說明見何圖，再出現該圖。

6. 附圖中的數字，應使用阿拉伯數字。

7. 附圖中的數字若有小數點，宜取兩位數（四捨五入）。

8. 文中提及附圖時，不宜說參見上圖或下圖，而應說參見圖 3-1 或圖 3-2。

9. 附圖橫座標與縱座標，應標明其單位。

10. 附圖宜置於紙張中間（即左右兩邊空白之空間一樣大小）。

第五節　研究報告的評鑑

　　研究報告撰寫完成之後，必須經該學門學者專家評審，方能確定該研究報告的優缺點及其價值。評審要點大致如下。

一、題目

　　1.題目是否清晰？

　　2.題目是否簡潔扼要？

　　3.題目是否有研究的價值？

　　4.題目是否有創新性？

二、文字

　　1.敘述是否明確、真實？

　　2.敘述是否客觀？

　　3.敘述是否簡潔扼要？

　　4.修辭是否通順達意？

　　5.引證是否妥當貼切？

三、組織

　　1.體系是否完整？

　　2.組織是否嚴密？

　　3.各章節份量是否適當？

　　4.綱目是否平實恰當？

　　5.論文各部份是否前後連貫？

四、研究目的

1.研究目的是否源自研究動機？

2.研究目的是否明確？

3.研究目的是否有意義？

五、研究問題或研究假設

1.研究問題是否敘述清楚？

2.研究問題是否與研究目的有關？

3.研究問題是否重要？

4.研究問題的界限是否適當？

5.研究假設是否可以考驗？

6.重要名詞是否有作操作型定義？

7.是否明確敘述所要檢驗變項的關係或性質？

六、文獻探討

1.是否閱讀相關的重要文獻？

2.文獻是第幾手資料？

3.文獻探討是否深入？

4.文獻探討與研究問題或研究假設有關？

5.有無對文獻作整理、歸納、分析與批判？

6.有無詳列參考文獻或參考書目？

七、研究設計與實施步驟

1.研究設計或研究架構是否妥當？

2.研究方案是否妥善？

3.母群體的大小和特徵有無詳細說明？

4.抽樣方法是否正確？樣本有無代表性？

5. 研究工具的使用是否適當，信度與效度如何？

6. 實施過程是否嚴謹？

7. 資料處理與分析方法是否適當？

八、研究結果與討論

1. 資料是否能解答研究問題？

2. 每一個假設是否加以檢驗？

3. 是否適當使用圖、表來說明研究資料？

4. 是否客觀分析資料？

5. 每個研究問題或假設是否加以討論？

6. 研究結果是否與前人之發現加以比較？

7. 研究結果之討論是否深入？

8. 研究內容是否充實？

九、結論與建議

1. 是否根據研究發現歸納成結論？

2. 結論是否能解答研究問題？

3. 有無根據結論提出建議？

4. 建議是否具體可行？

5. 有無對未來研究者提供建議？

十、創見與貢獻

1. 對前人的理論、學說有無改進之處？

2. 是否具有獨立系統可成為一家之言？

3. 是否有自己獨到的見解？

4. 對未來研究者是否有所啟示？

5. 研究結果是否有益於教育問題的解決？

十一、寫作格式

1. 是否依照 APA 最新版的格式撰寫？

2. 寫作的格式是否合乎邏輯？

3. 各章節寫作格式是否一致？

▌自我評量 ……………………………………………

1. 試說明撰寫研究報告的原則。
2. 論文前置資料包含哪些內容？
3. 論文主題包含哪些要項？
4. 教育論文的撰寫宜採何種格式？
5. 論文緒論包含哪些要項？
6. 一篇好的論文有哪些特徵？
7. 如何評鑑研究論文報告？評鑑應包含哪些項目？
8. 哪些資料應置於附錄？
9. 試述研究論文下結論的要領。
10. 試述研究論文專有名詞詮釋的撰寫要領。

第十六章

研究資料的統計分析

 學習目標

學習者研讀本章之後，應能達成下列目標：

1. 明瞭平均數與標準差的涵義及其用途。
2. 明白各種相關的統計分析方法及其適用時機。
3. 瞭解獨立樣本、關聯樣本兩個平均數差異檢定法。
4. 知道百分比差異檢定法。
5. 懂得相關係數差異檢定。
6. 了解卡方檢定的方法。
7. 了解變異數分析的基本概念及其統計方法。
8. 明瞭無母數統計的基本概念及其統計方法。

前置綱要

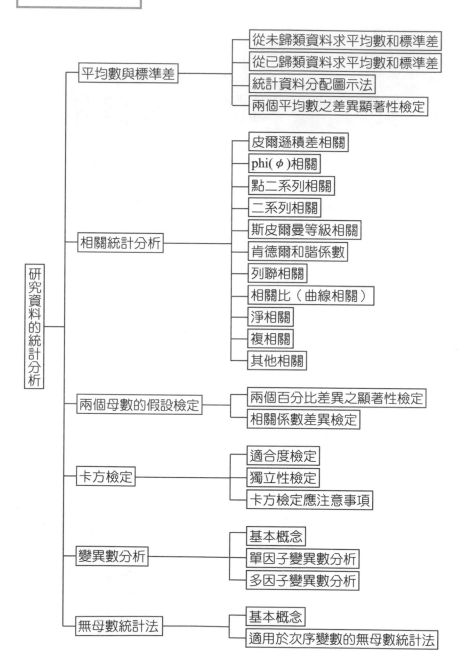

┌─ 本章摘要 ─┐

1. 量化研究如果人數眾多，則宜採用 SPSS 或 SAS 進行資料處理。

2. 平均數和標準差可以從已歸類及未歸類資料求得。

3. 統計資料可以繪成直方圖和多邊圖。

4. 兩個平均數差異檢定，獨立樣本和關聯樣本不同。

5. 相關統計分析方法繁多，各種統計分析方法請參見例題。

6. 各種相關公式繁複者，可使用 SPSS 來處理，惟資料的解釋宜參閱統計書籍。

7. 母數假設檢定可分為百分比差異檢定，以及相關係數差異檢定。

8. 母數假設檢定可分為獨立樣本、關聯樣本，兩者所使用公式不同。

9. 卡方檢定在調查研究法常使用之。

10. 卡方檢定適於處理人數或次數資料。

11. 卡方檢定可分為適合度檢定、獨立性檢定。

12. 變異數分析旨在比較兩組以上平均數的差異。

13. 變異數分析只有一個自變項時為單因子變異數分析 one-way ANO-VA，其統計方法隨獨立樣本和相似樣本而有不同。

14. 變異數分析結果，如果 F 值達到顯著水準，就要繼續進行事後比較，其常用方法有 Scheffé 法和 Tukey 法。

15. 各組人數不相同而且想做複雜比較，則宜使用 Scheffé 法。

16. 無母數統計不必滿足樣本所屬的母群體分配的基本假設。

17. 無母數統計法繁多，如需進一步了解，請參閱統計學書籍，本章僅介紹較常用的幾種。

　　量化研究可以採用社會科學統計套裝軟體（SPSS）或 SAS（statistical analysis system）統計套裝軟體，進行資料處理分析。假如受試者人數不多，也可以使用小計算機來處理。本章將就比較常用的教育統計，分別說明如下。

第一節　平均數與標準差

　　在教育研究中，量化的平均數（mean or $\bar{x}$）可以顯示該組數字的特徵，標準差（standard deviation，簡寫為 SD 或 S）則表示該組數字的分散情形。

一、從未歸類資料求平均數和標準差

（一）公式

$$\bar{x} = \frac{\Sigma x}{N} \qquad \Sigma x：每一名受試者得分的總和；N：總人數$$

$$SD_1 = \sqrt{\frac{\Sigma(x_i - \bar{x})^2}{N}} \qquad SD_2 = \sqrt{\frac{\Sigma(x_i - \bar{x})^2}{N - 1}}$$

　　如果要由樣本所求得之標準差，來推論母群體的標準差，則使用 SD_2，否則採用 SD_1。

（二）例題

　　假設某國小三年甲班 50 名學生，第一次月考數學分數由高至低排列，如表 16-1 所示。試求其平均數和標準差。

表 16-1　50 名學生數學分數

98	97	93	90	88	86	85	84	83	82
81	80	79	78	77	77	76	76	75	75
74	74	74	73	72	72	71	71	70	69
69	68	67	67	66	66	64	63	63	62
61	61	59	58	57	56	55	53	51	48

$$\Sigma x = 98 + 97 + 93 + 90 + \cdots\cdots + 55 + 53 + 51 + 48 = 3594$$

$$\Sigma x^2 = 98^2 + 97^2 + 93^2 + 90^2 + \cdots\cdots + 55^2 + 53^2 + 51^2 + 48^2 = 264974$$

$$\bar{x} = \frac{\Sigma x}{N} = \frac{3594}{50} = 71.88$$

$$SD = \sqrt{\frac{\Sigma(x_i - \bar{x})^2}{N}} = \sqrt{\frac{\Sigma x^2 - \frac{(\Sigma x)^2}{N}}{N}} = \sqrt{\frac{264974 - \frac{(3594)^2}{50}}{50}} = 11.52$$

二、從已歸類資料求平均數和標準差

（一）公式

$$\bar{x} = \bar{x}' + \frac{\Sigma fd}{N}i \quad SD_1 = \frac{i}{N}\sqrt{N\Sigma fd^2 - (\Sigma fd)^2}$$

$$SD_2 = \sqrt{\frac{N\Sigma fd^2 - (\Sigma fd)^2}{N(N-1)}} \times i$$

（二）例題

將表 16-1 的資料歸類成表 16-2，再以簡捷法求其平均數和標準差。

表 16-2　以簡捷法求平均數和標準差

i = 5	f	d	fd	fd²
96-100	2	5	10	50
91-95	1	4	4	16
86-90	3	3	9	27
81-85	5	2	10	20
76-80	7	1	7	7
71-75	10	0	0	0
66-70	8	−1	− 8	8
61-65	6	−2	−12	24
56-60	4	−3	−12	36
51-55	3	−4	−12	48
46-50	1	−5	− 5	25
	N = 50		Σfd = −9	Σfd² = 261

$$SD_1 = \frac{i}{N}\sqrt{N\Sigma fd^2 - (\Sigma fd)^2}$$

$$= \frac{5}{50}\sqrt{50(261) - (-9)^2}$$

$$\bar{x} = \bar{x}' + \frac{\Sigma fd}{N}i$$

$$= 73 + \frac{(-9)}{50} \times 5$$

$$= 72.1$$

$$SD_2 = \frac{\sqrt{N\Sigma fd^2 - (\Sigma fd)^2}}{N(N-1)} \times i$$

$$\frac{\sqrt{50(261) - (-9)^2}}{50(50-1)} \times 5$$

$$= 11.50$$

　　利用未歸類資料所求得之平均數和標準差，其準確性高，但比較花時間，利用已歸類資料求平均數和標準差，所得到的資料不如未歸類資料準確，但是比較省時、方便。

三、統計資料分配圖示法

　　利用圖畫來表達統計資料，容易讓讀者一目了然，表 16-1 的資料可繪成直方圖與多邊圖，如圖 16-1 所示。

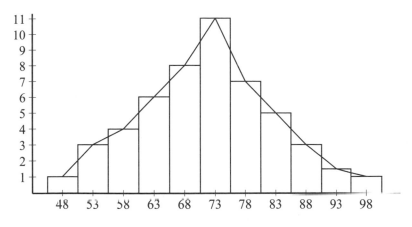

圖 16-1　50 名學生數學分數分配直方圖與次數多邊圖

四、兩個平均數之差異顯著性檢定

（一）獨立樣本

1. 當兩個樣本所屬母群體的標準差 σ_1 和 σ_2 均已知時

$$Z = \frac{(\bar{x}_1 - \bar{x}_2) - (\mu_1 - \mu_2)}{\sqrt{\dfrac{\sigma_1^2}{n_1} + \dfrac{\sigma_2^2}{n_2}}}$$

(1)當 $H_0 : \mu_1 = \mu_2$ 時，上式可以簡化為：

$$Z = \frac{\bar{x}_1 - \bar{x}_2}{\sqrt{\dfrac{\sigma_1^2}{n_1} + \dfrac{\sigma_2^2}{n_2}}}$$

(2)當 $\sigma_1 = \sigma_2 = \sigma$ 時，上式可以改為：

$$Z = \frac{\bar{x}_1 - \bar{x}_2}{\sigma} \times \sqrt{\frac{n_1 n_2}{n_1 + n_2}}$$

例題：某研究者自大新國小隨機抽出 42 名男生、39 名女生，實施魏氏兒童智力測驗（$\sigma = 15$），結果男生平均智商為 108；女生平均智商為 106，試問該校男女生智商的差異，是否達到 .05 的顯著水準？

(1) $H_0 : \mu_1 = \mu_2$

   $H_1 : \mu_1 \neq \mu_2$

(2) $\sigma_1 = \sigma_2 = \sigma$

(3) $\alpha = .05$，雙尾檢定關鍵值為 $Z = \pm 1.96$

(4) $Z = \dfrac{\bar{x}_1 - \bar{x}_2}{\sqrt{\dfrac{\sigma_1^2}{n_1} + \dfrac{\sigma_2^2}{n_2}}} = \dfrac{108 - 106}{\sqrt{\dfrac{15^2}{42} + \dfrac{15^2}{39}}} = 0.60$

(5) $Z = 0.60 < 1.96$，因此接受 H_0，即該校男女生智商並無顯著差異（$p > .05$）。

2. 當 σ_1 與 σ_2 未知時

假定 $\sigma_1 = \sigma_2 = \sigma$，用下列公式檢定：

$$t = \dfrac{\bar{x}_1 - \bar{x}_2}{\sqrt{\dfrac{(n_1 - 1)S_1^2 + (n_2 - 1)S_2^2}{n_1 + n_2 - 2} \left(\dfrac{1}{n_1} + \dfrac{1}{n_2} \right)}}$$

例題：甲校 56 名學生與乙校 66 名學生，同時參加英文能力測驗，結果如表 16-3 所示。試檢定這兩校學生英文能力是否有顯著差異？（$\alpha = .05$）

表 16-3　甲乙兩校學生英文的平均分數與標準差

	甲校	乙校
平均數	$\bar{x}_1 = 67.2$	$\bar{x}_2 = 64.5$
標準差	$SD_1 = 2.53$	$SD_2 = 2.64$
人　數	$n_1 = 56$	$n_2 = 66$

(1) $H_0 : \mu_1 = \mu_2$

   $H_1 : \mu_1 \neq \mu_2$

(2) σ_1 與 σ_2 未知，而且 S_1^2 與 S_2^2 差異不大，所以假設 $\sigma_1 = \sigma_2 = \sigma$

(3) 自由度 df $= n_1 + n_2 - 2 = 56 + 66 - 2 = 120$，查附錄表 B，$\alpha = .05$，雙尾檢定，$t$ 之關鍵值為 ± 1.98

(4) $t = \dfrac{67.2 - 64.5}{\sqrt{\dfrac{(56 - 1)(2.53)^2 + (66 - 1)(2.64)^2}{56 + 66 - 2}\left(\dfrac{1}{56} + \dfrac{1}{66}\right)}} = 5.74$

(5) $t = 5.74 > 1.98$，因此拒絕 H_0，接受 H_1，即甲乙兩校學生英文能力已達到 .05 之顯著差異水準。

假定 $\sigma_1 \ne \sigma_2$，而且大樣本（n_1、n_2 皆大於 30）的情況，使用下列公式：

$$t = \dfrac{\bar{x}_1 - \bar{x}_2}{\sqrt{\dfrac{S_1^2}{n_1} + \dfrac{S_2^2}{n_2}}}$$

例題：男女生跳遠測量結果如表 16-4 所示，試檢定男女生跳遠是否有顯著差異？（$\alpha = .05$）

表 16-4　男女生跳遠的平均數與標準差

	男生	女生
人　數	$n_1 = 116$	$n_2 = 108$
平均數	$\bar{x}_1 = 5.89$	$\bar{x}_2 = 4.23$
標準差	$S_1 = 0.87$	$S_2 = 0.74$

(1) $H_0 : \mu_1 = \mu_2$

　　$H_1 : \mu_1 \ne \mu_2$

(2) 由於 S_1 與 S_2 差異頗大，所以假設 $\sigma_1 \ne \sigma_2$

(3) n_1、n_2 皆大於 30，屬於大樣本

(4) $\alpha = .05$，雙尾檢定，df $= n_1 + n_2 - 2 = 116 + 108 - 2 = 222$，查附錄表 B，$t$ 之關鍵值為 ± 1.96

(5) $t = \dfrac{5.89 - 4.23}{\sqrt{\dfrac{(0.87)^2}{116} + \dfrac{(0.74)^2}{108}}} = 15.41$

(6) 因 $t = 15.41 > 1.96$，所以拒絕 H_0，接受 H_1，即男女生跳遠成績，已達到 .05 之顯著差異水準。

$\sigma_1 \neq \sigma_2$ 時，而且又是小樣本 $n < 30$ 的情況，可使用下列公式：

$$t = \frac{\bar{x}_1 - \bar{x}_2}{\sqrt{\dfrac{S_1^2}{n_1} + \dfrac{S_2^2}{n_2}}}$$

例題：男女生投擲鉛球，測量結果如表 16-5 所示，試檢定男女生投擲鉛球是否有顯著差異？

表 16-5　男女生投擲鉛球之平均數、標準差

	男生	女生
人　數	$n_1 = 26$	$n_2 = 22$
平均數	$\bar{x}_1 = 5.27$	$\bar{x}_2 = 4.37$
標準差	$S_1 = 0.84$	$S_2 = 0.78$

(1) $H_0 : \mu_1 = \mu_2$

$\quad H_1 : \mu_1 \neq \mu_2$

(2) $\sigma_1 \neq \sigma_2$ ，小樣本（$n < 30$），t 檢定

(3) $\alpha = .05$，雙尾檢定，自由度如下：

$$df = \frac{(\dfrac{S_1^2}{n_1} + \dfrac{S_2^2}{n_2})^2}{(\dfrac{S_1^2}{n_1})^2(\dfrac{1}{n_1 + 1}) + (\dfrac{S_2^2}{n_2})^2(\dfrac{1}{n_2 + 1})} - 2$$

$$df = \frac{\left[\dfrac{(0.84)^2}{26} + \dfrac{(0.78)^2}{22}\right]}{\left[\dfrac{(0.84)^2}{26}\right]^2\left(\dfrac{1}{26 + 1}\right) + \left[\dfrac{(0.78)^2}{22}\right]^2\left(\dfrac{1}{22 + 1}\right)} - 2 = 51$$

(4) $t = \dfrac{\bar{x}_1 - \bar{x}_2}{\sqrt{\dfrac{S_1^2}{n_1} + \dfrac{S_2^2}{n_2}}} = \dfrac{5.27 - 4.37}{\sqrt{\dfrac{(0.84)^2}{26} + \dfrac{(0.78)^2}{22}}} = 3.85$

(5) df = 51，查附錄表 B，t 之關鍵值為 2.02

(6)因為 $t = 3.85 > 2.02$，所以拒絕 H_0，接受 H_1，即男女生投擲
鉛球的距離達到 .05 之顯著差異水準。

（二）關聯樣本

1. 基本概念

　　兩組樣本之間存在某種關係，例如：以配對法構成兩組樣本，或
以同一組樣本接受兩次重複量數，均屬於關聯樣本。

2. 關聯樣本平均數差異檢定公式

$$t = \frac{\bar{x_1} - \bar{x_2}}{\sqrt{\dfrac{\Sigma d^2 - \dfrac{(\Sigma d)^2}{n}}{n(n-1)}}}$$

例題：10 名小學生第一月考與第二月考成績如表 16-6 所示，試檢定
　　　第二月考成績是否比第一月考有顯著進步，$\alpha = .05$。

(1) $H_0 : \mu_1 = \mu_2$

　　$H_1 : \mu_1 \neq \mu_2$

(2) $\alpha = .05$，單尾檢定，自由度 df = 10 − 1 = 9

(3)查附錄表 B，t 之關鍵值為 −1.83

(4) $t = \dfrac{75.3 - 77.3}{\sqrt{\dfrac{142 - \dfrac{(-22)^2}{10}}{10(10-1)}}} = -1.96$

(5)因為 $t = -1.96 < -1.83$，所以拒絕 H_0，接受 H_1，即第二次月
考成績顯著高於第一月考。

表 16-6　10 名小學生月考成績及其差異

學生	第一月考	第二月考	d	d^2
A	61	65	-4	16
B	78	84	-6	36
C	69	68	-1	1
D	74	75	-1	1
E	85	79	6	36
F	87	90	-3	9
G	66	69	-3	9
H	70	73	-3	9
I	73	77	-4	16
J	90	93	-3	9
	$\bar{x}_1 = 75.3$	$\bar{x}_2 = 77.3$	$\Sigma d = -22$	$\Sigma d^2 = 142$

第二節　相關統計分析

一、皮爾遜積差相關

（一）適用情況

兩個變數都是等距或比率變數資料。

（二）簡捷公式

$$r_{xy} = \frac{N\Sigma xy - \Sigma x \Sigma y}{\sqrt{N\Sigma x^2 - (\Sigma x)^2} \times \sqrt{N\Sigma y^2 - (\Sigma y)^2}}$$

（三）例題

10 名國中生，其數學和英文學期成績如表 16-7 所示，試求數學和英文成績之相關。

表 16-7　數學和英文成績相關之計算

學生	數學(x)	英文(y)	x^2	y^2	xy
A	23	47	529	2209	1081
B	27	40	729	1600	1080
C	17	41	289	1681	697
D	20	43	400	1849	860
E	24	41	576	1681	984
F	15	36	225	1296	540
G	18	34	324	1156	612
H	16	32	256	1024	512
I	22	48	484	2304	1056
J	28	38	784	1444	1064
10	210(Σx)	400(Σy)	4596(Σx^2)	16244(Σy^2)	8486(Σxy)

$$r_{xy} = \frac{N\Sigma xy - \Sigma x \Sigma y}{\sqrt{N\Sigma x^2 - (\Sigma x)^2} \times \sqrt{N\Sigma y^2 - (\Sigma y)^2}}$$

$$= \frac{10 \times 8486 - 210 \times 400}{\sqrt{10 \times 4596 - (210)^2} \times \sqrt{10 \times 16244 - (400)^2}} = .40$$

二、Phi（φ）相關

（一）適用情況

兩個變數都是二分變數，如性別分為男、女；婚姻分為已婚、未婚。

（二）計算公式

$$\varphi = \frac{p_{xy} - p_x p_y}{\sqrt{p_x q_x} \times \sqrt{p_y q_y}}$$

（三）例題

某研究者想了解性別與輟學的關係，表 16-8 是 16 名學生輟學情形，試求性別與輟學的關係。性別（x）：1 代表男性、0 代表女性；

輟學（y）：1 代表輟學、0 代表在學。

表 16-8　不同性別學生輟學情形

學生	A	B	C	D	E	F	G	H	I	J	K	L	M	N	O	P
x	1	0	1	1	0	1	1	0	1	0	1	1	1	0	1	0
y	1	0	0	1	0	0	0	0	1	0	0	1	0	0	0	0

p_x：男生所占的比率

p_y：輟學所占的比率

p_{xy}：男生又有輟學的比率

$$p_x = \frac{10}{16} \text{，} q_x = 1 - p_x = 1 - \frac{10}{16} = \frac{6}{16}$$

$$p_y = \frac{4}{16} \text{，} q_y = 1 - p_y = 1 - \frac{4}{16} = \frac{12}{16}$$

$$p_{xy} = \frac{4}{16}$$

$$\varphi = \frac{p_{xy} - p_x p_y}{\sqrt{p_x q_x} \times \sqrt{p_y q_y}} = \frac{\frac{4}{16} - \frac{10}{16} \times \frac{4}{16}}{\sqrt{\frac{10}{16} \times \frac{6}{16}} \times \sqrt{\frac{4}{16} \times \frac{12}{16}}} = .45$$

（四）顯著性檢定（或稱考驗）

將表 16-8 的資料，歸類成 2×2 的 χ^2 表，即可求得 χ^2 值：

	男生	女生	合計
在學	6	6	12
輟學	4	0	4
合計	10	6	16

$$\chi^2 = \frac{16(6 \times 0 - 6 \times 4)^2}{10 \times 6 \times 4 \times 12} = 3.20$$

　　查附錄表 C 得知 $\chi^2_{.05(1)} = 3.841$，$\chi^2 = 3.20 < 3.841$ 未達顯著水準，所以學生輟學與性別並無顯著關係存在。

三、點二系列相關

（一）適用情況

一個變數為二分名義變數，另一個變數為等距或比率變數。

（二）公式

$$r_{pb} = \frac{\bar{x}_p - \bar{x}_q}{s_t} \sqrt{pq}$$

（三）例題

某研究者想了解數學成績與性別的關係。表 16-9 為 15 名小學生的數學成績，試問數學成績與性別之間有無相關存在？

x ：數學成績

y ：1 為男生、0 為女生

$\bar{x}_p$：男生數學平均成績

$\bar{x}_q$：女生數學平均成績

S_t：全體男女生數學成績之標準差

p ：男生占全體學生之人數百分比

q ：女生占全體學生之人數百分比

表 16-9　15 名小學生數學成績

學生	A	B	C	D	E	F	G	H	I	J	K	L	M	N	O
y	1	0	0	0	0	0	1	1	1	1	1	1	0	1	1
x	75	70	85	80	84	79	85	90	92	87	85	82	68	82	86

$$\bar{x}_p = \frac{75 + 85 + 90 + 92 + 87 + 85 + 82 + 82 + 86}{9} = 84.89$$

$$\bar{x}_q = \frac{70 + 85 + 80 + 84 + 79 + 68}{6} = 77.67$$

$$S_t = \sqrt{\frac{\Sigma(x_i - \bar{x})^2}{N}}$$

$$\bar{x} = \frac{75 + 70 + 85 + 80 + 84 + 79 + 85 + 90 + 92 + 87 + 85 + 82 + 68 + 82 + 86}{15} = 82$$

$$S_t = \sqrt{\frac{(75 - 82)^2 + (70 - 82)^2 + \cdots + (86 - 82)^2}{15}} = 6.92$$

$$p = \frac{6}{15} \quad q = \frac{9}{15}$$

$$r_{pb} = \frac{\bar{x}_p - \bar{x}_q}{S_t}\sqrt{pq} = \frac{84.89 - 77.67}{6.92}\sqrt{\frac{6}{15} \times \frac{9}{15}} = .51$$

（四）顯著性考驗

查附錄表 D，當 α＝.05、$df = N - 2 = 15 - 2 = 13$，查表得到臨界相關係數為 .514，因為計算結果 .51 小於 .514，所以未達顯著水準。換言之，這 15 名小學生的數學成績與性別並無顯著相關存在。

四、二系列相關

（一）適用情境

一個變數以人為方式分為兩類，另一個變數原為常態連續變數，以人為方式分成二分變數，例如：學業成績原為常態連續分配，將其分成及格與不及格、答對與答錯。

（二）公式

$$r_b = \frac{\bar{x}_p - \bar{x}_q}{S_t} \times \frac{pq}{y} \ ; \ r_b = \frac{r_{pb}\sqrt{pq}}{y}$$

$\bar{x}_p$ ：二分變數中，一個連續變數的平均數

$\bar{x}_q$ ：二分變數中，另一個連續變數的平均數

S_t ：連續變數的標準差

p ：一個二分變數，占所有二分變數的比率

q ：另一個二分變數，占所有二分變數的比率

y ：p 常態曲線的高度（從統計常態分配表可以查得到）

（三）例題

試求表 16-10 之二系列相關係數。

表 16-10　二系列相關統計數字

x	70	69	71	66	72	68	72	67	74	70	65	67	73	71	72	75
y	0	1	1	0	1	0	1	0	1	0	1	0	1	1	0	1

上表中 ，x 為連續變數，代表數學分數；y 變數為常態二分名義變數。1 代表音樂成績及格、0 代表音樂成績不及格。

$$p = \frac{9}{16} = .5625 \quad q = 1 - p = .4375 \quad y = .3653$$

$$\bar{x}_p = \frac{642}{9} = 71.33 \quad \bar{x}_q = \frac{480}{7} - 68.57$$

$$S_t = \sqrt{\frac{\Sigma x^2 - \frac{(\Sigma x)^2}{N}}{N}} = \sqrt{\frac{78808 - \frac{(1122)^2}{16}}{16}} = 2.8257$$

$$r_b = \frac{71.33 - 68.57}{2.8257} \times \frac{(.5625)(.4375)}{.3653} = .66$$

（四）顯著性考驗

$$Z = \frac{r_b yN}{\sqrt{NPQ}} = \frac{.66 \times .3653 \times 16}{\sqrt{16 \times .5625 \times .4375}} = 1.94$$

因 $r_b = .66 < 1.94$，所以數學分數與音樂是否及格並無顯著相關存在。r_b 值有時會大於 1，所以在教育研究上使用它的機會不多。

五、斯皮爾曼等級相關

（一）適用時機

當兩個變數都是次序變數時，適用之。

（二）公式

$$r_s = 1 - \frac{6\Sigma d^2}{N^3 - N} \quad \text{d 為等第之差；N 為接受評量的作品數}$$

（三）例題

　　某國文教師先後兩次對 10 名學生的作文加以評分，試求兩次評分等級的相關。假設兩次評分結果與等第如表 16-11 所示。

表 16-11　兩次評分結果與等第

學生	第一次評分	第二次評分	等第 x	等第 y	d	d²
A	74	72	7	6	1	1
B	87	85	2	4	−2	4
C	79	81	5	5	0	0
D	66	69	8	8	0	0
E	86	88	3	3	0	0
F	90	89	1	2	−1	1
G	64	68	9	9	0	0
H	75	70	6	7	−1	1
I	57	61	10	10	0	0
J	85	91	4	1	3	9
N = 10						$\Sigma d^2 = 16$

$$r_s = 1 - \frac{6\Sigma d^2}{N^3 - N} = 1 - \frac{6 \times 16}{10^3 - 10} = .90$$

（四）顯著性考驗

　　假如 N 介於 4 至 30 之間，又要進行單尾檢定時，可以使用表 16-12 來檢定其顯著性。如果計算結果 r_s 值大於該表中的數字，就表示達到顯著水準。

表 16-12　斯皮爾曼等級相關係數(r_s)臨界值

| | 單尾檢定顯著水準 | |
N	.05	.01
4	1.000	
5	.900	1.000
6	.829	.943
7	.714	.893
8	.643	.833
9	.600	.783
10	.564	.746
12	.506	.712
14	.456	.645
16	.425	.601
18	.399	.564
20	.377	.534
22	.359	.508
24	.343	.485
26	.329	.465
28	.317	.448
30	.306	.432

六、肯德爾和諧係數

（一）適用時機

分析三名以上的評分者，對相同作品所評定等第的一致性。

（二）公式

$$W = \frac{12S}{k^2(N^3 - N)} \quad S = \Sigma R_i^2 - \frac{(\Sigma R_i)^2}{N}$$

R_i：被評作品的等第

S：每一個 R_i 離開 $\overline{R}$ 之離均差平方和

　k：評分者人數

　N：被評的人數或作品數

（三）例題

　　5 名小學教師評定 7 名學生的美術作品，排列等第如表 16-13 所示，這 5 名教師評定結果的一致性如何？

表 16-13　5 名教師評定 7 位學生作品之等第

k = 5 評審教師	美術作品編號（N = 7）						
	1	2	3	4	5	6	7
A	3	6	1	7	5	4	2
B	5	3	2	6	1	3	4
C	4	5	2	3	6	7	1
D	4	5	1	6	2	7	3
E	5	7	1	4	3	2	6
R_i	21	26	7	26	17	23	16

$$\Sigma R_i = 21 + 26 + 7 + 26 + 17 + 23 + 16 = 146$$

$$\Sigma R_i^2 = 21^2 + 26^2 + 7^2 + 26^2 + 17^2 + 23^2 + 16^2 = 3476$$

$$W = \frac{12(3476 - \frac{146^2}{7})}{5^2(7^3 - 7)} = .62$$

（四）顯著性考驗

　　當 $3 \leq k \leq 20$ 以及受評者 $3 \leq N \leq 7$ 時，可以表 16-14 來檢定 W 係數是否達到顯著水準。若 N > 7，則將 W 代入公式：$\chi^2 = k(N - 1)W$，求得 χ^2 值之後查附錄表 C。

表 16-14　肯德爾和諧係數(W)之臨界值

	N = 3		k	N = 4		N = 5		N = 6		N = 7	
k	.05	.01	k	.05	.01	.05	.01	.05	.01	.05	.01
8	.376	.522	3	—	—	.716	.840	.660	.780	.624	.737
9	.333	.469	4	.619	.768	.552	.683	.512	.629	.484	.592
10	.300	.425	5	.501	.644	.449	.571	.417	.524	.395	.491
12	.250	.359	6	.421	.553	.378	.489	.351	.448	.333	.419
14	.214	.311	8	.318	.429	.287	.379	.267	.347	.253	.324
15	.200	.291	10	.256	.351	.231	.309	.215	.282	.204	.263
16	.187	.274	15	.171	.240	.155	.211	.145	.193	.137	.179
18	.166	.245	20	.129	.182	.117	.160	.109	.146	.103	.136
20	.150	.221									

$$\chi^2 = k(N - 1)W，df = n - 1$$
$$\chi^2 = 5(7 - 1) \times .62 = 18.60$$

查附錄表 C，得 $\chi^2_{.01(7-1)} = \chi^2_{.01(6)} = 16.81$。因計算結果 $\chi^2 - 18.60 >$ 16.81，所以 W 係數達到相當顯著水準，$p < .01$。

七、列聯相關

（一）適用資料

當兩個變數都是名義變數，而且都大於兩個類別時，可使用列聯相關。

（二）公式

$$C = \sqrt{\frac{\chi^2}{N + \chi^2}}$$

　　C：列聯相關係數

　　χ^2：卡方

　　N：人數

（三）例題

　　某教育學者想探討學生家庭社經水準與學業成績的關係，結果如表 16-15。試分析學生家庭社經水準與學業成績之間，有無顯著關聯。

表 16-15　家庭社經水準與學業成績的列聯相關

		\多column{3}{家庭社經水準}		合計
		高	中	低	合計
學業成績	優	15	11	4	30
	良	13	9	5	27
	劣	10	8	10	28
		38	28	19	85

註：表內數字為人數

$$\chi^2 = 85(\frac{15^2}{38 \times 30} + \frac{11^2}{28 \times 30} + \frac{4^2}{19 \times 30} + \cdots + \frac{10^2}{19 \times 28} - 1)$$

$$= 4.56$$

$$C = \sqrt{\frac{\chi^2}{N + \chi^2}} = \sqrt{\frac{4.56}{85 + 4.56}} = .23$$

（四）顯著性檢定

　　因 $\chi^2 = 4.56$，小於查表 $\chi^2_{.05(4)} = 9.49$，所以 C = .23，未達到顯著水準。由此可知，家庭社經水準與學業成績沒有顯著的關聯。

八、相關比（曲線相關）

（一）適用情境

　　當 x 與 y 兩個變數，x 變數增加，y 變數也隨之增加，但 x 變數增加到某一程度之後，y 變數反而減少。

（二）公式

$$\eta^2 = \frac{SS_b}{SS_t} \; , \; SS_b = \Sigma \frac{T_j^2}{n_j} - \frac{T^2}{N} \; , \; SS_t = \Sigma\Sigma x^2 - \frac{T^2}{N}$$

（三）例題

某研究者想了解記憶力與年齡的關係，20 名受試者記憶測驗分數，如表 16-16 所示。

表 16-16　相關比計算過程

	年齡					
	10	20	30	40	50	
記憶分數	22	25	23	20	16	
	20	24	22	18	14	
	25	28	25	21	18	
	18	23	22	19	16	
n_j	4	4	4	4	4	N = 20
T_j	85	100	92	78	64	T = 419
$\bar{x}_j$	21.25	25	23	19.5	16	

$$SS_b = \Sigma \frac{T_j^2}{n_j} - \frac{T^2}{N} = (\frac{85^2}{4} + \frac{100^2}{4} + \frac{92^2}{4} + \frac{78^2}{4} + \frac{64^2}{4}) - \frac{419^2}{20}$$
$$= 189.2$$

$$SS_t = \Sigma\Sigma x^2 - \frac{T^2}{N} = (22^2 + 25^2 + 23^2 + \cdots\cdots + 19^2 + 16^2) - \frac{419^2}{20}$$
$$= 248.95$$

$$\eta^2 = \frac{189.20}{248.95} = 0.76$$

$$F = \frac{\eta^2/k - 1}{(1 - \eta^2)/(N - K)} = \frac{0.76/5 - 1}{(1 - 0.76)/(20 - 5)} = 2.33$$

$$df = (k - 1 \, , \, N - K) \quad df = (4 \, , \, 15)$$

因為計算所得 F 值 2.33 小於查附錄表 E 的 $F_{.05(4,15)} = 3.06$，所以 η^2 未達顯著水準，也就是說記憶力與年齡之間沒有曲線相關存在。

九、淨相關

（一）基本概念

淨相關是指，兩個變數在除去其他變數影響之後，這兩個變數之間的相關程度，例如：某研究者發現大學成績與高中成績有高相關，但是大學與高中成績都會受到另一個變數 IQ 的影響，所以大學成績與高中成績的淨相關，就是把 IQ 的影響去除之後，兩者之間的相關。

（二）公式

$$r_{12.3} = \frac{r_{12} - r_{13}r_{23}}{\sqrt{1 - r_{13}^2}\sqrt{1 - r_{23}^2}}$$

（三）例題

某學者想了解數學與體育成績的相關，卻發現數學、體育成績都與智力有正相關，表 16-17 是 10 名學生數學成績（x_1）、體育成績（x_2）和智力測驗分數（x_3），試計算排除智力變數的影響之後，數學和體育分數的淨相關有多大。

表 16-17　10 名學生數學、體育與智力分數

學生	x_1	x_2	x_3
A	62	69	105
B	70	73	110
C	75	69	121
D	81	80	115
E	56	58	100
F	86	78	95
G	71	75	90
H	74	67	126
I	90	78	95
J	68	72	90

$\Sigma x_1 = 733$　$\Sigma x_2 = 719$　$\Sigma x_3 = 1047$

$\Sigma x_1^2 = 54703$　$\Sigma x_2^2 = 52081$　$\Sigma x_3^2 = 111117$

$\Sigma x_1 x_2 = 53198$

$\Sigma x_1 x_3 = 76754$

$\Sigma x_2 x_3 = 75116$

$$r_{12} = \frac{N\Sigma x_1 x_2 - \Sigma x_1 x_2}{\sqrt{N\Sigma x_1^2 - (\Sigma x_1)^2} \times \sqrt{N\Sigma x_2^2 - (\Sigma x_2)^2}}$$

$$= \frac{10 \times 53198 - 733 \times 719}{\sqrt{10(54703) - (733)^2} \times \sqrt{10(52081) - (719)^2}} = .8089$$

$$r_{13} = \frac{N\Sigma x_1 x_3 - \Sigma x_1 x_3}{\sqrt{N\Sigma x_1^2 - (\Sigma x_1)^2} \times \sqrt{N\Sigma x_3^2 - (\Sigma x_3)^2}}$$

$$= \frac{10 \times 76754 - 733 \times 1047}{\sqrt{10(54703) - (733)^2} \times \sqrt{10(111117) - (1047)^2}} = .0074$$

$$r_{23} = \frac{N\Sigma x_2 x_3 - \Sigma x_2 \Sigma x_3}{\sqrt{N\Sigma x_2^2 - (\Sigma x_2)^2} \times \sqrt{N\Sigma x_3^2 - (\Sigma x_3)^2}}$$

$$= \frac{10 \times 75116 - 719 \times 1047}{\sqrt{10(52081) - (719)^2} \times \sqrt{10(111117) - (1047)^2}} = .2152$$

$$r_{12.3} = \frac{.8089 - (.0074)(.2152)}{\sqrt{1 - (.0074)^2} \times \sqrt{1 - (.2152)^2}} = .82675$$

（四）顯著性檢定

$$t = \frac{r_{12.3}}{\sqrt{\dfrac{1 - r_{12.3}^2}{N - 3}}} = \frac{.82675}{\sqrt{\dfrac{1 - (.82675)^2}{10 - 3}}} = 3.89$$

　　由於 $t = 3.89$ 大於查表 $t_{.975(7)} = 2.365$（參見附錄表 B），所以已達顯著水準。換言之，在排除智力因素之後，數學與體育成績仍然有相關存在。

十、複相關

（一）基本概念

一個變數與兩個以上變數的相關稱為複相關，又稱為多元相關。

（二）公式

$$R_{1.23} = \sqrt{\frac{r_{12}(r_{12} - r_{13}r_{23}) + r_{13}(r_{13} - r_{12}r_{23})}{1 - r_{23}^2}}$$

$R_{1.23}$ 為變數 x_1 對變數 x_2、x_3 的複相關係數。

r_{12}、r_{13} 與 r_{23} 為 x_1、x_2 與 x_3 之間的簡單相關。

（三）例題

以表 16-17 的資料為例，數學成績（x_1）對體育成績（x_2）及 IQ（x_3）的複相關如下：

$$R_{1.23} = \sqrt{\frac{.8089\left[.8089 - (.0074)(.2152)\right] + .0074\left[.0074 - (.8089)(.2152)\right]}{1 - (.2152)^2}}$$
$$= .6834$$

（四）顯著性檢定

$$F = \frac{R^2/k}{1 - R^2/N - k - 1}$$

R^2：複相關

k：自變數（預測變項）的數目

N：總人數

df：K，N － k － 1

以表 16-18 的資料為例，將 R ＝.6834 代入公式，就可以得到：

$$F = \frac{(.6834)^2/2}{1 - (.6834)^2/10 - 2 - 1} = 3.07$$

查附錄表 E，df ＝（2，7），$F_{.05(2 , 7)}$＝ 4.74 ，因計算結果 F ＝ 3.07，小於查表 $F_{.05(2 , 7)}$＝ 4.74，所以未達顯著水準。由此可知，數學、體育成績與智商之間，並無顯著相關存在。

表 16-18　影響國小學生學業成績因素之逐步迴歸分析結果

步驟	投入變項順序	多元相關係數	決定係數（R^2）	R^2 增加量	F 值
1	智　　　力	.298	.089		164.32**
2	學 習 方 法	.316	.099	.010	90.43**
3	健 康 狀 況	.375	.141	.042	58.31**
4	教 學 方 法	.419	.176	.035	42.26**
5	學 習 動 機	.463	.214	.038	37.76**
6	母 親 的 期 望	.481	.231	.017	32.74**
7	父 親 的 期 望	.504	.254	.023	27.68**
8	課 後 輔 導	.527	.278	.024	23.35**
9	性　　　別	.530	.281	.003	20.07**
10	學 習 環 境	.543	.295	.014	18.89**
11	教師的期望	.549	.301	.006	16.44**
12	同 儕 競 爭	.557	.310	.009	9.38**
13	居 住 地 區	.588	.346	.036	5.05 *

*p ＜.05 **p ＜.01

十一、其他相關

（一）典型相關

當自變數與依變數各有三個以上，就不宜求變數之間的兩兩相關。在這種情況之下，可以進行典型相關分析，藉以發現這兩類變數之間有幾組相關存在。

（二）多元迴歸分析

在一個研究中，有多個自變項，而只有一個依變項時，自變項又稱為預測變項，依變項又稱為效標變項，可採用多元迴歸分析，由多個自變項來預測依變項。多元迴歸分析係以相關分析為基礎的一種多變數分析法。

（三）逐步迴歸分析

研究者想探討若干個自變項與一個依變項之關係時，先投入與依變項相關最大的自變數，第二步以迴歸方法將第二個重要變項找出來，然後再尋找第三個自變項，如此逐步找出重要自變項加進去，一直到多元相關係數未達到顯著水準就停止下來。

以上三種相關計算過程複雜，請利用 SPSS for window 來處理，茲舉逐步迴歸分析的例子說明如下：某研究者想探討影響國小學生學業成績的相關因素，其自變項由 x_1 至 x_{13}，依變項 y，各分別如下：

x_1 ：智力	x_8 ：母親的期望
x_2 ：學習動機	x_9 ：教師的期望
x_3 ：學習方法	x_{10} ：教師教學方法
x_4 ：同儕競爭	x_{11} ：課後輔導
x_5 ：學習環境	x_{12} ：性別
x_6 ：健康狀況	x_{13} ：居住地區
x_7 ：父親的期望	y ：學業成績

逐步迴歸方程式為：

$$y = a + b_1x_1 + \cdots\cdots + b_nx_n + e$$

y：依變項

a：常數

$b_1 \cdots\cdots b_n$：各項迴歸係數

$x_1 \cdots x_n$：各個自變項

e：誤差

由表 16-18 來看，在逐步迴歸分析過程中，先求得各變項間之相關矩陣，然後首先投入智力變項，其相關係數為 .298，決定係數為 .089，達到相當顯著水準，一直到投入 13 個自變項之後，其多元相關係數為 .588，決定係數為 .346，F ＝ 5.05，p ＜.05。此後，再投入其他變項，多元相關係數就沒有顯著增加 p ＞.05，因此，研究者就可以認定這 13 個因素為影響國小學生學業成績的重要因素，這 13 個因素可以解釋與預測國小學生學業成績總變異量的 34.60 ％。

第三節　兩個母數的假設檢定

一、兩個百分比差異之顯著性檢定

（一）獨立樣本

公式

$$Z = \frac{p_1 - p_2}{\sqrt{pq(\dfrac{1}{n_1} + \dfrac{1}{n_2})}}$$

$p_1 = \dfrac{f_1}{n_1}$：第一個樣本具某行為或特質的人數百分比

$p_2 = \dfrac{f_2}{n_2}$：第二個樣本具某行為或特質的人數百分比

$p = \dfrac{f_1 + f_2}{n_1 + n_2}$：兩個樣本同時具有某行為或特質的人數百分比

$q = 1 - p$

例題：某研究者自城市隨機抽取 460 名國中生，調查發現有抽菸習慣者 25 人，鄉村國中生 320 人中有抽菸習慣者 16 人，試檢定城市與鄉村國中生抽菸人數百分比是否有顯著差異，$\alpha = .01$。

(1) $H_0 : p_1 = p_2$

  $H_1 : p_2 > p_2$

(2) $\alpha = .01$ 時，單尾檢定，查附錄表 F，關鍵值為 2.33

(3) $Z = \dfrac{\dfrac{25}{460} - \dfrac{16}{320}}{\sqrt{(\dfrac{25+16}{460+320})(1 - \dfrac{25+16}{460+320})(\dfrac{1}{460} + \dfrac{1}{320})}} = 0.27$

(4) 因為計算結果 $Z = 0.27 < 2.33$，所以接受 H_0，即城市國中生抽菸的人數百分比與鄉村並無顯著差異。

（二）關聯樣本

公式

$$Z = \frac{p_1 - p_2}{\sqrt{\dfrac{a+d}{N}}}$$

例題：85 名國中生，在七年級和八年級喜歡與不喜歡數學的人數百分比，如表 16-19 所示。試檢定七年級、八年級學生喜歡數學人數百分比，是否有顯著差異，$\alpha = .05$。

表 16-19　國中生喜歡與不喜歡數學的人數百分比

八年級＼七年級	不喜歡	喜歡	合計
喜歡	a = 0.28	b = 0.10	0.38
不喜歡	c = 0.37	d = 0.25	0.62
合計	0.65	0.35	1.00

(1) $H_0 : p_1 = p_2$

  $H_1 : p_2 \neq p_2$

(2) $\alpha = .05$ 時，雙尾檢定，Z 之關鍵值為 ± 1.96

(3) $Z = \dfrac{0.38 - 0.35}{\sqrt{\dfrac{0.28 + 0.25}{85}}} = 0.38$

(4)因為 $Z = 0.38 < 1.96$，所以接受 H_0，即七年級和八年級學生喜歡數學的人數百分比，並未達到 .05 之顯著差異水準。

二、相關係數差異檢定

（一）獨立樣本

公式
$$Z = \frac{Z_{r_1} - Z_{r_2}}{\sqrt{\dfrac{1}{n_1 - 3} + \dfrac{1}{n_2 - 3}}}$$

Z_{r_1}：由第一個樣本之 r 值轉換而來

Z_{r_2}：由第二個樣本之 r 值轉換而來

n_1 為第一個樣本人數， n_2 為第二個樣本人數

例題：某研究者隨機抽取七年級男生 127 名，女生 118 名，發現數學與音樂成績的相關男生為 .52、女生為 .45，試問男女生數學與音樂成績相關係數是否有顯著差異，$\alpha = .05$。

(1) $H_0 : \rho_1 = \rho_2$

  $H_1 : \rho_2 \neq \rho_2$

(2) $\alpha = .05$，雙尾檢定，查附錄表 F，Z 之關鍵值為 ± 1.96。

(3) $r = .52$，查附錄表 G，$Z_r = .576$

  $r = .45$，查附錄表 G，$Z_r = .485$

(4) $Z = \dfrac{.576 - .485}{\sqrt{\dfrac{1}{127 - 3} + \dfrac{1}{118 - 3}}} = 0.70$

(5)計算結果 $Z = 0.70 < 1.96$，所以接受 H_0，即男女生數學與音樂成績的相關並無顯著差異。

（二）關聯樣本

公式

$$t=\frac{(r_{12}-r_{13})\sqrt{(n-3)(1+r_{23})}}{\sqrt{2(1-r_{12}^2-r_{13}^2-r_{23}^2+2r_{12}r_{13}r_{23})}}$$

例題：某國小教師以 135 名學生為對象，分別實施智力測驗（x_1）與
人格測驗（x_2），並同時求此兩種測驗與學業成績（x_3）之相
關，結果發現 $r_{12}=.26$、$r_{13}=.59$、$r_{23}=.33$ ，試檢定智力測驗、
人格測驗與學業成績之相關，是否有顯著差異（$\alpha=.05$）。

(1) $H_0：\rho_{12}=\rho_{13}$

$H_1：\rho_{12}\neq\rho_{13}$

(2) $\alpha=.05$，雙尾檢定，$df = n - 3 = 135 - 3 = 132$

(3) 查附錄表 B，t 關鍵值為 ± 1.96

(4) $t=\dfrac{(.26-.59)\sqrt{(135-1)(1+.33)}}{\sqrt{2\left[1-(.26)^2-(.59)^2-(.33)^2+2(.26)(.59)(.33)\right]}}$

$=-3.76$

(5) $t=-3.76<-1.96$，因此推翻 H_0，接受 H_1 ，即智力測驗、人
格測驗與學業成績之相關的差異，已達到 .05 之顯著差異水準。

第四節　卡方檢定

　　卡方檢定，適於處理人數或次數資料，調查研究常使用這種統計
方法。

一、適合度檢定

　　適合度檢定的主要目的，在比較觀察得到的次數分配，與期望次
數分配之相符合程度。

公式

$$\chi^2 = \Sigma \frac{(f_o - f_e)^2}{f_e}$$

f_o：觀察次數　f_e：期望次數　df = n − 1

例題：某研究者調查 100 名小學生假日活動，結果如表 16-20 所示。看電視有 24 人、看書報 13 人、逛街 9 人、郊遊 19 人、參加才藝班 35 人，試檢定各種假日活動的人數，是否有顯著差異（α = .05）。

表 16-20　小學生假日活動之 χ^2 檢定

活動項目	f_o	f_e	$f_o - f_e$	$(f_o - f_e)^2$	$\dfrac{(f_o - f_e)^2}{f_e}$
看電視	24	20	4	16	0.80
看書報	13	20	− 7	49	2.45
逛　街	9	20	−11	121	6.05
郊　遊	19	20	− 1	1	0.05
才藝班	35	20	15	225	11.25
	N = 100	100			χ^2 = 20.6

(1) $H_0 : p_1 = p_2 = p_3 = p_4 = p_5 = \dfrac{1}{5}$（各種活動之百分比各占 20 ％）

(2) $\chi^2 = \Sigma \dfrac{(f_o - f_e)^2}{f_e} = 20.60$

(3) df = 5 − 1 = 4，查附錄表 C，$\chi^2_{.05(4)} = 9.488$

(4)因計算結果 $\chi^2 = 20.60 > 9.488$，所以拒絕 H_0，即小學生各項假日活動人數分配不均勻。

二、獨立性檢定

獨立性檢定的功能在分析兩個類別變項之間，是否彼此獨立或有相互關聯。檢定之前須先將資料化成雙向度列聯表（contingency table），每一向度為一個變項，藉以分析兩個變項之間的關聯。

例題：某研究者調查 120 名中學教師對在職進修的態度，結果如表 16-21 所示。試檢定不同性別教師對在職進修的態度有無顯著差異。

表 16-21　不同性別中學教師對在職進修態度的人數

性別 ＼ 態度	同意	無意見	不同意	合計
男	30	11	16	57
女	23	9	31	63
合計	53	20	47	120

(1) H_0：男女教師的態度相同

(2) $\chi^2 = 120(\dfrac{30^2}{53 \times 57} + \dfrac{11^2}{20 \times 57} + \dfrac{16^2}{47 \times 57} + \cdots\cdots + \dfrac{31^2}{47 \times 63} - 1)$
　　$= 5.63$

(3) df $= (r-1)(c-1) = (2-1)(3-1) = 2$；r 為橫列，c 為縱行

(4)查附錄表 C，$\chi^2_{.05(2)} = 5.99$

(5)計算結果 $\chi^2 = 5.63 < 5.99$，所以接受 H_0，即男女教師對進修態度無顯著差異。

三、卡方檢定應注意事項

1.各細格（cell）的期望次數大於 5 者，至少要占所有細格數的 80 ％以上。

2.若細格內期望次數小於 5 者，超過總細格數 20 ％以上，應將鄰近細格內之數字合併。

3.當列聯表為 2 × 2，即 r = 2、c = 2、df = 1 時，且期望次數小於 10 時，應進行 Yates 校正。校正時凡期望次數大於觀察次數者，觀察次數就加 0.5。反之，若觀察次數大於理論次數者，觀察次數就減 0.5。

第五節　變異數分析

一、基本概念

比較兩組以上平均數之間是否有顯著差異時，採用變異數分析（ANOVA），就可以同時一次加以檢定，而不必兩組兩組比較，這樣更為經濟實用。此外，變異數分析可以檢定各組之間與各組之內的變異是否有顯著差異。

二、單因子變異數分析

例題：某研究者想了解教學法對教學效果的影響，於是隨機抽取 24 名學生，其中 8 人接受 A 教學法，8 人接受 B 教學法，8 人接受 C 教學法。經過一學期之後，各教學法的學習成績如表 16-22 所示。試檢定三種教學法的教學效果是否有顯著差異。

表 16-22　三種教學法的學習成績

A	B	C
62	76	74
70	79	78
74	85	83
62	74	77
75	81	84
71	78	80
57	73	76
66	75	78

(1) $H_0 : \mu_1 = \mu_2 = \mu_3$

H_1 ：至少有兩組平均數不相等

(2)經統計結果如表 16-23。

表 16-23　三種教學法變異數分析摘要表

變異來源	SS	df	MS	F
組間	664.08	2	332.04	21.33**
組內	326.88	21	15.57	
全體	990.96	23		

**$p < .01$

(3) $\alpha = .01$，df（2，21），查附錄表 E，關鍵值 $F_{.01(2, 21)} = 5.78$

(4)因 F ＝ 21.33 ＞ 5.78，所以推翻 H_0，接受 H_1，即至少有兩組平均數不等。

(5)多重比較。當變異數結果 F 值達到顯著水準時，就表示至少有兩組平均數之間有顯著差異，這時就需要進行多重比較，才能夠進一步知道哪兩組之間有顯著差異。以 Scheffé 法進行事後比較結果如表 16-24 所示。

(6)由表 16-24 可知，A 與 B 教學法之間；A 與 C 教學法之間有相當顯著差異（$p < .01$）。

表 16-24　三種教學法之 Scheffé 事後比較

教學法	A	B
B	14.49**	
C	17.34**	0.13

**$p < .01$

三、多因子變異數分析

（一）二因子變異數分析（two-way ANOVA）

　　二因子變異數分析可分析二個自變數對一個依變數的影響，它可以檢定主要效果與交互作用。茲舉例如下：

　　某研究者隨機抽取 30 名學生，以簡單隨機法分發至六種情境，實驗結果如表 16-25 所示。試檢定：(1)三種教學法的學習成績之間是否有差異；(2)不同教材的學習成績是否有差異；(3)教學法與教材之間是否有交互作用存在。

表 16-25　教學法與教材的實驗結果

A＼B	講述法(b_1)	建構式(b_2)	啟發(b_3)
新(a_1)	66, 64, 66, 63, 61	68, 60, 64, 58, 60	62, 61, 58, 62, 63
舊(a_2)	62, 63, 64, 63, 65	54, 52, 58, 55, 58	52, 54, 52, 53, 53

　　經統計分析結果如表 16-26。由表 16-26 可知，不同的教學法、不同教材的學習成績，均達到相當顯著（$p < .01$）的差異水準，教學法與教材之間有相當顯著的交互作用，於是進一步進行單純主要效果檢定，結果如表 16-27。由該表來看，有 3 個 F 值達到相當顯著水準。

表 16-26　表 16-25 之變異數分析摘要表

變異來源	SS	df	MS	F
A（教學法）	202.8	1	202.8	36.87**
B（教材）	242.6	2	121.3	22.05**
A×B（交互作用）	83.4	2	41.7	7.58**
W. cell（誤差）	132	24	5.5	

**$p < .01$

表 16-27　單純主要效果檢定的變異數分析摘要表

變異來源	SS	df	MS	F
A 因子（教材）				
在 b_1（講述）	0.9	1	0.9	0.16
在 b_2（建構）	108.9	1	108.9	19.80**
在 b_3（啟發）	176.4	1	176.4	32.07**
B 因子（教學法）				
在 a_1（新教材）	20.8	2	10.4	1.89
在 a_2（舊教材）	305.2	2	152.6	27.75**
W. cell（誤差）	132	24	5.5	

**$p < .01$

　　因為單純主要效果 A 因子在 b_2、b_3 以及 B 因子在 a_2 之檢定均達到相當顯著水準，所以應進一步實施事後比較。常用的事後比較有：(1) Tukey 法；(2)Newman-kuels 法；(3)Scheffé 法。前兩者都只適用在各組人數相同的時候，以及兩組平均數之間的差異，如果各組人數不相同，或是想要比較兩組以上平均數之間的差異時，就要使用 Scheffé 法。不過 Scheffé 法比較不靈敏，所以在進行事後比較時，可以將 α 值設定在 .01，比較容易達到顯著水準。表 16-27 之事後比較，請參閱心理與教育統計學相關書籍，不在此詳加說明。

（二）三因子變異數分析

　　三因子變異數分析，係探討三個自變數對一個依變數的影響。這種變異數分析又可分為以下四類：

　　1.三個自變數均為獨立樣本。

　　2.兩個自變數為獨立樣本，一個自變數為相似樣本。

　　3.一個自變數為獨立樣本，兩個自變數為相似樣本。

　　4.三個自變數均為相依樣本。

在教育研究中使用三因子變異數分析的情況不多，在此舉一例說明之。某研究者想了解性別、年級、城鄉三因素，對建構式教學成績的影響，假設表 16-28 為 32 名受試者的學習成績。試檢定：(1)不同性別之間；(2)不同年級之間；(3)不同城鄉之間，受試者學習成績有無顯著差異。

表 16-28 建構式教學的成績

	高年級 b₁		低年級 b₂	
	城市 C₁	鄉村 C₂	城市 C₁	鄉村 C₂
男 a₁	66 70 64 69	61 62 65 64	72 66 71 74	60 61 65 59
女 a₂	68 65 67 64	62 60 61 58	70 67 68 71	65 64 63 62

經統計分析結果，列於表 16-29。由表 16-29 來看，不同年級之間有顯著差異（$F = 6.30$，$p < .05$）；城、鄉之間有相當顯著的差異（$F = 61.52$，$p < .01$）。

表 16-29 獨立樣本三因子變異數分析摘要表

變異來源	SS	df	MS	F
a 因子	6.12	1	6.12	1.20
b 因子	32.00	1	32.00	6.30*
c 因子	312.50	1	312.50	61.52**
a × b	10.13	1	10.13	1.99
a × c	3.13	1	3.13	0.62
b × c	12.50	1	12.50	2.46
a × b × c	15.12	1	15.12	2.98
誤差	122	24	5.08	
全體	513.5	31		

$F_{.95(1,24)} = 4.26$

$F_{.99(1,24)} = 7.82$

第六節　無母數統計法

一、基本概念

　　無母數統計（nonparametric statistics），是不必考慮樣本所屬母群分配的基本假設和要求的統計方法，這種統計方法大都適用於小樣本，同時適用於名義、類別和次序變數的資料，其計算方法比較簡單，統計結果不必推論到母群體。不過，如果資料符合母數統計的條件，而採用無母數統計，則不但浪費資料而且統計檢定力也比較差。無母數統計法有許多種，在此僅就常用的幾種分別說明之。

二、適用於次序變數的無母數統計法

（一）Mann-Whitney U 檢定法

　　這種檢定法適用於兩個獨立樣本都是次序變數資料時，在實際計算時可以分為以下兩類。

1. 各組人數小於 8 時

例題：某研究者觀察 6 名肢體殘障與 7 名聽覺障礙學生，每 10 分鐘記憶英文生字的字數，結果如表 16-30 所示，試檢定這兩類學生記憶生字有無顯著差異。

表 16-30 記憶生字的原始資料

肢體殘障(A)	聽覺障礙(B)
24	19
20	17
21	18
15	11
9	8
23	22
	14
$n_1 = 6$	$n_2 = 7$

(1)排成等級

等級	1	2	3	4	5	6	7	8	9	10	11	12	13
字數	8	9	11	14	15	17	18	19	20	21	22	23	24
組別	B	A	B	B	A	B	B	B	A	A	B	A	A

(2) A 組等級的總和 $2 + 5 + 9 + 10 + 12 + 13 = 51$，$T_1 = 51$

　 B 組等級的總和 $1 + 3 + 4 + 6 + 7 + 8 + 11 = 40$，$T_2 = 40$

(3) 計算 u 值

$$u_1 = n_1 n_2 + \frac{n_1(n_1 + 1)}{2} - T_1$$

$$= 6 \times 7 + \frac{6(6 + 1)}{2} - 51$$

$$= 12$$

$$u_2 = n_1 n_2 + \frac{n_2(n_2 + 1)}{2} - T_2$$

$$= 6 \times 7 + \frac{7(7 + 1)}{2} - 40$$

$$= 30$$

　　取 u_1 與 u_2 較小者作為 u 值，因為 $u_1 = 12$ 比較小，所以 $u = u_1 = 12$

(4) 查附錄表 H，$n_1 = 6$、$n_2 = 7$、$\alpha = .05$，雙尾檢定，$p = .025$，

　　關鍵值為 7，因 $u = 12 > 7$，所以這兩類障礙學生記憶英文字

　　數未達到顯著差異水準。

2. 當 n_1 和 n_2 都大於 8 時

當 n_1 和 n_2 都大於 8 時，就接近常態分配，u 的平均數和標準差可以使用下列公式：

$$u_1 = n_1 n_2 + \frac{n_1(n_1 + 1)}{2} - T_1$$

$$\mu_u = \frac{n_1 n_2}{2}$$

$$\sigma_u = \sqrt{\frac{n_1 n_2(n_1 + n_2 - 1)}{12}}$$

至於 u 值的顯著性檢定，就可以使用下列公式：

$$Z = \frac{u - \mu_u}{\sigma_\mu} = \frac{3(2u_1 - n_1 n_2)}{\sqrt{3 n_1 n_2(n_1 + n_2 + 1)}}$$

例題：某教師以建構式教學法教甲班，以傳統教學法教乙班，一個學期之後，這兩班學生的成績如表 16-31，試檢定這兩班學生成績有無顯著差異，$\alpha = .05$。

表 16-31　不同教學法的原始分數

建構式教學	傳統式教學
80	89
90	76
84	92
82	93
73	87
67	64
95	85
54	78
63	60
79	58
86	61

(1) H_0：甲、乙班成績無顯著差異

　　H_1：甲、乙班成績有顯著差異

(2)將全部原始分數由低而高排等第

建構式教學	12	19	14	13	8	7	22	1	5	11	16
傳統式教學	18	9	20	21	17	6	15	10	3	2	4

(3)建構式教學等第合計 $T = 12 + 19 + 14 + \cdots\cdots + 11 + 16 = 128$

$$u_1 = (11)(11) + \frac{11(11 + 1)}{2} - 128 = 59$$

$$Z = \frac{3(2 \times 59 - 11 \times 11)}{\sqrt{3 \times 11 \times 11 \times (11 + 11 + 1)}} = -0.01$$

(4)查附錄表 F，雙尾檢定結果 $Z_{.025} = -1.96$，因為 $-0.01 > -1.96$，所以應接受虛無假設，即這兩種教學法所得到的數學成績並無顯著差異。

（二）Wilcoxon 配對組符號等級檢定

這種檢定法不但顧及差值的符號，而且還顧及差值的大小，適用於同一個樣本重複測量兩次或兩個獨立樣本配對的情形。

1. 當 N < 25 時

例題：某國中一年級學生在學期初和學期末進行數學測驗，結果如表 16-32 所示。試檢定學期初和學期末數學成績是否有顯著不同，$\alpha = .05$。

表 16-32　10 名學生數學成績

學生	學期初成績	學期末成績	差值(d)	不管＋－號 d 值等第	較少數符號的等第絕對值
A	59	62	−3	3	
B	64	65	−1	−1	1
C	60	74	＋14	10	
D	71	67	＋4	4	
E	58	67	＋9	9	
F	54	59	−5	−5	5
G	88	81	＋7	7	
H	57	65	−8	−8	8
I	55	57	−2	−2	2
J	73	79	−6	6	
					I ＝ 16

　　顯著性檢定，將 T 值求出來之後，直接查附錄表 I，$T_{.05(10)} = 8$，計算結果 T ＝ 16 ＞ 8，所以學期初和學期末數學成績有顯著差異。

2. 當 N ＞ 25 時

　　Wilcoxon 符號等級檢定的 T 分配接近常態，其平均數和標準差公式如下：

(1)平均數 $\mu_T = \dfrac{N(N + 1)}{4}$

(2)標準差 $\sigma_T = \sqrt{\dfrac{N(N + 1)(N + 2)}{24}}$

要檢定所求得 T 值是否達到顯著水準，可使用下列公式：

$$Z = \frac{T - \mu_T}{\sigma_T}$$

例題：某研究者將 50 名學生分為兩組，A 組接受新教學法，B 組接受傳統教學法，結果如表 16-33 所示，試檢定這兩組學生成績有無顯著差異（$\alpha = .05$）。

表 16-33　兩種教學法的成績

配對	A	B	d＝A－B	｜d｜	｜d｜之等第	冠上原符號	取較少符號等第的絕對值
1	91	90	−1	1	1	− 1	
2	76	83	−7	7	19.5	−19.5	
3	74	79	−5	5	13.5	−13.5	
4	94	91	3	3	6	6	6
5	65	70	−5	5	13.5	−13.5	
6	63	57	6	6	17	17	17
7	52	62	−10	10	24.5	−24.5	
8	50	55	−5	5	13.5	−13.5	
9	75	68	7	7	19.5	19.5	19.5
10	67	75	−8	8	21.5	−21.5	
11	87	79	8	8	21.5	21.5	21.5
12	80	86	−6	6	17	−17	
13	70	74	−4	4	9.5	− 9.5	
14	55	60	−5	5	13.5	−13.5	
15	47	51	−4	4	9.5	−9.5	
16	64	60	4	4	9.5	9.5	9.5
17	84	78	6	6	17	17	17
18	80	83	−3	3	6	−6	
19	56	65	−9	9	23	−23	
20	73	75	2	2	3	−3	
21	79	81	−2	2	3	−3	
22	47	51	−4	4	9.5	−9.5	
23	40	42	−2	2	3	−3	
24	34	24	10	10	24.5	24.5	24.5
25	82	85	−3	3	6	−6	

$$T = 115$$

$$\mu_T = \frac{N(N + 1)}{4} = \frac{25(25 + 1)}{4} = 162.5$$

$$\sigma_T = \sqrt{\frac{N(N + 1)(2N + 1)}{24}} = \sqrt{\frac{25(25 + 1)(50 + 1)}{24}} = 37.17$$

$$Z = \frac{T - \mu_T}{\sigma_T} = \frac{115 - 162.5}{37.17} = -1.28$$

　　由於n＝25（對），要檢定顯性時，可查附錄表F，當α＝.05，雙尾檢定時，關鍵值為Z＝±1.96，因計算結果Z＝－1.28＞－1.96，所以接受虛無假設。換言之，這兩組學生的成績並無顯著差異。

（三）Kruskal-Wallis 單因子等級變異數分析

　　這種分析方法相當於母數統計的單因子變異數分析，它可以檢定兩組以上之獨立樣本，是否來自相同的母群體。在進行檢定之前，應先將所有分數化為等級，再計算各組等級的總數（R_i），然後將 R 值代入下列公式：

$$H = \frac{12}{N(N+1)} \Sigma \frac{R_i^2}{n_i} - 3(N+1) \; ; \; N = \Sigma n_i$$

例題：甲、乙、丙三班學生參加語文能力測驗，結果如表 16-34 所示。
　　　試問這三班學生的測驗分數是否有顯著差異？

表 16-34　三個班語文能力測驗分數

甲班		乙班		丙班	
分數	等級	分數	等級	分數	等級
75	11	85	19	70	6
63	2	72	8	73	9
84	18	89	22	83	17
80	14	91	23	88	21
74	10	58	1	87	20
66	3	77	12	78	13
92	24	69	5	71	7
81	15	82	16	68	4
$R_1 = 97$		$R_2 = 106$		$R_3 = 97$	
$n_1 = 8$		$n_2 = 8$		$n_3 = 8$	

　　H_0：甲乙丙三班語文測驗分數相等

　　H_1：甲乙丙三班語文測驗分數不相等

$$H = \frac{12}{24(24+1)} \left[\frac{97^2}{8} + \frac{106^2}{8} + \frac{97^2}{8} \right] - 3(24+1)$$

$$= 0.135$$

由於這三組人數各大於 5，所以 H 的分配便接近 df ＝ k － 1 的 χ^2 分配，k 為組數。因此所求得的 H 值，可以利用附錄表 C 來檢定其顯著性。因為 $\chi^2_{.05(2)}$ ＝ 5.991 ，我們所求得 H 值等於 0.135 小於 5.991，所以接受虛無假設，即甲乙丙三班學生的語文能力測驗分數，並無顯著差異存在。

（四）Friedman 二因子等級變異數分析

這種分析相當於母數統計中的相依樣本單因子變異數分析，計算時先將各組原始分數化為等級分數，再將每名受試者在各實驗情境下的等級分數加起來，得到 R_i，然後代入下列公式：

$$\chi^2 r = \frac{12}{Nk(k + 1)}\Sigma R_i^2 - 3N(k + 1)$$

例題：7 名教師分別採用 A、B、C 三種教學法，結果學生的學習成績如表 16-35 所示，試問這三種教學法對學生學習成績有無顯著差異？

表 16-35 三種教學法學習成績及其等級

教師	教學法 A 分數	等級	B 分數	等級	C 分數	等級
甲	81	3	74	1	78	2
乙	86	3	81	1	84	2
丙	80	1	87	2	90	3
丁	66	1	72	3	69	2
戊	78	2	72	1	80	3
己	85	2	89	3	82	1
庚	74	2	68	1	75	3
	$R_1 = 14$		$R_2 = 12$		$R_3 = 16$	

H_0：三種教學法學習成績沒有顯著差異

H_1：三種教學法學習成績有顯著差異

$$\chi^2_r = \frac{12}{Nk(k+1)} \Sigma R_i^2 - 3N(k+1)$$

$$= \frac{12}{7(3)(3+1)}(14^2 + 12^2 + 16^2) - 3(7)(3+1)$$

$$= 1.14$$

查附錄表 J，$n = 7$、$p = .052$ 時，χ^2_r 值為 6。因為計算結果 $\chi^2_r = 1.14 < 6$，所以接受 H_0，即這三種教學方法的學習成績未達到顯著差異水準。

▌自我評量 ∙∙

1. 量的研究可以採用何種統計套裝軟體來分析資料？
2. 調查研究常使用哪些統計方法？
3. 何種資料適合做變異數分析？
4. 變異數分析結果，若達到統計上之顯著水準，可以使用哪些方法進行事後比較？
5. 試述採用無母數統計的時機。
6. 母數假設檢定可以分為幾種？
7. 試比較單因子變異數分析與多因子變異數分析的差異。
8. 皮爾遜積差相關適用於何種情況？
9. 列聯相關分析適用於何種資料？
10. 試述卡方檢定應注意的事項。
11. 何謂逐步迴歸分析？試舉例說明之。
12. 試比較斯皮爾曼等級相關與肯德爾和諧係數的適用時機。

參考文獻

一、中文部分

王文科（1990）。**教育研究法**。台北市：五南。

王明傑、陳玉玲（譯）（1999）。**美國心理協會出版手冊**。台北市：雙葉。

中國教育學會（主編）（1989）。**教育研究方法論**。台北市：師大書苑。

朱經明（1989）。**教育統計學**。台北市：五南。

李美華等（譯）（1998）。**社會科學研究法**。台北市：時英。

吳明清（1999）。**教育研究：基本觀念與方法分析**。台北市：五南。

吳聰賢（1978）。態度量表的建立。載於楊國樞等人（合編），**社會及行為科學研究法**。台北市：東華。

周東山（1997）。**教育測量與統計**。台北市：五南。

林天祐（2001）。**APA 格式：網路等電子化資料引用及參考文獻的寫法**。取自 http://www.tmtc.edu.tw/～primary/paper/Teacher/PT.htm

林天祐（2001）。**APA 格式第五版**。取自 http://www.tmtc.edu.tw/～primary/paper/Teacher/PT.htm

林清山（1992）。**心理與教育統計學**。台北市：東華。

林惠雅（1990）。**兒童行為觀察法**。台北市：心理。

馬信行（1998）。**教育科學研究法**。台北市：五南。

夏林清（1997）。**行動研究法導論**。台北市：遠流。

郭生玉（1986）。**心理與教育研究法（第五版）**。台北市：精華。

陳伯璋（1988）。**教育研究方法的新取向**。台北市：南宏。

黃光雄、簡茂發（主編）（1991）。**教育研究法**。台北市：師大書

苑。

黃瑞琴（1991）。**質的教育研究法**。台北市：心理。

蔡保田等著（1989）。**教育研究法**。高雄市：復文。

蔡清田（2000）。**教育行動研究**。台北市：五南。

簡茂發（1989）。**心理測驗與統計方法**。台北市：心理。

顧瑜君（譯）（2000）。**質性研究寫作**。台北市：五南。

二、英文部分

Abrahamson, M. (1983). *Social research methods*. NJ: Prentice-Hall.

Babbie, E. R. (1973). *Survey research methods*. Belmont, CA: Wadsworth.

Bernard, H. R. (1988). *Research methods in cultural anthropology*. Beverly Hills, CA: Sage.

Bogdan, R. C., & Biklen, S. K. (1992). *Qualitative research in education* (2nd ed.). Boston, MA: Allyn & Bacon.

Bracht, G., & Glass, G. V. (1968). The external validity of experiments. *American Educational Research Journal, 5*, 437-474.

Brandt, R. M. (1981). *Studying behavior in natural setting*. New York, NY: Holt.

Campbell, D. T., & Fiske, D. W. (1959). Convergent and disscriminant validation by the mulitrait-multimethod matrix. *Psychological Bulletin, 56*, 81-105.

Cochran, W. G. (1977). *Sampling techniques* (3rd ed.). New York, NY: Wiley.

Cohen, J. (1992). Statistical power analysis. *Current Directions in Psychological Science, 1*, 98-101.

Conoley, J. C., & Impard, J. C. (Eds.) (1995). *The twelfth mental measurement yearbook*. Lincoln, NE: Buros Institute of Mental Measurement.

Cook, T. D., & Campbell, D. T. (1979). *Quasi-experimentation: Design and analysis issues for field settings*. Chicago, IL: Rand McNally.

Cohen, R. J., & Swerdlik, M. E. (1999). Psychological Testing and Assessment (4th ed.). Mountain View, CA: Mayfield publishing.

Cooper, H. M. (1982). Scientific guidelines for conducting integrative research reviews. *Review of Educational Research, 52*(2), 291-302.

Cronbach, J. (1951). Coefficient alpha and the internal structure of tests. *Psychometrika, 16*, 297-334.

Fowler, F. J. Jr. (1984). *Survey research methods*. Beverly Hills, CA: Sage.

Fraenkel, J. R., & Wall, N. E. (1993). *How to design and evaluate research in education*. New York, NY: McGraw-Hill.

Gay, L. R. (1987). *Educational research: Competencies for analysis and application* (3rd ed.). Columbus: Merrill Publishing Company.

Glaser, B., & Strauss, A. (1967). *The discovery of ground theory: Strategies for qualitative research*. Chicago, IL: Aldine.

Glass, G. V., & Hopkins, K. D. (1996). *Statistical methods in education and psychology* (3rd ed.). Englewood Cliffs, NJ: Prentice-Hall.

Heberlein, T. A., & Baumgartner, R. (1978). Factors affecting response rates to mailed questionnaire: A quantitative analysis of the published literature. *American Sociological Review, 43*, 447-462.

Hopkins, K. D. (1998). *Educational and psychological measurement and evaluation* (8th ed.). Boston, MA: Allyn & Bacon.

Jaeger, R. M. (1984). *Sampling in education and the social sciences*. New York, NY: Longman.

Keplan, R. M., & Saccuzzo, D. P. (1993). *Psychological testing: Principles, application, and issues* (3rd ed.). Pacific Grove, CA: Brooks/Cole.

Kimmel, A. J. (1988). *Ethics and values in applied social research*. Beverly Hills, CA: Sage.

Kirk, J., & Miller, M. L. (1986). *Reliability and validity in qualitative research*. Beverly Hills, CA: Sage.

Krathwohl, D. R. (1993). *Methods of educational and social science research: An integrated approach*. New York, NY: Longman.

Martin, D. W. (1991). *Doing psychology experments* (3rd ed.). Monterey, CA: Books/Cole.

Maxwell, J. A. (1992). Understanding and validity in qualitative research. *Harvard Educational Review, 62*, 279-300.

Reynolds, P. D. (1979). *Ethical dilemma and social research*. San Francisco, CA: Jossey-Bass.

Rosenthal, R., & Rosnow, R. L. (1975). *The volunteer subject*. New York, NY: John Wiley & Sons.

Rubbin, A., & Babbie, E. (1993). *Research methods for social work* (2nd ed.). Pacific Grove, CA: Brooks/Cole.

Smith, M. L. (1987). *Research and evaluation in education and the social sciences*. Englewood Cliffs, NJ: Prentice-Hall.

Spector, P. E. (1981). *Research design*. Beverly Hills, CA: Sage.

Spradley, J. P. (1980). *Partcipant observation*. New York, NY: Holt, Rinehart and Winston.

Thorndike, R. L. (1982). *Applied psychometrics*. Boston, MA: Houghton-Mifflin.

Tuchman, B. W. (1981). *Practicing history*. New York, NY: Knoff.

Tuckman, B. W. (1988). *Conducting educational research* (3rd ed.). New York, NY: Harcourt Brace Jovanovich.

Vockell, E. L., & Asher, J. W. (1995). *Educational research*. Englewood Cliffs, NJ: Pearson.

Wayne, W. D. (1996). *Applied nonparametric staticstics* (2nd ed.). Boston, MA: Pws-Kent.

Wiersma, W. (1995). *Research methods in education: An introduction* (6th ed.). Boston, MA: Ally & Bacon.

Williams, B. (1978). *A sampler on sampling*. Beverly Hills, CA: Sage.

Wittrock, M. C. (1986). *Handbook of research on teaching*. New York, NY: Macmillan.

附錄

附錄表 A 亂數表

35 55 81 19 87	80 48 37 59 90	20 60 16 72 43	92 51 00 16 67
82 71 65 15 25	39 54 44 37 68	83 31 50 05 62	17 49 84 51 30
68 01 63 74 34	11 16 91 85 34	39 70 04 12 56	78 36 69 36 41
40 20 12 86 70	61 07 69 94 30	02 65 77 27 18	56 72 25 63 85
06 44 17 92 49	13 59 03 12 13	43 24 18 29 37	65 25 07 08 77
22 49 88 90 81	59 77 30 35 76	05 94 00 39 16	70 29 58 19 94
93 36 39 04 52	88 25 01 11 70	83 85 39 44 93	86 77 17 25 06
14 47 73 58 16	94 80 75 97 48	79 81 02 68 32	91 01 87 35 23
49 31 43 54 39	02 58 69 09 73	60 96 53 57 44	26 38 72 16 24
36 70 66 09 18	74 46 55 20 34	46 62 91 61 50	71 12 03 20 57
18 91 76 41 15	53 18 73 08 22	39 27 75 67 22	35 51 36 43 85
63 90 44 64 19	02 34 40 17 38	94 35 03 17 36	10 03 64 06 27
08 67 30 10 68	40 65 12 32 42	92 25 82 39 11	34 85 56 73 25
57 10 58 27 05	74 36 57 13 91	77 04 64 70 13	47 66 06 92 17
62 12 09 60 16	58 34 85 84 98	15 60 88 31 87	50 76 67 94 12
99 79 14 08 33	80 67 27 82 54	76 90 41 46 11	73 67 20 14 78
12 27 38 92 76	71 91 03 10 10	24 85 26 92 51	07 06 45 27 34
28 86 44 90 21	68 05 41 05 81	47 39 07 56 23	92 83 80 24 59
36 71 47 62 58	12 07 75 91 73	20 36 67 79 68	83 77 21 08 10
44 05 61 17 89	66 41 35 29 81	80 23 36 61 30	90 27 41 58 85
21 80 99 04 45	39 67 73 77 92	81 41 07 76 64	46 25 28 20 90
34 81 96 70 33	46 55 00 26 35	80 66 79 92 76	86 37 83 31 23
63 48 59 42 50	27 93 01 24 60	74 47 62 27 34	70 23 34 49 90
90 82 47 92 66	77 05 46 97 78	56 99 21 47 29	30 21 42 47 75
68 81 55 36 62	38 44 29 93 42	10 76 67 34 50	59 64 72 61 33

附錄表 A　亂數表（續）

53 11 18 90 37	73 25 36 44 21	36 90 41 27 76	58 31 44 50 37
28 49 56 25 41	31 54 30 27 39	99 81 18 46 55	20 66 27 31 83
05 92 21 38 56	22 04 43 88 41	75 43 41 75 26	24 45 72 43 81
49 25 73 25 40	38 23 84 71 64	56 64 78 08 53	35 13 27 75 14
70 10 27 86 44	15 60 55 21 47	93 70 24 54 49	60 04 81 28 39
79 67 99 58 42	60 41 75 01 44	08 81 72 76 21	49 31 65 94 85
45 55 24 97 48	31 17 38 75 41	27 26 33 07 82	02 96 43 29 76
66 01 31 70 80	17 39 59 09 95	71 13 63 01 29	66 22 15 84 44
09 90 83 79 71	80 10 57 50 02	94 82 52 71 90	02 09 56 90 14
74 27 44 23 22	46 36 85 23 08	02 61 07 58 55	18 67 47 56 27
13 03 86 74 28	00 64 43 60 47	45 24 76 52 15	67 31 36 05 50
06 69 87 92 31	12 06 08 57 13	09 51 44 81 59	51 46 86 32 03
90 65 50 83 39	26 54 35 18 92	66 35 56 43 32	57 51 91 65 49
49 08 83 21 56	59 43 61 48 41	16 74 47 07 63	40 16 58 66 24
68 23 20 38 80	78 81 22 45 80	43 98 68 71 72	88 34 45 10 62
43 17 18 67 88	04 90 74 26 31	16 79 56 80 71	16 51 37 73 59
59 42 31 29 13	61 09 21 13 91	32 09 23 47 54	49 21 35 37 42
41 60 34 48 24	37 59 26 93 35	47 44 90 57 82	28 35 43 51 30
80 44 96 83 70	46 61 04 35 44	76 90 21 28 31	83 26 18 61 14
72 95 43 60 26	41 32 05 60 29	85 13 78 17 42	16 43 66 11 22
04 12 10 89 55	34 77 06 59 15	33 16 25 93 17	26 40 04 15 53
67 90 66 11 27	41 64 51 42 67	46 51 36 62 34	22 68 25 77 82
31 04 23 71 35	99 36 84 01 15	64 40 43 80 29	00 64 20 28 95
08 70 19 23 09	17 63 48 53 90	50 72 90 13 92	35 46 34 28 81
74 01 21 19 18	11 20 37 09 23	17 37 62 86 33	54 52 71 96 08

附錄表 A　亂數表（續）

61 78 99 61 74	55 79 01 60 35	31 58 05 74 42	71 44 09 59 93
10 06 12 05 99	17 38 28 12 67	44 21 51 43 08	52 45 19 42 26
53 32 15 72 19	36 21 41 93 88	22 37 93 70 24	75 50 71 52 15
03 48 06 32 73	72 64 58 44 20	99 23 96 21 33	04 06 15 56 93
14 88 36 05 52	92 51 42 78 03	46 25 37 58 01	23 38 23 39 11
56 17 87 48 77	14 73 25 04 66	20 38 70 81 44	00 97 25 64 51
60 93 71 79 39	81 47 10 40 21	81 23 39 54 35	70 09 23 28 82
03 64 45 58 62	17 62 39 92 54	47 26 10 38 55	12 11 54 50 35
02 11 34 60 67	04 11 34 10 56	04 68 14 25 20	19 28 83 85 86
81 15 50 23 10	40 06 23 58 71	70 27 71 99 31	34 23 95 51 57
66 83 10 14 33	88 94 33 85 96	51 82 93 79 32	46 75 83 82 80
26 28 10 29 21	17 56 03 22 70	59 75 78 21 45	61 33 90 11 43
30 25 68 80 54	18 90 39 61 24	07 46 75 69 55	68 88 44 56 67
47 66 40 84 45	83 12 97 49 52	80 06 46 12 29	74 72 70 41 78
78 74 65 18 47	27 35 19 42 34	22 00 11 05 90	75 05 67 93 71
92 46 12 04 73	34 53 07 22 90	73 36 23 25 55	05 61 68 02 35
51 50 32 21 36	20 45 40 73 58	62 23 05 45 60	50 81 27 51 39
19 90 92 23 64	02 21 17 08 31	24 43 15 12 17	08 64 70 35 80
47 36 83 36 66	19 72 44 09 14	07 78 38 73 28	52 65 34 29 71
92 03 80 67 90	47 02 72 31 44	45 29 21 76 25	23 42 30 04 74
82 92 59 44 99	41 71 53 74 35	80 23 81 44 32	00 29 44 92 25
02 38 11 56 23	27 26 77 31 04	24 98 32 36 52	28 54 92 34 51
43 35 76 20 22	30 46 03 12 17	19 21 84 55 10	77 41 18 10 37
55 03 79 88 46	02 07 23 34 27	97 56 14 23 31	23 93 34 23 08
17 19 56 11 05	97 45 74 46 22	17 65 41 55 46	25 61 36 16 99

附錄表 B　t 分配表

單尾檢定之顯著水準

| | .10 | .05 | .025 | .01 | .005 | .0005 |

雙尾檢定之顯著水準

df	.20	.10	.05	.02	.01	.001
1	3.078	6.314	12.706	31.821	63.657	636.619
2	1.886	2.920	4.303	6.965	9.925	31.598
3	1.638	2.353	3.182	4.541	5.841	12.941
4	1.533	2.132	2.776	3.747	4.604	8.610
5	1.476	2.015	2.571	3.365	4.032	6.859
6	1.440	1.943	2.447	3.143	3.707	5.959
7	1.415	1.895	2.365	2.998	3.499	5.405
8	1.397	1.860	2.306	2.896	3.355	5.041
9	1.383	1.833	2.262	2.821	3.250	4.781
10	1.372	1.812	2.228	2.764	3.169	4.587
11	1.363	1.796	2.201	2.718	3.106	4.437
12	1.356	1.782	2.179	2.681	3.055	4.318
13	1.350	1.771	2.160	2.650	3.012	4.221
14	1.345	1.761	2.145	2.624	2.977	4.140
15	1.341	1.753	2.131	2.602	2.947	4.073
16	1.337	1.746	2.120	2.583	2.921	4.015
17	1.333	1.740	2.110	2.567	2.898	3.965
18	1.330	1.734	2.101	2.552	2.878	3.922
19	1.328	1.729	2.093	2.539	2.861	3.883
20	1.325	1.725	2.086	2.528	2.845	3.850
21	1.323	1.721	2.080	2.518	2.831	3.819
22	1.321	1.717	2.074	2.508	2.819	3.792
23	1.319	1.714	2.069	2.500	2.807	3.767
24	1.318	1.711	2.064	2.492	2.797	3.745
25	1.316	1.708	2.060	2.485	2.787	3.725
26	1.315	1.706	2.056	2.479	2.779	3.707
27	1.314	1.703	2.052	2.473	2.771	3.690
28	1.313	1.701	2.048	2.467	2.763	3.674
29	1.311	1.699	2.045	2.462	2.756	3.659
30	1.310	1.697	2.042	2.457	2.750	3.646
40	1.303	1.684	2.021	2.423	2.704	3.551
60	1.296	1.671	2.000	2.390	2.660	3.460
120	1.289	1.658	1.980	2.358	2.617	3.373
∞	1.282	1.645	1.960	2.326	2.576	3.291

附録表 C　χ² 分配機率表

χ² 0.100	χ²0.050	χ² 0.025	χ² 0.010	χ² 0.005	df
2.70554	3.84146	5.02389	6.63490	7.87944	1
4.60517	5.99147	7.37776	9.21034	10.5966	2
6.25139	7.81473	9.34840	11.3449	12.8381	3
7.77944	9.48773	11.1433	13.2767	14.8602	4
9.23635	11.0705	12.8325	15.0863	16.7496	5
10.6446	12.5916	14.4494	16.8119	18.5476	6
12.0170	14.0671	16.0128	18.4753	20.2777	7
13.3616	15.5073	17.5346	20.0902	21.9550	8
14.6837	16.9190	19.0228	21.6660	23.5893	9
15.9871	18.3070	20.4831	23.2093	25.1882	10
17.2750	19.6751	21.9200	24.7250	26.7569	11
18.5494	21.0261	23.3367	26.2170	28.2995	12
19.8119	22.3621	24.7356	27.6883	29.8194	13
21.0642	23.6848	26.1190	29.1413	31.3193	14
22.3072	24.9958	27.4884	30.5779	32.8013	15
23.5418	26.2962	28.8454	31.9999	34.2672	16
24.7690	27.5871	30.1910	33.4087	35.7185	17
25.9894	28.8693	31.5264	34.8053	37.1564	18
27.2036	30.1435	32.8523	36.1908	38.5822	19
28.4120	31.4104	34.1696	37.5662	39.9968	20
29.6151	32.6705	35.4789	38.9321	41.4010	21
30.8133	33.9244	36.7807	40.2894	42.7956	22
32.0069	35.1725	38.0757	41.6384	44.1813	23
33.1963	36.4151	39.3641	42.9798	45.5585	24
34.3816	37.6525	40.6465	44.3141	46.9278	25
35.5631	38.8852	41.9232	45.6417	48.2899	26
36.7412	40.1133	43.1944	46.9630	49.6449	27
37.9159	41.3372	44.4607	48.2782	50.9933	28
39.0875	42.5569	45.7222	49.5879	52.3356	29
40.2560	43.7729	46.9792	50.8922	53.6720	30
51.8050	55.7585	59.3417	63.6907	66.7659	40
63.1671	67.5048	71.4202	76.1539	79.4900	50
74.3970	79.0819	83.2976	88.3794	91.9517	60
85.5271	90.5312	95.0231	100.425	104.215	70
96.5782	101.879	106.629	112.329	116.321	80
107.565	113.145	118.136	124.116	128.299	90
118.498	124.342	129.561	135.807	140.169	100

From　"Tables of the Percentage Points of the χ²-Distribution."　*Biometrika*, Vol. 32(1941), pp. 188-189, by Catherine M. Thompson.

附錄表 D　積差相關係數(r)顯著性臨界值

df = n－2	α＝.10	.05	.02	.01
1	.988	.997	.9995	.9999
2	.900	.950	.980	.990
3	.805	.878	.934	.959
4	.729	.811	.882	.917
5	.669	.754	.833	.874
6	.622	.707	.789	.834
7	.582	.666	.750	.798
8	.549	.632	.716	.765
9	.521	.602	.685	.735
10	.497	.576	.658	.708
11	.476	.553	.634	.684
12	.458	.532	.612	.661
13	.441	.514	.592	.641
14	.426	.497	.574	.623
15	.412	.482	.558	.606
16	.400	.468	.542	.590
17	.389	.456	.528	.575
18	.378	.444	.516	.561
19	.369	.433	.503	.549
20	.360	.423	.492	.537
21	.352	.413	.482	.526
22	.344	.404	.472	.515
23	.337	.396	.462	.505
24	.330	.388	.453	.496
25	.323	.381	.445	.487
26	.317	.374	.437	.479
27	.311	.367	.430	.471
28	.306	.361	.423	.463
29	.301	.355	.416	.456
30	.296	.349	.409	.449
35	.275	.325	.381	.418
40	.257	.304	.358	.393
45	.243	.288	.338	.372
50	.231	.273	.322	.354
60	.211	.250	.295	.325
70	.195	.232	.274	.302
80	.183	.217	.256	.283
90	.173	.205	.242	.267
100	.164	.195	.230	.254

Table I is reprinted from Table V.A. of Fisher & Yates, *Statistical Methods for Research Workers,* published by Oliver and Boyd Ltd., Edinburgh.

　　*If the *absolute value* of an *r* from a sample of size *n* exceeds the tabled value for α and *n* － 2, the null hypothesis that ρ＝ 0 may be rejected at the α-level of significance; the alternative hypothesis is that ρ≠0. For example, a sample *r* of .59 with *n* = 20 leads to rejection of the hypothesis ρ＝ 0 at the .01 level of significance.

附錄表 E　F 分配的百分點與自由度

Degrees of Freedom　α＝.05

n₂ \ n₁	1	2	3	4	5	6	7	8	9
1	161.4	199.5	215.7	224.6	230.2	234.0	236.8	238.9	240.5
2	18.51	19.00	19.16	19.25	19.30	19.33	19.35	19.37	19.38
3	10.13	9.55	9.28	9.12	9.01	8.94	8.89	8.85	8.81
4	7.71	6.94	6.59	6.39	6.26	6.16	6.09	6.04	6.00
5	6.61	5.79	5.41	5.19	5.05	4.95	4.88	4.82	4.77
6	5.99	5.14	4.76	4.53	4.39	4.28	4.21	4.15	4.10
7	5.59	4.74	4.35	4.12	3.97	3.87	3.79	3.73	3.68
8	5.32	4.46	4.07	3.84	3.69	3.58	3.50	3.44	3.39
9	5.12	4.26	3.86	3.63	3.48	3.37	3.29	3.23	3.18
10	4.96	4.10	3.71	3.48	3.33	3.22	3.14	3.07	3.02
11	4.84	3.98	3.59	3.36	3.20	3.09	3.01	2.95	2.90
12	4.75	3.89	3.49	3.26	3.11	3.00	2.91	2.85	2.80
13	4.67	3.81	3.41	3.18	3.03	2.92	2.83	2.77	2.71
14	4.60	3.74	3.34	3.11	2.96	2.85	2.76	2.70	2.65
15	4.54	3.68	3.29	3.06	2.90	2.79	2.71	2.64	2.59
16	4.49	3.63	3.24	3.01	2.85	2.74	2.66	2.59	2.54
17	4.45	3.59	3.20	2.96	2.81	2.70	2.61	2.55	2.49
18	4.41	3.55	3.16	2.93	2.77	2.66	2.58	2.51	2.46
19	4.38	3.52	3.13	2.90	2.74	2.63	2.54	2.48	2.42
20	4.35	3.49	3.10	2.87	2.71	2.60	2.51	2.45	2.39
21	4.32	3.47	3.07	2.84	2.68	2.57	2.49	2.42	2.37
22	4.30	3.44	3.05	2.82	2.66	2.55	2.46	2.40	2.34
23	4.28	3.42	3.03	2.80	2.64	2.53	2.44	2.37	2.32
24	4.26	3.40	3.01	2.78	2.62	2.51	2.42	2.36	2.30
25	4.24	3.39	2.99	2.76	2.60	2.49	2.40	2.34	2.28
26	4.23	3.37	2.98	2.74	2.59	2.47	2.39	2.32	2.27
27	4.21	3.35	2.96	2.73	2.57	2.46	2.37	2.31	2.25
28	4.20	3.34	2.95	2.71	2.56	2.45	2.36	2.29	2.24
29	4.18	3.33	2.93	2.70	2.55	2.43	2.35	2.28	2.22
30	4.17	3.32	2.92	2.69	2.53	2.42	2.33	2.27	2.21
40	4.08	3.23	2.84	2.61	2.45	2.34	2.25	2.18	2.12
60	4.00	3.15	2.76	2.53	2.37	2.25	2.17	2.10	2.04
120	3.92	3.07	2.68	2.45	2.29	2.17	2.09	2.02	1.96
∞	3.84	3.00	2.60	2.37	2.21	2.10	2.01	1.94	1.88

附錄表 E　F 分配的百分點與自由度（續）

10	12	15	20	24	30	40	60	120	∞	n_1 / n_2
241.9	243.9	245.9	248.0	249.1	250.1	251.1	252.2	253.3	254.3	1
19.40	19.41	19.43	19.45	19.45	19.46	19.47	19.48	19.49	19.50	2
8.79	8.74	8.70	8.66	8.64	8.62	8.59	8.57	8.55	8.53	3
5.96	5.91	5.86	5.80	5.77	5.75	5.72	5.69	5.66	5.63	4
4.74	4.68	4.62	4.56	4.53	4.50	4.46	4.43	4.40	4.36	5
4.06	4.00	3.94	3.87	3.84	3.81	3.77	3.74	3.70	3.67	6
3.64	3.57	3.51	3.44	3.41	3.38	3.34	3.30	3.27	3.23	7
3.35	3.28	3.22	3.15	3.12	3.08	3.04	3.01	2.97	2.93	8
3.14	3.07	3.01	2.94	2.90	2.86	2.83	2.79	2.75	2.71	9
2.98	2.91	2.85	2.77	2.74	2.70	2.66	2.62	2.58	2.54	10
2.85	2.79	2.72	2.65	2.61	2.57	2.53	2.49	2.45	2.40	11
2.75	2.69	2.62	2.54	2.51	2.47	2.43	2.38	2.34	2.30	12
2.67	2.60	2.53	2.46	2.42	2.38	2.34	2.30	2.25	2.21	13
2.60	2.53	2.46	2.39	2.35	2.31	2.27	2.22	2.18	2.13	14
2.54	2.48	2.40	2.33	2.29	2.25	2.20	2.16	2.11	2.07	15
2.49	2.42	2.35	2.28	2.24	2.19	2.15	2.11	2.06	2.01	16
2.45	2.38	2.31	2.23	2.19	2.15	2.10	2.06	2.01	1.96	17
2.41	2.34	2.27	2.19	2.15	2.11	2.06	2.02	1.97	1.92	18
2.38	2.31	2.23	2.16	2.11	2.07	2.03	1.98	1.93	1.88	19
2.35	2.28	2.20	2.12	2.08	2.04	1.99	1.95	1.90	1.84	20
2.32	2.25	2.18	2.10	2.05	2.01	1.96	1.92	1.87	1.81	21
2.30	2.23	2.15	2.07	2.03	1.98	1.94	1.89	1.84	1.78	22
2.27	2.20	2.13	2.05	2.01	1.96	1.91	1.86	1.81	1.76	23
2.25	2.18	2.11	2.03	1.98	1.94	1.89	1.86	1.79	1.73	24
2.24	2.16	2.09	2.01	1.96	1.92	1.87	1.82	1.77	1.71	25
2.22	2.15	2.07	1.99	1.95	1.90	1.85	1.80	1.75	1.69	26
2.20	2.13	2.06	1.97	1.93	1.88	1.84	1.79	1.73	1.67	27
2.19	2.12	2.04	1.96	1.91	1.87	1.82	1.77	1.71	1.65	28
2.18	2.10	2.03	1.94	1.90	1.85	1.81	1.75	1.70	1.64	29
2.16	2.09	2.01	1.93	1.89	1.84	1.79	1.74	1.68	1.62	30
2.08	2.00	1.92	1.84	1.79	1.74	1.69	1.64	1.58	1.51	40
1.99	1.92	1.84	1.75	1.70	1.65	1.59	1.53	1.47	1.39	60
1.91	1.83	1.75	1.66	1.61	1.55	1.50	1.43	1.35	1.25	120
1.83	1.75	1.67	1.57	1.52	1.46	1.39	1.32	1.22	1.00	∞

From "Tables of Percentage Points of the Inverted Beta(F) Distribution," *Biometrika*, Vol. 33(1943), pp. 73-88, by Maxine Merrington and Catherine M. Thompson.

附錄表 E　F 分配的百分點與自由度（續）

Degrees of Freedom　α＝.01

n_2 \ n_1	1	2	3	4	5	6	7	8	9
1	4052	4999.5	5403	5625	5764	5859	5928	5982	6022
2	98.50	99.00	99.17	99.25	99.30	99.33	99.36	99.37	99.39
3	34.12	30.82	29.46	28.71	28.24	27.91	27.67	27.49	27.35
4	21.20	18.00	16.69	15.98	15.52	15.21	14.98	14.80	14.66
5	16.26	13.27	12.06	11.39	10.97	10.67	10.46	10.29	10.16
6	13.75	10.92	9.78	9.15	8.75	8.47	8.26	8.10	7.98
7	12.25	9.55	8.45	7.85	7.46	7.19	6.99	6.84	6.72
8	11.26	8.65	7.59	7.01	6.63	6.37	6.18	6.03	5.91
9	10.56	8.02	6.99	6.42	6.06	5.80	5.61	5.47	5.35
10	10.04	7.56	6.55	5.99	5.64	5.39	5.20	5.06	4.94
11	9.65	7.21	6.22	5.67	5.32	5.07	4.89	4.74	4.63
12	9.33	6.93	5.95	5.41	5.06	4.82	4.64	4.50	4.39
13	9.07	6.70	5.74	5.21	4.86	4.62	4.44	4.30	4.19
14	8.86	6.51	5.56	5.04	4.69	4.46	4.28	4.14	4.03
15	8.68	6.36	5.42	4.89	4.56	4.32	4.14	4.00	3.89
16	8.53	6.23	5.29	4.77	4.44	4.20	4.03	3.89	3.78
17	8.40	6.11	5.18	4.67	4.34	4.10	3.93	3.79	3.68
18	8.29	6.01	5.09	4.58	4.25	4.01	3.84	3.71	3.60
19	8.18	5.93	5.01	4.50	4.17	3.94	3.77	3.63	3.52
20	8.10	5.85	4.94	4.43	4.10	3.87	3.70	3.56	3.46
21	8.02	5.78	4.87	4.37	4.04	3.81	3.64	3.51	3.40
22	7.95	5.72	4.82	4.31	3.99	3.76	3.59	3.45	3.35
23	7.88	5.66	4.76	4.26	3.94	3.71	3.54	3.41	3.30
24	7.82	5.61	4.72	4.22	3.90	3.67	3.50	3.36	3.26
25	7.77	5.57	4.68	4.18	3.85	3.63	3.46	3.32	3.22
26	7.72	5.53	4.64	4.14	3.82	3.59	3.42	3.29	3.18
27	7.68	5.49	4.60	4.11	3.78	3.56	3.39	3.26	3.15
28	7.64	5.45	4.57	4.07	3.75	3.53	3.36	3.23	3.12
29	7.60	5.42	4.54	4.04	3.73	3.50	3.33	3.20	3.09
30	7.56	5.39	4.51	4.02	3.70	3.47	3.30	3.17	3.07
40	7.31	5.18	4.31	3.83	3.51	3.29	3.12	2.99	2.89
60	7.08	4.98	4.13	3.65	3.34	3.12	2.95	2.82	2.72
120	6.85	4.79	3.95	3.48	3.17	2.96	2.79	2.66	2.56
∞	6.63	4.61	3.78	3.32	3.02	2.80	2.64	2.51	2.41

附錄表 E　F 分配的百分點與自由度（續）

10	12	15	20	24	30	40	60	120	∞	n_1
										n_2
6056	6106	6157	6209	6235	6261	6287	6313	6339	6366	1
99.40	99.42	99.43	99.45	99.46	99.47	99.47	99.48	99.49	99.50	2
27.23	27.05	26.87	26.69	26.60	26.50	26.41	26.32	26.22	26.13	3
14.55	14.37	14.20	14.02	13.93	13.84	13.75	13.65	13.56	13.46	4
10.05	9.89	9.72	9.55	9.47	9.38	9.29	9.20	9.11	9.02	5
7.87	7.72	7.56	7.40	7.31	7.23	7.14	7.06	6.97	6.88	6
6.62	6.47	6.31	6.16	6.07	5.99	5.91	5.82	5.74	5.65	7
5.81	5.67	5.52	5.36	5.28	5.20	5.12	5.03	4.95	4.86	8
5.26	5.11	4.96	4.81	4.73	4.65	4.57	4.48	4.40	4.31	9
4.85	4.71	4.56	4.41	4.33	4.25	4.17	4.08	4.00	3.91	10
4.54	4.40	4.25	4.10	4.02	3.94	3.86	3.78	3.69	3.60	11
4.30	4.16	4.01	3.86	3.78	3.70	3.62	3.54	3.45	3.36	12
4.10	3.96	3.82	3.66	3.59	3.51	3.43	3.34	3.25	3.17	13
3.94	3.80	3.66	3.51	3.43	3.35	3.27	3.18	3.09	3.00	14
3.80	3.67	3.52	3.37	3.29	3.21	3.13	3.05	2.96	2.87	15
3.69	3.55	3.41	3.26	3.18	3.10	3.02	2.93	2.84	2.75	16
3.59	3.46	3.31	3.16	3.08	3.00	2.92	2.83	2.75	2.65	17
3.51	3.37	3.23	3.08	3.00	2.92	2.84	2.75	2.66	2.57	18
3.43	3.30	3.15	3.00	2.92	2.84	2.76	2.67	2.58	2.49	19
3.37	3.23	3.09	2.94	2.86	2.78	2.69	2.61	2.52	2.42	20
3.31	3.17	3.03	2.88	2.80	2.72	2.64	2.55	2.46	2.36	21
3.26	3.12	2.98	2.83	2.75	2.67	2.58	2.50	2.40	2.31	22
3.21	3.07	2.93	2.78	2.70	2.62	2.54	2.45	2.35	2.26	23
3.17	3.03	2.89	2.74	2.66	2.58	2.49	2.40	2.31	2.21	24
3.13	2.99	2.85	2.70	2.62	2.54	2.45	2.36	2.27	2.17	25
3.09	2.96	2.81	2.66	2.58	2.50	2.42	2.33	2.23	2.13	26
3.06	2.93	2.78	2.63	2.55	2.47	2.38	2.29	2.20	2.10	27
3.03	2.90	2.75	2.60	2.52	2.44	2.35	2.26	2.17	2.06	28
3.00	2.87	2.73	2.57	2.49	2.41	2.33	2.23	2.14	2.03	29
2.98	2.84	2.70	2.55	2.47	2.39	2.30	2.21	2.11	2.01	30
2.80	2.66	2.52	2.37	2.29	2.20	2.11	2.02	1.92	1.80	40
2.63	2.50	2.35	2.20	2.12	2.03	1.94	1.84	1.73	1.60	60
2.47	2.34	2.19	2.03	1.95	1.86	1.76	1.66	1.53	1.38	120
2.32	2.18	2.04	1.88	1.79	1.70	1.59	1.47	1.32	1.00	∞

From　"Tables of Percentage Points of the Inverted Beta(F) Distribution," *Biometrika*, Vol. 33(1943), pp. 73-88, by Maxine Merrington and Catherine M. Thompson.

附錄表 F　常態分配表

z	.00	.01	.02	.03	.04	.05	.06	.07	.08	.09
0.0	.0000	.0040	.0080	.0120	.0160	.0199	.0239	.0279	.0319	.0359
0.1	.0398	.0438	.0478	.0517	.0557	.0596	.0636	.0675	.0714	.0753
0.2	.0793	.0832	.0871	.0910	.0948	.0987	.1026	.1064	.1103	.1141
0.3	.1179	.1217	.1255	.1293	.1331	.1368	.1406	.1443	.1480	.1517
0.4	.1554	.1591	.1628	.1664	.1700	.1736	.1772	.1808	.1844	.1879
0.5	.1915	.1950	.1985	.2019	.2054	.2088	.2123	.2157	.2190	.2224
0.6	.2257	.2291	.2324	.2357	.2389	.2422	.2454	.2486	.2517	.2549
0.7	.2580	.2611	.2642	.2673	.2704	.2734	.2764	.2794	.2823	.2852
0.8	.2881	.2910	.2939	.2967	.2995	.3023	.3051	.3078	.3106	.3133
0.9	.3159	.3186	.3212	.3238	.3264	.3289	.3315	.3340	.3365	.3389
1.0	.3415	.3438	.3461	.3485	.3508	.3531	.3554	.3577	.3599	.3621
1.1	.3643	.3665	.3686	.3708	.3729	.3749	.3770	.3790	.3810	.3830
1.2	.3849	.3869	.3888	.3907	.3925	.3944	.3962	.3980	.3997	.4015
1.3	.4032	.4049	.4066	.4082	.4099	.4115	.4131	.4147	.4162	.4177
1.4	.4192	.4207	.4222	.4236	.4251	.4265	.4279	.4292	.4306	.4319
1.5	.4332	.4345	.4357	.4370	.4382	.4394	.4406	.4418	.4429	.4441
1.6	.4452	.4463	.4474	.4484	.4495	.4505	.4515	.4525	.4535	.4545
1.7	.4554	.4564	.4573	.4582	.4591	.4599	.4608	.4616	.4625	.4633
1.8	.4641	.4649	.4656	.4664	.4671	.4678	.4686	.4693	.4699	.4706
1.9	.4713	.4719	.4726	.4732	.4738	.4744	.4750	.4756	.4761	.4767
2.0	.4772	.4778	.4783	.4788	.4793	.4798	.4803	.4808	.4812	.4817
2.1	.4821	.4826	.4830	.4834	.4838	.4842	.4846	.4850	.4854	.4857
2.2	.4861	.4864	.4868	.4871	.4875	.4878	.4881	.4884	.4887	.4890
2.3	.4893	.4896	.4898	.4901	.4904	.4906	.4909	.4911	.4913	.4916
2.4	.4918	.4920	.4922	.4925	.4927	.4929	.4931	.4932	.4934	.4936
2.5	.4938	.4940	.4941	.4943	.4945	.4946	.4948	.4949	.4951	.4952
2.6	.4953	.4955	.4956	.4957	.4959	.4960	.4961	.4962	.4963	.4964
2.7	.4965	.4966	.4967	.4968	.4969	.4970	.4971	.4972	.4973	.4974
2.8	.4974	.4975	.4976	.4977	.4977	.4978	.4979	.4979	.4980	.4981
2.9	.4981	.4982	.4982	.4983	.4984	.4984	.4985	.4985	.4986	.4986
3.0	.4987	.4987	.4987	.4988	.4988	.4989	.4989	.4989	.4990	.4990

This table is abridged from Table I of *Statistical Table and Formulas,* by A. Hald (New York: John Wiley & Sons, Inc., 1952).

附錄表 G　r 值與 z_r 值對照表 *

r	z_r	r	z_r	r	z_r	r	z_r	r	z_r
.000	.000	.200	.203	.400	.424	.600	.693	.800	1.099
.005	.005	.205	.208	.405	.430	.605	.701	.805	1.113
.010	.010	.210	.213	.410	.436	.610	.709	.810	1.127
.015	.015	.215	.218	.415	.442	.615	.717	.815	1.142
.020	.020	.220	.224	.420	.448	.620	.725	.820	1.157
.025	.025	.225	.229	.425	.454	.625	.733	.825	1.172
.030	.030	.230	.234	.430	.460	.630	.741	.830	1.188
.035	.035	.235	.239	.435	.466	.635	.750	.835	1.204
.040	.040	.240	.245	.440	.472	.640	.758	.840	1.221
.045	.045	.245	.250	.445	.478	.645	.767	.845	1.238
.050	.050	.250	.255	.450	.485	.650	.775	.850	1.256
.055	.055	.255	.261	.455	.491	.655	.784	.855	1.274
.060	.060	.260	.266	.460	.497	.660	.793	.860	1.293
.065	.065	.265	.271	.465	.504	.665	.802	.865	1.313
.070	.070	.270	.277	.470	.510	.670	.811	.870	1.333
.075	.075	.275	.282	.475	.517	.675	.820	.875	1.354
.080	.080	.280	.288	.480	.523	.680	.829	.880	1.376
.085	.085	.285	.293	.485	.530	.685	.838	.885	1.398
.090	.090	.290	.299	.490	.536	.690	.848	.890	1.422
.095	.095	.295	.304	.495	.543	.695	.858	.895	1.447
.100	.100	.300	.310	.500	.549	.700	.867	.900	1.472
.105	.105	.305	.315	.505	.556	.705	.877	.905	1.499
.110	.110	.310	.321	.510	.563	.710	.887	.910	1.528
.115	.116	.315	.326	.515	.570	.715	.897	.915	1.557
.120	.121	.320	.332	.520	.576	.720	.908	.920	1.589
.125	.126	.325	.337	.525	.583	.725	.918	.925	1.623
.130	.131	.330	.343	.530	.590	.730	.929	.930	1.658
.135	.136	.335	.348	.535	.597	.735	.940	.935	1.697
.140	.141	.340	.354	.540	.604	.740	.950	.940	1.738
.145	.146	.345	.360	.545	.611	.745	.962	.945	1.783
.150	.151	.350	.365	.550	.618	.750	.973	.950	1.832
.155	.156	.355	.371	.555	.626	.755	.984	.955	1.886
.160	.161	.360	.377	.560	.633	.760	.996	.960	1.946
.165	.167	.365	.383	.565	.640	.765	1.008	.965	2.014
.170	.172	.370	.388	.570	.648	.770	1.020	.970	2.092
.175	.177	.375	.394	.575	.655	.775	1.033	.975	2.185
.180	.182	.380	.400	.580	.662	.780	1.045	.980	2.298
.185	.187	.385	.406	.585	.670	.785	1.058	.985	2.443
.190	.192	.390	.412	.590	.678	.790	1.071	.990	2.647
.195	.198	.395	.418	.595	.685	.795	1.085	.995	2.994

*ρ轉換為 $z_ρ$ 亦可用此表

附錄表 H　Mann-Whitney U 檢定的關鍵值

n_1	p	n_2=2	3	4	5	6	7	8	9	10	11	12	13	14	15	16	17	18	19	20
2	.001	0	0	0	0	0	0	0	0	0	0	0	0	0	0	0	0	0	0	0
	.005	0	0	0	0	0	0	0	0	0	0	0	0	0	0	0	0	0	1	1
	.01	0	0	0	0	0	0	0	0	0	0	0	1	1	1	1	1	1	2	2
	.025	0	0	0	0	0	0	1	1	1	1	2	2	2	2	2	3	3	3	3
	.05	0	0	0	1	1	1	2	2	2	3	3	3	4	4	4	4	5	5	5
	.10	0	1	1	2	2	2	3	3	4	4	5	5	5	6	6	7	7	8	8
3	.001	0	0	0	0	0	0	0	0	0	0	0	0	0	0	0	1	0	1	1
	.005	0	0	0	0	0	0	0	1	1	1	2	2	2	3	3	3	3	4	4
	.01	0	0	0	0	0	1	1	2	2	2	3	3	3	4	4	5	5	5	6
	.025	0	0	0	1	2	2	3	3	4	4	5	5	6	6	7	7	8	8	9
	.05	0	1	1	2	3	3	4	5	5	6	6	7	8	8	9	10	10	11	12
	.10	1	2	2	3	4	5	6	6	7	8	9	10	11	11	12	13	14	15	16
4	.001	0	0	0	0	0	0	0	0	1	0	1	2	2	2	3	3	4	4	4
	.005	0	0	0	0	1	1	2	2	3	3	4	4	5	6	6	7	7	8	9
	.01	0	0	0	1	2	2	3	4	4	5	6	6	7	9	8	9	10	10	11
	.025	0	0	1	2	3	4	5	5	6	7	8	9	10	11	12	12	13	14	15
	.05	0	1	2	3	4	5	6	7	8	9	10	11	12	13	15	16	17	18	19
	.10	1	2	4	5	6	7	8	10	11	12	13	14	16	17	18	19	21	22	23
5	.001	0	0	0	0	0	0	1	2	2	3	3	4	4	5	6	6	7	8	8
	.005	0	0	0	1	2	2	3	4	5	6	7	8	8	9	10	11	12	13	14
	.01	0	0	1	2	3	4	5	6	7	8	9	10	11	12	13	14	15	16	17
	.025	0	1	2	3	4	6	7	8	9	10	12	13	14	15	16	18	19	20	21
	.05	1	2	3	5	6	7	9	10	12	13	14	16	17	19	20	21	23	24	26
	.10	2	3	5	6	8	9	11	13	14	16	18	19	21	23	24	26	28	29	31
6	.001	0	0	0	0	0	0	2	3	4	5	5	6	7	8	9	10	11	12	13
	.005	0	0	1	2	3	4	5	6	7	8	10	11	12	13	14	16	17	18	19
	.01	0	0	2	3	4	5	7	8	9	10	12	13	14	16	17	19	20	21	23
	.025	0	2	3	4	6	7	9	11	12	14	15	17	18	20	22	23	25	26	28
	.05	1	3	4	6	8	9	11	13	15	17	18	20	22	24	26	27	29	31	33
	.10	2	4	6	8	10	12	14	16	18	20	22	24	26	28	30	32	35	37	39
7	.001	0	0	0	0	1	2	3	4	6	7	8	9	10	11	12	14	15	16	17
	.005	0	0	1	2	4	5	7	8	10	11	13	14	16	17	19	20	22	23	25
	.01	0	1	2	4	5	7	8	10	12	13	15	17	18	20	22	24	25	27	29
	.025	0	2	4	6	7	9	11	13	15	17	19	21	23	25	27	29	31	33	35
	.05	1	3	5	7	9	12	14	16	18	20	22	25	27	29	31	34	36	38	40
	.10	2	5	7	9	12	14	17	19	22	24	27	29	32	34	37	39	42	44	47
8	.001	0	0	0	1	2	3	5	6	7	9	10	12	13	15	16	18	19	21	22
	.005	0	0	2	3	5	7	8	10	12	14	16	18	19	21	23	25	27	29	31
	.01	0	1	3	5	7	8	10	12	14	16	18	21	23	25	27	29	31	33	35
	.025	1	3	5	7	9	11	14	16	18	20	23	25	27	30	32	35	37	39	42
	.05	2	4	6	9	11	14	16	19	21	24	27	29	32	34	37	40	42	45	48
	.10	3	6	8	11	14	17	20	23	25	28	31	34	37	40	43	46	49	52	55

附錄表 I　Wilcoxon 配對組符號等級檢定 T 之關鍵值

	單尾檢定顯著水準		
	.025	.01	.005
N	雙尾檢定顯著水準		
	.05	.02	.01
6	1	—	—
7	2	0	—
8	4	2	0
9	6	3	2
10	8	5	3
11	11	7	5
12	14	10	7
13	17	13	10
14	21	16	13
15	25	20	16
16	30	24	19
17	35	28	23
18	40	33	28
19	46	38	32
20	52	43	37
21	59	49	43
22	66	56	49
23	73	62	55
24	81	69	61
25	90	77	68

附錄表 J　Friedman 二因子等級變異數分析 χ^2_r 之機率

k = 3

n = 2		n = 3		n = 4		n = 5	
χ^2_r	p	χ^2_r	p	χ^2_r	p	χ^2_r	p
0	1.000	0.000	1.000	0.0	1.000	0.0	1.000
1	0.833	0.667	0.944	0.5	0.931	0.4	0.954
3	0.500	2.000	0.528	1.5	0.653	1.2	0.691
4	0.167	2.667	0.361	2.0	0.431	1.6	0.522
		4.667	0.194	3.5	0.273	2.8	0.367
		6.000	0.028	4.5	0.125	3.6	0.182
				6.0	0.069	4.8	0.124
				6.5	0.042	5.2	0.093
				8.0	0.0046	6.4	0.039
						7.6	0.024
						8.4	0.0085
						10.0	0.00077

n = 6		n = 7		n = 8		n = 9	
χ^2_r	p	χ^2_r	p	χ^2_r	p	χ^2_r	p
0.00	1.000	0.000	1.000	0.00	1.000	0.000	1.000
0.33	0.956	0.286	0.964	0.25	0.967	0.222	0.971
1.00	0.740	0.857	0.768	0.75	0.794	0.667	0.814
1.33	0.570	1.143	0.620	1.00	0.654	0.889	0.865
2.33	0.430	2.000	0.486	1.75	0.531	1.556	0.569
3.00	0.252	2.571	0.305	2.25	0.355	2.000	0.398
4.00	0.184	3.429	0.237	3.00	0.285	2.667	0.328
4.33	0.142	3.714	0.192	3.25	0.236	2.889	0.278
5.33	0.072	4.571	0.112	4.00	0.149	3.556	0.187
6.33	0.052	5.429	0.085	4.75	0.120	4.222	0.154
7.00	0.029	6.000	0.052	5.25	0.079	4.667	0.107
8.33	0.012	7.143	0.027	6.25	0.047	5.556	0.069
9.00	0.0081	7.714	0.021	6.75	0.038	6.000	0.057
9.33	0.0055	8.000	0.016	7.00	0.030	6.222	0.048
10.33	0.0017	8.857	0.0084	7.75	0.018	6.889	0.031
12.00	0.00013	10.286	0.0036	9.00	0.0099	8.000	0.019
		10.571	0.0027	9.25	0.0080	8.222	0.016
		11.143	0.0012	9.75	0.0048	8.667	0.010
		12.286	0.00032	10.75	0.0024	9.556	0.0060
		14.000	0.000021	12.00	0.0011	10.667	0.0035
				12.25	0.00086	10.889	0.0029
				13.00	0.00026	11.556	0.0013
				14.25	0.000061	12.667	0.00065
				16.00	0.0000036	13.556	0.00035
						14.000	0.00020
						14.222	0.000097
						14.889	0.000054
						16.222	0.000011
						18.000	0.0000006

附錄表 K　范氏項目分析表

p_H	$p_L=.01$			$p_L=.02$			$p_L=.03$			$p_L=.04$			$p_L=.05$			p_H
	p	r	Δ	p	r	Δ	p	r	Δ	p	r	Δ	p	r	Δ	
.99	.50	.93	13.0	.52	.92	12.8	.54	.92	12.6	.55	.91	12.5	.57	.90	12.3	.99
.98	.48	.92	13.2	.50	.91	13.0	.52	.90	12.8	.53	.89	12.7	.54	.89	12.6	.98
.97	.46	.92	13.4	.48	.90	13.2	.50	.89	13.0	.51	.88	12.9	.53	.87	12.7	.97
.96	.45	.91	13.5	.47	.89	13.3	.49	.88	13.1	.50	.87	13.0	.51	.86	12.9	.96
.95	.43	.90	13.7	.46	.89	13.4	.47	.87	13.3	.49	.86	13.1	.50	.85	13.0	.95
.94	.42	.90	13.8	.45	.88	13.5	.46	.87	13.4	.48	.86	13.2	.49	.84	13.1	.94
.93	.41	.89	13.9	.44	.87	13.6	.45	.86	13.5	.47	.85	13.3	.48	.84	13.2	.93
.92	.41	.89	14.0	.43	.87	13.7	.44	.85	13.6	.46	.84	13.4	.47	.83	13.3	.92
.91	.40	.88	14.0	.42	.86	13.8	.44	.85	13.6	.45	.83	13.5	.46	.82	13.4	.91
.90	.39	.88	14.1	.41	.86	13.9	.43	.84	13.7	.44	.83	13.6	.45	.82	13.5	.90
.89	.38	.87	14.2	.40	.85	14.0	.42	.84	13.8	.43	.82	13.7	.45	.81	13.5	.89
.88	.37	.87	14.3	.40	.85	14.0	.41	.83	13.9	.43	.82	13.7	.44	.80	13.6	.88
.87	.37	.87	14.3	.39	.84	14.1	.41	.82	14.0	.42	.81	13.8	.43	.80	13.7	.87
.86	.36	.86	14.4	.38	.84	14.2	.40	.82	14.0	.41	.80	13.9	.42	.79	13.8	.86
.85	.36	.86	14.5	.38	.83	14.3	.39	.81	14.1	.41	.80	14.0	.42	.78	13.8	.85
.84	.35	.85	14.5	.37	.83	14.3	.39	.81	14.2	.40	.79	14.0	.41	.78	13.9	.84
.83	.34	.85	14.6	.36	.82	14.4	.38	.80	14.2	.39	.79	14.1	.41	.77	14.0	.83
.82	.34	.85	14.7	.36	.81	14.5	.37	.80	14.3	.39	.78	14.1	.40	.77	14.0	.82
.81	.33	.84	14.7	.35	.81	14.5	.37	.79	14.3	.38	.78	14.2	.39	.76	14.1	.81
.80	.33	.84	14.8	.35	.81	14.6	.36	.79	14.4	.37	.77	14.3	.39	.75	14.2	.80
.79	.32	.84	14.9	.34	.81	14.6	.36	.78	14.5	.37	.77	14.3	.38	.74	14.3	.79
.78	.32	.83	14.9	.34	.80	14.7	.35	.78	14.5	.36	.76	14.4	.38	.74	14.3	.78
.77	.31	.83	15.0	.33	.80	14.7	.35	.77	14.6	.36	.76	14.5	.37	.74	14.3	.77
.76	.31	.82	15.0	.33	.79	14.8	.34	.77	14.6	.35	.75	14.5	.36	.73	14.4	.76
.75	.30	.82	15.1	.32	.79	14.9	.34	.76	14.7	.35	.74	14.6	.36	.73	14.4	.75
.74	.30	.82	15.1	.32	.79	14.9	.33	.76	14.8	.34	.74	14.6	.35	.72	14.5	.74
.73	.29	.81	15.2	.31	.78	15.0	.32	.75	14.8	.34	.73	14.7	.35	.72	14.6	.73
.72	.29	.81	15.3	.31	.78	15.0	.32	.75	14.9	.33	.73	14.7	.34	.71	14.6	.72
.71	.28	.81	15.3	.30	.77	15.1	.32	.75	14.9	.33	.72	14.8	.34	.70	14.7	.71
.70	.28	.80	15.4	.30	.77	15.1	.31	.74	15.0	.32	.72	14.8	.33	.70	14.7	.70
.69	.27	.80	15.4	.29	.76	15.2	.31	.74	15.0	.32	.71	14.9	.33	.69	14.8	.69
.68	.27	.80	15.5	.29	.76	15.3	.30	.73	15.1	.31	.71	14.9	.32	.69	14.8	.68
.67	.26	.79	15.5	.28	.75	15.3	.30	.73	15.1	.31	.70	15.0	.32	.68	14.9	.67
.66	.26	.79	15.6	.28	.75	15.4	.29	.72	15.2	.30	.70	15.1	.31	.68	14.9	.66
.65	.25	.78	15.6	.27	.74	15.4	.29	.72	15.3	.30	.69	15.1	.31	.67	15.0	.65
.64	.25	.78	15.7	.27	.74	15.5	.28	.71	15.3	.29	.69	15.2	.30	.66	15.1	.64
.63	.25	.78	15.8	.26	.73	15.6	.28	.71	15.4	.29	.68	15.2	.30	.66	15.1	.63
.62	.24	.77	15.8	.26	.73	15.6	.27	.70	15.4	.28	.68	15.3	.29	.65	15.2	.62
.61	.24	.77	15.9	.25	.73	15.6	.27	.70	15.5	.28	.67	15.3	.29	.65	15.2	.61
.60	.23	.76	15.9	.25	.72	15.7	.26	.69	15.5	.27	.66	15.4	.29	.64	15.3	.60
.59	.23	.76	16.0	.25	.72	15.7	.26	.69	15.6	.27	.66	15.5	.28	.63	15.3	.59
.58	.22	.76	16.0	.24	.71	15.8	.25	.68	15.6	.27	.65	15.5	.28	.63	15.4	.58
.57	.22	.75	16.1	.24	.71	15.9	.25	.67	15.7	.26	.65	15.6	.27	.62	15.4	.57
.56	.22	.75	16.1	.23	.70	15.9	.25	.67	15.7	.26	.64	15.6	.27	.62	15.5	.56
.55	.21	.74	16.2	.23	.70	16.0	.24	.66	15.8	.25	.64	15.7	.26	.61	15.5	.55
.54	.21	.74	16.3	.22	.69	16.0	.24	.66	15.9	.25	.63	15.7	.26	.60	15.6	.54
.53	.20	.74	16.3	.22	.69	16.1	.23	.65	15.9	.24	.62	15.8	.25	.60	15.6	.53
.52	.20	.73	16.4	.22	.68	16.1	.23	.65	16.0	.24	.62	15.8	.25	.59	15.7	.52
.51	.20	.73	16.4	.21	.68	16.2	.22	.64	16.0	.24	.61	15.9	.25	.59	15.7	.51

p_H	$p_L=.01$			$p_L=.02$			$p_L=.03$			$p_L=.04$			$p_L=.05$			p_H
	p	r	Δ	p	r	Δ	p	r	Δ	p	r	Δ	p	r	Δ	
.50	.19	.72	16.5	.21	.67	16.2	.22	.64	16.1	.23	.61	15.9	.24	.58	15.8	.50
.49	.19	.72	16.5	.20	.67	16.3	.22	.63	16.1	.23	.60	16.0	.24	.57	15.9	.49
.48	.18	.71	16.6	.20	.66	16.4	.21	.62	16.2	.22	.59	16.0	.23	.57	15.9	.48
.47	.18	.71	16.6	.20	.66	16.4	.21	.62	16.3	.22	.59	16.1	.23	.56	16.0	.47
.46	.18	.70	16.7	.19	.65	16.5	.20	.61	16.3	.21	.58	16.2	.22	.55	16.0	.46
.45	.17	.70	16.8	.19	.65	16.5	.20	.61	16.4	.21	.57	16.2	.22	.55	16.1	.45
.44	.17	.69	16.8	.18	.64	16.6	.20	.60	16.4	.21	.57	16.3	.22	.54	16.1	.44
.43	.17	.69	16.9	.18	.63	16.7	.19	.59	16.5	.20	.56	16.3	.21	.53	16.2	.43
.42	.16	.68	16.9	.18	.63	16.7	.19	.59	16.5	.20	.55	16.4	.21	.52	16.3	.42
.41	.16	.68	17.0	.17	.62	16.8	.18	.58	16.6	.19	.55	16.5	.20	.52	16.3	.41
.40	.15	.67	17.1	.17	.61	16.8	.18	.57	16.7	.19	.54	16.5	.20	.51	16.4	.40
.39	.15	.67	17.1	.17	.61	16.9	.18	.57	16.7	.19	.53	16.6	.19	.50	16.5	.39
.38	.15	.66	17.2	.16	.60	17.0	.17	.56	16.8	.18	.52	16.6	.19	.49	16.5	.38
.37	.14	.66	17.3	.16	.60	17.0	.17	.55	16.8	.18	.52	16.7	.19	.48	16.6	.37
.36	.14	.65	17.3	.15	.59	17.1	.16	.55	16.9	.17	.51	16.8	.18	.48	16.6	.36
.35	.14	.65	17.4	.15	.58	17.1	.16	.54	17.0	.17	.50	16.8	.18	.47	16.7	.35
.34	.13	.64	17.5	.15	.57	17.2	.16	.53	17.0	.17	.49	16.9	.17	.46	16.8	.34
.33	.13	.63	17.5	.14	.57	17.3	.15	.52	17.1	.16	.48	16.9	.17	.45	16.8	.33
.32	.13	.63	17.6	.14	.56	17.3	.15	.51	17.2	.16	.48	17.0	.17	.44	16.9	.32
.31	.12	.62	17.7	.13	.55	17.4	.14	.51	17.2	.15	.47	17.1	.16	.43	16.9	.31
.30	.12	.61	17.8	.13	.54	17.5	.14	.50	17.3	.15	.46	17.2	.16	.43	17.0	.30
.29	.11	.61	17.8	.13	.54	17.6	.14	.49	17.4	.15	.45	17.2	.15	.41	17.1	.29
.28	.11	.60	17.9	.12	.53	17.6	.13	.48	17.4	.14	.44	17.3	.15	.40	17.2	.28
.27	.11	.59	18.0	.12	.52	17.7	.13	.47	17.5	.14	.43	17.4	.15	.39	17.2	.27
.26	.10	.58	18.1	.11	.51	17.8	.12	.46	17.6	.13	.42	17.4	.14	.38	17.3	.26
.25	.10	.57	18.1	.11	.50	17.9	.12	.45	17.7	.13	.41	17.5	.14	.37	17.4	.25
.24	.10	.57	18.2	.11	.49	17.9	.12	.44	17.8	.13	.40	17.6	.13	.36	17.4	.24
.23	.09	.56	18.3	.10	.48	18.0	.11	.43	17.8	.12	.39	17.7	.13	.35	17.5	.23
.22	.09	.55	18.4	.10	.47	18.1	.11	.42	17.9	.12	.38	17.8	.12	.34	17.6	.22
.21	.09	.54	18.5	.10	.46	18.2	.11	.41	18.0	.11	.36	17.8	.12	.33	17.7	.21
.20	.08	.53	18.6	.09	.45	18.3	.10	.40	18.1	.11	.35	17.9	.12	.31	17.8	.20
.19	.08	.52	18.7	.09	.44	18.4	.10	.38	18.2	.10	.34	18.0	.11	.30	17.9	.19
.18	.08	.51	18.8	.09	.43	18.5	.09	.37	18.3	.10	.33	18.1	.11	.29	17.9	.18
.17	.07	.50	18.9	.08	.42	18.6	.09	.36	18.4	.10	.31	18.2	.10	.27	18.0	.17
.16	.07	.49	19.0	.08	.40	18.7	.08	.34	18.5	.09	.30	18.3	.10	.26	18.1	.16
.15	.06	.47	19.1	.07	.39	18.8	.08	.33	18.6	.09	.28	18.4	.10	.24	18.2	.15
.14	.06	.46	19.2	.07	.37	18.9	.08	.31	18.7	.08	.26	18.5	.09	.22	18.3	.14
.13	.06	.45	19.3	.07	.36	19.0	.07	.30	18.8	.08	.25	18.6	.09	.21	18.4	.13
.12	.05	.43	19.5	.06	.34	19.2	.07	.28	18.9	.08	.23	18.7	.08	.19	18.5	.12
.11	.05	.41	19.6	.06	.32	19.3	.07	.26	19.1	.07	.21	18.8	.08	.17	18.7	.11
.10	.05	.39	19.7	.05	.30	19.4	.06	.24	19.2	.07	.19	19.0	.07	.15	18.8	.10
.09	*			.05	.28	19.6	.06	.22	19.3	.06	.16	19.1	.07	.12	19.0	.09
.08				.05	.26	19.7	.05	.19	19.5	.06	.14	19.3	.06	.10	19.1	.08
.07							.05	.16	19.6	.05	.11	19.4	.06	.07	19.3	.07
.06										.05	.08	19.6	.05	.04	19.4	.06
.05													.05	.00	19.6	.05

*The values of r and ~#u2206 are not listed when p is over .05.

pH	pL=.06 p	r	Δ	pL=.07 p	r	Δ	pL=.08 p	r	Δ	pL=.09 p	r	Δ	pL=.10 p	r	Δ	pH
.99	.58	.90	12.2	.59	.89	12.1	.59	.89	12.0	.60	.88	12.0	.61	.88	11.9	.99
.98	.55	.88	12.5	.56	.87	12.4	.57	.87	12.3	.58	.86	12.2	.59	.86	12.1	.98
.97	.54	.87	12.6	.55	.86	12.5	.56	.85	12.4	.56	.85	12.4	.57	.84	12.3	.97
.96	.52	.86	12.8	.53	.85	12.7	.54	.84	12.6	.55	.83	12.5	.56	.83	12.4	.96
.95	.51	.84	12.9	.52	.84	12.8	.53	.83	12.7	.54	.82	12.6	.55	.82	12.5	.95
.94	.50	.84	13.0	.51	.83	12.9	.52	.82	12.8	.53	.81	12.7	.54	.80	12.6	.94
.93	.49	.83	13.1	.50	.82	13.0	.51	.81	12.9	.52	.80	12.8	.53	.79	12.7	.93
.92	.48	.82	13.2	.49	.81	13.1	.50	.80	13.0	.51	.79	12.9	.52	.79	12.8	.92
.91	.47	.81	13.3	.48	.80	13.2	.49	.79	13.1	.50	.79	13.0	.51	.78	12.9	.91
.90	.46	.80	13.4	.47	.79	13.3	.48	.79	13.2	.49	.78	13.1	.50	.77	13.0	.90
.89	.46	.80	13.4	.47	.79	13.3	.48	.78	13.2	.48	.77	13.2	.49	.76	13.1	.89
.88	.45	.79	13.5	.46	.78	13.4	.47	.77	13.3	.48	.76	13.2	.48	.75	13.2	.88
.87	.44	.78	13.6	.45	.77	13.5	.46	.76	13.4	.47	.75	13.3	.48	.74	13.2	.87
.86	.44	.78	13.7	.45	.77	13.6	.45	.76	13.5	.46	.75	13.4	.47	.74	13.3	.86
.85	.43	.77	13.7	.44	.76	13.6	.45	.75	13.5	.46	.74	13.5	.46	.73	13.4	.85
.84	.42	.77	13.8	.43	.75	13.7	.44	.74	13.6	.45	.73	13.5	.46	.72	13.4	.84
.83	.42	.76	13.9	.43	.75	13.8	.43	.73	13.7	.44	.72	13.6	.45	.71	13.5	.83
.82	.41	.75	13.9	.42	.74	13.8	.43	.73	13.7	.44	.72	13.6	.44	.71	13.6	.82
.81	.40	.75	14.0	.41	.73	13.9	.42	.72	13.8	.43	.71	13.7	.44	.70	13.6	.81
.80	.40	.74	14.0	.41	.73	14.0	.42	.71	13.9	.42	.70	13.8	.43	.69	13.7	.80
.79	.39	.73	14.1	.40	.72	14.0	.41	.71	13.9	.42	.70	13.8	.43	.68	13.7	.79
.78	.39	.73	14.2	.40	.71	14.1	.40	.70	14.0	.41	.69	13.9	.42	.68	13.8	.78
.77	.38	.72	14.2	.39	.71	14.1	.40	.69	14.0	.41	.68	13.9	.41	.67	13.9	.77
.76	.37	.72	14.3	.38	.70	14.2	.39	.69	14.1	.40	.68	14.0	.41	.66	13.9	.76
.75	.37	.71	14.3	.38	.70	14.2	.39	.68	14.1	.40	.67	14.1	.40	.66	14.0	.75
.74	.36	.70	14.4	.37	.69	14.3	.38	.67	14.2	.39	.66	14.1	.40	.65	14.0	.74
.73	.36	.70	14.5	.37	.68	14.4	.38	.67	14.3	.38	.65	14.2	.39	.64	14.1	.73
.72	.35	.69	14.5	.36	.68	14.3	.37	.66	14.3	.38	.65	14.2	.39	.63	14.2	.72
.71	.35	.69	14.6	.36	.67	14.5	.37	.66	14.4	.37	.64	14.3	.38	.63	14.2	.71
.70	.34	.68	14.6	.35	.66	14.5	.36	.65	14.4	.37	.63	14.3	.38	.62	14.3	.70
.69	.34	.67	14.7	.35	.66	14.6	.36	.64	14.5	.36	.63	14.4	.37	.61	14.3	.69
.68	.33	.67	14.7	.34	.65	14.6	.35	.64	14.5	.36	.62	14.5	.37	.61	14.4	.68
.67	.33	.66	14.8	.34	.65	14.7	.35	.63	14.6	.35	.61	14.5	.36	.60	14.4	.67
.66	.32	.66	14.8	.33	.64	14.7	.34	.62	14.6	.35	.61	14.6	.36	.59	14.5	.66
.65	.32	.65	14.9	.33	.63	14.8	.34	.62	14.7	.34	.60	14.6	.35	.59	14.5	.65
.64	.31	.64	14.9	.32	.63	14.8	.33	.61	14.7	.34	.59	14.7	.35	.58	14.6	.64
.63	.31	.64	15.0	.32	.62	14.9	.33	.60	14.8	.33	.59	14.7	.34	.57	14.6	.63
.62	.30	.63	15.0	.31	.61	14.9	.32	.60	14.9	.33	.58	14.8	.34	.57	14.7	.62
.61	.30	.63	15.1	.31	.61	15.0	.32	.59	14.9	.32	.57	14.8	.33	.56	14.7	.61
.60	.30	.62	15.2	.30	.60	15.1	.31	.58	15.0	.32	.57	14.9	.33	.55	14.8	.60
.59	.29	.61	15.2	.30	.59	15.1	.31	.58	15.0	.31	.56	14.9	.32	.54	14.8	.59
.58	.29	.61	15.3	.29	.59	15.2	.30	.57	15.1	.31	.55	15.0	.32	.54	14.9	.58
.57	.28	.60	15.3	.29	.58	15.2	.30	.56	15.1	.31	.55	15.0	.31	.53	14.9	.57
.56	.28	.59	15.4	.28	.57	15.3	.29	.56	15.2	.30	.54	15.1	.31	.52	15.0	.56
.55	.27	.59	15.4	.28	.57	15.3	.29	.55	15.2	.30	.53	15.1	.30	.51	15.1	.55
.54	.27	.58	15.5	.28	.56	15.4	.28	.54	15.3	.29	.52	15.2	.30	.51	15.1	.54
.53	.26	.58	15.5	.27	.55	15.4	.28	.53	15.3	.29	.52	15.3	.29	.50	15.2	.53
.52	.26	.57	15.6	.27	.55	15.5	.28	.53	15.4	.28	.51	15.3	.29	.49	15.2	.52
.51	.25	.56	15.6	.26	.54	15.5	.27	.52	15.5	.28	.50	15.4	.29	.48	15.3	.51

p_H	$p_L=.06$			$p_L=.07$			$p_L=.08$			$p_L=.09$			$p_L=.10$			p_H
	p	r	Δ	p	r	Δ	p	r	Δ	p	r	Δ	p	r	Δ	
.50	.25	.56	15.7	.26	.53	15.5	.27	.51	15.5	.27	.50	15.4	.28	.48	.153	.50
.49	.25	.55	15.7	.25	.53	15.6	.26	.51	15.6	.27	.49	15.5	.28	.47	.154	.49
.48	.24	.54	15.8	.25	.52	15.7	.26	.50	15.6	.26	.48	15.5	.27	.46	.154	.48
.47	.24	.53	15.9	.25	.51	15.8	.25	.49	15.7	.26	.47	15.6	.27	.45	.155	.47
.46	.23	.53	15.9	.24	.50	15.8	.25	.48	15.7	.26	.46	15.6	.26	.44	.155	.46
.45	.23	.52	16.0	.24	.50	15.9	.24	.48	15.8	.25	.46	15.7	.26	.44	.156	.45
.44	.22	.51	16.0	.23	.49	15.9	.24	.47	15.8	.25	.45	15.7	.25	.43	.156	.44
.43	.22	.51	16.1	.23	.48	16.0	.24	.46	15.9	.24	.44	15.8	.25	.42	.157	.43
.42	.22	.50	16.2	.22	.47	16.0	.23	.45	15.9	.24	.43	15.9	.24	.41	.158	.42
.41	.21	.49	16.2	.22	.47	16.1	.23	.44	16.0	.23	.42	15.9	.24	.40	.158	.41
.40	.21	.48	16.3	.21	.46	16.2	.22	.43	16.1	.23	.41	16.0	.24	.39	.159	.40
.39	.20	.47	16.3	.21	.45	16.2	.22	.43	16.1	.22	.41	16.0	.23	.39	.159	.39
.38	.20	.47	16.4	.21	.44	16.3	.21	.42	16.2	.22	.40	16.1	.23	.38	.160	.38
.37	.19	.46	16.5	.20	.43	16.3	.21	.41	16.2	.22	.39	16.1	.22	.37	.160	.37
.36	.19	.45	16.5	.20	.42	16.4	.21	.40	16.3	.21	.38	16.2	.22	.36	.161	.36
.35	.19	.44	16.6	.19	.42	16.5	.20	.39	16.4	.21	.37	16.3	.21	.35	.162	.35
.34	.18	.43	16.6	.19	.41	16.5	.20	.38	16.4	.20	.36	16.3	.21	.34	.162	.34
.33	.18	.42	16.7	.18	.40	16.6	.19	.37	16.5	.20	.35	16.4	.20	.33	.163	.33
.32	.17	.41	16.8	.18	.39	16.6	.19	.36	16.5	.19	.34	16.5	.20	.32	.164	.32
.31	.17	.40	16.8	.18	.38	16.7	.18	.35	16.6	.19	.33	16.5	.20	.31	.164	.31
.30	.17	.39	16.9	.17	.37	16.8	.18	.34	16.7	.19	.32	16.6	.19	.30	.165	.30
.29	.16	.39	17.0	.17	.36	16.8	.17	.33	16.7	.18	.31	16.6	.19	.29	.166	.29
.28	.16	.38	17.0	.16	.35	16.9	.17	.32	16.8	.18	.30	16.7	.18	.28	.166	.28
.27	.15	.36	17.1	.16	.34	17.0	.17	.31	16.9	.17	.29	16.8	.18	.27	.167	.27
.26	.15	.35	17.2	.16	.32	17.1	.16	.30	16.9	.17	.28	16.8	.17	.25	.168	.26
.25	.14	.34	17.3	.15	.31	17.1	.16	.29	17.0	.16	.27	16.9	.17	.24	.168	.25
.24	.14	.33	17.3	.15	.30	17.2	.15	.28	17.1	.16	.25	17.0	.17	.23	.169	.24
.23	.14	.32	17.4	.14	.29	17.3	.15	.26	17.2	.16	.24	17.1	.16	.22	.170	.23
.22	.13	.31	17.5	.14	.28	17.4	.14	.25	17.2	.15	.23	17.1	.16	.20	.170	.22
.21	.13	.30	17.6	.13	.27	17.4	.14	.24	17.3	.15	.21	17.2	.15	.19	.171	.21
.20	.12	.28	17.6	.13	.25	17.5	.14	.22	17.4	.14	.20	17.3	.15	.18	.172	.20
.19	.12	.27	17.7	.13	.24	17.6	.13	.21	17.5	.14	.19	17.4	.14	.16	.173	.19
.18	.11	.25	17.8	.12	.22	17.7	.13	.20	17.6	.13	.17	17.4	.14	.15	.173	.18
.17	.11	.24	17.9	.12	.21	17.8	.12	.18	17.7	.13	.16	17.5	.13	.13	.174	.17
.16	.11	.23	18.0	.11	.19	17.9	.12	.16	17.8	.12	.14	17.6	.13	.12	.175	.16
.15	.10	.21	18.1	.11	.18	18.0	.11	.15	17.8	.12	.12	17.7	.12	.10	.176	.15
.14	.10	.19	18.2	.10	.16	18.1	.11	.13	17.9	.11	.10	17.8	.12	.08	.177	.14
.13	.09	.17	18.3	.10	.14	18.2	.10	.11	18.0	.11	.09	17.9	.11	.06	.178	.13
.12	.09	.15	18.4	.09	.12	18.3	.10	.09	18.1	.10	.07	18.0	.11	.04	.179	.12
.11	.08	.13	18.5	.09	.10	18.4	.09	.07	18.2	.10	.05	18.1	.10	.02	.180	.11
.10	.08	.11	18.7	.08	.08	18.5	.09	.02	18.4	.09	.02	18.2	.10	.00	.181	.10
.09	.07	.09	18.8	.08	.05	18.6	.08	.02	18.5	.09	.00	18.4				.09
.08	.07	.06	18.9	.07	.03	18.8	.08	.00	18.6							.08
.07	.06	.03	19.1	.07	.00	18.9										.07
.06	.06	.00	19.2													.06

p_H	$p_L=.11$ p	r	Δ	$p_L=.12$ p	r	Δ	$p_L=.13$ p	r	Δ	$p_L=.14$ p	r	Δ	$p_L=.15$ p	r	Δ	p_H
.99	.62	.87	11.8	.63	.87	11.7	.63	.87	11.7	.64	.86	11.6	.64	.86	11.5	.99
.98	.60	.85	12.0	.60	.85	12.0	.61	.84	11.9	.62	.84	11.8	.62	.83	11.7	.98
.97	.58	.84	12.2	.59	.83	12.1	.59	.82	12.0	.60	.82	12.0	.60	.81	11.9	.97
.96	.57	.82	12.3	.57	.82	12.3	.58	.81	12.2	.59	.80	12.1	.59	.80	12.0	.96
.95	.55	.81	12.5	.56	.80	12.4	.57	.80	12.3	.58	.79	12.2	.58	.78	12.2	.95
.94	.54	.80	12.6	.55	.79	12.5	.56	.78	12.4	.56	.78	12.3	.57	.77	12.3	.94
.93	.53	.79	12.7	.54	.78	12.6	.55	.77	12.5	.55	.77	12.4	.56	.76	12.4	.93
.92	.52	.78	12.8	.53	.77	12.7	.54	.76	12.6	.55	.76	12.5	.55	.75	12.5	.92
.91	.52	.77	12.8	.52	.76	12.8	.53	.75	12.7	.54	.75	12.6	.54	.74	12.5	.91
.90	.51	.76	12.9	.52	.75	12.8	.52	.74	12.8	.53	.74	12.7	.54	.73	12.6	.90
.89	.50	.75	13.0	.51	.74	12.9	.51	.73	12.9	.52	.73	12.8	.53	.72	12.7	.89
.88	.49	.74	13.1	.50	.73	13.0	.51	.73	12.9	.51	.72	12.9	.52	.71	12.8	.88
.87	.49	.73	13.1	.49	.73	13.1	.50	.72	13.0	.51	.71	12.9	.51	.70	12.9	.87
.86	.48	.73	13.2	.49	.72	13.1	.49	.71	13.1	.50	.70	13.0	.51	.69	12.9	.86
.85	.47	.72	13.3	.48	.71	13.2	.49	.70	13.1	.49	.69	13.1	.50	.68	13.0	.85
.84	.47	.71	13.4	.47	.70	13.3	.48	.69	13.2	.49	.68	13.1	.49	.67	13.1	.84
.83	.46	.70	13.4	.47	.69	13.3	.47	.68	13.3	.48	.67	13.2	.49	.66	13.1	.83
.82	.45	.69	13.5	.46	.68	13.4	.47	.67	13.3	.47	.67	13.3	.48	.65	13.2	.82
.81	.45	.69	13.5	.45	.68	13.5	.46	.67	13.4	.47	.66	13.3	.47	.65	13.3	.81
.80	.44	.68	13.6	.45	.67	13.5	.45	.66	13.5	.46	.65	13.4	.47	.64	13.3	.80
.79	.43	.67	13.7	.44	.66	13.6	.45	.65	13.5	.46	.64	13.5	.46	.63	13.4	.79
.78	.43	.67	13.7	.44	.65	13.7	.44	.64	13.6	.45	.63	13.5	.46	.62	13.4	.78
.77	.42	.66	13.8	.43	.65	13.7	.44	.64	13.6	.44	.63	13.6	.45	.61	13.5	.77
.76	.42	.65	13.8	.42	.64	13.8	.43	.63	13.7	.44	.62	13.6	.44	.60	13.6	.76
.75	.41	.64	13.9	.42	.63	13.8	.42	.62	13.8	.43	.61	13.7	.44	.60	13.6	.75
.74	.41	.64	14.0	.41	.62	13.9	.42	.61	13.8	.43	.60	13.7	.43	.59	13.7	.74
.73	.40	.63	14.0	.41	.62	13.9	.41	.61	13.9	.42	.59	13.8	.43	.58	13.7	.73
.72	.39	.62	14.1	.40	.61	14.0	.41	.60	13.9	.42	.59	13.9	.42	.57	13.8	.72
.71	.39	.61	14.1	.40	.60	14.0	.40	.59	14.0	.41	.58	13.9	.42	.57	13.8	.71
.70	.38	.61	14.2	.39	.60	14.1	.40	.58	14.0	.41	.57	14.0	.41	.56	13.9	.70
.69	.38	.60	14.2	.39	.59	14.2	.39	.58	14.1	.40	.56	14.0	.41	.55	13.9	.69
.68	.37	.59	14.3	.38	.58	14.2	.39	.57	14.1	.40	.56	14.1	.40	.54	14.0	.68
.67	.37	.59	14.3	.38	.57	14.3	.38	.56	14.2	.69	.55	14.1	.40	.53	14.0	.67
.66	.36	.58	14.4	.37	.57	14.3	.38	.55	14.2	.38	.54	14.2	.39	.53	14.1	.66
.65	.36	.57	14.4	.37	.56	14.4	.37	.55	14.3	.38	.53	14.2	.39	.52	14.2	.65
.64	.35	.56	14.5	.36	.55	14.4	.37	.54	14.3	.37	.52	14.3	.38	.51	14.2	.64
.63	.35	.56	14.6	.36	.54	14.5	.36	.53	14.4	.37	.52	14.3	.38	.50	14.3	.63
.62	.34	.55	14.6	.35	.54	14.5	.36	.52	14.5	.36	.51	14.4	.37	.50	14.3	.62
.61	.34	.54	14.7	.35	.53	14.6	.35	.52	14.5	.36	.50	14.4	.37	.49	14.4	.61
.60	.33	.54	14.7	.34	.52	14.6	.35	.51	14.6	.35	.49	14.5	.36	.48	14.4	.60
.59	.33	.53	14.8	.34	.51	14.7	.34	.50	14.6	.35	.49	14.5	.36	.47	14.5	.59
.58	.32	.52	14.8	.33	.51	14.7	.34	.49	14.7	.35	.48	14.6	.35	.46	14.5	.58
.57	.32	.51	14.9	.33	.50	14.8	.33	.48	14.7	.34	.47	14.6	.35	.46	14.6	.57
.56	.32	.51	14.9	.32	.49	14.8	.33	.48	14.8	.34	.46	14.7	.34	.45	14.6	.56
.55	.31	.50	15.0	.32	.48	14.9	.32	.47	14.8	.33	.45	14.7	.34	.44	14.7	.55
.54	.31	.49	15.0	.31	.47	14.9	.32	.46	14.9	.33	.45	14.8	.33	.43	14.7	.54
.53	.30	.48	15.1	.31	.47	15.0	.31	.45	14.9	.32	.44	14.9	.33	.42	14.8	.53
.52	.30	.48	15.1	.30	.46	15.1	.31	.44	15.0	.32	.43	14.9	.32	.41	14.8	.52
.51	.29	.47	15.2	.30	.45	15.1	.31	.44	15.0	.31	.42	15.0	.32	.41	14.9	.51

p_H	$p_L=.11$ p	r	Δ	$p_L=.12$ p	r	Δ	$p_L=.13$ p	r	Δ	$p_L=.14$ p	r	Δ	$p_L=.15$ p	r	Δ	p_H
.50	.29	.46	15.2	.29	.44	15.2	.30	.43	15.1	.30	.41	15.0	.31	.40	14.9	.50
.49	.28	.45	15.3	.29	.43	15.2	.30	.42	15.1	.30	.40	15.1	.31	.39	15.0	.49
.48	.28	.44	15.3	.29	.43	15.3	.29	.41	15.2	.30	.39	15.1	.30	.38	15.1	.48
.47	.27	.44	15.4	.28	.42	15.3	.29	.40	15.2	.29	.39	15.2	.30	.37	15.1	.47
.46	.27	.43	15.5	.28	.41	15.4	.28	.39	15.3	.29	.38	15.2	.30	.36	15.2	.46
.45	.27	.42	15.5	.27	.40	15.4	.28	.39	15.4	.28	.37	15.3	.29	.35	15.2	.45
.44	.26	.41	15.6	.27	.39	15.5	.27	.38	15.4	.28	.36	15.3	.29	.34	15.3	.44
.43	.26	.40	15.6	.26	.38	15.5	.27	.37	15.5	.28	.35	15.4	.28	.34	15.3	.43
.42	.25	.39	15.7	.26	.38	15.6	.26	.36	15.5	.27	.34	15.5	.28	.33	15.4	.42
.41	.25	.38	15.7	.25	.37	15.7	.26	.35	15.6	.27	.33	15.5	.27	.32	15.4	.41
.40	.24	.38	15.8	.25	.36	15.7	.25	.34	15.6	.26	.32	15.6	.27	.31	15.5	.40
.39	.24	.37	15.9	.25	.35	15.8	.25	.33	15.7	.26	.31	15.6	.26	.30	15.5	.39
.38	.23	.36	15.9	.24	.34	15.8	.25	.32	15.7	.25	.31	15.7	.26	.29	15.6	.38
.37	.23	.35	16.0	.24	.33	15.9	.24	.31	15.8	.25	.30	15.7	.25	.28	15.6	.37
.36	.22	.34	16.0	.23	.32	15.9	.24	.30	15.9	.24	.29	15.8	.25	.27	15.7	.36
.35	.22	.33	16.1	.23	.31	16.0	.23	.29	15.9	.24	.28	15.9	.24	.26	15.8	.35
.34	.22	.32	16.2	.22	.30	16.1	.23	.28	16.0	.23	.27	15.9	.24	.25	15.8	.34
.33	.21	.31	16.1	.22	.29	16.1	.22	.27	16.0	.23	.26	16.0	.24	.24	15.9	.33
.32	.21	.30	16.3	.21	.28	16.2	.22	.26	16.1	.23	.25	16.0	.23	.23	15.9	.32
.31	.20	.29	16.3	.21	.27	16.3	.21	.25	16.2	.22	.23	16.1	.23	.22	16.0	.31
.30	.20	.28	16.4	.20	.26	16.3	.21	.24	16.2	.22	.22	16.1	.22	.21	16.1	.30
.29	.19	.27	16.5	.20	.25	16.4	.20	.23	16.3	.21	.21	16.2	.22	.19	16.1	.29
.28	.19	.26	16.5	.20	.24	16.4	.20	.22	16.4	.21	.20	16.3	.21	.18	16.2	.28
.27	.18	.24	16.6	.19	.23	16.5	.20	.21	16.4	.20	.19	16.3	.21	.17	16.3	.27
.26	.18	.23	16.7	.19	.21	16.6	.19	.19	16.5	.20	.18	16.4	.20	.16	16.3	.26
.25	.18	.22	16.7	.18	.20	16.6	.19	.18	16.6	.19	.16	16.5	.20	.15	16.4	.25
.24	.17	.21	16.8	.18	.19	16.7	.18	.17	16.6	.19	.15	16.5	.19	.13	16.5	.24
.23	.17	.20	16.9	.17	.18	16.8	.18	.16	16.7	.18	.14	16.6	.19	.12	16.5	.23
.22	.16	.18	16.9	.17	.16	16.8	.17	.14	16.8	.18	.12	16.7	.18	.11	16.6	.22
.21	.16	.17	17.0	.16	.15	16.9	.17	.13	16.8	.17	.11	16.8	.18	.09	16.7	.21
.20	.15	.16	17.1	.16	.14	17.0	.16	.12	16.9	.17	.10	16.8	.17	.08	16.7	.20
.19	.15	.14	17.2	.15	.12	17.1	.16	.10	17.0	.16	.08	16.9	.17	.06	16.8	.19
.18	.14	.13	17.3	.15	.11	17.2	.15	.09	17.1	.15	.07	17.0	.16	.05	16.9	.18
.17	.14	.11	17.3	.14	.09	17.2	.15	.07	17.1	.15	.05	17.1	.16	.03	17.0	.17
.16	.13	.09	17.4	.14	.07	17.3	.14	.05	17.2	.15	.04	17.1	.15	.02	17.1	.16
.15	.13	.08	17.5	.13	.06	17.4	.14	.04	17.3	.14	.02	17.2	.15	.00	17.1	.15
.14	.12	.06	17.6	.13	.04	17.5	.13	.02	17.4	.14	.00	17.3				.14
.13	.12	.04	17.7	.12	.02	17.6	.13	.00	17.5							.13
.12	.11	.02	17.8	.12	.00	17.7										.12
.11	.11	.00	17.9													.11

p_H	$p_L=.16$			$p_L=.17$			$p_L=.18$			$p_L=.19$			$p_L=.20$			p_H
	p	r	Δ	p	r	Δ	p	r	Δ	p	r	Δ	p	r	Δ	
.99	.65	.85	11.5	.66	.85	11.4	.66	.85	11.3	.67	.84	11.3	.67	.84	11.2	.99
.98	.63	.83	11.7	.64	.82	11.5	.64	.82	11.5	.65	.81	11.5	.65	.81	11.4	.98
.97	.61	.81	11.8	.62	.80	11.8	.63	.80	11.7	.63	.79	11.7	.64	.79	11.6	.97
.96	.60	.79	12.0	.61	.79	11.9	.61	.78	11.9	.62	.78	11.8	.63	.77	11.7	.96
.95	.59	.78	12.1	.59	.77	12.0	.60	.77	12.0	.61	.76	11.9	.61	.75	11.8	.95
.94	.58	.77	12.2	.58	.76	12.1	.59	.75	12.1	.60	.75	12.0	.60	.74	12.0	.94
.93	.57	.75	12.3	.57	.75	12.2	.58	.74	12.2	.59	.73	12.1	.59	.73	12.0	.93
.92	.56	.74	12.4	.57	.73	12.3	.57	.73	12.3	.58	.72	12.2	.58	.71	12.1	.92
.91	.55	.73	12.5	.56	.72	12.4	.56	.72	12.4	.57	.71	12.3	.58	.70	12.2	.91
.90	.54	.72	12.6	.55	.71	12.5	.56	.71	12.4	.56	.70	12.4	.57	.69	12.3	.90
.89	.53	.71	12.6	.54	.70	12.6	.55	.69	12.5	.55	.69	12.5	.56	.68	12.4	.89
.88	.53	.70	12.7	.53	.69	12.7	.54	.68	12.6	.55	.68	12.5	.55	.67	12.5	.88
.87	.52	.69	12.8	.53	.68	12.7	.53	.67	12.7	.5	.67	12.6	.55	.66	12.5	.87
.86	.51	.68	12.9	.52	.67	12.8	.53	.67	12.7	.53	.66	12.7	.54	.65	12.6	.86
.85	.51	.67	12.9	.51	.66	12.9	.52	.65	12.8	.53	.65	12.7	.53	.64	12.7	.85
.84	.50	.66	13.0	.51	.65	12.9	.51	.65	12.9	.52	.64	12.8	.53	.63	12.7	.84
.83	.49	.65	13.1	.50	.65	13.0	.51	.64	12.9	.51	.63	12.9	.52	.62	12.8	.83
.82	.49	.65	13.1	.49	.64	13.1	.50	.63	13.0	.51	.62	12.9	.51	.61	12.9	.82
.81	.48	.64	13.2	.49	.63	13.1	.49	.62	13.1	.50	.61	13.0	.51	.60	12.9	.81
.80	.47	.63	13.3	.48	.62	13.2	.49	.61	13.1	.49	.60	13.1	.50	.59	13.0	.80
.79	.47	.62	13.3	.48	.61	13.2	.48	.60	13.2	.49	.59	13.1	.49	.57	13.1	.79
.78	.46	.61	13.4	.47	.60	13.3	.48	.59	13.2	.48	.58	13.2	.49	.57	13.1	.78
.77	.46	.60	13.4	.46	.59	13.4	.47	.58	13.3	.48	.57	13.2	.48	.56	13.2	.77
.76	.45	.60	13.5	.46	.58	13.4	.46	.57	13.4	.47	.56	13.3	.48	.56	13.2	.76
.75	.45	.59	13.6	.45	.58	13.5	.46	.57	13.4	.46	.56	13.4	.47	.55	13.3	.75
.74	.44	.58	13.6	.45	.57	13.5	.45	.56	13.5	.46	.55	13.4	.47	.54	13.4	.74
.73	.43	.57	13.7	.44	.56	13.5	.45	.55	13.5	.45	.54	13.5	.46	.53	13.4	.73
.72	.43	.56	13.7	.44	.55	13.7	.44	.54	13.6	.45	.53	13.5	.45	.52	13.5	.72
.71	.42	.55	13.8	.43	.54	13.7	.44	.53	13.6	.44	.52	13.6	.45	.51	13.5	.71
.70	.42	.55	13.8	.43	.54	13.8	.43	.52	13.7	.44	.51	13.6	.44	.50	13.6	.70
.69	.41	.54	13.9	.42	.53	13.8	.43	.52	13.7	.43	.51	13.7	.44	.50	13.6	.69
.68	.41	.53	13.9	.41	.52	13.9	.42	.51	13.8	.43	.50	13.7	.43	.49	13.7	.68
.67	.40	.52	14.0	.41	.51	13.9	.42	.50	13.8	.42	.49	13.8	.43	.48	13.7	.67
.66	.40	.52	14.0	.40	.50	14.0	.41	.49	13.9	.42	.48	13.8	.42	.47	13.8	.66
.65	.39	.51	14.1	.40	.50	14.0	.41	.48	14.0	.41	.47	13.9	.42	.46	13.8	.65
.64	.39	.50	14.1	.39	.49	14.1	.40	.48	14.0	.41	.46	14.0	.41	.45	13.9	.64
.63	.38	.49	14.2	.39	.48	14.1	.40	.47	14.1	.40	.46	14.0	.41	.44	13.9	.63
.62	.38	.48	14.2	.38	.47	14.2	.39	.46	14.1	.40	.45	14.1	.40	.44	14.0	.62
.61	.37	.48	14.3	.38	.46	14.2	.39	.45	14.2	.39	.44	14.1	.40	.43	14.0	.61
.60	.37	.47	14.3	.37	.45	14.3	.38	.44	14.2	.39	.43	14.2	.39	.42	14.1	.60
.59	.36	.46	14.4	.37	.45	14.3	.38	.43	14.3	.38	.42	14.2	.39	.41	14.1	.59
.58	.36	.45	14.5	.36	.44	14.4	.37	.43	14.3	.38	.41	14.3	.38	.40	14.2	.58
.57	.35	.44	14.5	.36	.43	14.4	.37	.42	14.4	.37	.40	14.3	.38	.39	14.3	.57
.56	.35	.43	14.6	.35	.42	14.5	.36	.41	14.4	.37	.40	14.4	.37	.38	14.3	.56
.55	.34	.43	14.6	.35	.41	14.5	.36	.40	14.5	.36	.39	14.4	.37	.37	14.4	.55
.54	.34	.42	14.7	.35	.40	14.5	.35	.39	14.5	.36	.38	14.5	.36	.36	14.4	.54
.53	.33	.41	14.7	.34	.40	14.6	.35	.38	14.6	.35	.37	14.5	.36	.36	14.5	.53
.52	.33	.40	14.8	.34	.39	14.7	.34	.37	14.6	.35	.36	14.6	.35	.35	14.5	.52
.51	.32	.39	14.8	.33	.38	14.8	.34	.36	14.7	.34	.35	14.6	.35	.34	14.6	.51

p_H	$p_L=.16$			$p_L=.17$			$p_L=.18$			$p_L=.19$			$p_L=.20$			p_H
	p	r	Δ	p	r	Δ	p	r	Δ	p	r	Δ	p	r	Δ	
.50	.32	.38	14.9	.33	.37	14.8	.33	.36	14.7	.34	.34	14.7	.34	.33	14.6	.50
.49	.31	.37	14.9	.32	.36	14.9	.33	.35	14.8	.33	.33	14.7	.34	.32	14.7	.49
.48	.31	.37	15.0	.32	.35	14.9	.32	.34	14.8	.33	.32	14.8	.33	.31	14.7	.48
.47	.31	.36	15.0	.31	.34	15.0	.32	.33	14.9	.32	.32	14.8	.33	.30	14.8	.47
.46	.30	.35	15.1	.31	.33	15.0	.31	.32	14.9	.32	.31	14.9	.32	.29	14.8	.46
.45	.30	.34	15.1	.30	.32	15.1	.31	.31	15.0	.31	.30	14.9	.32	.28	14.9	.45
.44	.29	.33	15.2	.30	.32	15.1	.30	.30	15.1	.31	.29	15.0	.32	.28	14.9	.44
.43	.29	.32	15.2	.29	.31	15.2	.30	.29	15.1	.30	.28	15.0	.31	.27	15.0	.43
.42	.28	.31	15.3	.29	.30	15.2	.29	.28	15.2	.30	.27	15.1	.31	.26	15.0	.42
.41	.28	.30	15.4	.28	.29	15.3	.29	.27	15.2	.29	.26	15.2	.30	.25	15.1	.41
.40	.27	.29	15.4	.28	.28	15.3	.28	.26	15.3	.29	.25	15.2	.30	.24	15.1	.40
.39	.27	.28	15.5	.27	.27	15.4	.28	.25	15.3	.29	.24	15.3	.29	.23	15.2	.39
.38	.26	.27	15.5	.27	.26	15.5	.28	.24	15.4	.28	.23	15.3	.29	.22	15.2	.38
.37	.26	.26	15.6	.27	.25	15.5	.27	.23	15.4	.28	.22	15.4	.28	.21	15.3	.37
.36	.25	.25	15.6	.26	.24	15.6	.27	.22	15.5	.27	.21	15.4	.28	.20	15.4	.36
.35	.25	.24	15.7	.26	.23	15.6	.26	.21	15.5	.27	.20	15.5	.27	.18	15.4	.35
.34	.25	.23	15.8	.25	.22	15.7	.26	.20	15.6	.26	.19	15.5	.27	.17	15.5	.34
.33	.24	.22	15.8	.25	.21	15.7	.25	.19	15.7	.26	.18	15.6	.26	.16	15.5	.33
.32	.24	.21	15.9	.24	.20	15.9	.25	.18	15.7	.25	.17	15.7	.26	.15	15.6	.32
.31	.23	.20	15.9	.24	.19	15.9	.24	.17	15.8	.25	.16	15.7	.25	.14	15.6	.31
.30	.23	.19	16.0	.23	.17	15.9	.24	.16	15.9	.24	.14	15.8	.25	.13	15.7	.30
.29	.22	.18	16.1	.23	.16	16.0	.23	.15	15.9	.24	.13	15.8	.24	.12	15.8	.29
.28	.22	.17	16.1	.22	.15	16.0	.23	.13	16.0	.23	.12	15.9	.24	.10	15.8	.28
.27	.21	.15	16.2	.22	.14	16.1	.22	.12	16.0	.23	.11	16.0	.23	.09	15.9	.27
.26	.21	.14	16.3	.21	.13	16.2	.22	.11	16.1	.22	.09	16.0	.23	.08	16.0	.26
.25	.20	.13	16.3	.21	.11	16.2	.21	.10	16.2	.22	.08	16.1	.22	.07	16.0	.25
.24	.20	.12	16.4	.20	.10	16.3	.21	.08	16.2	.21	.07	16.2	.22	.05	16.1	.24
.23	.19	.10	16.5	.20	.09	16.4	.20	.07	16.3	.21	.06	16.2	.21	.04	16.2	.23
.22	.19	.09	16.5	.19	.07	16.5	.20	.06	16.4	.20	.04	16.3	.21	.03	16.2	.22
.21	.18	.08	16.6	.19	.06	16.5	.19	.04	16.4	.20	.03	16.4	.20	.01	16.3	.21
.20	.18	.06	16.7	.18	.05	16.6	.19	.03	16.5	.19	.02	16.4	.20	.00	16.4	.20
.19	.17	.05	16.7	.18	.03	16.7	.18	.02	16.6	.19	.00	16.5				.19
.18	.17	.03	16.8	.17	.02	16.7	.18	.00	16.7							.18
.17	.16	.02	16.9	.17	.00	16.8										.17
.16	.16	.00	17.0													.16

pH	pL=.21 p	r	Δ	pL=.22 p	r	Δ	pL=.23 p	r	Δ	pL=.24 p	r	Δ	pL=.25 p	r	Δ	pH
.99	.68	.84	11.1	.68	.83	11.1	.69	.83	11.0	.69	.82	11.0	.70	.82	10.9	.99
.98	.66	.81	11.4	.66	.80	11.3	.67	.80	11.3	.67	.79	11.2	.68	.79	11.1	.98
.97	.64	.78	11.5	.65	.78	11.4	.65	.77	11.4	.66	.77	11.4	.66	.76	11.3	.97
.96	.63	.77	11.7	.64	.76	11.6	.64	.76	11.5	.65	.75	11.5	.65	.74	11.4	.96
.95	.62	.75	11.8	.62	.74	11.7	.63	.74	11.7	.64	.73	11.6	.64	.73	11.6	.95
.94	.61	.73	11.9	.61	.73	11.8	.62	.72	11.8	.63	.71	11.7	.63	.71	11.7	.94
.93	.60	.72	12.0	.60	.71	11.9	.61	.71	11.9	.62	.70	11.8	.62	.71	11.8	.93
.92	.59	.71	12.1	.60	.70	12.0	.60	.69	12.0	.61	.69	11.9	.61	.68	11.9	.92
.91	.58	.70	12.2	.59	.69	12.1	.59	.68	12.1	.60	.68	12.0	.60	.67	11.9	.91
.90	.57	.68	12.3	.58	.68	12.2	.59	.67	12.1	.59	.66	12.1	.60	.66	12.0	.90
.89	.57	.67	12.3	.57	.67	12.3	.58	.66	12.2	.58	.65	12.2	.59	.64	12.1	.89
.88	.56	.66	12.4	.56	.65	12.3	.57	.65	12.3	.58	.64	12.2	.58	.63	12.2	.88
.87	.55	.65	12.5	.56	.64	12.4	.56	.64	12.4	.57	.63	12.3	.58	.62	12.2	.87
.86	.54	.64	12.5	.55	.63	12.5	.56	.63	12.4	.56	.62	12.4	.57	.61	12.3	.86
.85	.54	.63	12.6	.54	.62	12.6	.55	.61	12.5	.56	.60	12.4	.56	.60	12.4	.85
.84	.53	.62	12.7	.54	.61	12.6	.54	.60	12.6	.55	.60	12.5	.55	.59	12.4	.84
.83	.52	.61	12.8	.53	.60	12.7	.54	.59	12.6	.54	.58	12.6	.55	.58	12.5	.83
.82	.52	.60	12.8	.52	.59	12.8	.53	.58	12.7	.54	.57	12.6	.54	.57	12.6	.82
.81	.51	.59	12.9	.52	.58	12.8	.52	.57	12.8	.53	.56	12.7	.54	.56	12.6	.81
.80	.51	.58	12.9	.51	.57	12.9	.52	.56	12.8	.52	.56	12.8	.53	.55	12.7	.80
.79	.50	.57	13.0	.51	.66	12.9	.51	.55	12.9	.52	.55	12.8	.52	.54	12.8	.79
.78	.49	.56	13.1	.50	.55	13.0	.51	.54	12.9	.51	.54	12.9	.52	.52	12.8	.78
.77	.49	.55	13.1	.49	.54	13.1	.50	.54	13.0	.51	.53	12.9	.51	.52	12.9	.77
.76	.48	.55	13.2	.49	.54	13.1	.49	.53	13.1	.50	.52	13.0	.51	.51	12.9	.76
.75	.48	.54	13.2	.48	.53	13.2	.49	.52	13.1	.49	.51	13.1	.50	.50	13.0	.75
.74	.47	.53	13.3	.48	.52	13.2	.48	.51	13.2	.49	.50	13.1	.49	.49	13.1	.74
.73	.47	.52	13.3	.47	.51	13.3	.48	.50	13.2	.48	.49	13.2	.49	.48	13.1	.73
.72	.46	.51	13.4	.47	.50	13.3	.47	.49	13.3	.48	.48	13.2	.48	.47	13.2	.72
.71	.45	.50	13.5	.46	.49	13.4	.47	.48	13.3	.47	.47	13.3	.48	.46	13.2	.71
.70	.45	.49	13.5	.46	.48	13.5	.46	.47	13.4	.47	.46	13.3	.47	.45	13.3	.70
.69	.44	.48	13.6	.45	.47	13.5	.46	.46	13.4	.46	.45	13.4	.47	.44	13.3	.69
.68	.44	.48	13.6	.45	.47	13.6	.45	.45	13.5	.46	.44	13.4	.46	.43	13.4	.68
.67	.43	.47	13.7	.44	.46	13.6	.45	.45	13.5	.45	.44	13.5	.46	.43	13.4	.67
.66	.43	.46	13.7	.43	.45	13.7	.44	.44	13.6	.45	.43	13.5	.45	.42	13.5	.66
.65	.42	.45	13.8	.43	.44	13.7	.43	.43	13.7	.44	.42	13.6	.45	.41	13.5	.65
.64	.42	.44	13.8	.42	.43	13.8	.43	.42	13.7	.44	.41	13.6	.44	.40	13.6	.64
.63	.41	.43	13.9	.42	.42	13.8	.42	.41	13.8	.43	.40	13.7	.44	.39	13.6	.63
.62	.41	.42	13.9	.41	.41	13.9	.42	.40	13.8	.43	.39	13.8	.43	.38	13.7	.62
.61	.40	.41	14.0	.41	.40	13.9	.41	.39	13.9	.42	.38	13.8	.43	.37	13.7	.61
.60	.40	.41	14.0	.40	.39	14.0	.41	.38	13.9	.42	.37	13.9	.42	.36	13.8	.60
.59	.39	.40	14.1	.40	.39	14.0	.40	.37	14.0	.41	.36	13.9	.42	.35	13.8	.59
.58	.39	.39	14.1	.39	.38	14.1	.40	.36	14.0	.41	.35	14.0	.41	.34	13.9	.58
.57	.38	.38	14.2	.39	.37	14.1	.39	.36	14.1	.40	.34	14.0	.41	.33	14.0	.57
.56	.38	.37	14.2	.38	.36	14.2	.39	.35	14.1	.40	.33	14.1	.40	.32	14.0	.56
.55	.37	.36	14.3	.38	.35	14.2	.38	.34	14.2	.39	.33	14.1	.40	.31	14.1	.55
.54	.37	.35	14.3	.37	.34	14.3	.38	.33	14.2	.39	.32	14.2	.39	.31	14.1	.54
.53	.36	.34	14.4	.37	.33	14.3	.37	.32	14.3	.38	.31	14.2	.39	.30	14.2	.53
.52	.36	.33	14.5	.36	.32	14.4	.37	.31	14.3	.38	.30	14.3	.38	.29	14.2	.52
.51	.35	.33	14.5	.36	.31	14.4	.37	.30	14.4	.37	.29	14.3	.38	.28	14.3	.51

p_H	$p_L=.21$			$p_L=.22$			$p_L=.23$			$p_L=.24$			$p_L=.25$			p_H
	p	r	Δ	p	r	Δ	p	r	Δ	p	r	Δ	p	r	Δ	
.50	.35	.32	14.6	.35	.30	14.5	.36	.29	14.4	.37	.28	14.4	.37	.27	14.3	.50
.49	.34	.31	14.6	.35	.30	14.5	.36	.28	14.5	.36	.27	14.4	.37	.26	14.4	.49
.48	.34	.30	14.7	.35	.29	14.6	.35	.27	14.5	.36	.26	14.5	.36	.25	14.4	.48
.47	.33	.29	14.7	.34	.28	14.6	.35	.26	14.6	.35	.25	14.5	.36	.24	14.5	.47
.46	.33	.28	14.8	.34	.27	14.7	.34	.25	14.6	.35	.24	14.6	.35	.23	14.5	.46
.45	.33	.27	14.8	.33	.26	14.7	.34	.25	14.7	.34	.23	14.6	.35	.22	14.6	.45
.44	.32	.26	14.9	.33	.25	14.8	.33	.24	14.7	.34	.22	14.7	.34	.21	14.6	.44
.43	.32	.25	14.9	.32	.24	14.9	.33	.23	14.8	.33	.21	14.7	.34	.20	14.7	.43
.42	.31	.24	13.0	.32	.23	14.9	.32	.22	14.8	.33	.20	14.8	.33	.19	14.7	.42
.41	.31	.23	15.0	.31	.22	15.0	.32	.21	14.9	.32	.19	14.8	.33	.18	14.8	.41
.40	.30	.22	15.1	.31	.21	15.0	.31	.20	14.9	.32	.18	14.9	.32	.17	14.8	.40
.39	.30	.21	15.1	.30	.20	15.1	.31	.19	15.0	.31	.17	14.9	.32	.16	14.9	.39
.38	.29	.20	15.2	.30	.19	15.1	.30	.18	15.1	.31	.16	15.0	.31	.15	14.9	.38
.37	.29	.19	15.2	.29	.18	15.2	.30	.17	15.1	.30	.15	15.1	.31	.14	15.0	.37
.36	.28	.18	15.3	.29	.17	15.2	.29	.16	15.2	.30	.14	15.1	.30	.13	15.1	.36
.35	.28	.17	15.4	.28	.16	15.3	.29	.14	15.2	.29	.13	15.2	.30	.12	15.1	.35
.34	.27	.16	15.4	.28	.15	15.3	.28	.13	15.3	.29	.12	15.2	.29	.11	15.2	.34
.33	.27	.15	15.5	.27	.13	15.4	.28	.12	15.3	.28	.11	15.3	.29	.10	15.2	.33
.32	.26	.14	15.5	.27	.12	15.5	.27	.11	15.4	.27	.10	15.4	.28	.08	15.3	.32
.31	.26	.13	15.6	.26	.11	15.5	.27	.10	15.5	.27	.08	15.4	.28	.07	15.3	.31
.30	.25	.11	15.6	.26	.10	15.6	.26	.09	15.5	.27	.07	15.5	.27	.06	15.4	.30
.29	.25	.10	15.7	.25	.09	15.6	.26	.08	15.6	.26	.06	15.5	.27	.05	15.5	.29
.28	.24	.09	15.8	.25	.08	15.7	.25	.06	15.6	.26	.05	15.6	.26	.04	15.5	.28
.27	.24	.08	15.8	.24	.07	15.8	.25	.05	15.7	.25	.04	15.6	.26	.03	15.6	.27
.26	.23	.07	15.9	.24	.05	15.8	.24	.04	15.8	.25	.03	15.7	.25	.01	15.6	.26
.25	.23	.05	16.0	.23	.04	15.9	.24	.03	15.8	.24	.01	15.8	.25	.00	15.7	.25
.24	.22	.04	16.0	.23	.03	16.0	.23	.01	15.9	.24	.00	15.8				.24
.23	.22	.03	16.1	.22	.01	16.0	.23	.00	16.0							.23
.22	.21	.01	16.2	.22	.00	16.0										.22
.21	.21	.00	16.2													.21

	$p_L=.26$			$p_L=.27$			$p_L=.28$			$p_L=.29$			$p_L=.30$			
p_H	p	r	Δ	p	r	Δ	p	r	Δ	p	r	Δ	p	r	Δ	p_H
.99	.70	.82	10.9	.71	.81	10.8	.71	.81	10.7	.72	.81	10.7	.72	.80	10.6	.99
.98	.68	.79	11.1	.69	.78	11.0	.69	.78	11.0	.70	.77	10.9	.70	.77	10.9	.98
.97	.67	.76	11.2	.68	.75	11.1	.68	.75	11.1	.68	.75	11.1	.69	.74	11.0	.97
.96	.66	.74	11.4	.66	.73	11.3	.67	.73	11.3	.67	.72	11.2	.68	.72	11.2	.96
.95	.65	.72	11.5	.65	.72	11.4	.66	.71	11.4	.66	.70	11.3	.67	.70	11.3	.95
.94	.64	.70	11.6	.64	.70	11.5	.65	.69	11.5	.65	.69	11.4	.66	.68	11.4	.94
.93	.63	.69	11.7	.63	.68	11.6	.64	.68	11.6	.64	.67	11.5	.65	.66	11.5	.93
.92	.62	.67	11.8	.62	.67	11.7	.63	.66	11.7	.63	.66	11.6	.64	.65	11.6	.92
.91	.61	.66	11.9	.62	.65	11.8	.62	.65	11.8	.63	.64	11.7	.63	.63	11.7	.91
.90	.60	.65	12.0	.61	.64	11.9	.61	.63	11.8	.62	.63	11.8	.62	.62	11.7	.90
.89	.59	.64	12.0	.60	.63	12.0	.61	.62	11.9	.61	.61	11.9	.62	.61	11.8	.89
.88	.59	.62	12.1	.59	.62	12.1	.60	.61	12.0	.60	.60	12.0	.61	.60	11.9	.88
.87	.58	.61	12.2	.59	.61	12.1	.59	.60	12.1	.60	.59	12.0	.60	.58	12.0	.87
.86	.57	.60	12.3	.58	.59	12.2	.58	.59	12.1	.59	.58	12.1	.59	.57	12.0	.86
.85	.57	.59	12.3	.57	.58	12.3	.58	.57	12.2	.58	.57	12.2	.59	.56	12.1	.85
.84	.56	.58	12.4	.57	.57	12.3	.57	.56	12.3	.58	.55	12.2	.58	.55	12.2	.84
.83	.55	.57	12.5	.56	.56	12.4	.56	.55	12.3	.57	.54	12.3	.57	.54	12.2	.83
.82	.55	.56	12.5	.55	.55	12.5	.56	.54	12.4	.56	.53	12.4	.57	.52	12.3	.82
.81	.54	.55	12.6	.55	.54	12.5	.55	.53	12.5	.56	.52	12.4	.56	.51	12.4	.81
.80	.53	.54	12.6	.54	.53	12.6	.55	.52	12.5	.55	.51	12.5	.56	.50	12.4	.80
.79	.53	.53	12.7	.53	.52	12.7	.54	.51	12.6	.55	.50	12.5	.55	.49	12.5	.79
.78	.52	.52	12.8	.53	.51	12.7	.53	.50	12.7	.54	.49	12.6	.54	.48	12.5	.78
.77	.52	.51	12.8	.52	.50	12.8	.53	.49	12.7	.53	.48	12.7	.54	.47	12.6	.77
.76	.51	.50	12.9	.52	.49	12.8	.52	.48	12.8	.53	.47	12.7	.53	.46	12.7	.76
.75	.51	.49	12.9	.51	.48	12.9	.52	.47	12.8	.52	.46	12.8	.53	.45	12.7	.75
.74	.50	.48	13.0	.51	.47	12.9	.51	.46	12.9	.52	.45	12.8	.52	.44	12.8	.74
.73	.49	.47	13.1	.50	.46	13.0	.51	.45	12.9	.51	.44	12.9	.52	.43	12.8	.73
.72	.49	.46	13.1	.49	.45	13.1	.50	.44	13.0	.51	.43	13.0	.51	.42	12.9	.72
.71	.48	.45	13.2	.49	.44	13.1	.49	.43	13.1	.50	.42	13.0	.51	.41	12.9	.71
.70	.48	.44	13.2	.48	.43	13.2	.49	.42	13.1	.49	.41	13.1	.50	.40	13.0	.70
.69	.47	.43	13.3	.48	.42	13.2	.48	.41	13.2	.49	.40	13.1	.49	.39	13.1	.69
.68	.47	.42	13.3	.47	.41	13.3	.48	.40	13.2	.48	.39	13.2	.49	.38	13.1	.68
.67	.46	.41	13.4	.47	.40	13.3	.47	.39	13.3	.48	.38	13.2	.48	.37	13.2	.67
.66	.46	.40	13.4	.46	.39	13.4	.47	.38	13.3	.47	.37	13.3	.48	.36	13.2	.66
.65	.45	.40	13.5	.46	.39	13.4	.46	.37	13.4	.47	.36	13.3	.47	.35	13.3	.65
.64	.45	.39	13.5	.45	.38	13.5	.46	.36	13.4	.46	.35	13.4	.47	.34	13.3	.64
.63	.44	.38	13.6	.45	.37	13.5	.45	.36	13.5	.46	.34	13.4	.46	.34	13.4	.63
.62	.44	.37	13.6	.44	.36	13.6	.45	.35	13.5	.45	.34	13.5	.46	.33	13.4	.62
.61	.43	.36	13.7	.44	.35	13.6	.44	.34	13.6	.45	.33	13.5	.45	.32	13.5	.61
.60	.43	.35	13.7	.43	.34	13.7	.44	.33	13.6	.44	.32	13.6	.45	.31	13.5	.60
.59	.42	.34	13.8	.43	.33	13.7	.43	.32	13.7	.44	.31	13.6	.44	.30	13.6	.59
.58	.42	.33	13.8	.42	.32	13.8	.43	.31	13.7	.43	.30	13.7	.44	.29	13.6	.58
.57	.41	.32	13.9	.42	.31	13.8	.42	.30	13.8	.43	.29	13.7	.43	.28	13.7	.57
.56	.41	.31	13.9	.41	.30	13.9	.42	.29	13.8	.42	.28	13.8	.43	.27	13.7	.56
.55	.40	.30	14.0	.41	.29	13.9	.41	.28	13.9	.42	.27	13.8	.42	.26	13.8	.55
.54	.40	.29	14.0	.40	.28	14.0	.41	.27	13.9	.41	.26	13.9	.42	.25	13.8	.54
.53	.39	.28	14.1	.40	.27	14.0	.40	.26	14.0	.41	.25	13.9	.41	.24	13.9	.53
.52	.39	.28	14.1	.39	.26	14.1	.40	.25	14.0	.40	.24	14.0	.41	.23	13.9	.52
.51	.38	.27	14.2	.39	.25	14.1	.39	.24	14.1	.40	.23	14.0	.40	.22	14.0	.51

	$p_L=.26$			$p_L=.27$			$p_L=.28$			$p_L=.29$			$p_L=.30$			
p_H	p	r	Δ	p	r	Δ	p	r	Δ	p	r	Δ	p	r	Δ	p_H
.50	.37	.26	14.3	.38	.24	14.2	.39	.23	14.1	.39	.22	14.1	.40	.21	14.0	.50
.49	.37	.25	14.3	.38	.24	14.3	.38	.22	14.2	.39	.21	14.1	.39	.20	14.1	.49
.48	.37	.24	14.4	.37	.23	14.3	.38	.21	14.2	.38	.20	14.2	.39	.19	14.1	.48
.47	.36	.23	14.4	.37	.22	14.4	.37	.20	14.3	.38	.19	14.2	.38	.18	14.2	.47
.46	.36	.22	14.5	.36	.21	14.4	.37	.19	14.3	.37	.18	14.3	.38	.17	14.2	.46
.45	.35	.21	14.5	.36	.20	14.5	.36	.18	14.4	.37	.17	14.3	.37	.16	14.3	.45
.44	.35	.20	14.6	.35	.19	14.5	.36	.17	14.5	.36	.16	14.4	.37	.15	14.3	.44
.43	.34	.19	14.6	.35	.18	14.6	.35	.16	14.5	.36	.15	14.5	.36	.14	14.4	.43
.42	.34	.18	14.7	.34	.17	14.6	.35	.15	14.6	.35	.14	14.5	.36	.13	14.5	.42
.41	.33	.17	14.7	.34	.16	14.7	.34	.14	14.6	.35	.13	14.6	.35	.12	14.5	.41
.40	.33	.16	14.8	.33	.15	14.7	.34	.13	14.7	.34	.12	14.6	.35	.11	14.6	.40
.39	.32	.15	14.8	.33	.14	14.7	.33	.12	14.7	.34	.11	14.7	.34	.10	14.6	.39
.38	.32	.14	14.9	.32	.13	14.8	.33	.11	14.8	.33	.10	14.7	.34	.09	14.7	.38
.37	.31	.13	14.9	.32	.11	14.9	.32	.10	14.8	.33	.09	14.8	.33	.08	14.7	.37
.36	.31	.12	15.0	.31	.10	14.9	.32	.09	14.9	.32	.08	14.8	.33	.07	14.8	.36
.35	.30	.11	15.1	.31	.09	15.0	.31	.08	14.9	.32	.07	14.9	.32	.06	14.8	.35
.34	.30	.09	15.1	.30	.08	15.1	.31	.07	15.0	.31	.06	14.9	.32	.05	14.9	.34
.33	.29	.08	15.2	.30	.07	15.1	.30	.06	15.1	.31	.05	15.0	.31	.03	14.9	.33
.32	.29	.07	15.2	.29	.06	15.2	.30	.05	15.1	.30	.03	15.0	.31	.02	15.0	.32
.31	.28	.06	15.3	.29	.05	15.2	.29	.03	15.2	.30	.02	15.1	.30	.01	15.0	.31
.30	.28	.05	15.3	.28	.04	15.3	.29	.02	15.2	.29	.01	15.2	.30	.00	15.1	.30
.29	.27	.04	15.4	.28	.02	15.3	.28	.01	15.3	.29	.00	15.2				.29
.28	.27	.02	15.5	.27	.01	15.4	.28	.00	15.3							.28
.27	.26	.01	15.5	.27	.00	15.5										.27
.26	.26	.00	15.6													.26

p_H	$p_L=.31$			$p_L=.32$			$p_L=.33$			$p_L=.34$			$p_L=.35$			p_H
	p	r	Δ	p	r	Δ	p	r	Δ	p	r	Δ	p	r	Δ	
.99	.73	.80	10.6	.73	.80	10.5	.74	.79	10.5	.74	.79	10.4	.75	.8	10.4	.99
.98	.71	.76	10.8	.71	.76	10.7	.72	.75	10.7	.72	.75	10.6	.73	.74	10.6	.98
.97	.69	.74	11.0	.70	.73	10.9	.70	.73	10.9	.71	.72	10.8	.71	.72	10.7	.97
.96	.68	.71	11.1	.69	.71	11.1	.69	.70	11.0	.70	.70	10.9	.70	.69	10.9	.96
.95	.67	.69	11.2	.68	.69	11.2	.68	.68	11.1	.69	.68	11.1	.69	.67	11.0	.95
.94	.66	.67	11.3	.67	.67	11.3	.67	.66	11.2	.68	.66	11.2	.68	.65	11.1	.94
.93	.65	.66	11.4	.66	.65	11.4	.66	.65	11.3	.67	.64	11.3	.67	.63	11.2	.93
.92	.64	.64	11.5	.65	.64	11.5	.65	.63	11.4	.66	.62	11.4	.66	.62	11.3	.92
.91	.64	.63	11.6	.64	.62	11.5	.65	.61	11.5	.65	.61	11.4	.66	.60	11.4	.91
.90	.63	.61	11.7	.63	.61	11.6	.64	.60	11.6	.64	.59	11.5	.65	.59	11.5	.90
.89	.62	.60	11.8	.63	.59	11.7	.63	.59	11.7	.64	.58	11.6	.64	.57	11.6	.89
.88	.61	.59	11.8	.62	.58	11.8	.62	.57	11.7	.63	.57	11.7	.63	.56	11.6	.88
.87	.61	.58	11.9	.61	.57	11.9	.62	.56	11.8	.62	.55	11.8	.63	.55	11.7	.87
.86	.60	.56	12.0	.60	.56	11.9	.61	.55	11.9	.62	.54	11.8	.62	.53	11.8	.86
.85	.59	.55	12.1	.60	.54	12.0	.60	.53	12.0	.61	.53	11.9	.61	.52	11.8	.85
.84	.59	.54	12.1	.59	.53	12.1	.60	.52	12.0	.60	.52	12.0	.61	.51	11.9	.84
.83	.58	.53	12.2	.59	.52	12.1	.59	.51	12.1	.60	.50	12.0	.60	.50	12.0	.83
.82	.57	.52	12.3	.58	.51	12.2	.58	.50	12.2	.59	.49	12.1	.59	.48	12.0	.82
.81	.57	.51	12.3	.57	.50	12.3	.58	.49	12.2	.58	.48	12.2	.59	.47	12.1	.81
.80	.56	.50	12.4	.57	.49	12.3	.57	.48	12.3	.58	.47	12.2	.58	.46	12.2	.80
.79	.56	.48	12.4	.56	.48	12.4	.57	.47	12.3	.57	.46	12.3	.58	.45	12.2	.79
.78	.55	.47	12.5	.55	.47	12.4	.56	.46	12.4	.57	.45	12.3	.57	.44	12.3	.78
.77	.54	.46	12.6	.55	.45	12.5	.55	.45	12.5	.56	.44	12.4	.57	.43	12.3	.77
.76	.54	.45	12.6	.54	.44	12.6	.55	.44	12.5	.55	.43	12.5	.56	.42	12.4	.76
.75	.53	.44	12.7	.54	.43	12.6	.54	.43	12.6	.55	.42	12.5	.55	.41	12.5	.75
.74	.53	.43	12.7	.53	.42	12.7	.54	.41	12.6	.54	.40	12.6	.55	.40	12.5	.74
.73	.52	.42	12.8	.53	.41	12.7	.53	.40	12.7	.54	.39	12.6	.54	.39	12.6	.73
.72	.52	.41	12.8	.52	.40	12.8	.53	.39	12.7	.53	.38	12.7	.54	.37	12.6	.72
.71	.51	.40	12.9	.52	.39	12.8	.52	.38	12.8	.53	.37	12.7	.53	.36	12.7	.71
.70	.51	.39	12.9	.51	.38	12.9	.52	.37	12.8	.52	.36	12.8	.53	.35	12.7	.70
.69	.50	.38	13.0	.51	.37	12.9	.51	.36	12.9	.52	.35	12.8	.52	.34	12.8	.69
.68	.49	.37	13.1	.50	.36	13.0	.51	.35	12.9	.51	.34	12.9	.52	.33	12.8	.68
.67	.49	.36	13.1	.49	.35	13.1	.50	.34	13.0	.51	.33	12.9	.51	.32	12.9	.67
.66	.48	.35	13.2	.49	.34	13.1	.49	.33	13.1	.50	.32	13.0	.51	.31	12.9	.66
.65	.48	.34	13.2	.48	.33	13.2	.49	.32	13.1	.49	.31	13.1	.50	.30	13.0	.65
.64	.47	.33	13.3	.48	.32	13.2	.48	.31	13.2	.49	.30	13.1	.49	.29	13.1	.64
.63	.47	.32	13.3	.47	.31	13.3	.48	.30	13.2	.48	.29	13.2	.49	.28	13.1	.63
.62	.46	.32	13.4	.47	.30	13.3	.47	.29	13.3	.48	.28	13.2	.48	.27	13.2	.62
.61	.46	.31	13.4	.46	.30	13.4	.47	.29	13.3	.47	.27	13.3	.48	.26	13.2	.61
.60	.45	.30	13.5	.46	.29	13.4	.46	.28	13.4	.47	.26	13.3	.47	.25	13.3	.60
.59	.45	.29	13.5	.45	.28	13.5	.46	.27	13.4	.46	.25	13.4	.47	.24	13.3	.59
.58	.44	.28	13.6	.45	.27	13.5	.45	.26	13.5	.46	.25	13.4	.46	.23	13.4	.58
.57	.44	.27	13.6	.44	.26	13.6	.45	.25	13.5	.45	.24	13.5	.46	.22	13.4	.57
.56	.43	.26	13.7	.44	.25	13.6	.44	.24	13.6	.45	.23	13.5	.45	.21	13.5	.56
.55	.43	.25	13.7	.43	.24	13.7	.44	.23	13.6	.44	.22	13.6	.45	.21	13.5	.55
.54	.42	.24	13.8	.43	.23	13.7	.43	.22	13.7	.44	.21	13.6	.44	.20	13.6	.54
.53	.42	.23	13.8	.42	.22	13.8	.43	.21	13.7	.44	.20	13.7	.44	.19	13.6	.53
.52	.41	.22	13.9	.42	.21	13.8	.42	.20	13.8	.43	.19	13.7	.43	.18	13.7	.52
.51	.41	.21	13.9	.41	.20	13.9	.42	.19	13.8	.42	.18	13.8	.43	.17	13.7	.51

p_H	$p_L=.31$			$p_L=.32$			$p_L=.33$			$p_L=.34$			$p_L=.35$			p_H
	p	r	Δ	p	r	Δ	p	r	Δ	p	r	Δ	p	r	Δ	
.50	.40	.20	14.0	.41	.19	13.9	.41	.18	13.9	.42	.17	13.8	.42	.16	13.8	.50
.49	.40	.19	14.0	.40	.18	14.0	.41	.17	13.9	.41	.16	13.9	.42	.15	13.8	.49
.48	.39	.18	14.1	.40	.17	14.0	.40	.16	14.0	.41	.15	13.9	.41	.14	13.9	.48
.47	.39	.17	14.1	.39	.16	14.1	.40	.15	14.0	.40	.14	14.0	.41	.13	13.9	.47
.46	.38	.16	14.2	.39	.15	14.1	.39	.14	14.1	.40	.13	14.0	.40	.12	14.0	.46
.45	.38	.15	14.2	.38	.14	14.2	.39	.13	14.1	.39	.12	14.1	.40	.11	14.0	.45
.44	.37	.14	14.3	.38	.13	14.2	.38	.12	14.2	.39	.11	14.1	.39	.10	14.1	.44
.43	.37	.13	14.3	.37	.12	14.3	.38	.11	14.2	.38	.10	14.2	.39	.09	14.1	.43
.42	.36	.12	14 4	.37	.11	14.3	.37	.10	14.3	.38	.09	14.2	.38	.08	14.2	.42
.41	.36	.11	14.4	.36	.10	14.4	.37	.09	14.3	.37	.08	14.3	.38	.06	14.2	.41
.40	.35	.10	14.5	.36	.09	14.4	.36	.08	14.4	.37	.07	14.3	.37	.05	14.3	.40
.39	.35	.09	14.6	.35	.08	14.5	.36	.07	14.4	.36	.05	14.4	.37	.04	14.3	.39
.38	.34	.08	14.6	.35	.07	14.5	.35	.06	14.5	.36	.04	14.4	.36	.03	14.4	.38
.37	.34	.07	14.7	.34	.06	14.6	.35	.04	14.5	.35	.03	14.5	.36	.02	14.4	.37
.36	.33	.06	14.7	.34	.04	14.7	.34	.03	14.6	.35	.02	14.5	.35	.01	14.5	.36
.35	.33	.04	14.8	.33	.03	14.7	.34	.02	14.7	.34	.01	14.6	.35	.00	14.5	.35
.34	.32	.03	14.8	.33	.02	14.8	.33	.01	14.7	.34	.00	14.7				.34
.33	.32	.02	14.9	.32	.01	14.8	.33	.00	14.8							.33
.32	.31	.01	14.9	.32	.00	14.9										.32
.31	.31	.00	15.0													.31

	pL=.36			pL=.37			pL=.38			pL=.39			pL=.40			
pH	p	r	Δ	p	r	Δ	p	r	Δ	p	r	Δ	p	r	Δ	pH
.99	.75	.78	10.3	.75	.78	10.2	.76	.77	10.2	.76	.77	10.1	.77	.76	10.1	.99
.98	.73	.74	10.5	.74	.74	10.5	.74	.73	10.4	.75	.73	10.4	.75	.72	10.3	.98
.97	.72	.71	10.7	.72	.71	10.6	.73	.70	10.6	.73	.70	10.5	.74	.69	10.5	.97
.96	.71	.69	10.8	.71	.68	10.8	.72	.68	10.7	.72	.67	10.7	.73	.66	10.6	.96
.95	.70	.66	10.9	.70	.66	10.9	.71	.65	10.8	.71	.65	10.8	.71	.64	10.7	.95
.94	.69	.64	11.1	.69	.64	11.0	.70	.63	10.9	.70	.63	10.9	.70	.62	10.8	.94
.93	.68	.63	11.2	.68	.62	11.1	.69	.61	11.1	.69	.61	11.0	.70	.60	10.9	.93
.92	.67	.61	11.3	.67	.60	11.2	.68	.60	11.1	.68	.59	11.1	.69	.58	11.0	.92
.91	.66	.59	11.3	.67	.59	11.3	.67	.58	11.2	.68	.57	11.2	.68	.57	11.1	.91
.90	.65	.58	11.4	.66	.57	11.4	.66	.57	11.3	.67	.56	11.3	.67	.55	11.2	.90
.89	.65	.56	11.5	.65	.56	11.4	.66	.55	11.4	.66	.54	11.3	.67	.54	11.3	.89
.88	.64	.55	11.6	.64	.54	11.5	.65	.54	11.5	.65	.53	11.4	.66	.52	11.4	.88
.87	.63	.54	11.7	.64	.53	11.6	.64	.52	11.5	.65	.52	11.5	.65	.51	11.4	.87
.86	.63	.52	11.7	.63	.52	11.7	.64	.51	11.6	.64	.50	11.6	.65	.49	11.5	.86
.85	.62	.51	11.8	.62	.50	11.7	.63	.50	11.7	.63	.49	11.6	.64	.48	11.6	.85
.84	.61	.50	11.9	.62	.49	11.8	.62	.48	11.8	.63	.47	11.7	.63	.47	11.7	.84
.83	.61	.49	11.9	.61	.48	11.9	.62	.47	11.8	.62	.46	11.8	.63	.45	11.7	.83
.82	.60	.48	12.0	.60	.47	11.9	.61	.46	11.9	.61	.45	11.8	.62	.44	11.8	.82
.81	.59	.46	12.0	.60	.46	12.0	.60	.45	11.9	.61	.44	11.9	.61	.43	11.8	.81
.80	.59	.45	12.1	.59	.44	12.1	.60	.44	12.0	.60	.43	12.0	.61	.42	11.9	.80
.79	.58	.44	12.2	.59	.43	12.1	.59	.42	12.1	.60	.41	12.0	.60	.41	12.0	.79
.78	.58	.43	12.2	.58	.42	12.2	.59	.41	12.1	.59	.40	12.1	.60	.39	12.0	.78
.77	.57	.42	12.3	.58	.41	12.2	.58	.40	12.2	.59	.39	12.1	.59	.38	12.1	.77
.76	.56	.41	12.4	.57	.40	12.3	.57	.39	12.2	.58	.38	12.2	.58	.37	12.1	.76
.75	.56	.40	12.4	.56	.39	12.4	.57	.38	12.3	.57	.37	12.3	.58	.36	12.2	.75
.74	.55	.39	12.5	.56	.38	12.4	.56	.37	12.4	.57	.36	12.3	.57	.35	12.3	.74
.73	.55	.38	12.5	.55	.37	12.5	.56	.36	12.4	.56	.35	12.4	.57	.34	12.3	.73
.72	.54	.36	12.6	.55	.36	12.5	.55	.35	12.5	.56	.34	12.4	.56	.33	12.4	.72
.71	.54	.35	12.6	.54	.35	12.6	.55	.34	12.5	.55	.33	12.5	.56	.32	12.4	.71
.70	.53	.34	12.7	.54	.34	12.6	.54	.33	12.6	.55	.32	12.5	.55	.31	12.5	.70
.69	.53	.33	12.7	.53	.32	12.7	.54	.32	12.6	.54	.31	12.6	.55	.30	12.5	.69
.68	.52	.32	12.8	.53	.31	12.7	.53	.30	12.7	.54	.30	12.6	.54	.29	12.6	.68
.67	.52	.31	12.8	.52	.30	12.8	.53	.29	12.7	.53	.29	12.7	.54	.28	12.6	.67
.66	.51	.30	12.9	.52	.29	12.8	.52	.28	12.8	.53	.27	12.7	.53	.26	12.7	.66
.65	.51	.29	12.9	.51	.28	12.9	.52	.27	12.8	.52	.26	12.8	.53	.25	12.7	.65
.64	.50	.28	13.0	.51	.27	12.9	.51	.26	12.9	.52	.25	12.8	.52	.24	12.8	.64
.63	.49	.27	13.1	.50	.26	13.0	.51	.25	12.9	.51	.24	12.9	.52	.23	12.8	.63
.62	.49	.26	13.1	.49	.25	13.1	.50	.24	13.0	.51	.23	12.9	.52	.22	12.9	.62
.61	.48	.25	13.2	.49	.24	13.1	.49	.23	13.1	.50	.22	13.0	.51	.21	12.9	.61
.60	.48	.24	13.2	.48	.23	13.2	.49	.22	13.1	.49	.21	13.1	.50	.20	13.0	.60
.59	.47	.23	13.3	.48	.22	13.2	.48	.21	13.2	.49	.20	13.1	.49	.19	13.1	.59
.58	.47	.22	13.3	.47	.21	13.3	.48	.20	13.2	.48	.19	13.2	.49	.18	13.1	.58
.57	.46	.21	13.4	.47	.20	13.3	.47	.19	13.3	.48	.18	13.2	.48	.17	13.2	.57
.56	.46	.20	13.4	.46	.19	13.4	.47	.18	13.3	.47	.17	13.3	.48	.16	13.2	.56
.55	.45	.19	13.5	.46	.18	13.4	.46	.17	13.4	.47	.16	13.3	.47	.15	13.3	.55
.54	.45	.18	13.5	.45	.17	13.5	.46	.16	13.4	.46	.15	13.4	.47	.14	13.3	.54
.53	.44	.18	13.6	.45	.16	13.5	.45	.15	13.5	.46	.14	13.4	.46	.13	13.4	.53
.52	.44	.17	13.6	.44	.15	13.6	.45	.14	13.5	.45	.13	13.5	.46	.12	13.4	.52
.51	.43	.16	13.7	.44	.14	13.6	.44	.13	13.6	.45	.12	13.5	.45	.11	13.5	.51

p_H	$p_L=.36$			$p_L=.37$			$p_L=.38$			$p_L=.39$			$p_L=.40$			p_H
	p	r	Δ	p	r	Δ	p	r	Δ	p	r	Δ	p	r	Δ	
.50	.43	.15	13.7	.43	.13	13.7	.44	.12	13.6	.44	.11	13.6	.45	.10	13.5	.50
.49	.42	.14	13.8	.43	.12	13.7	.43	.11	.13.7	.44	.10	13.6	.44	.09	.13.6	.49
.48	.42	.13	13.8	.42	.11	13.8	.43	.10	.13.7	.43	.09	13.7	.44	.08	.13.6	.48
.47	.41	.12	13.9	.42	.10	13.8	.42	.09	.13.8	.43	.08	13.7	.43	.07	.13.7	.47
.46	.41	.11	13.9	.41	.09	13.9	.42	.08	.13.8	.42	.07	13.8	.43	.06	.13.7	.46
.45	.40	.09	14.0	.41	.08	13.9	.41	.07	.13.9	.42	.06	13.8	.42	.05	.13.8	.45
.44	.40	.08	14.0	.40	.07	14.0	.41	.06	.13.9	.41	.05	13.9	.42	.04	.13.8	.44
.43	.39	.07	14.1	.40	.06	14.0	.40	.05	.14.0	.41	.04	13.9	.41	.03	.13.9	.43
.42	.39	.06	14.1	.39	.05	14.1	.40	.04	14.0	.40	.03	14.0	.41	.02	.13.9	.42
.41	.38	.05	14.2	.39	.04	14.1	.39	.03	.14.1	.40	.02	14.0	.40	.01	.14.0	.41
.40	.38	.04	14.2	.38	.03	14.2	.39	.02	.14.1	.39	.01	14.1	.40	.00	.14.0	.40
.39	.37	.03	14.3	.38	.02	14.2	.38	.01	.14.2	.39	.00	14.1				.39
.38	.37	.02	14.3	.37	.01	14.3	.38	.00	.14.2							.38
.37	.36	.01	14.4	.37	.00	14.3										.37
.36	.36	.00	14.4													.36

p_H	$p_L=.41$			$p_L=.42$			$p_L=.43$			$p_L=.44$			$p_L=.45$			p_H
	p	r	Δ	p	r	Δ	p	r	Δ	p	r	Δ	p	r	Δ	
.99	.77	.76	10.0	.78	.76	10.0	.78	.75	9.9	.78	.75	9.9	.79	.74	9.8	.99
.98	.75	.72	10.3	.76	.71	10.2	.76	.71	10.1	.77	.70	10.1	.77	.70	10.0	.98
.97	.74	.69	10.4	.75	.68	10.4	.75	.67	10.3	.75	.67	10.3	.76	.66	10.2	.97
.96	.73	.66	10.5	.73	.65	10.5	.74	.65	10.4	.74	.64	10.4	.75	.64	10.3	.96
.95	.72	.63	10.7	.72	.63	10.6	.73	.62	10.6	.73	.62	10.5	.74	.61	10.5	.95
.94	.71	.61	10.8	.71	.61	10.7	.72	.60	10.7	.72	.59	10.6	.73	.59	10.6	.94
.93	.70	.59	10.9	.71	.59	10.8	.71	.58	10.8	.72	.57	10.7	.72	.57	10.7	.93
.92	.69	.58	11.0	.70	.57	10.9	.70	.56	10.9	.71	.56	10.8	.71	.55	10.8	.92
.91	.69	.56	11.1	.69	.55	11.0	.69	.55	11.0	.70	.54	10.9	.70	.53	10.9	.91
.90	.68	.54	11.2	.68	.54	11.1	.69	.53	11.1	.69	.52	11.0	.70	.51	10.9	.90
.89	.67	.53	11.2	.68	.52	11.2	.68	.51	11.1	.68	.51	11.1	.69	.50	11.0	.89
.88	.66	.51	11.3	.67	.51	11.3	.67	.50	11.2	.68	.49	11.2	.68	.48	11.1	.88
.87	.66	.50	11.4	.66	.49	11.3	.67	.48	11.3	.67	.48	11.2	.68	.47	11.2	.87
.86	.65	.49	11.5	.65	.48	11.4	.66	.47	11.4	.66	.46	11.3	.67	.45	11.3	.86
.85	.64	.47	11.5	.65	.46	11.5	.65	.46	11.4	.66	.45	11.4	.66	.44	11.3	.85
.84	.64	.46	11.6	.64	.45	11.5	.65	.44	11.5	.65	.43	11.4	.66	.43	11.4	.84
.83	.63	.45	11.7	.64	.44	11.6	.64	.43	11.6	.65	.42	11.5	.65	.41	11.5	.83
.82	.62	.43	11.7	.63	.43	11.7	.63	.42	11.6	.64	.41	11.6	.64	.40	11.5	.82
.81	.62	.42	11.8	.62	.41	11.7	.63	.40	11.7	.63	.40	11.6	.64	.39	11.6	.81
.80	.61	.41	11.9	.62	.40	11.8	.62	.39	11.7	.63	.38	11.7	.63	.37	11.6	.80
.79	.61	.40	11.9	.61	.39	11.9	.62	.38	11.8	.62	.37	11.8	.63	.36	11.7	.79
.78	.60	.39	12.0	.61	.38	11.9	.61	.37	11.9	.62	.36	11.8	.62	.35	11.8	.78
.77	.60	.37	12.0	.60	.36	12.0	.61	.36	11.9	.61	.35	11.9	.62	.34	11.8	.77
.76	.59	.36	12.1	.59	.35	12.0	.60	.34	12.0	.60	.33	11.9	.61	.33	11.9	.76
.75	.58	.35	12.2	.59	.34	12.1	.59	.33	12.0	.60	.32	12.0	.60	.31	11.9	.75
.74	.58	.34	12.2	.58	.33	12.2	.59	.32	12.1	.59	.31	12.1	.60	.30	12.0	.74
.73	.57	.33	12.3	.58	.32	12.2	.58	.31	12.2	.59	.30	12.1	.59	.29	12.1	.73
.72	.57	.32	12.3	.57	.31	12.3	.58	.30	12.2	.58	.29	12.2	.59	.28	12.1	.72
.71	.56	.31	12.4	.57	.30	12.3	.57	.29	12.3	.58	.28	12.2	.58	.27	12.2	.71
.70	.56	.30	12.4	.56	.29	12.4	.57	.28	12.3	.57	.27	12.3	.58	.26	12.2	.70
.69	.55	.29	12.5	.56	.28	12.4	.56	.27	12.4	.57	.26	12.3	.57	.25	12.3	.69
.68	.55	.28	12.5	.55	.27	12.5	.56	.26	12.4	.56	.25	12.4	.57	.24	12.3	.68
.67	.54	.27	12.6	.55	.26	12.5	.55	.25	12.5	.56	.24	12.4	.56	.23	12.4	.67
.66	.54	.25	12.6	.54	.25	12.6	.55	.24	12.5	.55	.23	12.5	.56	.22	12.4	.66
.65	.53	.24	12.7	.54	.23	12.6	.54	.22	12.6	.55	.21	12.5	.55	.21	12.5	.65
.64	.53	.23	12.7	.53	.22	12.7	.54	.21	12.6	.54	.20	12.6	.55	.19	12.5	.64
.63	.52	.22	12.8	.53	.21	12.7	.53	.20	12.7	.54	.19	12.6	.54	.18	12.6	.63
.62	.52	.21	12.8	.52	.20	12.8	.53	.19	12.7	.53	.18	12.7	.54	.17	12.6	.62
.61	.51	.20	12.9	.52	.19	12.8	.52	.18	12.8	.53	.17	12.7	.53	.16	12.7	.61
.60	.51	.19	12.9	.51	.18	12.9	.52	.17	12.8	.52	.16	12.8	.53	.15	12.7	.60
.59	.50	.18	13.0	.51	.17	12.9	.51	.16	12.9	.52	.15	12.8	.52	.14	12.8	.59
.58	.49	.17	13.1	.50	.15	13.0	.51	.15	12.9	.51	.14	12.9	.52	.13	12.8	.58
.57	.49	.16	13.1	.49	.15	13.1	.50	.14	13.0	.51	.13	12.9	.51	.12	12.9	.57
.56	.48	.15	13.2	.49	.14	13.1	.49	.13	13.1	.50	.12	13.0	.51	.11	12.9	.56
.55	.48	.14	13.2	.48	.13	13.2	.49	.12	13.1	.49	.11	13.1	.50	.10	13.0	.55
.54	.47	.13	13.3	.48	.12	13.2	.48	.11	13.2	.49	.10	13.1	.49	.09	13.1	.54
.53	.47	.12	13.3	.47	.11	13.3	.48	.10	13.2	.48	.09	13.2	.49	.08	13.1	.53
.52	.46	.11	13.4	.47	.10	13.3	.47	.09	13.3	.48	.08	13.2	.48	.07	13.2	.52
.51	.46	.10	13.4	.46	.09	13.4	.47	.08	13.3	.47	.07	13.3	.48	.06	13.2	.51

p_H	$p_L=.41$			$p_L=.42$			$p_L=.43$			$p_L=.44$			$p_L=.45$			p_H
	p	r	Δ	p	r	Δ	p	r	Δ	p	r	Δ	p	r	Δ	
.50	.45	.09	13.5	.46	.08	13.4	.46	.07	13.4	.47	.06	13.3	.47	.05	13.3	.50
.49	.45	.08	13.5	.45	.07	13.5	.46	.06	13.4	.46	.05	13.4	.47	.04	13.3	.49
.48	.44	.07	13.6	.45	.06	13.5	.45	.05	13.5	.46	.04	13.4	.46	.03	13.4	.48
.47	.44	.06	13.6	.44	.05	13.6	.45	.04	13.5	.45	.03	13.5	.46	.02	13.4	.47
.46	.43	.04	13.7	.44	.04	13.6	.44	.03	13.6	.45	.02	13.5	.45	.01	13.5	.46
.45	.43	.04	13.7	.43	.03	13.7	.44	.02	13.6	.44	.01	13.6	.45	.00	13.5	.45
.44	.42	.03	13.8	.43	.02	13.7	.43	.01	13.7	.44	.00	13.6				.44
.43	.42	.02	13.8	.42	.01	13.8	.43	.00	13.7							.43
.42	41	.01	13.9	.42	.00	13.8										.42
.41	.41	.00	13.9													.41

pH	$p_L=.46$			$p_L=.47$			$p_L=.48$			$p_L=.49$			$p_L=.50$			pH
	p	r	Δ	p	r	Δ	p	r	Δ	p	r	Δ	p	r	Δ	
.99	.79	.74	9.7	.80	.74	9.7	.80	.73	9.6	.80	.73	9.6	.81	.72	9.5	.99
.98	.77	.69	10.0	.78	.69	9.9	.78	.68	9.9	.79	.68	9.8	.79	.67	9.8	.98
.97	.76	.66	10.1	.77	.65	10.1	.77	.65	10.0	.78	.64	10.0	.78	.64	9.9	.97
.96	.75	.63	10.3	.76	.62	10.2	.76	.62	10.2	.76	.61	10.1	.77	.62	10.1	.96
.95	.74	.60	10.4	.75	.60	10.4	.75	.59	10.3	.75	.59	10.3	.76	.58	10.2	.95
.94	.73	.58	10.5	.74	.58	10.5	.74	.57	10.4	.75	.56	10.4	.75	.56	10.3	.94
.93	.72	.56	10.6	.73	.55	10.6	.73	.55	10.5	.74	.54	10.5	.74	.53	10.4	.93
.92	.72	.54	10.7	.72	.53	10.7	.72	.53	10.6	.73	.52	10.5	.73	.51	10.5	.92
.91	.71	.52	10.8	.71	.52	10.7	.72	.51	10.7	.72	.50	10.6	.73	.50	10.6	.91
.90	.70	.51	10.9	.71	.50	10.8	.71	.49	10.8	.71	.48	10.7	.72	.48	10.7	.90
.89	.69	.49	11.0	.70	.48	10.9	.70	.48	10.9	.71	.47	10.8	.71	.46	10.8	.89
.88	.69	.47	11.1	.69	.47	11.0	.70	.46	10.9	.70	.45	10.9	.71	.44	10.8	.88
.87	.68	.46	11.1	.69	.45	11.1	.69	.44	11.0	.70	.44	11.0	.70	.43	10.9	.87
.86	.67	.45	11.2	.68	.44	11.1	.68	.43	11.1	.69	.42	11.0	.70	.41	11.0	.86
.85	.67	.43	11.3	.67	.42	11.2	.68	.41	11.2	.68	.41	11.1	.69	.40	11.1	.85
.84	.66	.42	11.3	.67	.41	11.3	.67	.40	11.2	.68	.39	11.2	.68	.38	11.1	.84
.83	.65	.40	11.4	.66	.40	11.4	.66	.39	11.3	.67	.38	11.2	.67	.37	11.2	.83
.82	.65	.39	11.5	.65	.38	11.4	.66	.37	11.4	.66	.36	11.3	.67	.36	11.3	.82
.81	.64	.38	11.5	.65	.37	11.5	.65	.36	11.4	.66	.35	11.4	.66	.34	11.3	.81
.80	.64	.36	11.6	.64	.36	11.5	.65	.35	11.5	.65	.34	11.4	.66	.33	11.4	.80
.79	.63	.35	11.7	.64	.34	11.6	.64	.33	11.5	.65	.33	11.5	.65	.32	11.4	.79
.78	.63	.34	11.7	.63	.33	11.7	.64	.32	11.6	.64	.31	11.5	.65	.30	11.5	.78
.77	.62	.33	11.8	.63	.32	11.7	.63	.31	11.7	.63	.30	11.6	.64	.29	11.6	.77
.76	.61	.32	11.8	.62	.31	11.8	.62	.30	11.7	.63	.29	11.7	.63	.28	11.6	.76
.75	.61	.31	11.9	.61	.30	11.8	.62	.29	11.8	.62	.28	11.7	.63	.27	11.7	.75
.74	.60	.29	12.0	.61	.28	11.9	.61	.28	11.9	.62	.27	11.8	.62	.26	11.7	.74
.73	.60	.28	12.0	.60	.27	12.0	.61	.26	11.9	.61	.25	11.9	.62	.24	11.8	.73
.72	.59	.27	12.1	.960	.26	12.0	.60	.25	12.0	.61	.24	11.9	.61	.23	11.9	.72
.71	.59	.26	12.1	.59	.25	12.1	.60	.24	12.0	.60	.23	12.0	.61	.22	11.9	.71
.70	.58	.25	12.2	.59	.24	12.1	.59	.23	12.1	.60	.22	12.0	.60	.21	12.0	.70
.69	.58	.24	12.2	.58	.23	12.2	.59	.22	12.1	.59	.21	12.1	.60	.20	12.0	.69
.68	.57	.23	12.3	.58	.22	12.2	.58	.21	12.2	.59	.20	12.1	.59	.19	12.1	.68
.67	.57	.22	12.3	.57	.21	12.3	.58	.20	12.2	.58	.19	12.2	.59	.18	12.1	.67
.66	.56	.21	12.4	.57	.20	12.3	.57	.19	12.3	.58	.18	12.2	.58	.17	12.2	.66
.65	.56	.20	12.4	.56	.19	12.4	.57	.18	12.3	.57	.17	12.3	.58	.16	12.2	.65
.64	.55	.18	12.5	.56	.18	12.4	.56	.17	12.4	.57	.16	12.3	.57	.15	12.3	.64
.63	.55	.17	12.5	.55	.16	12.5	.56	.15	12.4	.56	.14	12.4	.57	.13	12.3	.63
.62	.54	.16	12.6	.55	.15	12.5	.55	.14	12.5	.56	.13	12.4	.56	.12	12.4	.62
.61	.54	.15	12.6	.54	.14	12.6	.55	.13	12.5	.55	.12	12.5	.56	.11	12.4	.61
.60	.53	.14	12.7	.54	.13	12.6	.54	.12	12.6	.55	.11	12.5	.55	.10	12.5	.60
.59	.53	.13	12.7	.53	.12	12.7	.54	.11	12.6	.54	.10	12.6	.55	.09	12.5	.59
.58	.52	.12	12.8	.53	.11	12.7	.53	.10	12.7	.54	.09	12.6	.54	.08	12.6	.58
.57	.52	.11	12.8	.52	.10	12.8	.53	.09	12.7	.53	.08	12.7	.54	.07	12.6	.57
.56	.51	.10	12.9	.52	.09	12.8	.52	.08	12.8	.53	.07	12.7	.53	.06	12.7	.56
.55	.51	.09	12.9	.51	.08	12.9	.52	.07	12.8	.52	.06	12.8	.53	.05	12.7	.55
.54	.50	.08	13.0	.51	.07	12.9	.51	.06	12.9	.52	.05	12.8	.52	.04	12.8	.54
.53	.49	.07	13.1	.50	.06	13.0	.51	.05	12.9	.51	.04	12.9	.52	.03	12.8	.53
.52	.49	.06	13.1	.49	.05	13.1	.50	.04	13.0	.51	.03	12.9	.51	.02	12.9	.52
.51	.48	.05	13.2	.49	.04	13.1	.49	.03	13.1	.50	.02	13.0	.51	.01	12.9	.51

p_H	$p_L=.46$			$p_L=.47$			$p_L=.48$			$p_L=.49$			$p_L=.50$			p_H
	p	r	Δ	p	r	Δ	p	r	Δ	p	r	Δ	p	r	Δ	
.50	.48	.04	13.2	.48	.03	13.2	.49	.02	13.1	.49	.01	13.1	.50	.00	13.0	.50
.49	.47	.03	13.3	.48	.02	13.2	.48	.01	13.2	.49	.00	13.1				.49
.48	.47	.02	13.3	.47	.01	13.3	.48	.00	13.2							.48
.47	.46	.01	13.4	.47	.00	13.3										.47
.46	.47	.00	13.4													.46

	$p_L=.51$			$p_L=.52$			$p_L=.53$			$p_L=.54$			$p_L=.55$			
p_H	p	r	Δ	p	r	Δ	p	r	Δ	p	r	Δ	p	r	Δ	p_H
.99	.81	.72	9.5	.82	.71	9.4	.82	.71	9.4	.82	.70	9.3	.83	.70	9.2	.99
.98	.80	.67	9.7	.80	.66	9.6	.80	.66	9.6	.81	.65	9.5	.81	.65	9.5	.98
.97	.78	.63	9.9	.79	.62	9.8	.79	.62	9.7	.80	.61	9.7	.80	.61	9.6	.97
.96	.77	.60	10.0	.78	.59	10.0	.78	.59	9.9	.79	.58	9.8	.79	.57	9.8	.96
.95	.76	.57	10.1	.77	.57	10.1	.77	.56	10.0	.78	.55	10.0	.78	.55	9.9	.95
.94	.75	.55	10.3	.76	.54	10.2	.76	.53	10.1	.77	.53	10.1	.77	.52	10.0	.94
.93	.75	.53	10.4	.75	.52	10.3	.75	.51	10.2	.76	.50	10.2	.76	.50	10.1	.93
.92	.74	.51	10.4	.74	.50	10.4	.75	.49	10.3	.75	.48	10.3	.76	.48	10.2	.92
.91	.73	.49	10.5	.74	.48	10.5	.74	.47	10.4	.74	.46	10.4	.75	.46	10.3	.91
.90	.72	.47	10.6	.73	.46	10.6	.73	.45	10.5	.74	.44	10.5	.74	.44	10.4	.90
.89	.72	.45	10.7	.72	.44	10.7	.73	.44	10.6	.73	.43	10.5	.73	.42	10.5	.89
.88	.71	.43	10.8	.71	.43	10.7	.72	.42	10.7	.72	.41	10.6	.73	.40	10.6	.88
.87	.70	.42	10.9	.71	.41	10.8	.71	.40	10.8	.72	.39	10.7	.72	.39	10.6	.87
.86	.70	.40	10.9	.70	.39	10.9	.71	.39	10.8	.71	.38	10.8	.72	.37	10.7	.86
.85	.69	.39	11.0	.70	.38	10.9	.70	.37	10.9	.70	.36	10.8	.71	.35	10.8	.85
.84	.69	.37	11.1	.69	.37	11.0	.69	.36	11.0	.70	.35	10.9	.70	.34	10.9	.84
.83	.68	.36	11.1	.68	.35	11.1	.69	.34	11.0	.69	.33	11.0	.70	.32	10.9	.83
.82	.67	.35	11.2	.68	.34	11.2	.68	.33	11.1	.69	.32	11.1	.69	.31	11.0	.82
.81	.67	.33	11.3	.67	.32	11.2	.67	.32	11.2	.68	.31	11.1	.69	.30	11.1	.81
.80	.66	.32	11.3	.67	.31	11.3	.67	.30	11.2	.68	.29	11.2	.68	.28	11.1	.80
.79	.66	.31	11.4	.66	.30	11.3	.67	.29	11.3	.67	.28	11.2	.67	.27	11.2	.79
.78	.65	.30	11.5	.65	.29	11.4	.66	.28	11.4	.66	.27	11.3	.67	.26	11.3	.78
.77	.64	.28	11.5	.65	.27	11.5	.65	.26	11.4	.66	.25	11.4	.66	.25	11.3	.77
.76	.64	.27	11.6	.64	.26	11.5	.65	.25	11.5	.65	.24	11.4	.66	.23	11.4	.76
.75	.63	.26	11.6	.64	.25	11.6	.64	.24	11.5	.65	.23	11.5	.65	.22	11.4	.75
.74	.63	.25	11.7	.63	.24	11.6	.64	.23	11.6	.64	.22	11.5	.65	.21	11.5	.74
.73	.62	.24	11.7	.63	.23	11.7	.63	.22	11.6	.64	.21	11.6	.64	.20	11.5	.73
.72	.62	.22	11.8	.62	.21	11.8	.63	.20	11.7	.63	.19	11.7	.64	.18	11.6	.72
.71	.61	.21	11.9	.62	.20	11.8	.62	.19	11.8	.63	.18	11.7	.63	.17	11.7	.71
.70	.61	.20	11.9	.61	.19	11.9	.62	.18	11.8	.62	.17	11.8	.63	.16	11.7	.70
.69	.60	.19	12.0	.61	.18	11.9	.61	.17	11.9	.62	.16	11.8	.62	.15	11.8	.69
.68	.60	.18	12.0	.60	.17	12.0	.61	.16	11.9	.61	.15	11.9	.62	.14	11.8	.68
.67	.59	.17	12.1	.60	.16	12.0	.60	.15	12.0	.61	.14	11.9	.61	.13	11.9	.67
.66	.59	.16	12.1	.59	.15	12.1	.60	.14	12.0	.60	.13	12.0	.61	.12	11.9	.66
.65	.58	.15	12.2	.59	.14	12.1	.59	.13	12.1	.60	.12	12.0	.60	.11	12.0	.65
.64	.58	.14	12.2	.58	.13	12.2	.59	.12	12.1	.59	.11	12.1	.60	.09	12.0	.64
.63	.57	.12	12.3	.58	.11	12.2	.58	.10	12.2	.59	.09	12.1	.59	.08	12.1	.63
.62	.57	.11	12.3	.57	.10	12.3	.58	.09	12.2	.58	.08	12.2	.59	.07	12.1	.62
.61	.56	.10	12.4	.57	.09	12.3	.57	.08	12.3	.58	.07	12.2	.58	.06	12.2	.61
.60	.56	.09	12.4	.56	.08	12.4	.57	.07	12.3	.57	.06	12.3	.58	.05	12.2	.60
.59	.55	.08	12.5	.56	.07	12.4	.56	.06	12.4	.57	.05	12.3	.57	.04	12.3	.59
.58	.55	.07	12.5	.55	.06	12.5	.56	.05	12.4	.56	.04	12.4	.57	.03	12.3	.58
.57	.54	.06	12.6	.55	.05	12.5	.55	.04	12.5	.56	.03	12.4	.56	.02	12.4	.57
.56	.54	.05	12.6	.54	.04	12.6	.55	.03	12.5	.55	.02	12.5	.56	.01	12.4	.56
.55	.53	.04	12.7	.54	.03	12.6	.54	.02	12.6	.55	.01	12.5	.55	.00	12.5	.55
.54	.53	.03	12.7	.53	.02	12.7	.54	.01	12.6	.54	.00	12.6				.54
.53	.52	.02	12.8	.53	.01	12.7	.53	.00	12.7							.53
.52	.52	.01	12.8	.52	.00	12.8										.52
.51	.51	.00	12.9													.51

p_H	$p_L=.56$			$p_L=.57$			$p_L=.58$			$p_L=.59$			$p_L=.60$			p_H
	p	r	Δ	p	r	Δ	p	r	Δ	p	r	Δ	p	r	Δ	
.99	.83	.69	9.2	.83	.69	9.1	.84	.68	9.1	.84	.68	9.0	.85	.67	8.9	.99
.98	.82	.64	9.4	.82	.63	9.3	.82	.63	9.3	.83	.62	9.2	.83	.61	9.2	.98
.97	.80	.60	9.6	.81	.59	9.5	.81	.59	9.5	.82	.58	9.4	.82	.57	9.3	.97
.96	.79	.57	9.7	.80	.56	9.7	.80	.55	9.6	.81	.55	9.5	.81	.54	9.5	.96
.95	.78	.54	9.9	.79	.53	9.8	.79	.52	9.7	.80	.52	9.7	.80	.51	9.6	.95
.94	.78	.51	10.0	.78	.51	9.9	.78	.50	9.8	.79	.49	9.8	.79	.48	9.7	.94
.93	.77	.49	10.1	.77	.48	10.0	.78	.47	10.0	.78	.47	9.9	.79	.46	9.8	.93
.92	.76	.47	10.2	.76	.46	10.1	.77	.45	10.1	.77	.44	10.0	.78	.43	9.9	.92
.91	.75	.45	10.3	.76	.44	10.2	.76	.43	10.1	.77	.42	10.1	.77	.41	10.0	.91
.90	.75	.43	10.4	.75	.42	10.3	.76	.41	10.2	.76	.40	10.2	.76	.39	10.1	.90
.89	.74	.41	10.4	.74	.40	10.4	.75	.39	10.3	.75	.38	10.3	.76	.38	10.2	.89
.88	.73	.39	10.5	.74	.38	10.5	.74	.38	10.4	.75	.37	10.3	.75	.36	10.3	.88
.87	.73	.38	10.6	.73	.37	10.5	.74	.36	10.5	.74	.35	10.4	.75	.34	10.4	.87
.86	.72	.36	10.7	.72	.35	10.6	.73	.34	10.5	.73	.33	10.5	.74	.32	10.4	.86
.85	.71	.34	10.7	.72	.34	10.7	.72	.33	10.6	.73	.32	10.6	.73	.31	10.5	.85
.84	.71	.33	10.8	.71	.32	10.8	.72	.31	10.7	.72	.30	10.6	.73	.29	10.6	.84
.83	.70	.32	10.9	.71	.31	10.8	.71	.30	10.8	.72	.29	10.7	.72	.28	10.7	.83
.82	.70	.30	10.9	.70	.29	10.9	.71	.28	10.8	.71	.27	10.8	.72	.26	10.7	.82
.81	.69	.29	11.0	.70	.28	11.0	.70	.27	10.9	.71	.26	10.8	.71	.25	10.8	.81
.80	.68	.28	11.1	.69	.27	11.0	.69	.26	11.0	.70	.25	10.9	.70	.24	10.9	.80
.79	.68	.26	11.1	.68	.25	11.0	.69	.24	11.0	.69	.23	11.0	.70	.22	10.9	.79
.78	.67	.25	11.2	.68	.24	11.1	.68	.23	11.1	.69	.22	11.0	.69	.21	11.0	.78
.77	.67	.24	11.3	.67	.23	11.2	.68	.22	11.2	.68	.21	11.1	.69	.20	11.1	.77
.76	.66	.22	11.3	.67	.21	11.3	.67	.20	11.2	.68	.19	11.2	.68	.18	11.1	.76
.75	.66	.21	11.4	.66	.20	11.3	.67	.19	11.3	.67	.18	11.2	.68	.17	11.2	.75
.74	.65	.20	11.4	.66	.19	11.4	.66	.18	11.3	.67	.17	11.3	.67	.16	11.2	.74
.73	.65	.19	11.5	.65	.18	11.4	.66	.17	11.4	.66	.16	11.3	.67	.15	11.3	.73
.72	.64	.17	11.5	.65	.16	11.5	.65	.15	11.4	.66	.14	11.4	.66	.13	11.3	.72
.71	.64	.16	11.6	.64	.15	11.5	.65	.14	11.5	.65	.13	11.4	.66	.12	11.4	.71
.70	.63	.15	11.7	.64	.14	11.6	.64	.13	11.5	.65	.12	11.5	.65	.11	11.4	.70
.69	.63	.14	11.7	.63	.13	11.7	.64	.12	11.6	.64	.11	11.6	.65	.10	11.5	.69
.68	.62	.13	11.8	.63	.12	11.7	.63	.11	11.7	.64	.10	11.6	.64	.09	11.6	.68
.67	.62	.12	11.8	.62	.11	11.8	.63	.10	11.7	.63	.09	11.7	.64	.08	11.6	.67
.66	.61	.11	11.9	.62	.10	11.8	.62	.09	11.8	.63	.08	11.7	.63	.07	11.7	.66
.65	.61	.10	11.9	.61	.09	11.9	.62	.08	11.8	.62	.06	11.8	.63	.05	11.7	.65
.64	.60	.08	12.0	.61	.07	11.9	.61	.06	11.9	.62	.05	11.8	.62	.04	11.8	.64
.63	.60	.07	12.0	.60	.06	12.0	.61	.05	11.9	.61	.04	11.9	.62	.03	11.8	.63
.62	.59	.06	12.1	.60	.05	12.0	.60	.04	12.0	.61	.03	11.9	.61	.02	11.9	.62
.61	.59	.05	12.1	.59	.04	12.1	.60	.03	12.0	.60	.02	12.0	.61	.01	11.9	.61
.60	.58	.04	12.2	.59	.03	12.1	.59	.02	12.1	.60	.01	12.0	.60	.00	12.0	.60
.59	.58	.03	12.2	.58	.02	12.2	.59	.01	12.1	.59	.00	12.1				.59
.58	.57	.02	12.3	.58	.01	12.2	.58	.00	12.2							.58
.57	.57	.01	12.3	.57	.00	12.3										.57
.56	.56	.00	12.4													.56

p_H	$p_L=.61$			$p_L=.62$			$p_L=.63$			$p_L=.64$			$p_L=.65$			p_H
	p	r	Δ	p	r	Δ	p	r	Δ	p	r	Δ	p	r	Δ	
.99	.85	.67	8.9	.85	.66	8.7	.86	.66	8.7	.86	.65	8.7	.86	.65	8.6	.99
.98	.83	.61	9.1	.84	.60	9.0	.84	.60	9.0	.85	.59	8.9	.85	.58	8.9	.98
.97	.82	.57	9.3	.83	.56	9.2	.83	.55	9.2	.84	.55	9.1	.84	.54	9.0	.97
.96	.81	.53	9.4	.82	.52	9.4	.82	.52	9.3	.83	.51	9.2	.83	.50	9.2	.96
.95	.81	.50	9.5	.81	.49	9.5	.81	.48	9.4	.82	.48	9.4	.82	.47	9.3	.95
.94	.80	.47	9.7	.80	.47	9.6	.81	.46	9.5	.81	.45	9.5	.81	.44	9.4	.94
.93	.79	.45	9.8	.79	.44	9.7	.80	.43	9.7	.80	.42	9.6	.81	.42	9.5	.93
.92	.78	.43	9.9	.79	.42	9.8	.79	.41	9.8	.79	.40	9.7	.80	.39	9.6	.92
.91	.78	.41	10.0	.78	.40	9.9	.78	.39	9.9	.79	.38	9.8	.79	.37	9.7	.91
.90	.77	.39	10.1	.77	.38	10.0	.78	.37	10.0	.78	.36	9.9	.79	.35	9.8	.90
.89	.76	.37	10.1	.77	.36	10.1	.77	.35	10.0	.78	.34	10.0	.78	.33	9.9	.89
.88	.76	.35	10.2	.76	.34	10.2	.76	.33	10.1	.77	.32	10.1	.77	.31	10.0	.88
.87	.75	.33	10.3	.75	.32	10.3	.76	.31	10.2	.76	.30	10.1	.77	.29	10.1	.87
.86	.74	.31	10.4	.75	.31	10.3	.75	.30	10.3	.76	.29	10.2	.76	.28	10.1	.86
.85	.74	.30	10.5	.74	.29	10.4	.75	.28	10.4	.75	.27	10.3	.76	.26	10.2	.85
.84	.73	.28	10.5	.74	.27	10.5	.74	.26	10.4	.75	.25	10.4	.75	.24	10.3	.84
.83	.73	.27	10.6	.73	.26	10.5	.73	.25	10.5	.74	.24	10.4	.74	.23	10.4	.83
.82	.72	.25	10.7	.72	.24	10.6	.73	.23	10.6	.73	.22	10.5	.74	.21	10.5	.82
.81	.71	.24	10.7	.72	.23	10.7	.72	.22	10.6	.73	.21	10.6	.73	.20	10.5	.81
.80	.71	.23	10.8	.71	.22	10.8	.72	.21	10.7	.72	.10	10.6	.73	.18	10.6	.80
.79	.70	.21	10.9	.71	.20	10.8	.71	.19	10.8	.72	.18	10.7	.72	.17	10.6	.79
.78	.70	.20	10.9	.70	.19	10.9	.71	.18	10.8	.71	.17	10.8	.72	.16	10.7	.78
.77	.69	.19	11.0	.70	.18	10.9	.70	.17	10.9	.71	.16	10.8	.71	.14	10.8	.77
.76	.69	.17	11.1	.69	.16	11.0	.70	.15	10.9	.70	.14	10.9	.71	.13	10.8	.76
.75	.68	.16	11.1	.69	.15	11.1	.69	.14	11.0	.70	.13	10.9	.70	.12	10.9	.75
.74	.68	.15	11.2	.68	.14	11.1	.69	.13	11.1	.69	.12	11.0	.70	.11	10.9	.74
.73	.67	.14	11.2	.68	.13	11.2	.68	.11	11.1	.69	.10	11.1	.69	.09	11.0	.73
.72	.67	.12	11.3	.67	.11	11.2	.68	.10	11.2	.68	.09	11.1	.69	.08	11.1	.72
.71	.66	.11	11.3	.67	.10	11.3	.67	.09	11.2	.68	.08	11.2	.68	.07	11.1	.71
.70	.66	.10	11.4	.66	.09	11.3	.67	.08	11.3	.67	.07	11.2	.68	.06	11.2	.70
.69	.65	.09	11.4	.66	.08	11.4	.66	.07	11.3	.67	.06	11.3	.67	.04	11.2	.69
.68	.65	.08	11.5	.65	.07	11.5	.66	.06	11.4	.66	.04	11.3	.67	.03	11.3	.68
.67	.64	.07	11.6	.65	.06	11.5	.65	.04	11.5	.66	.03	11.4	.66	.02	11.3	.67
.66	.64	.05	11.6	.64	.04	11.6	.65	.03	11.5	.65	.02	11.5	.66	.01	11.4	.66
.65	.63	.04	11.7	.64	.03	11.6	.64	.02	11.6	.65	.01	11.5	.65	.00	11.5	.65
.64	.63	.03	11.7	.63	.02	11.7	.64	.01	11.6	.64	.00	11.6				.64
.63	.62	.02	11.8	.63	.01	11.7	.63	.00	11.7							.63
.62	.62	.01	11.8	.62	.00	11.8										.62
.61	.61	.00	11.9													.61

p_H	$p_L=.66$			$p_L=.67$			$p_L=.68$			$p_L=.69$			$p_L=.70$			p_H
	p	r	Δ	p	r	Δ	p	r	Δ	p	r	Δ	p	r	Δ	
.99	.87	.64	8.5	.87	.63	8.5	.87	.63	8.4	.88	.62	8.3	.88	.61	8.2	.99
.98	.85	.57	8.8	.86	.57	8.7	.86	.56	8.7	.87	.55	8.6	.87	.54	8.5	.98
.97	.84	.53	9.0	.85	.52	8.9	.85	.51	8.8	.86	.51	8.8	.86	.50	8.7	.97
.96	.83	.49	9.1	.84	.48	9.1	.84	.48	9.0	.85	.47	8.9	.85	.46	8.8	.96
.95	.83	.46	9.2	.83	.45	9.2	.83	.44	9.1	.84	.43	9.1	.84	.42	9.0	.95
.94	.82	.43	9.4	.82	.42	9.3	.83	.41	9.2	.83	.40	9.2	.83	.39	9.1	.94
.93	.81	.41	9.5	.82	.40	9.4	.82	.39	9.4	.82	.38	9.3	.83	.37	9.2	.93
.92	.80	.38	9.6	.81	.37	9.5	.81	.36	9.5	.82	.35	9.4	.82	.34	9.3	.92
.91	.80	.36	9.7	.80	.35	9.6	.81	.34	9.5	.81	.33	9.5	.81	.32	9.4	.91
.90	.79	.34	9.8	.80	.33	9.7	.80	.32	9.6	.80	.31	9.6	.81	.30	9.5	.90
.89	.78	.32	9.8	.79	.31	9.8	.79	.30	9.7	.80	.29	9.7	.80	.28	9.6	.89
.88	.78	.30	9.9	.78	.29	9.9	.79	.28	9.8	.79	.27	9.7	.80	.26	9.7	.88
.87	.77	.28	10.0	.78	.27	10.0	.78	.26	9.9	.79	.25	9.8	.79	.24	9.8	.87
.86	.77	.27	10.1	.77	.26	10.0	.77	.25	10.0	.78	.23	9.9	.78	.22	9.9	.86
.85	.76	.25	10.2	.76	.24	10.1	.77	.23	10.1	.77	.22	10.0	.78	.21	9.9	.85
.84	.75	.23	10.2	.76	.22	10.2	.76	.21	10.1	.77	.20	10.1	.77	.19	10.0	.84
.83	.75	.22	10.3	.75	.21	10.3	.76	.20	10.2	.76	.19	10.1	.77	.17	10.1	.83
.82	.74	.20	10.4	.75	.19	10.3	.75	.18	10.3	.76	.17	10.2	.76	.16	10.1	.82
.81	.74	.19	10.5	.74	.18	10.4	.75	.17	10.3	.75	.16	10.3	.76	.14	10.2	.81
.80	.73	.17	10.5	.74	.16	10.5	.74	.15	10.4	.75	.14	10.4	.75	.13	10.3	.80
.79	.73	.16	10.6	.73	.15	10.5	.74	.14	10.5	.74	.13	10.4	.75	.11	10.4	.79
.78	.72	.15	10.7	.73	.13	10.6	.73	.12	10.5	.74	.11	10.5	.74	.10	10.4	.78
.77	.72	.13	10.7	.72	.12	10.7	.73	.11	10.6	.73	.10	10.5	.74	.09	10.5	.77
.76	.71	.12	10.8	.72	.11	10.7	.72	.10	10.7	.73	.08	10.6	.73	.07	10.5	.76
.75	.71	.11	10.8	.71	.10	10.8	.72	.08	10.7	.72	.07	10.7	.73	.06	10.6	.75
.74	.70	.09	10.9	.71	.08	10.8	.71	.07	10.8	.72	.06	10.7	.72	.05	10.7	.74
.73	.70	.08	10.9	.70	.07	10.9	.71	.06	10.8	.71	.05	10.8	.72	.04	10.7	.73
.72	.69	.07	11.0	.70	.06	10.9	.70	.05	10.9	.71	.03	10.8	.71	.02	10.8	.72
.71	.69	.06	11.1	.69	.05	11.0	.70	.03	11.0	.70	.02	10.9	.71	.01	10.8	.71
.70	.68	.05	11.1	.69	.03	11.1	.69	.02	11.0	.70	.01	11.0	.70	.00	10.9	.70
.69	.68	.03	11.2	.68	.02	11.1	.69	.01	11.1	.69	.00	11.0				.69
.68	.67	.02	11.2	.68	.01	11.2	.68	.00	11.1							.68
.67	.67	.01	11.3	.67	.00	11.2										.67
.66	.66	.00	11.3													.66

	$p_L=.71$			$p_L=.72$			$p_L=.73$			$p_L=.74$			$p_L=.75$			
p_H	p	r	Δ	p	r	Δ	p	r	Δ	p	r	Δ	p	r	Δ	p_H
.99	.89	.61	8.2	.89	.60	8.1	.89	.59	8.0	.90	.58	7.9	.90	.57	7.9	.99
.98	.87	.54	8.4	.88	.53	8.4	.88	.52	8.3	.89	.51	8.2	.89	.50	8.1	.98
.97	.86	.49	8.6	.87	.48	8.5	.87	.47	8.5	.88	.46	8.4	.88	.45	8.3	.97
.96	.85	.45	8.8	.86	.44	8.7	.86	.43	8.6	.87	.42	8.6	.87	.41	8.5	.96
.95	.85	.41	8.9	.85	.40	8.8	.85	.39	8.8	.86	.38	8.7	.86	.37	8.6	.95
.94	.84	.39	9.0	.84	.38	9.0	.85	.36	8.9	.85	.35	8.8	.86	.34	8.7	.94
.93	.83	.36	9.2	.84	.35	9.1	.84	.34	9.0	.84	.32	8.9	.85	.31	8.9	.93
.92	.83	.33	9.3	.83	.32	9.2	.833	.31	9.1	.84	.30	9.1	.84	.29	9.0	.92
.91	.82	.31	9.4	.82	.30	9.3	.83	.29	9.2	.83	.28	9.2	.84	.27	9.1	.91
.90	.81	.29	9.4	.82	.28	9.4	.82	.27	9.3	.83	.25	9.2	.83	.24	9.2	.90
.89	.81	.27	9.5	.81	.26	9.5	.82	.24	9.4	.82	.23	9.3	.82	.22	9.3	.89
.88	.80	.25	9.6	.80	.24	9.6	.81	.23	9.5	.81	.21	9.4	.82	.20	9.4	.88
.87	.80	.23	9.7	.80	.22	9.6	.80	.21	9.6	.81	.19	9.5	.81	.18	9.4	.87
.86	.79	.21	9.8	.79	.20	9.7	.80	.19	9.7	.80	.18	9.6	.81	.16	9.5	.86
.85	.78	.19	9.9	.79	.18	9.8	.79	.17	9.7	.80	.16	9.7	.80	.15	9.6	.85
.84	.78	.18	9.9	.78	.17	9.9	.79	.15	9.8	.79	.14	9.7	.80	.13	9.7	.84
.83	.77	.16	10.0	.78	.15	10.0	.78	.14	9.9	.79	.13	9.8	.79	.11	9.8	.83
.82	.77	.15	10.1	.77	.13	10.0	.78	.12	10.0	.78	.11	9.9	.79	.10	9.8	.82
.81	.76	.13	10.2	.77	.12	10.1	.77	.11	10.0	.78	.09	10.0	.78	.08	9.9	.81
.80	.76	.12	10.2	.76	.10	10.2	.77	.09	10.1	.77	.08	10.0	.78	.07	10.0	.80
.79	.75	.10	10.3	.76	.09	10.2	.76	.08	10.2	.77	.07	10.1	.77	.05	10.0	.79
.78	.75	.09	10.4	.75	.08	10.3	.76	.07	10.2	.76	.05	10.2	.77	.04	10.1	.78
.77	.74	.08	10.4	.75	.06	10.4	.75	.05	10.3	.76	.04	10.2	.76	.03	10.2	.77
.76	.74	.06	10.5	.74	.05	10.4	.75	.04	10.4	.75	.03	10.3	.76	.01	10.2	.76
.75	.73	.05	10.5	.74	.04	10.5	.74	.03	10.4	.75	.01	10.4	.75	.00	10.3	.75
.74	.73	.04	10.6	.73	.02	10.5	.74	.01	10.5	.74	.00	10.4				.74
.73	.72	.02	10.7	.73	.01	10.6	.73	.00	10.5							.73
.72	.72	.01	10.7	.72	.00	10.7										.72
.71	.71	.00	10.8													.71

	p_L=.76			p_L=.77			p_L=.78			p_L=.79			p_L=.80			
p_H	p	r	Δ	p	r	Δ	p	r	Δ	p	r	Δ	p	r	Δ	p_H
.99	.90	.57	7.8	.91	.56	7.7	.91	.55	7.6	.91	.54	7.5	.92	.53	7.4	.99
.98	.89	.49	8.1	.90	.48	8.0	.90	.47	7.9	.90	.46	7.8	.91	.45	7.7	.98
.97	.88	.44	8.2	.89	.43	8.2	.89	.42	8.1	.89	.41	8.0	.90	.40	7.9	.97
.96	.87	.40	8.4	.88	.39	8.3	.88	.38	8.2	.89	.36	8.2	.89	.35	8.1	.96
.95	.87	.36	8.6	.87	.35	8.5	.88	.34	8.4	.88	.33	8.3	.88	.31	8.2	.95
.94	.86	.33	8.7	.86	.32	8.6	.87	.31	8.5	.87	.30	8.4	.88	.28	8.4	.94
.93	.85	.30	8.8	.86	.29	8.7	.86	.28	8.6	.87	.27	8.6	.87	.25	8.5	.93
.92	.85	.28	8.9	.85	.26	8.8	.86	.25	8.7	.86	.24	8.7	.86	.22	8.6	.92
.91	.84	.25	9.0	.84	.24	8.9	.85	.23	8.9	.85	.21	8.8	.86	.20	8.7	.91
.90	.83	.23	9.1	.84	.22	9.0	.84	.20	9.0	.85	.19	8.9	.85	.18	8.8	.90
.89	.83	.21	9.2	.83	.20	9.1	.84	.18	9.1	.84	.17	9.0	.85	.16	8.9	.89
.88	.82	.19	9.3	.83	.18	9.2	.83	.16	9.2	.84	.15	9.1	.84	.14	9.0	.88
.87	.82	.17	9.4	.82	.16	9.3	.83	.14	9.2	.83	.13	9.2	.84	.12	9.1	.87
.86	.81	.15	9.5	.82	.14	9.4	.82	.12	9.3	.83	.11	9.2	.83	.10	9.2	.86
.85	.81	.13	9.5	.81	.12	9.5	.82	.11	9.4	.82	.09	9.3	.83	.08	9.3	.85
.84	.80	.12	9.6	.81	.10	9.5	.81	.09	9.5	.82	.08	9.4	.82	.06	9.3	.84
.83	.80	.10	9.7	.80	.09	9.6	.81	.07	9.5	.81	.06	9.5	.82	.05	9.4	.83
.82	.79	.08	9.8	.80	.07	9.7	.80	.06	9.6	.81	.04	9.6	.81	.03	9.5	.82
.81	.79	.07	9.8	.79	.06	9.8	.80	.04	9.7	.80	.03	9.6	.81	.02	9.6	.81
.80	.78	.05	9.9	.79	.04	9.8	.79	.03	9.8	.80	.01	9.7	.80	.00	9.6	.80
.79	.78	.04	10.0	.78	.03	9.9	.79	.01	9.8	.79	.00	9.8				.79
.78	.77	.03	10.0	.78	.01	10.0	.78	.00	9.9							.78
.77	.77	.01	10.1	.77	.00	10.0										.77
.76	.76	.00	10.2													.76

p_H	$p_L=.81$			$p_L=.82$			$p_L=.83$			$p_L=.84$			$p_L=.85$			p_H
	p	r	Δ	p	r	Δ	p	r	Δ	p	r	Δ	p	r	Δ	
.99	.92	.52	7.3	.92	.51	7.2	.93	.50	7.1	.93	.49	7.0	.94	.47	6.9	.99
.98	.91	.44	7.6	.91	.43	7.5	.92	.42	7.4	.92	.40	7.3	.93	.39	7.2	.98
.97	.90	.38	7.8	.91	.37	7.7	.91	.36	7.6	.92	.34	7.5	.92	.33	7.4	.97
.96	.90	.34	8.0	.90	.33	7.9	.90	.31	7.8	.91	.30	7.7	.91	.28	7.6	.96
.95	.89	.30	8.1	.89	.29	8.1	.90	.27	8.0	.90	.26	7.9	.90	.24	7.8	.95
.94	.88	.27	8.3	.89	.25	8.2	.89	.24	8.1	.89	.23	8.0	.90	.21	7.9	.94
.93	.87	.24	8.4	.88	.22	8.3	.88	.21	8.2	.89	.19	8.1	.89	.18	8.0	.93
.92	.87	.21	8.5	.87	.20	8.4	.88	.18	8.3	.88	.16	8.2	.89	.15	8.2	.92
.91	.86	.19	8.6	.87	.17	8.6	.87	.16	8.5	.88	.14	8.4	.88	.12	8.3	.91
.90	.86	.16	8.7	.86	.15	8.7	.87	.13	8.6	.87	.12	8.5	.88	.10	8.4	.90
.89	.85	.14	8.8	.86	.13	8.7	.86	.11	8.7	.87	.09	8.6	.87	.08	8.5	.89
.88	.85	.12	8.9	.85	.11	8.8	.86	.09	8.8	.86	.07	8.7	.87	.06	8.6	.88
.87	.84	.10	9.0	.85	.09	8.9	.85	.07	8.9	.86	.05	8.8	.86	.04	8.7	.87
.86	.84	.08	9.1	.84	.07	9.0	.85	.05	8.9	.85	.04	8.9	.86	.02	8.8	.86
.85	.83	.06	9.2	.84	.05	9.1	.84	.03	9.0	.85	.02	8.9	.85	.00	8.9	.85
.84	.83	.05	9.3	.83	.03	9.2	.84	.02	9.1	.84	.00	9.0				.84
.83	.82	.03	9.3	.83	.02	9.3	.83	.00	9.2							.83
.82	.82	.02	9.4	.82	.00	9.3										.82
.81	.81	.00	9.5													.81

p_H	$p_L=.86$			$p_L=.87$			$p_L.88$			$p_L=.89$			$p_L=.90$			p_H
.99	.94	.46	6.8	.93	.45	6.7	.95	.43	6.5	.95	.41	6.4	.95	.39	6.3	.99
.98	.93	.37	7.1	.93	.36	7.0	.94	.34	6.8	.94	.32	6.7	.95	.30	6.6	.98
.97	.92	.31	7.3	.93	.30	7.2	.93	.28	7.1	.93	.26	6.9	.94	.24	6.8	.97
.96	.92	.26	7.5	.92	.25	7.4	.92	.23	7.3	.93	.21	7.2	.93	.19	7.0	.96
.95	.91	.22	7.7	.91	.21	7.6	.92	.19	7.5	.92	.17	7.3	.93	.15	7.2	.95
.94	.90	.19	7.8	.91	.17	7.7	.91	.15	7.6	.92	.13	7.5	.92	.11	7.3	.94
.93	.90	.16	7.9	.90	.14	7.8	.91	.12	7.7	.91	.10	7.6	.92	.08	7.5	.93
.92	.89	.13	8.1	.90	.11	8.0	.90	.09	7.9	.91	.07	7.8	.91	.05	7.6	.92
.91	.89	.10	8.2	.89	.09	8.1	.90	.07	8.0	.90	.05	7.9	.91	.02	7.8	.91
.90	.88	.08	8.3	.89	.06	8.2	.89	.04	8.1	.90	.02	8.0	.90	.00	7.9	.90
.89	.88	.06	8.4	.88	.04	8.3	.89	.02	8.2	.89	.00	8.1				.89
.88	.87	.04	8.5	.88	.02	8.4	.88	.00	8.3							.88
.87	.87	.02	8.6	.87	.00	8.5										.87
.86	.86	.00	8.7													.86

p_H	$p_L=.91$			$p_L=.92$			$p_L=.93$			$p_L=.94$			$p_L=.95$			p_H
.99	*															.99
.98	.95	.28	6.4	.95	.26	6.3										.98
.97	.94	.22	6.7	.95	.19	6.5	.95	.16	6.4							.97
.96	.94	.16	6.9	.94	.14	6.7	.95	.11	6.6	.95	.08	6.4				.96
.95	.93	.12	7.0	.94	.10	6.9	.94	.07	6.7	.95	.04	6.6	.95	.00	6.4	.95
.94	.93	.09	7.2	.93	.06	7.1	.94	.03	6.9	.94	.00	6.8				.94
.93	.92	.05	7.3	.93	.03	7.2	.93	.00	7.1							.93
.92	.92	.02	7.5	.92	.00	7.4										.92
.91	.91	.00	7.6													.91

*The values of r and ~#u2206 are not listed when p is over .95.

漢英索引

英漢索引

W

國家圖書館出版品預行編目（CIP）資料

教育研究法／葉重新著.--第三版.--新北市：心理，
2017.06
　　面；　公分.--（教育研究系列；81043）

　　ISBN 978-986-191-766-5（平裝）

　1. 教育研究法

520.31　　　　　　　　　　　　　　　106004905

教育研究系列 81043

教育研究法（第三版）

作　　者：葉重新
執行編輯：高碧嶸
總 編 輯：林敬堯
發 行 人：洪有義
出 版 者：心理出版社股份有限公司
地　　址：231026 新北市新店區光明街 288 號 7 樓
電　　話：(02) 29150566
傳　　真：(02) 29152928
郵撥帳號：19293172　心理出版社股份有限公司
網　　址：https://www.psy.com.tw
電子信箱：psychoco@ms15.hinet.net
排 版 者：辰皓國際出版製作有限公司
印 刷 者：辰皓國際出版製作有限公司
初版一刷：2001 年 6 月
二版一刷：2004 年 9 月
三版一刷：2017 年 6 月
三版四刷：2022 年 9 月
I S B N：978-986-191-766-5
定　　價：新台幣 500 元